샌드웜
Sandworm

샌 드 웜
Sandworm

사이버 세계를 벗어난 러시아 해커들

앤디 그린버그 지음　Evilqcom 옮김

i!i
에이콘

에이콘출판의 기틀을 마련하신 故 정완재 선생님 (1935-2004)

아버지 게리 그린버그를 추모하며

지은이 소개

앤디 그린버그[Andy Greenberg]

여러 차례 언론인 상을 수상한 바 있는 「와이어드」지의 선임 작가이며 보안, 개인정보, 정보 자유화, 해커 문화 등에 관한 기사를 작성한다. 2012년에 출간된 『내부 고발자들, 위험한 폭로』(에이콘, 2015)의 저자이며, 이 책에서도 다루는 우크라이나 사이버 전쟁 관련 기사로 제럴드 로브 국제 보도 부분 상과 프로페셔널 저널리스트 뉴욕 지부가 수여하는 두 개의 데드라인 클럽 상을 수상했다. 다큐멘터리 영화 제작자인 부인 마리카 주할리-워럴과 함께 브루클린에서 살고 있다.

감사의 글

이 책은 루게릭병으로 투병하다가 2019년 7월 작고한 마이크 아산테의 도움이 없었다면 출판되지 못했을 것입니다. 아산테의 전문 지식과 분석력은 타의 추종을 불허했으며, 그가 가진 너그러운 마음도 모든 사람의 귀감이 됐습니다. 마지막 몇 달 동안에도 아산테는 우크라이나 정전 사태나 오로라 프로젝트와 관련해 내가 물어본 질문에 자세히 답해 줬습니다. 그는 수많은 프로젝트를 진행하면서 이 세상을 더욱 안전하게 만들었습니다. 아산테의 삶을 다룬 장을 읽고 그를 한 번 더 기억해 주길 바랍니다.

샌드웜과 관련된 나의 질문에 수많은 시간 동안 대답해준 모든 분께 감사드립니다. 샌드웜과 관련해 하나의 일화나 경험을 공유해준 분들도 있었고, 익명을 요구한 분들도 있었습니다. 재앙적 사이버 공격의 결과로 본인이나 회사가 겪을 수 있는 위험을 감수하고 민감한 내용을 공유해준 분이 많았습니다. 그들은 자신의 경력에 미칠 악영향이나 정보 공유에 따른 위협을 잘 알고 있었지만, 이 이야기가 반드시 알려져야 한다는 데 공감했습니다. 이 이야기를 접한 기관들이 깨달을 역사적 가치와 가르침이 너무나 크기 때문에 공유해야 한다는 이유였습니다. 아무런 거리낌 없이 뻔뻔하게 거짓 자랑을 늘어놓는 이 시대에, 자신이 속한 조직의 과오를 거짓 없이 이야기한 이들은 존경받아야 합니다.

우크라이나, 러시아, 한국에서 나를 도와준 네 명의 통역사이자 문제해결사인 그리고리 쿠즈네초프, 마가리타 미나시안, 다리아 미카일로바, 제임스 유에게도 감사의 말을 전합니다. 이들이 있었기에 많은 사람을 만날 수 있었고, 그들의 이야기를 들을 수 있었으며, 이야기를 전할 수 있었습니다. 특히 첼시 레우는 헌신적으로 이 책의 출판을 도왔습니다. 수집한 자료의 사실 관계를 체크하는 힘든 작업도 함께 했습니다. 수개월 동안 한마디 불평 없이 내 실수를 정정해주고 잘못 이해한 내용을 바로 고쳐준 첼시에게 이 자리를 빌려 특별한 감사의 말을 전합니다.

시간을 할애해 글을 쓸 수 있도록 도와준 「와이어드」지의 동료들, 자나 베리, 케이티 데이비스, 에리카 쥬얼, 닉 톰슨, 안드레아 발데즈에게도 감사의 말을 전합니다. 집필에 전념하기 위해 회사를 잠시 떠날 때 흔쾌히 허락해준 와이어드의 웹 편집자 브라이언 바레트에게 감사합니다. 내 일을 대신 떠맡아 내가 하던 것보다 훨씬 더 일을 잘해줬으며, 수잔과 함께 내 책의 소재가 된 많은 뉴스를 편집하기도 했습니다. 내가 큰 사이버 전쟁 이야기를 발견했다고 함께 기뻐해준 로버트 캡스에게도 감사의 말을 전합니다. 존 그라보이스가 이 책의 모티브가 된 와이어드 기사와 삽화를 제작했습니다. 그리고 누구보다도 와이어드 동료인 릴리 헤이 뉴먼에게 감사합니다. 릴리는 내가 없는 동안에도 「와이어드」지의 보안 채널에 끊임없이 기사를 올렸고, 이 책의 초안을 자세히 검토해줬습니다. 또한 위험을 무릅쓰고 폭풍우가 치는 날 플럼 아일랜드에서 하루를 머무르며 DARPA의 블랙 스타트 훈련을 취재했습니다. 덕분에 저는 편안히 집에서 글을 쓸 수 있었습니다.

초안이 나오기도 전에, 수년 동안 정리되지 않은 이야기를 경청하고 '샌드웜Sandworm'이라는 제목을 처음 제안해준 에릭 루퍼에게 큰 감사의 말을 전합니다. 더블데이 출판사의 편집자 야니프 소하에게도 내가 집필하는 동안 보여준 그 인내심과 안목에 감사를 표합니다. 더블데이의 편집 보조원 카라 라일리 역시 여러 번 이 책을 편집했습니다. 두 분 모두에게 감사를 전합니다. 이 책의 가능성을 빨리 알아보고 나와 함께 일하기로 결정한 빌 토마스와 에드워드 카스텐마이어에게도 감사합니다. 야니프의 사무실 문을 지켜 그가 편집을 빨리 할 수 있도록 도와준 캐시 호리간의 노고도 잊을 수 없습니다. 법률 조언을 해준 댄 노박, 더 블플레이/펭귄 랜덤 하우스 식구들인 숀 유일, 베스 피지오, 케이트 휴스, 토드 다우티, 마이클 골드스미스, 한나 엥글러, 인그리드 스터너에게도 감사합니다.

마이크 아산테, 샘 챔버스, 제임스 루이스, 케네스 기어스, 알란 팔러, 올레 데레비안코, 키예프의 ISSP 임직원들, 앤 애플바움, 클리프 스톨, 스티븐 레비, 알렉스 글라드스테인, 마리나 안토노바, 카투나 슈비도바제, 주라브 아크블레디아니, 엘레나 오스타니나, 어텀 메이슨, 로먼 도브로크호토프, 표도르 모즈고보이, 아드리안 첸, 조슈아 코먼, 트레버 팀, 벤 위즈너, 에드워드 스노든, 패트릭, 크리스티아나 브라프먼 키트너, 마리나 크로토필, 벤 밀러, 안나 키이브, 랜슨 버켓, 일리나 캐시올라, 제시카 베텐코트, 사라 키토스, 제이미 파딜라, 마이크 스미스, 월터 바이스, 나디아 와실코, 스테판 와실코, 나탈리 자레스코, 톰 마이어, 자스민 레이크, 브라이언 포겔, 사라나 슈레스타, 사브리나 베제라, 샘 그린버그, 나이마 주할리, 스티브 워럴, 버사 오킬라에게 크고 작은 다양한 이유로 진심 어린 감사를 전합니다.

나를 즐겁게 해주고 낮잠을 자는 동안 내게 글 쓸 시간을 허락한 빌랄 그린버그에게도 고맙다는 말을 하고 싶습니다. 마지막으로 나의 아내이자 파트너인 마리카 주할리-워럴에게 무한한 감사를 전합니다.

옮긴이 소개

Evilqcom(evilqcom@gmail.com)

한국에서 컴퓨터 과학 학사 및 석사 과정을 마치고, 미국에서 컴퓨터 과학 박사 학위를 받았다. 지금은 구글에서 보안 엔지니어로 일하고 있다. 다양한 시스템을 접하고 싶어 소프트웨어 엔지니어가 아닌 보안 엔지니어로서의 길을 선택했으며, 매일 마주하는 도전과 배움 속에서 바쁘게 살고 있다.

옮긴이의 말

많은 사람이 상상하는 해킹이나 네트워크 공격은 사이버 세계에서 시작해 사이버 세계에서 끝납니다. 온라인 쇼핑 사이트에 해커가 침투해 신용카드 정보를 훔치거나, 경쟁 업체의 인트라넷에 접근해 영업 비밀을 훔치는 이야기는 종종 매스컴에 등장하거나 영화 또는 소설의 소재가 되기도 합니다. DDoS 공격으로 웹 사이트가 마비되는 사건도 많이 접했습니다. 하지만 해킹이 인터넷 세상을 벗어난 지 오래됐습니다. 해커가 침투한 곳이 현대 사회를 유지하는 인프라라면, 사회 전반에 피해를 끼칩니다. 해킹으로 은행이 공격을 받고 금융 네트워크가 공격을 받으면, 신용카드를 사용할 수 있을까요? 카드 대신 현금을 사용하려고 ATM을 찾아갔는데, ATM도 마비가 됐다면 어떻게 일상생활을 할 수 있을까요? 발전소가 해킹 공격을 받아 발전기 제어 시스템이 망가졌습니다. 대폭발이 일어나고 대규모 정전이 발생했는데, 과연 우리가 일상생활로 돌아갈 수 있을까요?

전통적인 해킹은 시스템의 취약점을 찾아 시스템에 침투하는 것이었습니다. 하지만 모든 것이 연결된 세상에서는 상상하지 못했던 곳에서 해킹이 일어날 수 있습니다. 경쟁사를 해킹하려고 처음부터 경쟁사 네트워크에 침입할 필요도 없습니다. 경쟁사에 소프트웨어를 공급하는 업체를 공격하고, 그 소프트웨어에 악성코드를 심어 경쟁사의 말단 직원이 사용하는 노트북에 소프트웨어가 설치될 때를 기다릴 수도 있습니다. 경쟁사 직원들이 자주 방문하는 웹 사이트를 먼저 해킹해 그들이 방문하길 기다렸다가 공격을 감행할 수도 있습

11

니다. 경쟁사가 물리적으로 고립돼 있어 가까이 가기조차 어렵다고 요? 원격 접근이 가능한 작은 디바이스를 소포로 위장해 퇴사한 직원 앞으로 보내놓고 소포가 주인을 찾는 동안 회사 건물 안에 있을 때 네트워크 해킹을 시도할 수도 있습니다.

우리 모두가 사이버 공격에 노출돼 있다는 사실을 인정하는 일이 중요합니다. 현대 사회에서 우리는 모두 연결돼 있고, 인터넷에 의존적인 삶을 살고 있습니다. 그리고 이 연결은 계속 강화되고 있습니다. 의존도가 높을수록 공격에 취약할 수밖에 없습니다. 컴퓨터와 스마트 디바이스를 사용하지 않아서 괜찮다고요? 개인이 그것들을 사용하지 않더라도 인프라는 이미 연결돼 있습니다. 버스와 지하철 운행, 방송 송출, 전력 공급, 우편 배송 시스템, 금융 네트워크, 정부의 행정 시스템, 군사 네트워크 모두가 공격을 받을 수 있습니다. 우선은 이런 인프라가 공격에 견딜 수 있도록 방어막을 철저히 구축해야 합니다. 꾸준히 인프라의 신뢰도를 높여 공격에 대비해야 합니다. 하지만 이보다 더 중요한 일은 모든 인프라가 공격을 받을 수 있다는 사실을 인지하는 것입니다. 모든 시스템에는 수많은 취약점이 있습니다. 시스템의 보안 전문가들이 매일 취약점을 찾아내면서 방어하고 있지만, 하루가 다르게 진화하는 시스템에서 모든 취약점을 발견하고 방어해내기란 불가능합니다. 해커는 단 하나의 취약점만 노려 공격에 성공하면 시스템에 침투할 수 있습니다. 우리는 이 사실을 인정하고 인프라가 공격을 받아 망가진 사태에 대비해야 합니다. 공격의 피해를 최소화하고 신속히 복구하기 위해 지속적인 훈련과 매뉴얼 업데이트에 많은 노력을 기울여야 하겠습니다.

이 책은 사이버 보안이 현실 세계에 어떻게 영향을 미칠 수 있는지 잘 보여준 사건들을 심도 있게 파헤친 다큐멘터리입니다. 역사상 유례없는 광범위한 인터넷 해킹 사건을 저널리스트의 끈기로 파헤쳐 사건의 시작, 공격의 배후와 책임, 관련 단체, 잠재적 위험 등을 이 책에 담았습니다. 이 책은 우크라이나에서 발생한 정전 사태를 시작으로 러시아가 행한 것으로 추정되는 많은 해킹 사건을 다양한 각도에서 조명하고 있습니다. 미국 대선에 러시아가 개입했다고 많은 사람이 주장하는데, 어떤 증거를 토대로 이런 주장을 하는지 궁금하지 않나요? 언제부터 어떤 방법으로 개입했는지, 미국은 어떤 공식적 또는 비공식적 대응을 했는지 궁금하지 않나요? 북한의 소행인 것으로 널리 알려진 워너크라이 랜섬웨어 사건도 이 책에 포함됐습니다. 또한 2018년 평창 동계 올림픽을 노렸던 해킹 사건도 다룹니다. 저자가 발로 뛰며 수집한 다양한 증거와 함께 풀어나가는 소설 같은 이야기를 즐기길 바랍니다.

차례

6부 교훈

들어가며

2017년 6월 27일 전 세계는 지금껏 한 번도 겪어보지 못했던 끔찍한 인프라 재앙을 경험한다.

미국 펜실베이니아 소재 병원에서는 수술이 미뤄지고 환자들이 병원을 떠나기 시작했다. 호주 태즈메이니아에 위치한 캐드베리 초콜릿 공장은 가동을 멈췄다. 독일의 대형 제약사인 머크도 인두유종 바이러스 백신의 생산을 중단했다.

그리고 얼마 지나지 않아, 덴마크 소재 세계 최대 운송업체인 머스크가 소유한 전 세계 17개 항만에서 운송 시스템이 중단됐다. 화물을 기다리는 대형 컨테이너 트럭 수만 대가 항구에서 대기해야 했고, 바다 건너 도착한 대형 화물선들은 하역 작업을 시작하는 것조차 어려웠다. 마치 좀비 영화가 현실이 된 것처럼, 전 세계의 얽히고설킨 시스템들이 동시 다발적으로 작동을 멈췄다.

이 모든 사이버 공격의 최대 피해지인 우크라이나는 마치 테크놀로지 심판의 날을 겪는 것 같았다. ATM과 신용카드 결제 시스템이 갑자기 먹통이 됐고, 수도 키예프의 교통 시스템도 만신창이가 됐다. 인터넷에 연결된 정부 기관, 공항, 병원, 우체국, 심지어 체르노빌 핵 시설의 방사능 측정 컴퓨터들도 정체 모를 악성코드에 감염돼 기능을 상실했다.

보이지 않는 힘에 의한 미지에서의 공격, 문명사회의 근간을 이루는 시스템에 대한 광범위한 공격, 이것이 바로 사이버 전쟁이다.

인터넷 보안 전문가들은 영화에서나 나올 법한 공격이 현실이 될 것이라고 지난 수십 년 동안 경고했다. 해커들이 단순한 범죄나 정부의 지시를 받는 스파이 활동에서 벗어나, 현대 사회의 중요한 디지털 인프라를 공격할 것이라고 말이다. 2007년 러시아 해커 그룹이 에스토니아를 공격했을 때, 에스토니아의 거의 모든 웹 사이트가 피해를 입었던 적이 있다. 그리고 2년 뒤, 미국 국가안보국 NSA가 개발한 악성코드 스턱스넷Stuxnet이 이란의 우라늄 농축 원심분리기를 망가뜨렸다. 이 모든 사건은 앞으로 일어날 사이버 공격 양상을 예견했다. 사이버 공격이 이제는 사이버 세상을 벗어나 실제 사회의 중요한 부분까지 파고들 것이라고 말이다.

2014년 러시아가 우크라이나에 군사적 침공을 감행했다. 여기서부터는 더 뚜렷한 사이버 공격이 시작된다. 이듬해인 2015년부터 우크라이나 정부, 언론, 교통 시설을 대상으로 사이버 공격이 꾸준히 발생했다. 그 결과, 해커에 의한 정전이라는 사상 초유의 사태가 발생했고 수십만 명의 시민이 피해를 입었다.

보안 전문가들은 러시아가 우크라이나에서 시험 삼아 사이버 전쟁을 시도하고 있는 것은 아닌가 하며 우려를 표명하기도 했다. 또한 미국과 나토NATO는 물론 사이버 공격에 대한 준비가 미비한 곳을 대상으로 이런 새로운 형태의 공격이 발생할 수 있다고 경고했다. 마지막으로, 러시아 대통령궁 크렘린의 지원을 받는 해커 그룹 샌드웜Sandworm이 그 배후에서 이 모든 공격을 진행하고 있다고 분석했다.

그 후 2년 동안, 샌드웜은 공격을 준비했고 스스로를 지상 최고의 해커 집단으로 부르면서 사이버 전쟁의 의미를 새로 썼던 것으로 알려졌다. 그리고 마침내 2017년 6월 말 낫페트야NotPetya로 알려진 악성코드를 뿌린 것으로 추정된다. 낫페트야는 역사상 가장 악질적인 코드로 평가받는다. 샌드웜은 최첨단 기술로 무장한 정부 주도의 해커 집단이 어떤 일을 할 수 있는지를 잘 보여준 사례다. 이들은 수천 킬로미터 떨어진 곳에서 사회의 근간을 흔들었고, 복잡하게 얽힌 시스템을 공격해 예상치 못한 처참한 피해를 입혔다.

샌드웜이 했던 공격을 돌이켜보면, 미래의 사이버 전쟁이 어떻게 진행될지 어렴풋이 엿볼 수 있다. 만약 사이버 전쟁이 가속화된다면, 정부 주도의 해킹 전쟁은 더욱더 극으로 치달을 수밖에 없다. 우크라이나 사태에서 봤던 몇 주간의 정전 사태는 훨씬 더 길어질 것이고, 푸에르토리코에서 허리케인 마리아 때문에 발생했던 정전, 사상자, 경제적 충격보다 더 큰 피해가 발생할 것이다. 해커가 산업 시설을 물리적으로 파괴해 대혼란을 초래할 수도 있을 것이고, 낫페트야 사태처럼 수십만 대의 컴퓨터를 먹통으로 만들어 적국의 기반시설을 마비시킬 수도 있을 것이다.

이 책은 사이버 전쟁의 처참한 결과를 극명히 보여준 샌드웜 이야기를 다룬다. 수년간 샌드웜의 흔적을 추적한 조사 결과를 바탕으로, 막을 수 있었던 사태에 대한 경각심을 일깨우고자 한다.

이 책은 단순히 한 해커 그룹에 대한 이야기가 아니며, 러시아의 무분별한 해커를 비난하려는 의도로 저술되지도 않았다. 이 책은 지금도 지속되고 있는 강대국 간의 힘겨루기에 관한 책이다. 미국과 서방 세계는 이 힘겨루기에서 졌을 뿐만 아니라, 디지털 공격에 사용할 수 있는 도구들의 개발을 너무 서둘러버렸다. 그 결과, 더 큰 혼란의 가능성을 초래하게 됐다.

프롤로그

불이 꺼졌을 때 시계는 0시를 가리켰다.

2016년 12월 어느 토요일 저녁 올렉시 야신스키는 키예프에 있는 자신의 아파트에서 아내, 10대 아들과 함께 거실 소파에 앉아있었다. 갑자기 건물의 전기가 끊기기 전까지 우크라이나 출신의 42세 사이버 보안 연구원은 가족과 함께 올리버 스톤 감독의 영화《스노든》을 보고 있었다.

"우리가 영화 보는 걸 해커들이 싫어하나 봐요." 아내가 농담을 건넸다. 아내는 약 1년 전 크리스마스를 이틀 앞두고 약 25만 가구의 전기를 끊어버렸던 사이버 공격을 회상한 것이다.

키예프에 소재한 보안업체의 최고 포렌식 분석가인 야신스키는 전혀 웃지 않았다. 탁상시계가 12시를 가리키며 막 자정이 됐음을 알렸다.

무정전 전원 장치에 연결된 TV만이 깜박거리며 거실을 비추고 있었다. 전원 장치가 삑삑거리며 소리를 내자 야신스키는 배터리를 아끼기 위해 TV를 껐다. 이제 거실도 고요해졌다.

주방으로 가서 초 몇 개를 가져와 불을 밝혔다. 그러고는 주방의 창문으로 다가갔다. 이 마른 금발의 엔지니어는 도시를 마치 처음 본 사람처럼 바라봤다. 아파트의 스카이라인은 온통 캄캄했다. 멀리서 희미하게 들어오는 빛이 구름 낀 하늘을 비췄고, 최근에 지은 아파트와 구소련 시절에 지은 고층 빌딩의 윤곽만이 드러났다.

정확한 시간과 날짜는 아니지만, 2015년 12월 전력 시설에 대한 공격이 있은 지 1년 만에 발생한 일이다. 야신스키는 단순한 정전이 아닐 것이라 생각했다. 영하 17도에 가까운 날씨, 점점 더 추워질 수천 가구의 집들, 수도관이 얼 때까지 남은 시간이 생각났다.

편집증적인 직업병이 도졌다. 지난 14개월 동안 자신이 포위 공격을 당하고 있다고 생각했다. 사이버 공격을 당했다며 분석을 의뢰한 우크라이나 회사와 정부 기관의 수는 점점 더 늘어났다. 하나같이 신속하면서도 무자비한 공격에 당했다. 마치 하나의 해커 그룹이 배후에 있는 듯했다. 1년 이상 추적해왔던 바로 그 해커가 인터넷을 통해 집으로 들어와 전기를 끊은 느낌이었다.

1부
비상사태

모든 일은 기본이 중요하다.
기본에 충실하다 보면
성공의 기회를 잃을 수도 있겠지만,
결국 기본이 성공의 보증 수표와 같다.
충분한 시간을 갖고 기본에 충실하라.

제로데이

워싱턴 DC를 원형으로 둘러싼 벨트웨이 고속도로 너머에는 끝없이 펼쳐진 정보기관 협력 업체들이 각양각색의 회사 로고와 간판을 내걸고 있다. 너무 많은 탓에 이들을 전부 기억하기란 불가능하다. 버지니아 챈틀리에 있는 한 빌딩 4층에는 창문이 하나도 없이 내부에서만 통하는 사무실이 하나 있다. 외부의 빛을 모두 차단하려는지 벽은 온통 무광 검정 페인트로 칠해져 있다.

우크라이나에 대한 사이버 공격이 있기 불과 1년 전인 2014년, 이곳에 있던 사설 정보업체인 아이사이트iSight가 '블랙룸'으로 부르던 곳이다. 이곳에서는 두 명으로 이뤄진 팀이 소프트웨어 취약점을 분석했다. 고도의 집중력과 협업이 필요한 작업이기에 조용한 방이 필요한 이들에게는 최적의 장소였다.

그해 9월의 어느 수요일 아침, 팀원 중 하나인 존 헐퀴스트는 흔치 않은 전갈을 받았다. 그날 아침 헐퀴스트가 아이사이트 건너편 빌딩에 있는 다른 사무실에 도착했을 때, 우크라이나에서 파견 근무 중인 동료로부터 메일 한 통이 도착했다. 키예프에 파견된 팀이 제로데이 취약점을 발견한 것 같다는 내용이었다.

'제로데이zero day'란 해커들이 쓰는 용어로, 소프트웨어 제작자가 아직 발견하지 못한 소프트웨어 취약점을 일컫는 말이다. 문제를 발견한 때부터 패치를 제공하기까지는 시간이 필요한데, 아직 발견조차 하지 못했으므로 '0일인 상태'라는 의미에서 용어가 유래됐다. 강력한 제로데이, 특히나 그 버그를 이용해 애플리케이션에 침투한 뒤, 타깃이 된 컴퓨터에 자신의 코드를 실행할 수 있는 제로데이는 해커에게 만능 열쇠나 마찬가지다. 타깃 컴퓨터가 인터넷에 연결돼 있기만 하면, 언제든 컴퓨터에 들어가 자신의 코드를 실행할 수 있기 때문이다.

아이사이트의 우크라이나 팀이 힐퀴스트에게 보내온 파일은 파워포인트 파일이다. 전 세계 어디에서나 쉽게 찾아볼 수 있는 마이크로소프트 파워포인트 말이다.

메일을 읽어 내려갈 때 무언가 큰일이 일어날 것 같았다. 우크라이나 팀이 말하는 것이 사실이라면 이 취약점을 공격할 수 있는 해커는 수백만 대의 컴퓨터를 너끈히 조정할 수 있다는 말이기 때문이다. 마이크로소프트가 이 사실을 즉시 알아야 했다. 하지만 좀 이기적으로 생각한다면 이건 분명 기회였다. 아이사이트처럼 작은 보안업체가 단숨에 주목받을 수 있는 절호의 찬스였던 셈이다. 지금까지 이 회사는 1년에 고작 두세 개의 취약점만 발표했다. 그것도 직접적인 피해를 줄 수 있는 취약점이 아니라, 추상적이어서 실질적인 취약점이라 부르기에는 무리인 것들뿐이었다. 힐퀴스트는 말한다. "우리처럼 작은 회사에서 이런 취약점을 발견한 건 정말 큰 행운이었어요. 정말 한 건 했던 셈이죠."

테네시 동부 군인 출신의 검정색 수염을 가진 힐퀴스트, 항상 잔잔한 미소를 띠고 있는 그가 회의실로 사용되는 옆방으로 들어가며 소리

첬다. 오피스의 한 편에는 악성 소프트웨어 전문가들이 즐비했고, 다른 편에는 디지털 공격의 지정학적 관련성을 연구하는 분석가들이 있었다. 헐퀴스트는 우크라이나에서 온 메일을 읽자마자, 옆 회의실로 뛰어 들어가 설명하기 시작했다. 이 작은 회사가 발견한 큰 취약점은 비밀리에 처리되고 있었다.

앞서 말한 블랙룸에 진짜 해커들이 모여 비밀 작업을 시작했다.

■

작업 중인 컴퓨터에서 나오는 불빛만이 이 캄캄한 사무실의 조명 역할을 했다. 우크라이나에서 온 악성코드가 심어진 파워포인트 파일을 여러 대의 가상 머신에서 실행하고 또 실행했다. 가상 머신은 아이사이트의 블랙룸과 꼭 닮았다. 실제 컴퓨터를 시뮬레이션하는 가상 머신은 이를 실행하는 호스트 머신과 완벽히 분리돼 있는데, 이게 마치 블랙룸이 다른 사무실들과 분리된 것과 흡사했다.

수족관에 갇힌 위험한 전갈을 유리 너머로 관찰하는 것처럼, 가상 머신을 사용하면 호스트 머신은 건드리지 않으면서 코드를 분석할 수 있다. 악성코드가 가상 머신을 침투해 들어가는 모습을 리버스 엔지니어들이 반복해서 분석할 수 있었고, 이 악성코드가 얼마나 많은 버전의 윈도우와 파워포인트를 공격할 수 있는지 분석할 수 있었다. 악성코드는 파워포인트에 숨어있다가 스스로 밖으로 나와 컴퓨터 전체를 감염시켰다. 가장 최신 패치가 적용된 소프트웨어도 예외는 아니었다. 아이사이트가 결론을 내렸다. 이건 정말 큰 건이다. 제로데이 취약점이 확실하다. 그것도 아주 강력한 제로데이다. 늦은 밤까지 시간 가는 줄도 모르고 마이크로소프트와 고객사들에게 보낼 보고서를 작성했다. 한편에서는 악성코드가 어떻게 동작하는지 시연할 수 있는 데모 코드를 작성했다.

블랙룸에 출입하는 두 명의 리버스 엔지니어 중 한 명인 존 에릭슨은 파워포인트가 진짜 '파워'를 갖고 있다고 나에게 설명했다. 수년간의 진화를 거친 파워포인트는 불필요한 기능들로 가득 찬 루브 골드버그 장치Rube Goldberg machine*가 돼 버렸다. 이것저것 기능을 추가하다 보니 결국에는 자신만의 프로그래밍 언어를 가진 괴물이 된 것이다. 아이사이트가 발견한 취약점을 이용하면, 정보 '객체'라는 것을 파워포인트 파일에 끼워 넣을 수 있다. 이 정보 객체는 파워포인트 안에 포함된 비디오나 그래프가 될 수도 있지만, 멀리 떨어져 있는 컴퓨터의 '객체'도 인터넷을 통해 가져다 쓸 수 있다.

예를 들어 해커가 파워포인트 슬라이드 안에 두 객체를 삽입했다고 해보자. 하나는 컴퓨터의 임시 폴더에 저장되고, 다른 하나는 파워포인트의 애니메이션 기능을 이용한다고 하자. 이 애니메이션 기능은 텍스트나 도형을 화면 이리저리로 움직이고 소리를 내기도 하지만, 컴퓨터에서 명령어를 실행할 수도 있다. 다시 말해 파워포인트가 애니메이션 파일을 읽을 때, 사용자 몰래 스크립트를 실행해 악성코드를 컴퓨터에 설치할 수 있다는 말이다. 마치 이상할 게 없어 보이는 소포가 문 밖에 배달됐는데, 집으로 갖고 들어오자마자 박스에서 작은 로봇이 스스로 나와 집 안으로 숨어 들어가는 것과 비슷하다. 이 과정은 사용자 몰래 매우 빠르게 진행되고, 선의의 사용자는 아무것도 모른 채 파일을 더블클릭해서 여는 순간 당하고 만다.

아이사이트의 블랙룸에서 이 제로데이 취약점을 처음으로 분석했던

---

* 연쇄반응을 이용한 장치로, 복잡한 과정을 거쳐 물을 끓이거나 문을 여는 등의 간단한 일을 해내는 기계를 말한다. - 옮긴이

에릭슨에 따르면, 이 악성코드는 굉장히 흥미로운 방법으로 공격을 수행하며, 그 과정은 무자비하고 예상치 못한 방법이라고 한다. 제로데이 취약점에 관한 경험이 풍부하지는 않았지만, 에릭슨은 수천 개의 악성코드 샘플을 분석한 바 있고, 이를 통해 많은 경험을 축적했다. "초야에 묻혀 살던 알려지지 않은 해커가 전혀 예상치 못한 방법으로 해킹을 하는 것 같다."라고 그가 회상했다.

물론 모든 제로데이 해킹에는 제작자가 있기 마련이다. 그날 아침 블랙룸에서 에릭슨이 처음 이 공격을 분석할 때는 지금까지 그가 분석해 왔던 해킹들과의 유사성을 찾기가 힘들었다. 따라서 처음에는 이 보이지 않는 해커 그룹에 대한 존경심마저 들었다.

2
블랙에너지

이 제로데이 취약점에 대한 흥분이 수그러들었을 때, 몇 가지 풀리지 않은 의문점이 있었다. 누가 이 코드를 작성했을까? 누구를 공격하려고 한 것인가? 그리고 왜?

아이사이트에서 악성코드 분석가로 일하는 드루 로빈슨이 이 의문점들을 담당했다. 존 헐퀴스트는 그를 '밝은 곳에서 일하는 자'로 기억한다. 블랙룸의 캄캄한 환경에서 일하는 '뱀파이어'와 비슷한 수준의 리버스 엔지니어링 기술을 로빈슨도 갖고 있지만, 헐퀴스트 옆방의 밝은 오피스에서 일하기 때문이다. 그는 좀 더 넓은 시야에서 해킹을 바라보는데, 경우에 따라서는 어떤 정치적인 목적에서 해킹이 이뤄진 것은 아닌가까지 분석하기도 한다. 이 작은 파워포인트 파일 안에 숨겨진 미스터리한 공작을 기술적인 토대로 분석할 수 있는 인재인 셈이다.

수요일 오전에 헐퀴스트가 파워포인트 제로데이를 설명하고 나서 얼마 지나지 않아, 로빈슨이 파워포인트 안에 담긴 내용을 설명하기 시작했다. 파워포인트에 담긴 내용은 파란색과 노란색으로 만들어진 우크라이나 국기 위에 키릴 문자로 적힌 이름들이 전부인 듯했다. 우크라이나를 상징하는 파란 삼지창 모양의 문양이 반투명하게 함께 놓여 있었다. 로빈슨은 구글 번역 기능을 이용해 이 이름들이 우크라이나 입장에서는 테러리스트 목록이라는 것을 알아냈다. 그해 러시아군이 우크라이나 동부와 크림 반도에 진출했을 때, 러시아 편에 서서 독립운동에 불을 붙이고 전쟁을 촉발했던 사람들이다.

제로데이 공격에 사용한 파워포인트 파일에 반러시아 메시지가 담겨 있었다. 우크라이나를 노린 러시아의 공격일 것으로 추정한 첫 번째 단서였다. 사이버 공격에 우크라이나인의 애국심을 이용하고, 우크라이나 내부의 친러시아 인사들을 모은 목록을 활용한 것이다. 해커들에 대한 다른 단서를 찾는 과정에서 로빈슨은 이상한 점을 하나 더 발견했다. 문제의 파워포인트 파일을 열면, 사용자 몰래 설치되는 파일이 악명 높은 블랙에너지BlackEnergy의 변종이라는 점이다.

블랙에너지는 초보 해커부터 전문적인 사이버 범죄자까지 모두 사용할 수 있는 쉽지만 강력한 악성코드다. 블랙에너지는 'Cr4sh'라는 별명으로 알려진 러시아 해커 드미트로가 처음 개발한 해킹 도구다. 2007년경에는 블랙에너지를 러시아 해커 포럼에서 불과 40달러에 팔기도 했다.

블랙에너지는 원래 분산 서비스 거부 공격(DDoS)을 위해 만들어졌다. 이 공격은 웹 사이트에 동시 다발적으로 수백, 수천 개의 요청을 보냄으로써 웹 사이트가 기능을 상실하게 만드는 공격 형태다. 일단 블랙에너지에 감염되면, 컴퓨터는 공격을 수행하는 봇넷botnet이 된다. 봇넷이 된 컴퓨터는 드미트로가 내리는 명령을 충실히 수행한다. 봇넷이 언제 어떤 웹 사이트를 얼마나 자주 공격할 것인지는 드미트로가 결정할 수 있다.

2007년 후반에 아버 네트웍스라는 보안업체는 블랙에너지를 기반으로 만들어진 30개가 넘는 봇넷을 분석했으며, 이 봇넷들이 대부분 러시아 웹 사이트를 공격한 사실도 알아냈다. 사실 사이버 공격 기술 중에서 분산 서비스 거부 공격은 난이도가 낮고 실질적인 피해가 크지 않다고 할 수 있다. 공격의 결과가 시스템이 응답하지 못하게 하는 것일 뿐, 고도의 해킹 기술로 치명적인 데이터를 훔쳐오거나 하지는 못하기 때문이다.

하지만 블랙에너지가 진화했다. 블랙에너지에 기반한 새로운 종류의 공격이 진행됐다. 진화의 결과로 블랙에너지는 단순히 웹 사이트를 공격하는 것에 그치지 않고, 스팸 메일을 보내거나 감염된 컴퓨터의 파일을 삭제하거나 인터넷 뱅킹 ID와 암호를 훔치기 시작했다.[*]

로빈슨이 보는 가운데 블랙에너지가 한 번 더 진화했다. 이번에 아이사이트 사무실에서 목격한 버전은 지금까지와는 사뭇 달랐다. 단순한 웹 사이트 공격 도구가 아니었다. 금전적 이득을 취하기 위한 악성코드처럼 보이지도 않았다. 그렇다면 도대체 왜 친러시아 성향의 테러리스트를 미끼로 사용하는 걸까? 이번에는 정치적 목적이 다분해 보였다. 그가 처음 봤던 우크라이나 블랙에너지 샘플과는 달리 뭔가 다른 목적을 갖고 있는 것 같았다. 단순 범죄가 목적이 아니라 스파이 활동이 목적이었다.[†]

---

[*] 블랙에너지가 걷잡을 수 없는 속도로 진화하자, 원제작자인 드미트로는 살짝 거리를 두기 시작한다. 특히 블랙에너지가 금전적인 이득을 위해 사용되기 시작하자, 그것도 서방 국가가 아닌 러시아를 상대로 사용되자 조심스럽게 한 발 물러선다. 2009년 '라이브 저널'이라는 블로그에 남긴 '제가 유명해졌어요'라는 글에서 "소스 코드가 공개돼 있어 누구나 원하는 사람은 원하는 방식으로 사용할 수 있다."라고 변명을 하기도 했다. 자신은 러시아 은행을 공격하지 않았다는 취지로 "3년 전 소스 코드를 오픈할 때 내가 작성한 코드임을 밝혔지만, 이것이 내가 범죄에 가담했다는 걸 의미하지는 않는다."라고 말하기도 했다.

[†] 사실 러시아의 보안업체 카스퍼스키는 2013년 초반부터 블랙에너지를 이용해 스파이 활동을 벌이고 있는 누군가를 은밀히 추적하고 있었다. 해커 포럼에서 블랙에너지가 판매되고 나서 얼마 지나지 않아, 여러 버전이 나왔고 일부는 리눅스 머신을 감염시키기도 했다. 리눅스는 해커들이 많이 사용하는 운영체제로 해커들이 좋아하는 기능이 많이 들어있다. 이를 두고 카스퍼스키의 분석가 마리아 가네바는 "이제는 해커를 대상으로 해킹하는 시대가 왔다."라고 말하기도 했다.

얼마 지나지 않아 로빈슨은 이 악성코드의 의도를 엿볼 수 있는 중요한 단서를 발견한다. 가상 머신에서 이 새로운 블랙에너지 샘플을 실행할 때, 인터넷을 통해 유럽 어딘가에 위치한 IP 주소로 접속하려 한다는 것을 발견한다. 또한 그 IP 주소가 악성코드에 명령을 내리는 명령제어 서버의 주소라는 것도 알아냈다. 로빈슨이 직접 브라우저를 통해 이 주소에 접속했을 때, 그는 더 깜짝 놀랐다. 완전히 보안이 해제된 상태여서 누구나 별다른 제제 없이 브라우저만으로 파일을 마음껏 살필 수 있었기 때문이다.

우습게도 그 파일들에는 이 버전의 사용 설명서도 담겨 있었다. 로빈슨이 생각하는 바가 맞았다. 이 제로데이 공격에 사용된 블랙에너지는 지금까지의 악성코드와 달리 훨씬 넓은 영역의 데이터 수집 기능을 갖추고 있다. 현재 컴퓨터 화면을 캡처하고 파일과 암호를 몰래 복사하는가 하면, 심지어 사용자의 모든 키보드 입력을 기록하는 기능까지 갖췄다. 단순히 인터넷 뱅킹을 해킹해 금전적 이득을 취하는 것이 목적이 아니라, 철두철미한 스파이 활동을 할 수 있게 진화했다.

설명서의 내용보다 훨씬 중요한 사실이 있었다. 설명서가 러시아어로 작성됐다는 점이다.

3
마라키스02

사이버 보안업체들은 해커의 익명성에 대해 이야기하곤 한다. 원격에서 작업을 하는 해커가 고도의 해킹 기술을 사용할 때는 그 해커를 특정하기가 힘들다는 이야기다. 인터넷에서 행위의 주체를 특정하기란 쉽지 않은 일이다. 프락시, 주소 변환, 지정학적 불특정성 등 너무 많은 장애물이 존재한다. 하지만 로빈슨은 보안이 해제된 명령제어 서버를 운 좋게 발견한 덕분에 해커를 특정하는 데 가까워졌다. 파워포인트를 해킹하는 데 심혈을 기울인 나머지, 자신들의 위치를 감추는 데는 신경을 쓰지 못한 것 같았다.

이 뜻밖의 행운에 만족하지 못한 로빈슨은 악성코드 내부로 들어가 더 많은 단서를 찾고 싶었다. 그리고 나아가 이 악성코드만의 특징을 찾아 나중에 보안업체들과 아이사이트의 고객들이 이 프로그램을 쉽게 검출해낼 수 있도록 하고 싶었다. 악성코드의 기능을 하나씩 분석하는 것은 명령제어 서버를 추적하는 것만큼 쉽지는 않아 보였다. 로빈슨은 그 후 며칠 동안 머리를 싸매고 작업을 진행했다. 세 단계에 걸친 암호화와 압축이 겹겹이 내부를 보호하고 있었다.

악성코드의 비밀을 분석하는 일은 건초 더미에서 바늘을 찾는 일과 비슷하다. 악성코드가 스스로를 파워포인트 파일에서 분리하기 위해 필요한 암호와 코드를 모두 내포하고 있다는 것은 알고 있었지만, 각 단계의 암호는 이전 단계의 암호를 풀어야 알 수 있다. 별다를 게 없어 보이는 데이터에서 운 좋게 패턴을 발견해 사용된 압축 알고리즘을 추측할 수 있었지만, 로빈슨은 여전히 어떤 암호화 알고리즘이 사용됐는지 알아내야 했다. 이 퍼즐에 깊이 빠지면 빠질수록 시계는 더욱 빨리 가는 듯했다. 집에서 샤워를 하는 중에도 어떤 암호 알고리즘이 사용됐는지 생각했다.

마침내 로빈슨이 일주일에 거친 시행착오를 통해 암호를 해독했을 때, 블랙에너지에 담긴 수백만 개의 0과 1 데이터가 로빈슨에게 축하해주는 것 같았다. 0과 1의 데이터들, 처음에는 전혀 알 수 없는 데이터들이었지만 이제는 그 실체가 드러났다. 사람이 사용하는 프로그래밍 언어가 컴파일러를 거쳐 기계가 사용하는 언어가 됐을 때 프로그램은 0과 1로 변한다. 0과 1로 이뤄진 코드를 이해하기 위해 로빈슨은 컴퓨터가 어떻게 명령어를 실행하는지 하나씩 살펴봐야 했다. IDA Pro라는 도구를 이용해 리버스 엔지니어링을 했다. 로빈슨은 이 작업을 다음과 같이 비유한다. "인간의 DNA를 보고 이 사람이 어떤 사람인지 알아맞히는 것과 비슷해요. 그리고 인간을 창조한 신이 이 작업을 더 어렵게 만들고자 DNA를 여러 겹으로 복잡하게 만들었어요."

2주차에 접어들었을 때, 현미경 수준의 분석이 마침내 빛을 발했다. 악성코드의 설정 부분을 해독해냈을 때, 캠페인 코드를 발견했다. 캠페인 코드는 어떤 버전이 어떤 컴퓨터에서 동작하는지 분류해놓은 일종의 해킹 분류 코드다. 우크라이나 파워포인트에서 나온 블랙에너지, 여기에 담긴 캠페인 코드를 찾아낸 건 악성코드를 분석했던 그의 경험 덕분이 아니라 공상 과학 소설을 좋아하는 그의 취미 덕분이다. 그가 발견해낸 건 '아라키스02^{Arrakis02}'다.

로빈슨뿐만 아니라, 공상 과학 소설을 좋아하는 사람이라면 누구나 '아라키스'라는 말을 한 번쯤 들은 적이 있을 것이다. 아라키스는《스타 워즈》의 배경인 타투인 행성이나《반지의 제왕》의 배경인 중간계만큼이나 유명한 곳으로, 프랭크 허버트가 1965년에 발표한 소설『듄^{Dune}』의 배경이 되는 사막 행성이다.

이 소설에서 인공지능 기계들과의 핵전쟁으로 지구는 이미 오래전에 폐허가 된 상태로 묘사되며, 듄으로 알려진 아라키스 행성을 지배하는 아트레이드 가문의 이야기와 이들을 정벌한 라이벌 하코넨 가문의 이야기가 주를 이룬다.

아르테이드 가문이 몰락한 후 폴 아르테이드가 등장한다. 듄은 가끔씩 지상으로 나와 모든 것을 먹어 치우는 수백 미터 크기의 벌레가 지하에 우글거리는 사막인데, 폴은 이곳에서 난민들을 구출해내는 영웅으로 등장한다. 폴은 자라면서 프레멘으로 알려진 아라키스 원주민들의 생활 방식을 배우는데, 거대한 모레벌레를 사로잡아 등에 타고 전쟁에 나가는 기술도 배운다. 결국 폴과 프레멘은 하코넨 가문에게서 수도를 탈환하는 데 성공하고, 반란을 도모해 결국 하코넨에게 빼앗겼던 전부를 되찾기에 이른다.

로빈슨은 '해커가 누가 됐든 프랭크 허버트의 팬임은 분명하다.'라고 생각했다.

로빈슨이 아라키스02라는 캠페인 코드를 찾았을 때, 이 코드 네임을 바탕으로 다른 추측도 가능할 것으로 보였으며 이 코드 네임을 고른 해커의 머릿속을 들여다보는 듯한 착각마저 들었다. 또한 코드 네임을 해커의 지문처럼 활용할 수 있지 않을까 생각했다. 다른 사이버 공격에서 같은 코드 네임을 발견할지도 모르니 말이다.

그 후 며칠간 로빈슨은 우크라이나 파워포인트 파일에서 찾은 블랙에너지 버전을 다른 사이버 공격에서 찾을 수 있는지 알아봤다. 이를 위해 아이사이트가 내부적으로 갖고 있는 악성코드 샘플들과 바이러스토털VirusTotal이라는 데이터베이스를 살펴봤다. 구글의 모회사 알파벳이 소유한 바이러스토털에 악성코드를 업로드하면 수십 종의 안티바이러스 제품을 이용해 이를 분석할 수 있다. 그러면 빠르고 간편하게 다른 보안업체들이 이 악성코드를 이미 알고 있는지 테스트할 수 있다. 바이러스토털은 10년 넘게 다양한 방법으로 수집한 방대한 양의 악성코드를 갖고 있다. 로빈슨은 여러 방법을 사용해 블랙에너지 샘플에서 나온 코드 조각들과 비슷한 코드가 있는지 아이사이트 내부 데이터베이스와 바이러스토털을 검색했다.

그리고 한 건을 발견했다. 4개월 전인 2014년 5월 발견된 다른 블랙에너지 변종에서 우크라이나 파워포인트와 유사한 코드가 발견됐다. 여기서도 캠페인 코드를 발견했는데, 이번에는 houseatreides94였고 역시 듄과 연관돼 있는 코드 네임이었다. 우연이라 할 수 없는 상황이었다. 이번에는 워드 파일에 숨겨져 있었는데, 폴란드 정유 회사를 겨냥한 오일과 가스의 가격에 대한 내용이 담긴 문서였다.

그 후 몇 주 동안 로빈슨은 계속해서 접근 가능한 데이터베이스를 살살이 뒤졌다. 결국에는 겹겹이 둘러싸인 악성코드의 암호를 풀고 캠페인 코드를 자동으로 추출해내는 프로그램까지 만들었다. 찾아낸 코드 네임도 점점 증가했는데 BasharoftheSardaukars, SalusaSecundus2, epsiloneridani0 등의 코드 네임들은 마치 듄에 대한 세세한 지식을 뽐내는 것 같았다.

듄과 관련된 모든 코드 네임은 전부 의미가 있었다. 처음 둘은 공격 대상과 관련이 있었다. 첫 악성코드는 우크라이나를 둘러싼 유럽과 러시아의 힘겨루기에 대한 내용이 담긴 문서에 숨어있었다. 우크라이나 문제를 주제로 한 정상 회의가 웨일스에서 개최된 바 있는데, 회의 참석자들의 주의를 끌 만한 내용이 담긴 문서에 두 번째 악성코드가 숨어있었다. 러시아의 스파이 활동에 대한 나토 회의가 슬로바키아에서 열렸는데, 이때도 두 번째 악성코드가 등장한다. 그중 하나는 러시아의 대외 정책을 연구하는 특정 미국인을 공격하기까지 했다. 이 미국인에 대한 정보는 안전을 위해 아이사이트가 밝히지 않기로 했다. 듄을 사랑한 해커들 덕분에 별개의 사건이 될 뻔한 공격들을 하나로 묶을 수 있었다.

그러나 모든 사건을 러시아의 지정학적 스파이 활동과 연관 지을 수는 없었다. 예를 들어 왜 해커들이 폴란드 정유 회사를 노린 것일까? 나중에 아이사이트가 발견한 우크라이나 철도청을 대상으로 한 공격도 그 이유를 알 수 없다.

더욱 심도 있게 사건을 조사하는 과정에서 로빈슨은 한 가지 놀라운 사실을 발견했다. 아이사이트가 발견한 파워포인트 제로데이는 비교적 최근의 일인데, 해커들의 광범위한 공격은 몇 달도 아닌 수년 전으로 거슬러 올라간다는 점이다. 듄과 연관 지을 수 있는 해킹은 2009년에 처음 발생한다. 로빈슨의 조사 결과로 연관 지을 수 있는 사건들만 따져도, 5년 넘게 해커들이 여기저기를 공격해온 것이다.

6주 동안의 분석 후 아이사이트는 이 사건을 공개할 준비를 마쳤다. 조사 결과, 무자비하고 광범위하면서 매우 진화한 스파이 활동이 러시아에 의해 이뤄졌으며 그 대상은 나토와 우크라이나를 대상으로 하고 있음이 밝혀졌다.

로빈슨이 악성코드를 공들여 분석하고 있는 동안, 그의 상사 존 헐퀴스트는 러시아 해커의 활동을 분석했다. 로빈슨은 회의실 안에서도 헐퀴스트의 사무실과 가까운 쪽에 앉아있었고, 테네시 악센트를 가진 헐퀴스트는 벽을 넘어 소리지르다시피 큰 목소리로 질문했다. 파워포인트 제로데이의 비밀이 밝혀지기 시작한 10월 중순에는 거의 매일 회의실로 쳐들어가 새로운 소식은 없는지 묻곤 했다.

해커들이 기발한 방법으로 해킹을 하기는 하지만, 사건이 충분한 주목을 받으려면 미디어의 도움을 받아야 한다는 것을 헐퀴스트는 잘 알고 있었다. 그때는 러시아 해커가 아니라 중국의 사이버 스파이가 미국 미디어와 보안업체의 조명을 받고 있던 시기였다. 중국은 노스롭 그루먼부터 다우 케미컬, 구글에 이르기까지 다양한 미국 업체를 공격해 지적 재산권과 무역 비밀에 관한 정보를 훔쳐갔었다. 미국 국가안보국(NSA) 국장 케이스 알렉산더는 이를 일컬어 '역사적으로 유례를 찾기 어려운 부의 대이동'이라고 말하기도 했다. 이 때문에 동유럽을 겨냥한 러시아의 공격은 그 치밀한 방법과 긴 공격 기간에도 불구하고 미디어의 조명을 받지 못했다.

이 사건이 주목을 받으려면 해커들에게 멋진 이름을 지어줄 필요가 있었다. 사이버 보안 분야에서 으레 해왔던 것처럼 처음 발견한 사람이 이름을 정하면 된다.* 이름은 당연히 듄과 연관돼야 했다.

청소년 시절부터 듄의 팬이었던 로빈슨이 '베네 게세리트Bene Gesserit'를 제안했다. 듄에서 다른 사람의 두뇌를 조작할 수 있는 마법과 같은 힘을 가진 여성 캐릭터의 이름이다. 헐퀴스트는 프랭크 허버트의 책을 읽지 않았지만, 발음하기가 쉽지 않고 그 의미를 이해하기 어렵다는 이유로 반대했다.

그 대신 더 직설적인 이름을 골랐다. 지하에 숨어 살며 가끔씩 지상으로 올라와 무서운 힘을 내뿜는 괴물이 생각나는 이름이었다. 헐퀴스트는 그들을 '샌드웜Sandworm'이라고 불렀다.

---

* 사실 이 해킹 그룹을 추적한 건 아이사이트가 처음이 아닐지도 모른다. 비슷한 시기에 슬로바키아에 위치한 ESET이라는 회사도 비슷한 결론을 내렸다. 심지어 이 회사는 2014년 9월 시애틀에서 열린 '바이러스 블리튼'이라는 콘퍼런스에서 발표까지 했다. 다만 ESET이 온라인으로 이 사실을 발표하지는 않았기 때문에 아이사이트는 이 사실을 몰랐다고 한다. 그 결과 아이사이트가 최초의 발견자로 인정받는 분위기다.

4
전력 승수

아이사이트가 샌드웜을 발견하고 나서 6주가 지났을 무렵에 아이사이트 사무실을 꽉 채운 자축 파티가 열렸다. 헐퀴스트는 자신들이 발견한 샌드웜을 어서 빨리 세상에 알리고 싶었다. 제로데이 취약점을 이용해 5년 동안이나 지속된, 듄을 테마로 한 러시아의 스파이 활동이 세상에 알려지자 아이사이트는 유명해졌다. 워싱턴 포스트를 비롯한 주류 언론과 보안업계, 수많은 보안 관련 미디어에 이들의 이름이 등장했다. 파티에서 로빈슨과 헐퀴스트는 보드카로 축배를 들면서 그들이 발견한 러시아 해커들에게 감사해 하기도 했다.

그러나 그날 저녁, 4,000킬로미터 동쪽에서는 계속 연구가 진행되고 있었다. 일본의 보안업체 트렌드 마이크로에서 악성코드 분석가로 일하는 카일 윌호이트는 그날 오후 온라인을 통해 아이사이트의 샌드웜 발견 소식을 접했다. 캘리포니아 쿠퍼티노의 어느 호텔에서 열린 콘퍼런스에 참석하던 중이었다. 아이사이트에 대해서는 소문으로 이미 들은 적이 있었고, 특히 존 헐퀴스트라는 이름을 기억하고 있었다. 콘퍼런스가 끝나면 자세히 살펴보려고 우선은 메모만 해뒀다. 그는 아이사이트가 말한 것보다 더 큰 무언가가 있으리라 직감했으며, 아마도 트렌드 마이크로에서 더 큰 발견을 할지도 모를 거라 생각했다.

그날 밤, 윌호이트와 그의 동료 짐 고고린스키는 호텔 바 외부에 앉아 아이사이트가 공개한 모든 내용을 노트북에 다운로드했다. 그들이 말하는 공격의 흔적을 찾아 샌드웜의 또 다른 희생자가 생기지 않도록 하겠다는 희망도 가졌다.

범죄 현장에서 발견돼 투명 봉투에 담긴 채 공개되는 증거들처럼, 아이사이트가 공개한 디지털 증거 중에는 블랙에너지 샘플이 접속해 명령을 하달받는 명령제어 서버의 IP 주소들이 있었다. 밤이 깊어지고 호텔 바의 손님들이 하나 둘 떠나갈 무렵, 윌호이트와 고고린스키는 트렌드 마이크로의 내부 데이터베이스와 바이러스토털의 데이터베이스에서 이 주소들을 검색하기 시작했다. 뭔가 새로운 것이 발견되지는 않을까라는 생각에서였다.

호텔 바가 완전히 문을 닫고 둘만 덩그러니 발코니에 남겨졌을 때, 윌호이트가 샌드웜 서버 주소 중 하나가 스톡홀름에서 사용된 기록을 찾아냈다. 그가 찾아낸 config.bak 파일 역시 이 서버와 연결돼 있었다. 다른 이들에게는 특별하지 않을 수도 있는 내용이었지만, 윌호이트는 큰 전율을 느꼈다.

윌호이트는 보안 연구원으로서는 다소 특이한 경력을 갖고 있다. 불과 2년 전까지만 해도 그는 세인트 루이스에 위치한 미국 최대의 석탄 회사인 피바디 에너지에서 IT 보안 책임자로 일했으므로, 산업제어시스템(ICS)과 감시 제어 및 데이터 취득(SCADA)에 대한 지식이 풍부했다. 이 시스템들은 단순히 정보를 송출하는 데 그치지 않고, 명령을 내린 후 그에 대한 응답을 산업 설비로부터 받아들인다. 디지털 세계와 실물 세계가 만나는 시스템이라 할 수 있다.

ICS 소프트웨어는 피바디 에너지 곳곳에서 사용됐다. 석탄 채굴에 반드시 필요한 환기 시설, 세척, 석탄 발전, 전기 공급 설비의 회로 차단 기까지 사용되지 않는 곳이 없었다. 공장, 수력 발전, 정유, 그리고 운송 까지 모두 ICS를 사용한다. 현대 문명사회의 근간을 이루는 거대하고 복잡한 기계의 대부분이 ICS를 이용하는 셈이다.

널리 사용되는 ICS 소프트웨어 중에는 GE가 공급하는 심플리시티 Cimplicity라는 소프트웨어가 있다. 여기에는 디지털 세계와 실제 세계가 만나는, 기계와 인간이 만나는 애플리케이션이 있다. 윌호이트가 발견한 config.bak 파일은 사실 .cim 파일이며 심플리시티가 오픈할 수 있는 파일이었다. 이 파일을 이용하면 심플리시티 소프트웨어의 제어 패널을 완전히 새롭게 바꿀 수 있다. 다시 말해, 심플리시티가 설치된 산업 설비의 대시보드를 완전히 재설정할 수 있다는 말이다.

아이사이트가 발견한 심플리시티 파일은 샌드웜의 스톡홀름 서버에 접속하는 일을 제외하면 별다른 작업을 수행하지는 않았다. 그러나 ICS 를 다뤄본 사람이라면 알겠지만, 외부로 접속한다는 것 자체가 문제다. 민감한 인프라를 구성하는 산업 설비는 인터넷과 완전히 분리돼야 한다. 혹시 모를 해커의 공격 가능성을 배제함으로써 재앙을 미연에 방지하려는 의도에서다.

이런 설비를 운용하는 회사들은 대부분 전력 회사들이다. 즉, 산업화된 사회의 기초라 할 수 있는 회사들이다. 지속적이고 안정적인 서비스 제공이 필수인 분야이므로 일반 IT 네트워크와 산업제어 네트워크는 엄격한 에어갭으로 분리돼 있다. 하지만 엔지니어들이 원격으로 산업 제어시스템에 접근해 소프트웨어 업데이트 등의 작업을 수행할 수 있도록 간혹 산업제어시스템이 다른 네트워크와 연결된 경우도 있다. 심지어 인터넷에 연결된 경우도 더러 있다.

샌드웜과 스웨덴에 위치한 서버에 접속하는 심플리시티 파일, 이 둘이 연결되는 순간 월호이트는 아주 놀라운 결론에 도달했다. 샌드웜은 단순히 스파이 활동에만 집중하지 않는다. 또한 정보 수집이 목적이라면 산업제어시스템을 공격할 필요가 없다. 샌드웜의 활동 범위가 넓어졌다. 물리적인 피해를 동반할 수 있는 기계와 연결된 디지털 시스템에 접근하는 것도 샌드웜의 활동 범위에 들어갔다.

"정보를 수집하는 이유는 2차 공격을 준비하기 위해서예요." 월호이트가 쿠퍼티노 호텔 외부의 찬 공기를 맞으며 이야기했다. "디지털 세계와 실제 세계를 연결하는 다리를 찾으려고 하는 것 같아요." 스파이 활동을 넘어 산업 시설을 파괴하는 것이 해킹의 목적으로 보였다.

월호이트와 고고린스키는 그날 밤 잠을 이루지 못했다. 대신 호텔 야외 테이블에 앉아 샌드웜이 ICS 시스템에서 무슨 작업을 했는지 찾아다녔다. 어떻게 타깃 시스템에 접속했을까? 어떤 시스템에 접근했을까? 도무지 알 수 없었다.

둘은 다음 날 미팅을 모두 제쳐 두고 자신들이 발견한 내용을 트렌드 마이크로의 블로그에 올렸다. 입술을 꼭 다문 모습을 한 FBI 연락책에게도 이 정보를 전달했지만, 아무런 보상을 받지 못했다.

한편 챈틀리 오피스에서는 존 헐퀴스트가 트렌드 마이크로 블로그에 올라온 심플리시티 파일과 관련된 글을 읽었다. 트렌드 마이크로는 찾아냈지만 자신들은 미처 발견하지 못했던 부분에 그는 매우 흥분했다. 트렌드 마이크로가 아이사이트의 발견 이면에 숨겨진 또 다른 사실을 찾아냈기 때문이다. "완전히 새로운 게임이 시작됐다." 헐퀴스트가 말했다.

샌드웜이 공격한 예상치 못한 타깃, 폴란드 에너지 회사, 이제 앞뒤가 맞는다. 6주 전, 아이사이트는 해커의 목적이 단순 사이버 범죄가 아니라 정부 주도의 정보 수집이라는 결론을 내렸다. 그런데 헐퀴스트의 생각이 바뀌었다. 이제 사이버 스파이가 아니라 사이버 전쟁이다. '더 이상은 예전과 비슷한 양상의 스파이 활동이 아니다. 우리가 발견한 건 실제 공격을 위한 정찰 활동이었다.'라고 헐퀴스트는 생각했다.

■

헐퀴스트는 보안업계에 종사하기 시작한 이후로 샌드웜과 같은 공격을 찾아다녔다. 아이사이트가 이 공격을 발견하기 전이었고, 심지어 이런 공격이 어떤 양상을 나타낼지 알기도 전이었다. 사이버 보안업계에 종사하는 많은 사람, 특히나 군 출신의 종사자들은 언젠가 사이버 전쟁이 발발할 것이라 생각한다. 디지털 세계의 해커 능력을 실제 사회의 전쟁이나 테러에서 이용할 수 있으리라 생각한다. 헐퀴스트는 다시 입대한 기분이었다. 15년 전 군 생활 이후로 적군은 무차별적으로 악을 행하는 존재라고 생각해왔다. 모든 것을 날려버리고, 인프라를 망가뜨리고, 자신과 친구들 그리고 무고한 시민들을 살해하는 존재로 생각했다.

테네시 동부에 위치한 앨코아의 작은 마을에서 예비군 신분으로 거주하던 헐퀴스트는 대학을 다니다가 9/11 테러 사건이 발생하자 소집돼 아프가니스탄에서 복무했다. 그가 칸다하르 지방의 민사 작전 부대에서 근무했을 때는 20살이던 해였다. 주어진 임무는 여섯 명으로 팀을 이뤄 마을 외곽을 돌아다니면서, 지역 주민들의 환심을 사고 좋은 관계를 유지하기 위해 마을 지도자들을 만나는 일이었다. "물론 여전히 완전 무장한 상태였어요." 헐퀴스트가 중간중간 웃으며 이야기를 이어갔다. "정말 모험이었어요." 그는 검정 수염을 자연스럽게 기르면서 팀

내에서 '10대 늑대$^{Teen\ Wolf}$'라는 별명으로 불렸다.

그가 근무한 민사 작전 부대의 모토는 군복 어깨 부분에 달린 뱃지에 프린트돼 있었다. 'vis amplificans vim'이라는 모토였으며, 선임들이 설명해준 바로는 '전력 승수*'라는 뜻이다. 지역 주민과 좋은 관계를 유지해서 탈레반을 축출하고 제거하는 데 그들을 이용하려는 목적이었다. 마을 지도자들을 만나 염소 고기와 빵을 곁들인 점심 식사를 함께 하고 그들에게 필요한 것이 무엇인지 물었다. 때로는 우물을 파주기도 했다. "마을 사람들은 기지 복귀 1~2주 뒤에 우리를 찾아와 탈레반의 병참 기지가 어디에 있는지 귀띔해주기도 했어요." 헐퀴스트가 말했다.

전쟁 초반에 탈레반은 거의 도망치듯 했으며, 미군을 피해 파키스탄 산맥으로 숨어들어 갔다. 하지만 다시 탈레반이 아프가니스탄으로 접근을 시도하면서 무력 충돌이 잦아졌다. 어느 날 저녁에는 게릴라들이 헐퀴스트와 동료들이 잠을 자는 빌딩에 로켓 두 발을 발사하기도 했다. 한 발은 하늘 쪽으로 빗나갔고, 다른 한 발은 명중했지만 운이 좋게도 폭발하지 않아 폭발물 처리반이 뇌관을 제거했다. 당시 이 뇌관을 제거했던 폭발물 처리반은 탈레반이 숨겨둔 로켓 창고의 폭발물을 처리하다가 모두 사망하고 만다. 헐퀴스트와 동료들이 처음 현장으로 달려가 흩어진 시신을 몇 시간에 걸쳐 수거했다고 한다.

2003년 이라크의 침공이 있은 후 헐퀴스트는 이라크로 파병됐다. 상황은 긴박하게 돌아가 아프가니스탄에서만큼이나 심각해졌다. 이라크에서는 게릴라와의 전투가 빈번했고 사제 폭탄을 만들어 설치하는 보이지 않는 적들과 전쟁을 해야 했다. 이런 상황을 겪으면서 끊이지 않는 예측 불가능한 폭탄 테러가 얼마나 사람을 정신적으로 피폐하게 만

---

* 군대에서 주로 사용하는 용어로 군의 전투력을 높일 수 있는 요소를 말한다. - 옮긴이

들 수 있는지 깨닫게 됐다. 전우들이 탑승한 험비가 폭탄에 당한 적이 있었는데, 그는 훌륭하게 대처했다(당시 그의 영웅적이고 빠른 대처를 치하하는 훈장이 수여됐다). 이때 그는 동료들을 응급 조치하고, 공격에서 살아남은 두 명의 전우에게 혈관 주사를 놓았다.

험비에 서서 주위를 경계하는 사수는 폭발 즉시 사망했다. 폭탄이 터졌을 때, 헐퀴스트는 수류탄을 가슴 쪽으로 옮겨 달고 언제든 적에게 던질 수 있도록 준비했다. 그 당시 불에 타고 있는 전우들 옆에서 폭발하던 수류탄 소리가 아직도 생생하다.

■

헐퀴스트는 의무 복무 기간이 끝나자 미국으로 돌아와 대학을 마쳤다. 졸업 후에는 잠시 동안 뉴저지의 포트 딕스에서 심리전을 가르쳤다. 그 후, 9/11 테러 사건을 계기로 테러의 위협을 줄이고자 창설된 정보 공유 분석 센터(ISAC)로 자리를 옮겼다. 처음에는 고속도로 보안과 관련된 일을 했고, 그다음에는 수자원과 철도 보안에 관련된 일을 했다. 예를 들어 테러리스트가 대형 차량을 몰고 군중 속으로 달려들거나, 스리랑카에서 벌어졌던 것처럼 차량 폭탄 테러가 발생했을 때 어떻게 대처할 것인지를 연구했다.

2006년에서야 비로소 사이버 보안 분야의 일을 시작했다. 국무부에 정보분석 계약직으로 들어가 국무부의 전산망을 해커로부터 지켜내는 일을 했다. 그 무렵에는 중국 정부 주도의 사이버 스파이 활동이 미국 국가 안보의 주된 관심사였고, 보안업계에서는 큰 시장이었다. 2000년대 중반 중국 인민해방군의 지시를 받는 사이버 스파이들이 행한 것으로 알려진 '타이탄 레인Titan Rain' 사건이 있었다. 이때 해커들은 록히드 마틴, 샌디아 국립연구소, 나사^{NASA}에 침투했다. 당시는 헐퀴스트가 국무부에서 일하기 시작한 때였다. 거의 매일 중국의 스파이 활동에 대한 보고서가 나왔고, 국무부 관계자들을 통해 정보통신 회사로 전송됐다. 헐퀴스트는 "중국 해커들이 우리의 지적 재산을 거의 다 훔쳐갔고 우리의 관심도 덤으로 가져갔죠."라고 말하면서 이때를 기억한다.

처음 몇 년간은 미국 정부를 대상으로 한 국가 주도의 사이버 스파이 활동을 추적했다. 그 후 헐퀴스트는 방향을 틀어 디지털 공격과는 약간 거리가 있는 분야를 연구했다. 군에서 대테러를 지원했던 경험과 ISAC에서의 경험을 살려 스파이 활동 추적을 넘어 심리전, 민간인 공격, 공황 상태에 대한 연구를 시작했다.

2007년 러시아 소속으로 추정되는 단체가 전례를 찾아볼 수 없는 무차별적인 DDoS로 에스토니아를 공격한 사건을 헐퀴스트가 연구한 적이 있다. 당시 에스토니아 경찰이 러시아어를 하는 소수 민족이 주축이 된 시위대를 진압한 적이 있는데, 이와 동시에 에스토니아의 정부 기관, 언론, 온라인 뱅킹이 DDoS 공격으로 며칠 동안 마비됐다. 이듬해 러시아와 조지아(과거 소비에트 연방(소련) 중 하나) 간의 전쟁이 발발했을 때도 무자비한 사이버 공격이 발생해 조지아 정부와 언론이 피해를 입었다. 헐퀴스트는 러시아가 전통 무기를 이용한 전쟁과 디지털 무기를 이용한 전쟁으로 대혼란을 야기했다고 생각한다.

이때 헐퀴스트는 사태를 관망하는 수준이었다. 에스토니아와 조지아에 대한 공격을 분석하고 이들을 연구한 연구원들을 만나서 정보를 얻은 뒤 이를 상급자에게 보고하는 수준에 그쳤다. 그때 헐퀴스트는 중국 해커들이 미국의 국가 정보와 지적 재산권을 훔쳐간 사건에 더 관심이 있었다. 그도 당연한 것이 이 사건이 훨씬 미국의 국익과 밀접한 관련이 있기 때문이다.

수년이 흐른 지금 아이사이트가 발견한 샌드웜 덕분에 헐퀴스트는 다시 한 번 러시아의 사이버 전생에 관심을 갖게 됐다. 이번에는 훨씬 고도의 기술을 이용한 새로운 공격이다. 러시아의 우크라이나 침공 중에 발생한 러시아 해커에 의한 국가 인프라 공격으로, 전선과는 수백 킬로미터 떨어진 민간인들에 대한 피해가 충분히 예상되는 사건이다. 그는 생산 시설의 파괴, 운송 수단의 혼란, 그리고 정전 등이 가능한 시나리오로 이 사건을 판단했다.

　　샌드웜이 노리는 바가 확실해지자, 10년도 더 전에 그가 민사 작전 부대에서 익숙해졌던 'vis amplificans vim'이라는 글귀가 다시 생각났다.

■

헐퀴스트는 트렌드 마이크로의 보고서를 읽은 후 더 큰 흥미가 생겼다. 지금까지는 샌드웜을 까다로운 퍼즐로 생각했는데, 이제는 샌드웜이 보기 드물게 위험한 지정학적 현상으로 보였다. 샌드웜 이야기를 아이사이트 분석가, 리포터, 보안업계 종사자, 정부의 정보 분석가들에게 쉬지 않고 들고 갔다. 아이사이트에서 열린 할로윈 파티에는 심지어 아이들 장난감으로 만든 샌드웜 분장까지 하고 갔다. 샌드웜에 대한 그의 집착과 유머 감각을 엿볼 수 있는 대목이다. 헐퀴스트는 "저는 샌드웜을 제일 좋아해요."라고 말하기도 했다.

　　아이사이트를 둘러싼 관심이 어느 정도 수그러들자, 헐퀴스트는 아이사이트를 제외하고는 샌드웜을 연구하는 사람들이 그리 많지 않다는 사실을 알고 깜짝 놀랐다. 이들에 대한 미디어의 관심도 많이 줄었다. 인프라 공격이 기술적으로 가능하긴 하지만 아직 명확한 증거가 없고 복잡하게 얽혀 있어 쉽지 않아 보였다. 아이사이트가 처음 샌드웜을 발견하고 듄과 관련된 정황을 발견한 것에 견줄 만큼 열정적으로 연구하는 사람은 아무도 없었다.

하지만 헐퀴스트는 또 다른 그룹이 이들을 계속해서 추적하고 있었다는 사실을 눈치채지 못했다. 사실, 이들은 최강의 해커 그룹이었다.

트렌드 마이크로가 샌드웜과 산업제어시스템의 연관성에 대해 보고한 지 13일이 지났을 때, 산업제어시스템 사이버 위기 대응 팀(ICS-CERT)으로 알려진 미 국토안보부 소속 팀도 보고서를 발표했다. ICS-CERT는 인프라에 초점을 둔 정부의 사이버 보안 팀으로, 임박한 디지털 보안 위험을 경고하는 일을 한다. 전력이나 수자원과 같은 미국의 산업 기반시설과 매우 깊이 연관된 일을 하는 팀이다. 바로 이 팀이 헐퀴스트가 샌드웜을 연구하면서 우려했던 바를 공식적으로 확인해주고 있었다. 아이사이트나 트렌드 마이크로의 연구 결과가 기폭제로 작용했을 수도 있다.

ICS-CERT의 보고서에 따르면, 트렌드 마이크로가 밝혀낸 것처럼 GE 심플리시티의 인터페이스를 해킹하는 것 외에 지멘스와 아드반텍/브로드윈이 제작한 비슷한 소프트웨어도 해킹하는 것으로 밝혀졌다. 보고서에서는 산업제어시스템을 대상으로 한 이번 공격이 2011년부터 시작됐으며 2014년 9월까지 계속된 것으로 밝혀졌다. 2014년 9월은 바로 아이사이트가 샌드웜을 발견한 시점이다. 이번 공격에서 해커들은 여러 주요 인프라에 성공적으로 침투한 것으로 알려졌으나, 보고서는 해커들이 누구인지 밝히지 않았다. ICS-CERT가 확인해줄 수 있는 부분은 이번 공격이 실제 피해를 입힌 수준까지는 아니었고, 그 전 단계인 정찰에 그쳤다는 정도다.

아이사이트의 보안 연구원들도 조심스레 국토안보부의 보고서를 뒷받침할 만한 증거들을 제시했다. 또한 이번 공격의 대상에는 우크라이나와 폴란드만 있는 것이 아니라 미국도 포함돼 있다는 말을 강조했다.

아이사이트가 샌드웜을 발견한 지 두 달이 채 되지 않았지만, 샌드웜에 대한 헐퀴스트의 인식이 또 달라졌다. "미국의 주요 인프라를 공격할 목적으로 제로데이 취약점을 악용한 외부의 흔적이 발견됐어요. 지구 반대편의 어떤 그룹이 이 스파이 활동을 주도했고, 우리는 많은 노력을 기울여 이를 추적했어요. 그리고 이것이 미국을 향한 공격이라는 사실도 알아냈어요."라고 헐퀴스트가 말했다.

◾

러시아와 관련된 인프라 공격 해커 팀이 샌드웜을 만들었다는 폭로가 있었지만, 헐퀴스트의 예상과 달리 전 세계적인 주목을 받지는 못했다. 백악관에서도 아무런 성명을 내지 않았다. 보안업계와 인프라업계에서만 잠시 이 사건을 다루는가 싶더니 이마저도 금세 조용해졌다. "아무도 관심을 기울이지 않는 시시한 사건이 되는 것 같았어요." 헐퀴스트가 씁쓸하게 말했다.

하지만 이 사건에 관심을 갖는 존재가 있었는데, 바로 샌드웜 자신들이다. 보고서가 공개된 후 아이사이트는 다시 한 번 악성코드와 연결됐던 서버들을 둘러봤다. 그런데 모두 접속을 끊은 상태였다. 2015년 초반에 동일한 해커 그룹이 작성한 것으로 보이는 블랙에너지 샘플을 하나 더 찾았다. 하지만 이번에는 듄과의 연결 고리를 찾을 수 없었다. 그후로도 계속 듄과 관련된 흔적은 찾아볼 수 없었다. 이 해커 그룹이 듄과 관련된 흔적을 남기는 실수를 했던 경험에서 교훈을 얻은 것 같았다.

샌드웜은 이제 사라졌고, 1년이 지난 뒤에도 다시는 찾아볼 수 없었다. 만약 샌드웜이 다시 등장한다면, 이번에는 정찰 활동에 그치지 않고 실질적인 공격을 수행할 것 같았다.

5

스타라이트미디어

야신스키가 주방 창문을 통해 정전된 야경을 보기 1년 조금 전인 2015
년 10월 어느 토요일의 고요한 아침이었다. 야신스키는 자신의 키예프
고층 아파트에 있는 바로 그 창문 옆에 앉아 차를 마시며 콘플레이크를
먹고 있었다. 이때 갑자기 회사 IT 관리자로부터 전화가 걸려 왔다.

야신스키는 우크라이나에서 가장 큰 TV 방송국인 스타라이트미디
어StarLightMedia에서 정보보안 책임자로 일하고 있었다. 하루 전날에는 IT
관리자가 전화를 걸어와 스타라이트 서버 두 대가 알 수 없는 이유로
연결이 끊겼다고 말했다. 그러나 이미 백업 머신으로 복구했으므로, 긴
급 상황은 아니라고 야신스키를 안심시켰다.

그러나 야신스키는 서버 문제에 대해 더 캐물었고, 한 가지 사실이
그를 괴롭혔다. 서버 두 대가 거의 동시에 오프라인 상태로 전환됐다는
점이다. '서버 한 대가 다운되는 일은 있을 수 있다. 하지만 두 대가 동
시에? 뭔가 수상하다.'라고 야신스키는 생각했다.

주말을 반납한 야신스키는 자신의 아파트를 떠나 스타라이트 오피

스로 향했다. 끝없이 펼쳐진 에스컬레이터 계단을 내려와 키예프 지하철 승강장에 도착했다. 냉전 시대 때 폭격에 대비한 대피소 용도로 디자인된 키예프 지하철은 전 세계에서 가장 깊은 곳에 위치한 지하철 중 하나다. 40분을 지하에서 보낸 야신스키는 키예프 중심가로 나와 시원한 가을 공기를 마실 수 있었다. 그는 타라스 셰우첸코 공원과 대학 캠퍼스를 지나는 전망 좋은 산책로를 택해 오피스로 갔다. 길가의 음악가들과 데이트하는 대학생들을 차례로 지나고 나서 식물원에 도달했다. 처참했던 전쟁은 까맣게 잊은 듯 아름다운 단풍이 지기 시작했다.

조용한 곳에 위치한 스타라이트 5층 건물에 도착했다. 야신스키와 IT 담당자들은 다운된 서버에서 가져온 이미지를 분석하기 시작했다. 여기에는 서버의 모든 데이터가 저장돼 있다. 하드디스크 드라이브에는 운영체제가 하드디스크 어디에 설치돼 있는지 컴퓨터에게 알려주는 마스터 부트 레코드라는 영역이 있다. 그런데 정확히 이곳이 0으로 덮어 써진 것을 발견했다. 우연히 이 서버가 다운된 것처럼 보이진 않았다. 이 두 대의 서버는 사내 네트워크에 연결된 수백 대의 컴퓨터에 접근할 수 있는 높은 권한을 가진 도메인 컨트롤러다.

야신스키는 이 공격이 단순히 이 두 대의 서버만을 노린 것이 아니라고 생각했다. 서버가 다운되기 전, 스타라이트 직원 13명의 노트북에 악성코드를 심은 것을 알아냈기 때문이다. 직원들이 키예프 지방선거와 관련된 아침 뉴스를 준비하고 있었는데, 갑자기 컴퓨터가 꺼지더니 모든 작업이 날아가버렸다. 서버 공격과 같은 방법으로 노트북의 부트 레코드가 삭제됐다.

그럼에도 불구하고, 야신스키는 이번에는 운이 좋았다고 생각했다. 스타미디어의 네트워크 기록을 살펴보던 중 공격당한 두 대의 도메인 컨트롤러가 스스로 다운된 것을 확인했기 때문이다. 공격이 본래 계획대로 진행됐다면, 200대가 넘는 컴퓨터들이 감염되고 파괴됐을 것이기 때문이다. 누군가가 미디어 회사 네트워크의 심장부에 정성 들여 해킹 로직을 심고 피해를 극대화하려고 했던 흔적이었다.

야신스키는 백업에서 해킹 프로그램을 복사한 다음, 그날 저녁 도시 북부에 위치한 집으로 가져와 코드를 분석했다. 여러 단계를 거쳐 복잡하게 난독화한 코드라는 점을 알아내고는 깜짝 놀랐다. 난독화 작업을 거친 코드가 모든 종류의 바이러스 검사 프로그램을 피한 것이다. 심지어 마이크로소프트의 안티바이러스 프로그램인 윈도우 디펜더를 흉내 내서 스캔을 피하기도 했다. 야신스키는 코드를 종이에 프린트해 식탁과 바닥에 늘어놓고, 위장 코드를 펜으로 그어 삭제한 다음 실제 악성 코드만 남겨 놨다.

야신스키는 정보보안업계에서 20년을 보내며 잔뼈가 굵은 사람이다. 군 복무를 마친 뒤에는 13년 동안 우크라이나 최대 통신회사 키브스타에서 IT 보안 분석가로 일했다. 거대한 네트워크를 관리했고 숙련된 해커들을 상대해왔다. 그런 그에게도 이처럼 정교하게 제작된 코드는 처음이었다.

보안 연구원으로서 야신스키는 자신을 늘 냉정하고 과학적인 방법으로 보안 문제에 접근하는 사람으로 자랑스럽게 생각해왔다. 상대방의 잔재주에 휘둘리지 않고, 디지털 방어 시스템의 핵심에 접근하는 사람으로 자신을 평가했다. 하지만 스타라이트미디어 네트워크에 등장한 샌드웜은 달랐다. 지금껏 봐왔던 적들과는 차원이 다른 고수임을 직감할 수 있었다.

■

올렉시 야신스키는 어렸을 적부터 디지털 세계와 실제 세계가 크게 다르지 않다고 생각했다. 두 세계가 서로 의존하고 있다고 생각했다.

1985년 구소련 키예프에서 자란 아홉 살 꼬마는 정부가 발행하는 잡지인 「Tekhnika Molodezhi^{청소년을 위한 테크놀로지}」를 침대로 가져가곤 했다. 작은 손전등과 자신이 아끼는 MK-61 전자계산기도 잊지 않았다. 상상으로 만들어낸 두 명의 우주인과 함께 잡지를 한 페이지씩 넘겼다. 야신스키가 만든 상상 속의 두 우주인은 예상 밖의 일로 달에 불시착했고, 짧은 거리만 주행할 수 있는 자동차만 가졌다. 연료는 바닥났고 전자 유도 시스템도 없다. 잡지에서 찾은 명령어를 프로그래밍 가능한 전자계산기에 입력해 그들을 구해내는 것이 야신스키가 침대에서 하는 비밀 임무였다.

"두 우주 미아의 운명이 어린 꼬마 손에 달려 있었죠." 야신스키는 자신의 첫 프로그래밍 경험을 이렇게 기억한다.

사실 그때 잡지의 노란색 페이지에 프린트된 미스터리한 문자들의 의미를 나는 이해하지 못했다. 마치 주문이 담긴 마법서의 한 페이지를 어디서 뜯어온 것만 같았고, 나는 단순히 계산기의 회색 버튼을 따라 누르기만 했다. 그 시절에는 내가 누르는 버튼들이 뭔가 새로운 세계로 들어가는 열쇠 같았다. 더 정확히는 내가 만든 상상의 세계로 들어가는 열쇠 같았다.

야신스키는 키예프에 있는 구소련 시절에 지어진 평범한 5층 아파트의 방이 두 개 딸린 집에서 살았다. 그 역시 엔지니어 아버지를 뒀다. 아버지는 레코드 플레이어 공장에서 일했고, 어머니는 대학에서 우주선에 들어가는 재료를 연구했다. 야신스키가 말하기로는 아주 평범한 구소련 가정의 모습이었다. 야신스키는 레닌의 어린이들이 입는 빨간 스카프가 달린 유니폼을 자랑스럽게 입고 등교했다. 학교에서는 친구들과 교정에서 놀았고 가끔씩 축구공으로 이웃집 창문을 깨기도 했다. 정치에 관한 이야기는 집에서 아무도 하지 않았다. 다만 비밀경찰이 증조부에게 다녀갔다는 말을 야신스키의 부모가 주방에서 속삭인 적이 있었는데, 그 대화마저도 이웃이 엿들을까봐 길게 이어지진 않았다.

야신스키는 학교보다는 MK-61 계산기로 하던 비밀 임무가 더 재미있었다. 그때 서방 세계에서는 애플 II 컴퓨터와 닌텐도 게임기가 히트를 쳤지만, 철의 장막을 넘지는 못했다. 사실 그 계산기가 그에게는 첫 컴퓨터인 셈이다. 야신스키가 12살쯤 됐을 때, 그의 아버지가 여기저기서 부품을 모아 싱클레어 스펙트럼 PC$^{Sinclair\ Spectrum\ PC}$를 조립했다. 그에게는 차원이 다른 업그레이드였다. 동네 전자 부품상에서 찾은 매뉴얼 복사본을 읽느라 수 시간을 보냈다. 처음에는 베이직 언어로 코드를 작성했고, 나중에는 어셈블리 언어까지 사용해서 화면에 우주선 모양을 그리기도 했다.

아마도 그 무렵이 컴퓨터가 취미에서 직업으로 바뀐 때인 것 같다. 그가 선택한 길은 프로그래밍이 아니라 리버스 엔지니어링이었다. 간단한 슈팅 게임의 코드에서 몇 바이트만을 바꿔 자신이 플레이하는 캐릭터가 죽지 않게 만들었고 총알도 무제한으로 만들었다. 야신스키에게 이런 간단한 해킹은 시시한 게임을 속이는 것 이상의 의미가 있었다. 마치 새로운 세계를 창조하는 힘을 얻은 것 같은 느낌이었다. "화면을 위아래로 뒤집은 적도 있었고, 캐릭터가 화면 한쪽으로 사라졌다가 반대편으로 다시 나오게 만들기도 했어요."라고 야신스키는 기억했다.

디지털 세계를 바꿀 수 있는 힘으로 실제 세계도 바꿀 수 있으리라 직감했다. "우리가 알던 세상이 아니었어요. 새로운 세계가 열렸고, 이 세계를 내가 바꿀 수 있었어요."

1980년대 후반에는 고르바초프의 개방 정책에 따라 서구 문명이 물밀듯이 들어왔다. 10대 청소년이었던 야신스키와 친구들도 장클로드 반담과 이소룡의 무술 영화에 매료됐다. 가라테와 유도에 대한 관심으로 컴퓨터에 대한 흥미는 시들해졌다. 실력도 탁월해서 1993년에는 우크라이나 가라테 선수권대회에도 참여했다. 안타깝게도 경기 중 상대방이 무릎 아래 부분을 발로 차는 반칙을 범해 다리 뒤의 인대가 찢어졌고, 그로 인해 짧은 무도인의 삶을 마무리했다.

키예프 폴리 테크닉 공대에서 2년간 컴퓨터를 공부한 야신스키는 군대에 징집됐다. 야신스키는 군대에서 보낸 1년 반 동안 군대의 규율과 조직, 자신감, 힘들고 단조로운 일을 하는 방법 등을 배운 것으로 기억한다. "병사의 가장 좋은 친구는 삽이고, 삽으로 못하는 게 없었어요." 군대 고참들은 끊임없이 소리를 질러댔다. 침대에 빨리 들어가는 일이 당시 할 수 있었던 최선의 선택이었다.

제대하고 대학으로 돌아왔을 때, 다시 컴퓨터를 공부했다. 사이버 보안이라는 새로운 분야가 생겨났고, 세상의 숨겨진 부분을 탐험하기 좋아하는 야신스키에게는 충분히 매력적인 분야였다.

학교에서는 매우 기초적인 것밖에 배우지 못했다. 그럼에도 졸업 후 키브스타에서 일을 시작했고, 나중에는 우크라이나에서 가장 큰 통신 회사로 이직했다. 학교가 아닌 직장에서 더 많은 것을 배울 수 있었다. 그가 했던 대부분의 일은 기밀이라 밝힐 수 없지만, 사이버 범죄를 막는 일을 했고 법을 집행하는 기관에 기술 자문을 제공하는 일을 했다. 방대한 데이터를 이용해 영악한 적들을 찾아내는 방법을 처음 배운 곳도 일터였다. "영화《매트릭스》같았어요. 화면에 보이는 숫자들로 그 뒤에 숨은 해커를 보는 일이죠."

6년 후 야신스키는 창과 방패가 싸우는 디지털 전장에 완전히 뛰어들었다. 실제 세계를 벗어나 키브스타 시스템에서 취약점을 공격하는 해커를 찾아 추적하는 일을 했다. 2000년대 후반에는 공격 양상도 변했다. 이제는 간단한 해킹보다 조직적인 해킹이 많아졌다. 야신스키는 청소년 시절 했던 것과 비슷한 리버스 엔지니어링을 했다. 다만 이번에는 비디오 게임 코드를 분석하는 것이 아니라, 고도의 기술을 바탕으로 침투를 분석하고 악성코드를 리버스 엔지니어링해 키브스타 네트워크에 어떤 의도로 침투했는지 알아내는 일을 했다.

창과 방패가 겨루는 게임의 난이도가 높아졌지만, 약간은 공정한 전쟁 같기도 하다. 사이버 보안에서는 해커들이 유리한 것이 당연하다. 시스템에는 방어해야 할 취약점이 많고, 수비하는 입장에서는 취약점 모두를 막아야 한다. 하지만 해커는 단 하나의 약점만 찾으면 된다. 잘 조직화된 보안 팀은 이런 공격을 빠르게 탐지하고 피해를 줄일 수 있는 능력이 있다. 해커들은 바로 이들을 상대로 싸움을 한다.

우크라이나와 러시아 간의 전쟁이 발발하기 얼마 전, 야신스키는 스타라이트미디어의 최고 정보보안 책임자가 된다. 그리고 그곳에서 전혀 새로운 공격을 접한다. 그가 일했던 회사와 국가, 아니 전 세계가 전혀 준비하지 못한 공격이었다.

■

2015년 가을, 사건의 극히 일부분이 수면 위로 드러났다. 며칠 동안 야신스키는 스타라이트미디어를 노렸던 알 수 없는 공격의 기본적인 분석을 실행했다. 회사 네트워크를 거의 마비시킬 뻔한 악성코드를 백업에서 카피했으며, 난독화 작업이 된 코드를 리버스 엔지니어링했다. 난독화 작업으로 감춰진 악성코드는 킬디스크KillDisk로 판명됐다. 킬디스

크는 10여 년 동안 해커들이 즐겨 사용한 데이터 삭제 코드다.[*]

악성코드가 어떻게 스타라이트미디어에 침투할 수 있었는지 알기까지는 몇 주의 시간이 더 필요했다. 야신스키는 두 명의 동료와 함께 회사 네트워크 로그를 샅샅이 파헤쳤다. 여러 각도에서 분석했으며, 하나라도 건지기 위해 밤낮을 가리지 않고 주말에도 작업했다. 데이터를 더 정교한 필터로 분석하기도 했다.

그리고 마침내 해커의 흔적을 찾을 수 있었다. 회사의 유튜브 계정이 해킹된 흔적이 보였다. 관리자가 병가 중이었는데, 네트워크 로그는 아직 활동 중인 것으로 기록됐다. 침입자가 공격 코드를 실행하기 전 몇 주 동안이나 네트워크 안에 잠입해 있던 흔적이 서서히 수면 위로 드러났다. 그리고 다른 흔적도 발견했는데, 3개월이나 시스템에 잠입해 있던 흔적이었다. 그 후에 또 발견된 흔적은 6개월 간의 흔적이었다.

해커가 회사에 처음으로 침입한 루트도 마침내 파악했다. 한 직원의 컴퓨터에 악성코드가 포함된 첨부 파일을 이용해 침투한 것이다. 샌드웜이 사용했다고 아이사이트가 작년에 밝혔던 블랙에너지가 다시 등장했다. 이번에는 더욱 진화했다. 안티바이러스 소프트웨어를 피해 자신을 숨기고, 새로운 모듈을 탑재해 동일 네트워크에 접속한 다른 타깃 머신을 감염시켰다. 그리고 킬디스크를 실행해 데이터를 깨끗이 지웠다.

스타라이트가 어떤 피해를 입었는지 조사하는 도중, 다른 회사와 정부 기관들도 동일한 방법을 사용한 해킹에 당했다는 소식을 들었다. 경쟁 미디어사인 TRK는 쉽게 무너졌다. 100대가 넘는 컴퓨터가 킬디스

---

[*] 보안 연구원인 마이클 괴데커와 안드리 베즈베르키는 SOC프라임이라는 보안업체와 함께 스타라이트미디어 사건을 분석했다고 주장한다. 하지만 야신스키는 그들이 공헌한 바가 크지 않다고 반박한다. 야신스키는 자신이 베즈베르키에게 약간의 정보를 제공했고 SOC프라임으로부터 도구를 제공받은 것은 사실이지만, 괴데커나 SOC프라임의 어느 누구도 스타라이트미디어의 최종 분석에는 참여하지 않았다고 밝혔다.

크 공격을 받아 데이터를 날렸다. 나중에 안 사실이지만 키예프의 주요 공항인 보리스필 공항도 공격에 당했다. 야신스키에게 해킹 사실을 비밀로 해줄 것을 요청한 익명의 회사들도 있었다. 해커들이 팔방미인 블랙에너지를 이용해 정찰 활동을 한 다음 킬디스크를 이용해 데이터를 삭제하는 작업을 반복했다. 왜 해킹을 했는지는 알 수 없다. 하지만 동일한 수법이 사용됐다.

"하나씩 밝혀질 때마다, 빙산을 발견한 타이타닉이 된 기분이었어요. 깊이 들어갈수록, 더 큰 피해가 보였으니까요."라고 야신스키가 말했다.

6
홀로도모르에서 체르노빌까지

야신스키가 아직 깨닫지는 못했지만, 야신스키는 지금 우크라이나의 길고도 불행한 역사 한가운데에 서 있다. 바로 외부의 침공이다.

세계 최초의 사이버 전쟁 발발지가 왜 우크라이나인지 이해하려면, 세기말 분쟁과 지배의 역사를 살펴보면 도움이 된다. 우크라이나는 두 대륙이 만나는 전선이다. 지난 수천 년에 걸쳐 우크라이나를 침공했던 주체를 살펴보면 동쪽에서는 몽골 유목민, 서쪽에서는 리투아 이교도와 폴란드 제국주의자들이 있었다. 국가명인 우크라이나^{Ukraine}는 슬라브어로 '접경지대^{ukraina}'를 뜻하기도 한다. 그 이름처럼 우크라이나의 위치가 국가의 흥망성쇠에 큰 영향을 끼쳤다. 지리적으로 강대국들 사이에 있기 때문이다. 그러나 우크라이나의 숙적은 오랫동안 국경을 맞대고 대부분의 문화와 역사를 함께해온 국가였다. 한 배에서 나온 이 숙적은 더 크고, 더 공격적이다.

러시아와 우크라이나 모두 중세시대 문명 중 하나인 키예프 루스에 기반한다. 키예프 루스 왕국은 키예프 지방에서 10세기부터 번성했으며, 볼로디미르 왕이 그리스 정교회를 국교로 선포한 이후 유럽 문화의 동방 전초 기지가 됐다. 우크라이나인들은 볼로디미르의 아들이자 현자로 불리는 야로슬라프가 키예프를 대표하는 성 소피아 대성당을 1037년에 건축했다며 자랑스러워한다. 볼가강 유역에서 모스크바가 겨우 생겨나기 시작한 시기에 우크라이나에는 이미 대성당이 들어섰기 때문이다.

하지만 지정학적 위치는 단 한 번도 우크라이나의 편을 들어준 적이 없다. 13세기 징기스칸의 후예 바투칸이 이끄는 몽골 군대가 우랄산맥을 넘고 초원을 가로질러 키예프 루스를 멸망시켰다. 오랜 대치 끝에 키예프 시민으로 위장한 침입자들이 수백 개의 교회를 불태우고 성벽을 허물었다.

키예프 루스 멸망 이후의 역사에 대해서는 러시아와 우크라이나의 견해가 크게 다르다. 러시아는 키예프 루스 멸망 후 왕국의 잔존 세력이 모스크바로 망명해 러시아인이 됐다고 주장하는 반면, 우크라이나는 자신들의 문명은 첫 발상지인 흑해 북부의 비옥한 토지에서 계속 발달했으며 수 세기 동안 살아남아 몽골, 폴란드, 투르크, 타타르, 러시아 등과는 다른 문명을 형성했다고 주장한다.

30년 전에 이룩한 우크라이나 독립의 역사는 고통스러웠으며 순탄치 못했다. 지난 한 세기 동안 독립의 과정을 살펴보면 말 그대로 고난의 역사였다. 17세기에 있었던 우크라이나 내부 카자크족의 반란 때에는 광활한 초원 지대에서 온 무자비한 침략자들에게 나라를 내줬고, 1917년 러시아 볼셰비키 혁명 후에는 곧바로 피비린내 나는 우크라이나 내전이 발발했으며, 곧 이어 제2차 세계 대전 때는 나치 점령군에 잘못 협조한 탓에 큰 시련을 겪었다. 우크라이나의 역사를 다룬 『Borderland』라는 책에서 안나 레이드가 서술한 것처럼 반란은 항상

'끔찍하고 야만적'이었다. 20세기 초반에 우크라이나는 하나의 국가로 불리지 못했고 '우크라이나 족속'이라 불렸다. 또한 러시아 공화국 아래에 있는 '서남 러시아' 또는 '작은 러시아'라고 불리기도 했다.

러시아가 세력을 떨칠 때 우크라이나에서는 끔찍한 일이 벌어졌다. 우크라이나가 가진 어두운 역사만큼이나 끔찍했다. 제1차 세계 대전 동안 350만 명의 우크라이나인이 러시아를 위해 징집돼 전투에 나갔다. 볼셰비키 혁명이 러시아를 휩쓸고 지나가고 우크라이나가 전쟁에서 벗어난 후에도 우크라이나 내부에는 수년간 싸움이 사라지지 않았다. 여전히 제정 러시아에 충성을 바치는 백인들과 공산주의자이자 혁명가인 블라디미르 레닌을 추종하는 세력 간의 싸움이 끊이지 않았다.

1차 세계 대전보다 내전이 더 큰 비극과 혼란으로 우크라이나를 몰고 갔다. 사방에서 군인들과 범죄자들이 일반 시민을 상대로 잔혹 행위를 계속했으며, 유대인 학살이 만연해 '코사크Cossack 기병'이란 말은 유대인들 사이에서 '살인자'라는 말로 통할 정도였다. 1914년부터 1921년까지 총 150만 명의 우크라이나인이 목숨을 잃었다.

하지만 우크라이나 사람들의 가슴속에 사무친, 잊을 수 없는 박해는 그 후 10년 동안 일어났다. 구소련 체제에서 우크라이나에 기근이 발생해 390만 명이 사망했다. 이 시간을 '홀로도모르Holodomor'라고 부르는데, 우크라이나어로 '기아'와 '몰살'을 함께 뜻하는 말이다.

굶주림은 단순한 착취에서 시작됐다. 우크라이나의 비옥한 토지는 러시아에게 아주 매력적인 곡창 지대였다. 1917년부터 1922년까지 계속된 내전 동안 러시아는 무력을 앞세워 가능한 한 많은 양의 곡식을 전쟁에 대비한 식량으로 비축했다. 1918년 레닌은 "신의 이름으로 온 힘을 다해, 수단과 방법을 가리지 말고 곡식을, 더 많은 곡식을 조달하라!"라는 전보를 우크라이나에 있는 구소련 군대에 보낸다. 이를 계기로 KGB로 널리 알려진 비밀경찰이 조직된다. KGB는 처음에 체카(반혁명 방해공작 대처를 위한 국가특수위원회)라고 불렸으며, OGPU(연방 전체를 관할하는 통합국가정치부)를 거쳐 만들어진 조직이다. 이들이 담당한 주요 임무 중 하나가 우크라이나 농부들에게 수단과 방법을 가리지 않고 곡식을 약탈하는 일이었다. 미국의 구호담당 행정 기관에서 러시아에 사람을 보내 식량난을 도우려 했을 때, 구소련 군대가 이들이 우크라이나에서 활동하는 것을 지속적으로 방해했다. 우크라이나의 식량난이 가장 심각하다는 것을 숨기기 위해서였다.

1932년쯤에는 구소련이 기근을 통치의 도구로 사용한다. 조셉 스탈린이 소련을 통치하던 시절, 농업의 공영화를 추진했다. 우크라이나인들이 대대로 소유해온 땅에서 농부들을 내쫓아 공동농장으로 보내는 동시에 부농은 배반자라는 낙인을 찍어 추방하거나 감금하거나 학살했다. 당연히 식량 생산에 큰 차질이 빚어졌고, 구소련은 두 배의 노력을 들여 우크라이나 농부로부터 더 많은 식량을 착취했다. 식량을 찾아내는 일도 체계적으로 발전했다. 갈고리가 달린 뾰족한 장대를 이용해 벽 뒤와 마루 밑을 뒤졌다. 숨겨진 식량을 찾고자 집 밖의 땅까지 뒤졌다. 이렇게 찾아낸 식량은 안전한 곳간에 보관했다. OGPU 순찰대는 식량을 구하러 나온 이들을 보면 현장에서 사살했다.

이에 농부들은 산발적으로 항거했다. 가축을 협동 농장에 빼앗기지 않으려고 차라리 도살하는 쪽을 선택하기도 했으며, 무기를 들고 게릴라 군에 합류하기도 했다. 하지만 이런 저항 활동은 오히려 스탈린을 자극해 우크라이나 독립주의자들의 활동에 더 민감하게 반응하도록 만들었다. 몇 년 전 볼셰비키 혁명에서 겪었던 우크라이나 자유 투사들과의 전쟁을 상기시킨 것이다. 그 결과, 기근은 우크라이나를 파괴하는 원인일 뿐만 아니라 통치의 수단이 됐다. 구소련 연방은 우크라이나가 항복할 때까지 식량난을 악용했다.

구소련 정부는 여행을 금지해 굶주린 농부들이 다른 지역이나 해외로 나가는 길을 막았다. 기차역과 도로에는 시체가 쌓여갔다. 역사가 앤 애플바움이 홀로도모르를 다룬 『Red Famine』이라는 책에 따르면, 필사적이 된 농부들이 동물의 가죽, 설치류, 풀을 식량으로 삼기도 했으며, 기근 때문에 정신이 이상해진 사람들은 심지어 자신의 아이들까지 먹었다고 한다. 이 모든 사건이 바로 세계에서 가장 비옥한 토지를 가진 지역에서 일어난 일이다.

우크라이나 국민의 약 13%가 이때 죽었으며, 이 트라우마로 인해 상처받지 않은 우크라이나 사람은 아무도 없다. 홀로코스트 때 49명의 친인척을 잃었으며, 이로 인해 '제노사이드(집단학살)'라는 용어까지 만든 폴란드계 유대인 변호사 라파엘 렘킨은 1953년 뉴욕의 한 강연에서 홀로도모르를 제노사이드의 대표적인 예로 언급하기도 했다. 그는 "이는 단순한 대량 학살이 아닙니다. 제노사이드이자 파괴이며, 많은 사람을 살해한 것을 넘어서 문화와 국가를 파괴한 사건입니다."라고 분석했다.

■

러시아의 그림자를 벗어날 수 없다는 것 외에도, 우크라이나의 불운은 계속됐다. 우크라이나는 동양과 서양이 만나는 지점에 위치하므로 양쪽 세력이 맞부딪히는 전장이 될 수밖에 없다. 제2차 세계 대전도 예외는 아니었다. 20년 전의 내전으로 인한 피비린내가 채 가시기도 전에, 히틀러와 러시아 붉은 군대 간의 전쟁은 우크라이나를 세 조각으로 나눴다. 나치를 추종하는 세력이 첫 번째 조각이다. 이들은 스탈린 통치보다는 더 나은 삶을 살 수 있을 거란 잘못된 희망을 가졌다. 구소련에 징집된 군인들이 두 번째 조각이고, 마지막 조각은 우크라이나 독립을 위해 싸우는 이들인데 그 수는 그리 많지 않았다.

구소련의 잔혹 행위는 나치 이전부터 있었다. 독일과 러시아가 서로 침략하지 않은 시기에 잔혹 행위는 이미 시작됐다. 1939년 히틀러가 폴란드를 포위했을 때, 갈리시아로 불리는 우크라이나 서쪽 지방이 폴란드 통치하에 있다가 갑자기 구소련으로 넘어갔다. 스탈린과 우크라이나 공산당 소속의 니키타 크러쉬체프는 소련 연방의 합병을 위해 싸울 사람을 골라낼 시간이 없었다. 농업 공영화에 반대하는 농부, 폴란드 국민, 유대인, 변호사, 종교인, 정부 관련자들 중 누가 자신의 편에 설지 알 수 없었다.

80만에서 160만 명 사이의 사람들이 체포되고 우크라이나 서부에서 추방당해 카자흐스탄과 시베리아에 있는 강제 노동 수용소로 옮겨갔다. 이 지역 인구의 약 1/5이었다. 그리고 2년 후 예상치 못한 일이 벌어진다. 히틀러가 소련 땅에 진입한 것이다. 이로써 두 나라의 암묵적인 불가침 조약은 깨졌다. 갑작스러운 이벤트가 발생하자, 소련은 아직 동부로 추방하지 못한 우크라이나인들을 서둘러 처형했다.

그 후로 수년간 나치가 우크라이나인들을 짐승처럼 취급했다. 히틀러 군대가 동쪽으로 진격할 때 SS 군단이 함께 왔는데, 이들은 유대인들을 잔혹하게 학살했다. 이들이 발견한 모든 유대인은 화형에 처해졌고 시체는 공동묘지에 던져졌다. 공동묘지를 사용한 이유는 단 하나, 병력의 이동을 방해하지 않기 위해서다. 우크라이나인들 중에서는 독일을 반기고 심지어 홀로코스트 대학살을 도운 사람들도 있었는데, 나중에 이들은 슬라브인, 러시아인과 동일하게 '열등 인간'으로 취급받았다. 나치는 200만 명 이상의 우크라이나인을 포함해 총 280만 명의 소련 거주인들을 독일로 이송해 공장에서 노예 급여를 받으며 일하게 했다.

1943년 붉은 군대가 100만 명 이상의 희생을 치르며 스탈린그라드에서 승리한다. 하지만 이후에도 나치는 계속해서 학살을 자행했고, 200만 명 이상의 소련 거주인을 '죽음의 행군'을 통해 서쪽으로 강제 이주시키면서 굶겨 죽였다. 그 결과 우크라이나인 여섯 명 중 한 명이 전쟁에서 죽고, 러시아인 여덟 명 중 한 명이 죽는 비극을 낳는다. 이로써 총 2,660만 명의 사람이 소련 땅에서 죽는 믿기 어려운 역사가 기록된다.

전후 수십 년 동안 소련은 그들이 점령한 우크라이나 땅의 사람들을 서서히 탄압한다. 우크라이나인을 두려워하는 스탈린과 흐루쇼프의 등장으로 1950년대에는 수용소에 갇힌 사람들 중에서 우크라이나인이 가장 많을 정도였다. 1960년대부터 1970년대까지는 식스티어스Sixtiers 나 헬싱키 그룹에서 우크라이나의 독립과 그들의 인권을 위해 싸웠지만, 황량한 시베리아의 환경에서 오래 버티지 못했다.

1980년대로 들어와 고르바초프가 등장하면서 800년의 긴 고난 후 마침내 우크라이나 독립의 싹이 트기 시작했다. 그러나 구소련이 남긴 문제가 이들을 기다리고 있었다.

■

1986년 4월 25일 저녁, 5만 명이 거주하는 우크라이나 북부 프리피야트 근교의 체르노빌 핵 발전소에서는 기술자들이 테스트를 진행하고 있었다. 정전과 같은 비상 상황에서 얼마나 원자로가 동작할 수 있는지 점검하는 테스트였다. 자정을 막 지난 시점에 기술자들은 비상시 원자로를 물로 식히고 전원을 차단하는 시스템을 껐다.

그 후 정확히 무슨 일이 있었는지는 지금까지도 과학자들 사이에서 의견이 분분하지만, 새벽 1시 23분에 큰 폭발이 일어나 발전소가 파괴됐고 두 명의 기술자가 사망했다. 폭발의 원인은 정확히 알 수 없었다. 갑자기 증기가 많아져 폭발했을 수도 있고, 핵 폭발이 간접적으로 증기를 만들어냈을 수도 있다. 그 즉시 방사능 물질이 공기 중으로 1킬로미터 밖까지 뿜어져 나왔다.

소방관들이 불길을 잡으러 현장으로 달려왔지만, 상당수가 부지불식간에 이미 치사량 이상의 방사능에 노출됐다. 인근 프리피야트 시민들에게는 어떤 경고도 전달되지 않았다. 시민들은 불과 몇 킬로미터 떨어진 곳에서 발생한 핵폭발이 만들어낸 낙진을 전혀 예상하지 못하고 평범한 토요일 저녁을 보내고 있었다. 36시간이 지나서야 공산당원들이 핵 발전소 부근 몇 킬로미터 내의 좁은 지역을 대상으로 제한적인 대피 명령을 내렸다. 눈에 보이지 않는 피폭은 사실 측정하기 어렵지만, 방사능 물질은 이미 공기를 통해 스웨덴까지 퍼져 나갔다.

몇 주 동안이나 공영 뉴스에서는 이 사건에 대해 아무런 언급조차 없었다. 공산당 서기장인 미하일 고르바초프도 침묵했다. 폭발이 있고 나서 6일이 지난 후 잔해들이 체르노빌의 독성 구름에 떠다니다가 비를 통해 내렸다. 공산당 간부들만 자녀들을 안전한 크림 반도로 대피시켰고, 우크라이나 시민들에게는 노동절 행사를 계획대로 진행하라는 지시가 내려졌다. 체르노빌 폭발 지점으로부터 불과 100킬로미터 떨어진 곳에서 아이들을 포함한 수천 명의 시민들이 키예프 번화가에서 꽃, 깃발, 구소련 지도자들의 사진을 손에 들고 행진했다. 그 사진 속 인물들이 시민들을 역사상 최악의 산업 재해로 인한 낙진에 노출시켰지만, 행진 참가자들은 이 사실을 전혀 눈치채지 못했다.

7

마이단 광장에서 돈바스까지

2017년 봄 키예프에서 처음 저녁 시간을 보낼 때, 우크라이나 호텔이라 불리는 높은 건물에서 나와 우크라이나 수도의 중심부에 있는 마이단 광장으로 내려온 적이 있다. 내가 머물렀던 호텔은 예전에는 모스크바 호텔로 불리던 구소련의 최고급 호텔이었지만, 지금은 값싸고 오래된 구소련의 유물이 된 호텔이다. 시차적응으로 고생하던 두뇌가 어떻게 나를 조정했는지는 모르겠지만, 어느 순간 살펴보니 나는 키예프 개척자 기념비 근처에서 군중 속에 섞여 있었다. 검정색 옷을 입은 한 사내가 한 손에는 기타를 들고 불끈 쥔 다른 손은 가슴 앞에 둔 채로 우크라이나 국가를 힘차게 부르고 있었다. 그의 곁에는 위장복을 입은 군인들이 서 있고, 한 명은 짙은 선글라스를 쓰고 있었던 것으로 기억한다.

노래를 부르던 사내 뒤에는 사진이 있었는데, 사진 속 인물들은 방한모와 헬멧을 착용한 채 친근한 얼굴을 하고 있었다. 나중에야 이 사진 속 인물들이 3년 전 바로 이 장소에서 죽은 아주 평범한 우크라이나인이라는 사실을 알 수 있었다. 내가 조금 전에 체크인한 우크라이나 호텔 꼭대기에 자리 잡은 저격수가 많은 사람의 목숨을 앗아갔다. 호텔 로비 역시 전쟁 동안 사용됐다. 한쪽은 부상당한 시위대를 위한 야전 병원으로 사용됐고, 다른 한쪽은 시체 안치소로 사용됐다.

마이단 광장에서 노래를 부르던 그 사내는 어느새 군중으로 둘러싸였다. 이들은 하나같이 손을 가슴에 얹었고 일부는 우크라이나 국기를 몸에 감싼 채 힘차게 국가를 불렀다. 이들의 목소리는 으스스할 정도로 에너지가 충만해 온몸의 털이 쭈뼛 서는 듯한 기분이 들었다. '우크라이나의 자유는 건재하며 더 무궁히 발전할 것이다. 다른 나라가 우리 땅에서 우리를 지배하는 일은 용납될 수 없다.'라는 뜻의 가사를 합창했다. 우크라이나에 대한 첫 인상은 마치 전쟁을 막 끝낸 국가의 한복판으로 들어간 느낌과도 같았다.

■

수세기 동안 피비린내 나는 독립 투쟁 후 우크라이나는 1991년 드디어 자유를 찾는데, 거의 우연에 가까운 일이었다. 구소련 연방의 붕괴로 당황한 우크라이나 국회는 투표를 통해 독립 국가가 되는 길을 선택했지만, 도네츠크 극동에 위치한 러시아 혈통 지역은 여기에 반대한다.

독립 국가가 된 후에도 러시아는 수십 년간 우크라이나에 영향력을 행사한다. 그 결과 두 국가는 사회주의 국가에서 부정부패 국가로 변질됐다. 우크라이나 총리였으며 후에 14년 동안 초대 대통령을 역임했던 레오니드 크라우추크는 측근에게 값싸게 돈을 빌려주고 자잘한 사업을 벌여 부정 축재를 한 것으로 알려졌다. 2000년에는 한 취재 기자가 키예프 남쪽 숲에서 변사체로 발견된 사건이 있었는데, 크라우추크가 이 기자를 고문하고 살해하는 것에 대해 대화하는 내용이 담긴 테이프를

2000년에 경호원이 공개한 적도 있다. 이 테이프에는 부정 선거, 뇌물 수수뿐 아니라 사담 후세인에게 무기 시스템을 판매하는 내용까지도 포함돼 있었다.

시민들은 이미 부패에 무뎌졌고 국영 미디어의 거짓말에 길들여져 있어서, '크라우추크 게이트'가 대통령을 끌어내리지는 못했다. 오히려 그가 정한 후임 빅토르 야누코비치가 대통령 선거에 나설 때까지 세력을 유지했다. 후임 역시 독재자이며 2004년 대통령 선거에 출마한 블라디미르 푸틴과 연관이 있었다. 그의 정적은 빅토르 유셴코인데, 국가주의자이자 금융가이며 러시아의 영향력에서 벗어나는 것을 약속했던 정치인이기도 하다.

이상한 낌새를 알아차린 러시아는 우크라이나에 대한 고삐를 조이기로 결정했다. 이후 러시아 정치 세력은 조용히 야누코비치를 돕는다. 그 결과 얼마 지나지 않아 유셴코의 연설은 점점 줄어들었고, 그의 지지 세력도 등을 돌리고 말았다. 그리고 선거를 한 달 앞두고 유셴코는 석연치 않은 이유로 다이옥신에 중독돼 사경을 헤맨다. 다행히도 목숨을 건졌지만, 보기 흉한 흉터가 남았다. 나중에는 두 명의 러시아인이 키예프에 있던 유셴코의 선거 사무실을 폭파하려다 체포되는 사건도 발생한다.

그해 11월 야누코비치가 선거에서 이기자, 부정 선거에 대한 이야기는 쏙 들어갔다. 비슷한 시기에 다이옥신 중독에서 회복한 유셴코는 선거운동으로 복귀해 여론조사에서 두 자릿수 차이로 앞서기도 했지만, 실제 투표에서는 패배한다. 하지만 부정 선거의 증거는 뚜렷이 남았다. 투표 결과가 나오기도 전에 푸틴이 야누코비치에게 축하 메시지를 보낸 것이다.

우크라이나 시민들은 강하게 반발했다. 수십만의 인파가 키예프 거리로 나왔고, 마이단 광장을 꽉 채웠으며, 유셴코가 선거운동에서 사용한 오렌지색 스카프를 흔들었다. 저항이 거세지자 야누코비치는 결국 한 달 후 자리에서 물러났다. 오렌지 혁명이 명실공히 우크라이나가 진정한 독립을 추구하는 시발점이 된 것이다. 다음 달에 치러진 선거에서 유셴코가 승리했고, 이로써 우크라이나 역사의 한 획을 긋게 된다.

그러나 우크라이나 정치는 이후에도 결코 순탄하지 못했다. 유셴코의 정치가 획기적이기는 했지만 짜임새가 부족한 탓에 총리인 율리야 티모셴코와 불협화음을 냈다. 정부는 일을 제대로 하지 못했고 경제는 쇠퇴했다. 놀랍게도 러시아의 도움도 좀 받고, 미국 출신 로비스트 폴 매너포트의 지원을 받아 온갖 감언이설로 야누코비치가 다시 기회를 얻는다. 폴 매너포트는 나중에 도널드 트럼프의 선거 캠프에도 참여한다. 2006년부터 2007년까지 야누코비치는 최대 라이벌인 유셴코의 정부에서 총리직을 맡기도 한다. 2010년 야누코비치가 대통령 선거에서 티모셴코를 꺾으면서 오렌지 혁명은 5년 만에 막을 내린다.

그 후 4년 동안 우크라이나는 다시 달아오른다. 대통령이 된 야누코비치는 크라우추크보다 더 심한 부정 축재를 한다. 공공연히 국가의 재산을 훔치기도 할 정도였다. 그의 가족 역시 부정 축재에 가담해 앞뒤 가리지 않고 1,000억 달러의 국고를 개인 계좌로 빼돌렸다. 메쥐히랴라는 키예프 북쪽에 있는 그의 땅은 호화로운 낙원이었다. 거기에는 형형색색의 이국적인 새들이 날아다녔으며 볼링장, 사격장, 권투장은 물론이고 4,650만 달러 상당의 호화 샹들리에도 있었다.

그중에서도 최악은 야누코비치의 부정 부패가 아니라 러시아와의 연합이었다. 유셴코 시절 우크라이나는 나토에 가입하고자 노력했다. 당연히 푸틴에게는 매우 거슬리는 일이었다. 야누코비치도 유럽과 친하게 지내고 싶었다. 따라서 유럽연합과 양해 조약을 맺었고, 이를 계기로 삼아 서방 세계로의 물꼬를 트고자 했다. 그러나 푸틴의 압력으로 이 조약은 일주일 뒤 폐지된다.

그 후의 항쟁은 오렌지 혁명이 추구했던 비폭력에서 벗어났다. 2013년 11월 다시 수십만 명의 시민이 마이단으로 나왔다. 경찰은 물대포, 고무탄, 최류탄으로 군중을 해산하려 했고, 군중은 바리케이드와 화염병으로 응수했다.

물리적 충돌이 격해지는 가운데 디지털 공격이 마이단 운동에 처음으로 등장한다. 친서방, 친혁명 성향의 정부 관리를 대상으로 알 수 없는 곳으로부터 전화와 문자 메시지가 빗발쳤다. 덕분에 올렉시 야신스키처럼 이동통신 업체 키브스타에서 일하던 엔지니어들은 이동통신 네트워크가 정상적으로 동작할 수 있게 만드느라 진땀을 빼곤 했다. 마이단 근처 거리에서는 기지국을 흉내 낼 수 있는 IMSI 수집기 같은 장치를 동원해 집으로 돌아가라는 내용의 스팸 문자 메시지를 시위대에 전송했다. 하지만 광장에서의 물리적 충돌이 워낙 거셌기 때문에 디지털 공격에 신경 쓰는 사람은 거의 없었다.

그해 겨울 끝자락, 시위대를 향한 총탄은 더 이상 고무탄이 아니었다. 시위대의 흥분이 격해져 마이단 광장에서 우크라이나 호텔을 향해 최종 행진을 할 때, 저격수들이 그들을 향해 방아쇠를 당겼다. 우크라이나어로 독수리를 뜻하는 '베르쿠트Berkut'로 알려진 이들은 친러시아 성향의 무장경찰 단체이며, 야누코비치가 데려온 러시아 군인들도 여기에 합세했을 것으로 생각하는 사람들도 많다. 103명의 시위자가 희생됐다. 이들은 '천국의 100인'이라는 칭호를 받으며 사람들의 가슴속에 남았다. 내가 처음 키예프를 방문하던 날 저녁에 마이단 광장에서 시민들이 추모하던 바로 그 희생자들이다.

끔찍한 유혈 사태가 발생하자 야누코비치는 결국 자신이 책임져야 한다는 것을 깨닫고, 러시아로 망명했다.

강경책으로 유명한 푸틴은 전혀 다른 접근을 한다. 우크라이나를 침공한 것이다.

∎

2014년 2월, 마이단의 먼지가 수그러들기도 전에 부대 표식이 없는 군복을 입은 군인들과 베르쿠트 병력이 우크라이나 크림반도 남부에 위치한 국회에 진입한다. 순식간에 3만 5,000명의 러시아 군대가 주둔했으며, 이들은 총 한 번 쏘지 않고 그 일대를 빠르게 점령했다. 두 달후 더 많은 러시아 군인이 국경을 넘어 러시아어를 사용하는 우크라이나 동부 돈바스 지역으로 행군한다. 이들 역시 부대 표식이 없어서 '작은 녹색 사내들'로 불렸다. 이들은 전차와 대포를 이용해 이 지역의 독립을 주장하는 세력을 도울 목적이었다. 이미 도네츠크시와 루한스크시가 독립 세력에 넘어간 후라 이들의 세력을 공고히 하는 데 목적이 있었다.

선전포고도 없이 우크라이나 동부가 전쟁에 휘말려 들어가면서, 러시아는 크림반도 일대를 성공적으로 손에 쥐게 된다. 200만 명의 우크라이나인들이 국내에서 난민이 됐고, 1만 명의 우크라이나인이 목숨을 잃었다. 2014년 7월 냉혈한 러시아군이 전 세계에 충격을 준 일이 발생한다. 친러시아 성향의 우크라이나 군대라는 겉모습을 하곤 있었지만, 실은 러시아 방공부대 역할을 하는 부대가 부크 미사일을 발사해 우크라이나 상공을 날던 말레이시아 민항기를 격추했다. 이 사건으로 298명이 사망했다.

침공 초기부터 또 하나의 전선이 형성됐다. 우크라이나 혁명 후 선거가 치러지기 나흘 전인 2014년 5월의 어느 날, '사이버 베르쿠트'라 스스로를 칭하는 친러시아 성향의 해커 그룹이 자신들의 웹 사이트인 cyber-berkut.org에 야누코비치가 물러난 자리를 위해 치러지는 선거를 방해하겠다고 선언한 것이다. 당연히 이 해커 그룹의 이름은 마이단 혁명에서 시위대를 죽인 경찰 특수부대의 이름에 영향을 받았다. '인권을 무시하는 군사 정부가 서방 세계의 지시를 받아 자신들을 합법화하려고 수작을 부리는 것이다. 우리는 절대 이를 허용하지 않겠다!' 러시아어로 쓴 그들의 메시지였다.

그날 밤 이들은 중앙 선거 관리 본부에 사이버 공격을 강행했다. 선거 관리 본부의 네트워크에 침입해 수십 대의 컴퓨터를 초기화한 것이다. "시스템을 파괴하고 선거 결과를 발표하지 못하게 한 다음 우크라이나 군사 정권에 책임을 전가한다는 계획이었어요. 목표는 선거 과정을 사람들이 신뢰할 수 없도록 만드는 거였죠." 그 당시 선거 관리 본부에서 보안 엔지니어로 일하던 빅토르 조라의 말이다.

선거 관리 본부의 IT 관리자들은 네트워크를 시간에 맞춰 힘들게 복구했다. 선거 당일에는 선거 관리 본부 웹 사이트에 심어져 있던 거짓 선거 결과를 나타낸 이미지를 찾아냈다. 해커 그룹이 극우파 대통령 후보인 드미트로 야로시가 선거에 이긴 것처럼 꾸민 내용이었다. IT 관리자들이 다행히 투표가 끝나기 전에 이 이미지를 발견해 삭제했다. 그러나 이 해커들과 입을 맞춘 것처럼 러시아 국영 방송은 야로시가 선거에서 승리했다는 거짓 방송을 송출했다. 선거에서 이겼지만 정치판에서 거물이라 불리기에는 다소 미흡했던 페트로 포로셴코에게 사람들이 의문을 갖기에 충분한 상황이 됐다. 다음 날 아침 선거 관리 본부는 세 번째 공격을 받는다. 이번에는 서버를 오프라인으로 만들어 선거 관리 본부가 선거 결과를 공식적으로 확인해줄 수 없도록 네트워크를 마비시키는 공격이었다. 이 공격은 쓸데없는 데이터를 보내 네트워크 트래픽을 장악하는 방식으로 이뤄졌다. (수년 후 사이버 베르쿠트 해커 그룹은 미국 선거를 방해한 바 있는 러시아 해커 그룹 팬시 베어와도 연관이 있는 것으로 밝혀졌다.)

이번 사건은 디지털 공격이 얼마나 광범위하게 펼쳐질 수 있는지를 잘 보여줬다. 수천 대의 컴퓨터가 파괴됐고, 타깃이 된 기관은 마비됐다. 2017년 초 내가 키예프를 방문했을 무렵, 해커들은 사실상 우크라이나 사회의 거의 모든 영역을 공격했다. 미디어, 에너지, 운송, 금융, 정부, 군대를 포함하는 전 분야가 해킹을 당했다. "우크라이나처럼 해킹이 만연한 곳을 지구상에서 발견할 수 없을 거예요. 거의 모든 분야에서 네트워크 해킹 흔적이 발견됐어요." 사이버 보안을 담당하는 나토 대사인 케네스 기어스가 그 당시 나에게 한 말이다.

그해에 유셴코 전 대통령과 전화 통화를 할 기회가 있었는데, 그는 러시아의 공격이 온라인이든 오프라인이든 단 한 가지 목적만 가졌을 것으로 추측했다. 유셴코는 "우크라이나의 상황을 불안하게 만들어서 정부가 무능하고 취약하게 보이도록 하는 데 목적이 있는 것 같네요."라고 말했다. 또한 우크라이나 미디어를 통해 쏟아져 나오는 러시아산 거짓 정보와 사이버 공격을 연관 지었다. 우크라이나 동부에서 벌어진 테러 성격의 전투, 수년 전 발생한 다이옥신 사건 등이 모두 우크라이나가 온전한 국가가 되기에는 부족하다는 이미지를 심으려는 공격이었다고 그는 생각했다. "우크라이나가 자주 독립 국가가 되는 걸 러시아는 절대 받아들이지 않을 겁니다. 구소련 붕괴 후 25년이 지났지만 러시아는 아직도 제국주의 열망에 빠져 있어요."

유럽으로 통하는 길에 있는 우크라이나의 지리적 특성과 부동항을 가질 수 있다는 경제적 이점이 푸틴이 우크라이나에 집착하는 이유 중 하나일 수 있다. 하지만 외교 정치 분석가들은 푸틴이 꼭 '작은 러시아(우크라이나의 옛 별명)'를 러시아에 통합할 이유는 없다고 말한다. 푸틴이 원하는 것은 우크라이나 지역을 '분쟁 지역'으로 만드는 것이라는 이야기다. 우크라이나 지역을 전쟁이 끊이지 않는 땅으로 만들어 나토나 유럽연합이 우크라이나를 선뜻 반기지 못하게 만들면, 이 지역이 러시아와 서방 세계 간의 방파제 역할을 하게 될 것이라는 계산이다.

그 대화에서 유센코는 다른 시각을 내비쳤다. 악성코드를 사용했든, 부크 미사일을 사용했든 간에 러시아가 우크라이나에 행한 공격은 우크라이나 혼자만의 문제가 아니라는 견해였다. 러시아가 이웃 나라에 행한 행동이 그들의 야망을 보여준다고 유센코는 생각했다. 머지않아 러시아는 비슷한 공격을 전 세계를 대상으로 펼칠 것이라고 주장했다.

"당장 누가 공격을 받았는지는 중요한 문제가 아니에요. 우리 모두가 공격을 받을 거고, 전 세계 모든 국가에 위협이 될 겁니다." 유센코가 경고 섞인 말을 남겼다.

■

2015년 11월 말 우크라이나에 대한 디지털 공격이 급증했고, 존 헐퀴스트는 국방부에 초청돼 보고하게 된다. 흔치 않은 기회였고, 세계에서 가장 강력한 군대에 자신의 의견을 피력할 수 있는 절호의 찬스였다. 거대한 펜타곤 빌딩의 깊은 곳에 마련된 회의실 테이블에 정보 당국자들과 함께 앉았다. 이 회의실은 장교가 받은 훈장으로 장식돼 있었다.

헐퀴스트가 발언할 차례가 됐을 때, 그는 지체 없이 자신이 제일 좋아하는 주제에 대해 이야기했다. 우선 샌드웜의 역사를 간단명료하게 설명했다. 이어서 러시아의 흔적이 보이고, 치밀하게 만들어진 공격이며, 우크라이나에서 시작됐으나 폴란드부터 미국까지 다양한 국가를 공격하고, 주요 산업 기반시설을 파괴한다는 등의 내용을 언급했다. 그 다음에는 러시아와 우크라이나가 벌이는 실제 전투가 점점 더 치열해지고 있으며, 물리적 침공으로 시작한 전투가 점차 미디어 회사부터 정부 기관까지를 모두 노리는 디지털 공격으로 전이됐다는 점을 설명했다. 친우크라이나 성향의 운동가들이 러시아를 상대로 복수했다는 내용도 설명했다. 또한 러시아가 기술적 난이도가 낮은 디지털 공작을 펼치고 크림반도에 전기를 공급하는 송전탑을 공격했으며, 그로 인해 러시아가 장악한 크림반도 지역에 정전 사태가 발생했다는 내용도 전했다. 물론 푸틴이 우크라이나 정부를 비난했다는 내용 역시 빠뜨리지 않았다.

이 모든 요소를 감안해, 러시아 해커들이 곧 사이버 보안 역사상 처음 있을 공격을 실행할 것이라고 헐퀴스트는 예측했다. "아마도 이 방의 불을 끄려고 시도할 것 같습니다." 헐퀴스트가 펜타곤 당국자들에게 한 말이다.

헐퀴스트는 회의 참석자들이 경고를 잘 받아들인 것으로 기억한다. 하지만 인터넷에서는 다양한 위험이 곳곳에 도사리고 있다. 당연히 주제는 그쪽으로 흘러갔다. "솔직히 말해 공격이 수그러들 것 같지는 않습니다." 헐퀴스트가 말했다.

8
점전

로버트 리는 처음에는 다람쥐 때문이라 생각했다.

2015년 크리스마스 이브였다. 이날은 리가 고향인 앨라배마 컬먼에서 결혼식을 올리기로 한 날의 바로 전날이기도 했다. 탄탄한 상체, 수염, 붉은 머리가 인상적인 27세의 리는 최근 NSA의 고위직을 그만뒀다. 이곳에서 그는 팀을 이끌었는데, 주요 인프라를 공격하는 해커들을 추적하는 독특한 임무를 수행했다. 당시 보안업체를 창업하려는 준비를 거의 마친 상태였으며, 해외 파견 중 만난 네덜란드 출신 여성과 결혼을 앞두고 있었다.

한창 결혼식 준비로 바쁠 때 그의 주의를 단숨에 사로잡은 뉴스를 접했다. 전화기 화면에 나온 뉴스 헤드라인은 해커들이 우크라이나 서쪽의 전력망을 망가뜨렸다는 소식이었다. 국가의 상당 부분이 여섯 시간 동안 전기 공급을 받지 못해 암흑으로 들어갔다는 이야기가 이어졌다. 흥분이 다소 수그러들자 의심이 가기 시작했다. 미디어가 부풀린 단순 해프닝일지도 모른다는 생각이 들었다. 해커들이 정전을 일으켰다는 가짜 뉴스들을 이전에도 충분히 들은 바 있기 때문이다. 대부분 설치류나 새가 범인이었다. 덕분에 전력 보안 분야에서는 '해커보다 다람쥐가 더 큰 위험이다.'라는 말이 일종의 유머로 통한다.

하지만 그다음 날, 결혼식이 시작되기 직전에 문자 메시지를 받는다. SANS에서 산업제어시스템 보안 분야를 총괄하는 마이크 아산테에게서 온 메시지다. SANS는 사이버 보안 관련 교육을 진행하는 기관으로, 리도 이곳에서 강의를 한 적이 있다. 아산테가 보내온 메시지는 뉴스보다 훨씬 의미 있는 메시지다. 전력망과 관련된 디지털 공격 분야에서 아산테는 세계적으로 인정받는 권위자이기 때문이다. 아산테는 우크라이나 정전 사태가 큰 사건처럼 보인다고 말했다.

리는 메시지를 전화기 화면에서 사라지게 하고 결혼식에 집중하려 노력했다. 성혼서약을 하고 신부에게 입맞춤을 한 직후, 우크라이나에 있는 연락책에게서 소식이 전해졌다. 정전은 실전 상황이고 리의 도움이 필요하다는 내용이었다.

리는 지금껏 이 순간을 위해 커리어를 쌓아왔다. 고도의 기술을 사용해 전력망, 파이프라인, 수자원 시스템을 공격하는 해커들을 추적하며 NSA에서 수년을 보냈다. 문명사회의 가장 기본이 되는 자원을 보호하는 사람이라고 스스로를 자랑스러워했으며, 이와 관련해 최고위 당국자들에게 보고하기도 했다. 심지어 그는 자기 집 지하실에 산업제어시스템 테스트를 위한 실험실까지 갖췄는데, 결혼식을 코앞에 두고 수년간 기다려왔던 사건이 마침내 터졌다. 해킹에 의한 사상 초유의 정전 사태가 발생한 것이다.

선택의 여지가 없었다. 가족과 함께 보내야 할 크리스마스는 물론이고 결혼식 피로연까지 모두 뒤로한 채 식장 구석에 조용히 자리를 잡았다. 그리고 우크라이나 전력망 공격과 관련한 세부 사항을 아산테와 문자로 주고받았다.

여전히 결혼식 복장을 한 리는 근처에 있는 부모님 집에서 어머니의 데스크톱 컴퓨터를 켰다. 아산테도 아이다호 근교의 친구 집에서 열린 크리스마스 파티를 즐기다가 한쪽 구석에 숨어 노트북을 꺼내 들고 함께 우크라이나 지도를 펼쳐 전력망을 확인했다. 세 개의 다른 전력 공급 회사가 이번 공격의 대상이었는데, 공격받은 설비들은 서로 수백 킬로미터 떨어져 있었고, 이들은 모두 물리적으로 분리된 설비들이었다. "이번에는 다람쥐가 아니군." 리는 씁쓸한 미소를 지으며 중얼거렸다.

우크라이나 연락책이 해킹된 전력 회사에서 복사해 보내온 킬디스크 악성코드를 분석하느라 리는 그날 저녁 분주히 움직였다. 몇 달 전 벌어진 스타라이트미디어 해킹 때 야신스키가 했던 것처럼 바쁘게 움직였다. "아내가 많이 이해해줬어요." 결혼식 첫날밤을 컴퓨터 앞에서 보낸 리는 아내에게 감사했다.

그 후로 며칠 동안 우크라이나 연락책은 계속해서 해킹과 관련된 포렌식 데이터와 샘플 코드를 보내왔다. 자료를 차근차근 분석하면서 어떻게 해킹이 시작됐는지 알 수 있었다. 우크라이나 의회가 보내온 것으로 위장한 피싱 메일에서 사건이 시작됐다. 워드 파일이 숨겨진 악성 매크로를 실행한 것이다. 워드 파일에 담긴 매크로는 타깃 시스템에서 조용히 실행됐다.

2014년 아이사이트가 처음 발견한 샌드웜이 마이크로소프트 파워포인트 파일에서 했던 것과 유사한 제로데이 기술이 사용됐다. 다른 점은 해킹을 당한 사용자가 버튼을 클릭하도록 속였다는 것이다. 워드 파일을 열어 내용을 보려면 사용자가 화면의 버튼을 클릭해야 했다. 대부분의 사용자는 별 생각 없이 버튼을 눌러 내용을 보려고 했을 것이다. 마이크로소프트 워드가 가진 취약점을 사용할 필요도 없었다. 단순히 사용자의 호기심을 자극해 시스템을 해킹했다.

매크로가 실행되면 블랙에너지가 설치됐다. 우크라이나 정보통신 네트워크에서는 이제 블랙에너지가 일종의 공식 악성코드가 된 셈이다. 이 작은 매크로를 시작점으로 해커는 전력 공급 회사의 시스템에 침투해 들어갔고, 곧이어 VPN을 접수했다. VPN은 여러 회사가 내부의 시스템을 원격에서 접속하기 위해 사용하는 도구인데, 이를 통해 산업제어 소프트웨어를 원격에서 조정해 전원 차단과 같은 치명적인 명령을 내릴 수 있다.

해커가 시스템에 침투해 들어간 방법과 블랙에너지를 사용한 사실을 바탕으로, 리는 자신이 과거 NSA에서 목격했던 공격들과 아이사이트가 발견한 공격이 이번 공격과도 관련됐을 것으로 생각했다. 리는 샌드웜이 한 공격으로 확신했다. 샌드웜은 수년에 걸쳐 시스템에 숨어들어와 스파이 활동을 하고 필요한 해킹 기술을 개발한 다음, 다른 해커들이 감히 하지 못했던 해킹을 해냈다. 정전 사태를 불러일으켰고, 수십만 명의 민간인이 사용하는 물리적 인프라에 무분별한 피해를 입혔다.

리에게는 모든 사건이 연관돼 보였다. 샌드웜과 연관이 있다는 것은 이번 정전이 러시아 정부가 행한 공격일 가능성이 높다는 것이고, 따라서 타깃이 우크라이나라는 사실까지 자연스럽게 연결됐다. 그러나 샌드웜에서 시작해 이 결론까지 이르는 과정에서 미심쩍은 부분이 있었다. 이전에 블랙에너지를 이용해 미국의 주요 기반시설을 공격한 배후로 ICS-CERT가 샌드웜을 지목한 적이 있다. 즉, 이번 공격에서 우크라이나 인구의 4분의 1을 암흑 세계로 빠뜨렸던 해킹 그룹이 1년 전 미국의 전기 공급망을 똑같은 악성코드로 공격했다는 것이다.

리는 섬뜩한 느낌이 들었다. 우크라이나 공격은 지금껏 봐온 공격과는 차원이 달랐다. "미국의 전기 시설을 공격한 이들이 국경을 넘어 다른 나라의 전력망을 마비시켰어요. 이는 미국을 상대로 한 공격이 임박했음을 의미하죠." 리는 확신했다.

■

리가 가장 중요하게 여기는 규칙이 하나 있다. "누구도 민간의 산업제어시스템을 공격해서는 안 돼요. 절대 안 돼요." 리는 확고했다.

비군사 시설에 대한 사이버 공격은 산탄식 폭탄이나 생화학 무기처럼 매우 위험하다고 리는 생각한다. 너무 위험하기 때문에 문명 국가라면 당연히 해서는 안 되는 공격이라고 생각한다. 전력망이 공격을 받으면 몇 시간 내에 복구되지 않을 수도 있다. 어떤 피해가 생길지 해커도 알 방법이 없다. 주요 인프라가 공격을 받으면 어떤 연쇄반응이 발생할지에 대해 리는 수년 동안 연구했다. 최악의 시나리오는 해커가 만든 정전이 몇 주 동안 지속되면서 어떤 일이 벌어질지 예상할 수 없는 상황이다. 의료 시설과 제조 시설이 제 기능을 못하고 식료품 유통이 제대로 이뤄지지 못할 수도 있다. "상황이 어떻게 악화될지 알 수 없어요. 끔찍한 일이죠. 국제 회의와 콘퍼런스에서 유관 기관들이 협력하면서 회피하고자 노력하는 바로 그 상황이에요." 리는 이를 매우 심각하게 받아들였다.

인프라에 대한 해킹을 막는 법안을 말하는 것 자체가 군에서 잔뼈가 굵은 사람에게는 놀라운 발상이다. 리의 두 할아버지 중 한 분은 제2차 세계 대전에 참전해 통신을 담당했다. 다른 한 분은 그린 베레였다. 리가 앨라배마에서 어린 시절을 보낼 때 그의 부모는 모두 미 공군에서 복무했다. 아버지는 베트남전에 참전했고, 그 후 리가 태어났다. 어머니와 아버지 모두 사막의 폭풍 작전에 참여했다. 어머니는 리와 그의 누이들을 돌보며 후방에서 복무했다. 리가 10대였을 때 어머니는 이라크와 아프가니스탄에 파병돼 일리노이 기지로부터 C-17 수송기를 배치하는 일을 하기도 했다.

아버지는 어머니보다 나이가 열 살 더 많았는데, 베트남전에서 동성 Bronze Star 훈장을 받았다. 어떠한 연유로 훈장을 받았는지는 리에게 말하지 않았다고 한다. 이라크에서 아버지는 공군 항공기 관리 책임자로 일하면서 다양한 일을 했는데, 특히 공격용 공군기가 타깃에 떨어뜨릴 폭탄을 탑재하는 일을 했다. 아버지가 폭탄 사진을 리에게 보여준 적이 있는데, 사진 속 폭탄에는 '리가 사담에게 보내는 선물'이라 적혀 있었다고 한다.

리는 자신의 부모와 다른 진로를 택했다. 처음에는 아버지의 꼬임으로 미 공군 사관학교에 등록했다고 한다. 공군이 절대로 리를 사관 생도로 받지 않을 거라고 아버지가 한 말이 리를 자극해 지원하게 됐다고 한다. 하지만 리는 끝이 보이지 않는 공학과 물리학 수업보다는 아프리카에 더 흥미를 느꼈다. 여름 동안 NGO에서 일하면서 인도주의적 프로젝트를 카메룬에서 진행했다. 이 프로젝트에서 리는 재생 에너지와 수자원에 대한 일을 했다. 시골을 다니며 마을에서 잠을 청하고, 생선과 '푸푸'라는 이름의 뻣뻣한 케이크를 먹으면서 간단한 정수 시스템과 태양 에너지 판을 설치했다.

리는 기술과 거리가 먼 사람이었다. 여느 10대와 다름없이 비디오 게임을 하고 컴퓨터를 조립했지만, 프로그래밍을 배우지는 않았다. 하지만 카메룬에서 리는 제어시스템에 매료된다. 아주 기본적인 컨트롤러를 프로그래밍했더니 컨트롤러가 부착된 기계가 훨씬 효율적으로 동작한다는 사실을 깨달았다. 지멘스나 로크웰 오토메이션에서 판매하는 책 한 권 크기의 회색 박스를 사용했더니, 카메룬의 시골 마을에 설치한 태양열 발전 정수 시스템의 필터를 수동으로 교체할 필요가 없어졌다. 회색 박스가 불빛을 깜빡이며 자동으로 필터를 교체했다. 똑같은 컨트롤러에 프로그래밍만 다르게 하면, 태양열 발전기와 풍력 발전기에 부착된 자동차 배터리를 충전할 수도 있었다. 즉, 깨끗한 물을 더 많이 공급할 수 있고, 리가 마을에 선물한 LED 램프에 더 많은 에너지를 공급해 더 오랫동안 마을에 불을 밝힐 수 있다는 말이다. 기술이 인간의 삶을 윤택하게 해준다는 것을 실감할 수 있었다.

컨트롤러를 프로그래밍한다는 것은 디지털로 물리적인 세계를 움직인다는 것을 의미한다는 사실을 깨달았다. 디지털이 어떻게 인프라와 경제 발전에 영향을 미칠 수 있는지 몸소 체험한 셈이다. "마을을 밝힐 수 있도록 에너지를 생산하는 방법을 가르칠 수 있으리라 생각했어요. 인간 문명이 발전했다는 걸 직접 체험했고, 제어시스템이 그 핵심에 있다는 것도 깨달았어요." 리가 말했다.

■

2010년 리는 미 공군 사관학교를 졸업하고 미시시피 빌록시에 있는 키슬러 공군 기지로 배치됐다. 그곳에서 통신 장교로 훈련을 받았다. 그 당시 미 공군은 사이버 보안에 본격적인 관심을 갖기 시작했고, 이와 관련해 광범위한 분야에서 훈련을 시작했다. 리는 이곳에서 네트워크 분석, 포렌식, 방어 팀, 공격 팀과 같은 해킹의 기초를 다졌다.

하지만 제어시스템과 보안에 대해서는 리가 강사보다 더 많이 알았다. 이 분야는 틈새 시장이라 전문가가 그리 많지 않은데, 리는 이미 제어시스템을 직접 프로그래밍한 실전 경험이 있기 때문에 당연한 결과였다.

키슬러에 있는 동안 리는 틈새 시장과 관련해 자신이 보유한 기술력이 이제는 사이버 보안에서 떠오르는 분야가 되고 있다는 사실을 알아차렸다. 스턱스넷이라는 새로운 악성코드가 중동과 남아시아에 있는 수천 대의 컴퓨터에서 발견됐다. 아무도 이 악성코드가 왜 만들어졌는지, 무엇을 하는지 정확히 알지 못했다. 스턱스넷은 프로그래밍 가능한 컨트롤러에 뭔가 작업을 하는 것처럼 보였으나, 무슨 작업을 하는 것인지 아직 정확히 알려지지 않았다. (다른 사람들처럼 리도 당시에 스턱스넷이 미국에서 만든 작품이라는 것을 알지 못했다. 사실 스턱스넷은 나중에 리가 근무하게 될 NSA에서 이스라엘 정보기관과 함께 만든 것으로, 이란의 핵 농축 시설을 직접적인 공격 목표로 삼아 만들어졌다. 이 사건으로 사이버 전쟁에 한 획이 그어지기도 했다. 이와 관련된 내용은 뒤에서 살펴본다.)

그 무렵에 리는 물리적인 인프라를 공격하는 악성코드에만 관심이 있었다. 그는 "나쁜 놈들이 제어시스템을 공격하네. 제어시스템은 세상을 발전시키는 원동력 아닌가! 어느 놈이 또 나를 골탕 먹이려 드는 거야!"라고 생각했다면서 당시를 회상했다.

스턱스넷에 대한 더 많은 정보가 공개될 무렵, 리는 산업제어시스템 보안에 중독된다. 강의 사이사이에 관련 문서를 샅샅이 읽었고, 마침내 오크리지 국립연구소에 있는 한 핵과학자를 만난다. 보안 회선을 통해 그 과학자를 들들 볶아 프로그래밍 가능한 제어시스템에 관한 내용을 배우고, 결국 스턱스넷이 제어시스템을 공격하기 위해 만들어진 첫 악성코드라는 것을 알아낸다.

더 알면 알수록 스턱스넷이 나탄즈에 위치한 이란 시설을 꼭 집어 공격하기 위해 만들어진 것이라는 확신이 들었다. 스턱스넷에 대한 궁금증을 파헤치는 사이에 리는 산업제어시스템 보안에 대해서는 키슬러 공군 기지 내 최고의 전문가가 됐다. 가끔씩은 다른 학생들을 가르치기도 했고, 장군들이 기지를 방문하면 이들에게 발표를 하기도 했다.

훈련을 마치고 나서 리는 독일 람슈타인 공군 기지의 정보 팀에 자리를 잡았다. 그가 처음 한 일은 기밀이므로 밝힐 수 없다고 했지만, 글로벌 호크나 프레데터 드론 같은 원격 조정 기계를 이용해 테러와의 전쟁을 하는 정보 팀에서 일했다고 뭉뚱그려 설명했다. 리는 드론 제어시스템 보안에 관련된 일을 했다. 그러나 몇 달이 지나자 다른 정부 기관에서 연락을 받고 전혀 다른 세계에 발을 디딘다. 바로 NSA가 연락해 온 것이다.

독일 내 다른 곳으로 이동하라는 명령을 받을 당시, 리는 람슈타인에 정착한 상태는 아니었다.[*] 그가 근무한 작은 NSA 부서에서는 이상하면서도 흥미로운 일을 했다. NSA 본청사가 있는 메릴랜드 포트미드에서는 많은 인원이 미국 국가 안보와 관련된 모든 위협에 대처하고 있다. 그가 일한 야전 사무소에서는 100여 명의 직원이 독립적으로 일했다. NSA 정규 임무에서 벗어나 새로운 분야를 탐험하는 것이다. "알려지지 않은 무언가를 찾는 것이 우리의 임무였어요."라고 리가 말했다.

리는 산업제어시스템의 보안을 위협하는 해커를 추적하는 일을 NSA에서 누가 담당하는지 궁금해졌다. 그런데 이를 담당하는 그룹이 없다는 사실에 깜짝 놀라게 됐다. NSA에 산업제어시스템이 가진 취약점을 발견하고 고치는 일을 담당하는 팀이 있긴 했다. 이 팀에서 스턱스넷이 사용한 인프라 공격 기술을 개발하기도 했다. 하지만 적이 기반시설을 공격할 때 이들을 막는 전담 팀은 없었다.

---

[*] 리는 어디서 근무했는지 말하길 거부했지만, 사실 관계를 고려했을 때 다름슈타트에 있는 대거 기지에서 근무했을 가능성이 크다. NSA가 정보 작전을 벌일 때는 작은 미군 기지에 베이스를 두곤 한다. 누가 어디서 어떤 일을 하는지는 기밀에 부쳐지는데, 나중에 NSA 내부 고발자인 에드워드 스노든이 유출한 문서에서 주요 내용이 가려진 채 공개됐다.

리는 팀을 창설하자고 제안했고, NSA의 유연성에 감탄한다. 그가 기억하기로는 단지 서류 한 장을 작성함으로써 팀이 만들어졌다고 한다. 산업제어시스템 위험을 막는 NSA 최초의 전담 팀이다. "하루 아침에 NSA 내에서 산업제어시스템 위험을 전담하는 팀의 리더가 됐어요."라고 리가 말했다.

그 당시 21살이었다. "완전 멋지지 않습니까?"

9
조사단

NSA에서 처음 일을 시작할 때, 리는 자신의 두뇌를 극도로 발달한 두뇌에 연결하는 느낌이 들었다고 이야기한다.

단번에 관련 분야 전문가와 연결됐으며 NSA가 가진 기밀 정보에 접근이 가능했다. 방대한 정보 수집 능력은 덤이다. 물론 정보의 출처에 대해서는 거의 말을 하지 않았지만, 에드워드 스노든 덕분에 '시그널 인텔리전스signals intelligence' 또는 줄여서 '시그인트sigint'라고 알려진 비밀 정보 수집 도구가 많은 정보를 수집한다는 것이 알려졌다. 해저 케이블에서 뽑아온 방대한 양의 인터넷 데이터부터 적의 시스템을 해킹해 가져온 정보, 사설 네트워크에서 몰래 가져온 정보 등 출처도 다양하다. "미국의 시그인트 시스템에 접근할 수 있고, 정보 분석 분야에서 가장 뛰어난 사람들과 일하다 보면, 누구라도 자연스레 머리가 팍팍 돌아가죠." 리가 말했다.

그 후로 4년 동안, 스턱스넷이 세상을 흔들고 지나간 자리에서 리와 여섯 명의 분석가로 구성된 팀은 매순간 산업제어시스템 해커들을 추적했다. "하루하루가 가정에 기반한 추적이었어요. 만약 내가 나쁜 사람이라면, 산업제어시스템에 침투하려 한다면, 어떤 일을 꾸밀까라고 스스로에게 질문을 던졌죠. 그다음 밖으로 나가 그 질문에 대한 답을 찾았어요. 이 분야와 관련해 모든 지식을 섭렵하고, 우리들 자신만의 모델과 방법론을 만들어 훈련했어요." 리가 말했다. 머지않아 리는 주요 인프라 해킹 위협에 대한 보고서를 작성했는데, 이 보고서는 오바마 대통령에게 전달됐으며 NSA 국장 키스 알렉산더에게도 직접 보고했다.

무엇을 발견했는지에 대해서는 말을 아꼈다. 하지만 산업제어시스템에 대한 해킹이 일주일에 한 번 꼴로 탐지됐으며, 이들이 외국 정부가 주도하는 공격이었다고 힌트를 줬다. 그중 극히 일부만 미디어에서 다뤄졌다. (리는 자신이 중점적으로 관리하는 산업제어시스템에 한정된 이야기라는 단서를 달았으며, 리의 레이더를 벗어나 얼마나 많은 일이 있었는지는 알지 못한다. 얼마나 많은 물리적 시스템 고장이 해킹에 의한 것인지는 아무도 알 수 없다.)

주요 인프라 공격에 대해 인터넷상에서 세계적인 모니터링 시스템을 구축한 그였지만, 샌드웜이 그중에서도 으뜸이었다고 기억한다. 리는 일찌감치 샌드웜을 독보적인 위험 대상으로 지정했다. "우리는 이미 그들을 알고 있었으며 추적하고 있었다는 점은 확인해줄 수 있어요. 우리가 봐온 다른 공격에 비해, 그들은 특히나 위험한 공격을 했어요." 리가 말을 가려가며 이야기를 이어갔다.

그런데 2014년 꿈의 직업이 갑자기 막을 내렸다. 리는 당시 승승장구하고 있었으므로 군대의 엄격한 계급에 그다지 영향을 받지 않았다. NSA의 비교적 자유로운 문화가 군대의 계급 제도에서 리를 비교적 느슨하게 만든 것도 사실이다. 하지만 리는 공군의 인사제도에 불만이 많았다. NSA에서 재능을 발휘하고 있던 사람이 계급이 낮다는 이유로 갑자기 하찮은 직종으로 물러난 것을 목격했기 때문이다.

리는 강한 어조로 군 잡지인 「시그널」에 '공군 사이버 세계의 추락' 이라는 글을 썼다. 그의 적나라한 의견은 사이버 보안에서 부족함이 많은 미 공군의 허를 찔렀고, 계급이 가져오는 관료주의적 독단을 조롱했으며, 그로 인한 생산성 저하와 지적 자산의 낭비에 대해 비판을 가했다.

리는 후폭풍과 타협하지 않고 그가 속한 계급 사회를 직시하며 글을 썼다. 「시그널」지가 출간되고 얼마 지나지 않아 리는 해커를 잡는 팀에서 나와 공군에 속한 정보 팀으로 발령을 받았다.

다시 경직된 군대 조직으로 돌아온 리는 자신이 NSA에서 쌓은 실력에 미치지 못하는 상관 밑에서 일하는 데 불만이 쌓였다. 더욱이 정반대의 일을 했다. 텍사스에 위치한 비행 중대의 사이버 보안 팀이 아닌 사이버 공격 팀에서 일했다. 즉, 지금껏 부도덕하다고 여겼던 인프라 공격에 가담하라는 명령을 받은 것이다. 공군에서 처음 일하면서 산업 제어시스템을 공격한 '나쁜 놈'을 찾은 지 4년 만에, 자신이 욕하던 그 '나쁜 놈'이 됐다.

비밀 업무에서 불행한 1년을 보내고, 사령관을 설득해 군복을 벗었다. 미 공군에서 평생을 바친 가족들에게는 상상할 수 없는 일이었다. 미 공군 장교로서 마지막으로 근무하던 날, 기지를 나오면서 리는 눈물을 흘렸다고 한다.

때는 2015년 가을, 리는 텍사스를 떠나 메릴랜드로 왔다. NSA에서 구성했던 '드림 팀'을 사기업에서 다시 조직하고 싶었다. 그리고 머지않아 크리스마스가 됐다. 크리스마스와 함께 샌드웜이 그의 인생으로 다시 찾아왔다.

세계적으로 손꼽히는 비밀 기관에서 수년간 일했지만, 리는 일을 가려 하지 않았다. 축소된 크리스마스 결혼식을 마치자마자, 우크라이나 정전과 미국의 인프라를 공격했던 해킹 그룹을 연관 지었다. 흥미로운 점은 그가 더 이상 정부 기관에서 일하지 않으므로 정보를 비밀에 부칠 이유가 사라졌다는 것이다. 리는 이번 사건에서 확인된 위험을 전 세계에 알리겠다고 즉시 마음을 먹었다.

새해를 며칠 앞두고 리, 마이크 아산테, 팀 콘웨이라는 SANS 연구원, 이렇게 세 사람은 우크라이나 공격의 광범위한 피해에 대한 분석을 마쳤다. 리는 모두 공개하자고 주장했다. "12월 29일쯤 세상이 알아야 한다고 생각했어요." 리가 말했다.

샌드웜이 정전의 배후에 있다는 증거에도 불구하고, 아산테는 특정 해커 그룹이 공격을 가했다고 공개적으로 말하기에는 너무 이르다고 생각했다. 또한 그 배후에 어떤 정부가 있는지 밝히는 것도 마찬가지로 이르다고 생각했다. 셋은 아산테가 블로그에 글을 올려 공격을 설명하되 너무 자세한 정보는 빼기로 결정했다. 미디어보다 앞서 사실을 공개함으로써 미디어의 과열을 막고 거짓 이야기가 흘러나오는 것을 막자는 취지였다.

다음 날 아산테의 이름으로 SANS 웹 사이트에 이번 사건을 에둘러 발표했다. "러시아와 우크라이나발 일부 소식통에 의하면 이번 정전 사태가 사이버 공격, 정확히는 외부로부터의 바이러스 공격에 의해 발생한 것으로 보인다. 정말 사이버 공격에 의한 결과인지는 증명하기가 쉽지 않을 것이다."라고 발표했다.

하지만 이틀 후인 새해 첫날, 리는 자신의 블로그에 자신이 분석했던 블랙에너지 샘플에 대해 처음으로 언급했다. 여전히 조심스러운 입장을 취하는 글이었지만, 결론 부분에 약간의 힌트를 남겼다. "이미 알려진 바와 달리, 이번 우크라이나 정전 사태는 사이버 공격과 상당한 연관이 있어 보인다. 이전 보고가 최종 결론은 아니었으며, 네트워크에서 가져온 악성코드 샘플로 인해 새로운 결론이 더 탄력을 받았다."라고 적었다. 리는 최대한 차분한 목소리로 미국 전력 회사들을 향해 네트워크가 블랙에너지에 감염된 것은 아닌지 즉시 점검해보라는 분명한 메시지를 전달하고 싶었다.

그 후 일주일 내내 리, 아산테, 콘웨이는 이번 공격에 대한 정보를 우크라이나 정부, 국토안보부, 에너지부와 주고받았다. 하지만 8일이 지나는 동안 이번 공격에 대해 미국 당국자가 아무런 성명을 발표하지 않자, 아산테 이름으로 또 다른 글을 올렸다. 정전이 사이버 공격에 의한 것이 확실하고, 직접적으로 정전을 일으킨 것은 아니지만 블랙에너지와 킬디스크가 이번 공격에 사용됐다는 사실까지 언급했다. 지금까지의 분석을 토대로 상세하게 이번 공격을 설명하는 보고서를 공개할 계획도 세웠다.

그런데 이 시점에서 국토안보부의 고위 당국자로부터 더 이상 사건을 대중에 공개하지 말아 달라는 요청을 받는다. 이 요청은 아산테에게 전달됐다. 아산테는 아이다호 국립연구소에서 일하는 동안 형성된 미국 정부와의 관계를 그때까지도 유지하고 있었기 때문에 그에게 메시지가 전달됐다.

오바마 행정부 시절 사이버 보안 조정관을 지낸 J. 마이클 다니엘은 이 사건을 나에게 이렇게 설명했다. 당시 정부는 전력 회사에 직접 문제를 해결할 기회를 주려고 했다. 따라서 더 이상 전력 회사들의 취약점을 대중에 공개해 다른 해커들에게 취약점을 알리기보다는 잠시 기다려주길 원했다. 그러나 리는 화가 났다. 비효율적인 관료제 때문에 뒤처진다는 느낌이 들었다.

그 후 며칠 동안 SANS 연구원들과 정부 요원들은 리의 반대를 둘러싸고 타협을 시도한다. 결국 우크라이나로 현장 조사를 떠나고, 이번 공격의 대상이 된 전력 회사 관계자들을 만나고, 정부에 보낼 기밀문서와 대중에게 공개할 문서를 함께 작성하기로 합의했다. 그때까지는 모두 조용히 하기로 했다.

아산테와 콘웨이는 이번 현장 조사에 참여해줄 것을 요청받았고, 당국자들을 골치 아프게 한 리는 조사단 명단에서 제외됐다.

■

몇 주가 지난 화창하지만 추운 어느 겨울 날, 미국 조사단이 키예프에 도착했다. 건축된 지 1,000년이 지난 성 소피아 대성당의 황금 돔에서 한 블록 떨어져 있는 하얏트 호텔에 모였다. 이 호텔은 마이단 광장 바로 아래에 있는 곳이기도 하다. 조사단에는 FBI, 에너지부, 국토안보부, 미국 전력망의 안전을 책임지는 단체인 북미 전력계통 신뢰도 관리기구(NERC), SANS의 아산테와 콘웨이가 참여했다. 모두들 우크라이나 정전 사태의 진실을 밝혀내려는 욕구로 충만했다.

첫날은 조용한 호텔 회의실에 모여 키예프 지역의 전력 공급을 담당하는 회사인 키보필레네르고의 직원들을 만났다. 이번 공격을 받은 세 회사들 중 하나였다. 이어서 회사 중역들을 만났으며, 무자비하고 교활한 사건이 벌어진 당시 네트워크 복구를 담당했던 엔지니어들도 만났다.

리와 아산테가 이미 분석한 바와 같이 전력 회사를 감염시킨 악성코드는 전원 차단장치를 조작할 수 있는 명령어를 내포하지 않았다. 하지만 12월 23일 오후, 키보필레네르고 직원들은 아무것도 하지 못한 채 매사추세츠주 크기만한 우크라이나 중심부에서 수십 대의 송전 설비가 꺼지는 것을 지켜 보고만 있어야 했다. 그것도 자신들의 회사 네트워크에서 보내온 명령어에 반응해 꺼지는 모습을 말이다. 키보필레네르고 엔지니어들은 해커들이 자신들의 설비를 완벽히 복제한 후, 복제된 설비에서 원격으로 명령을 보내 전원을 차단한 것으로 결론을 내렸다.

송전 설비의 전원이 차단되고 우크라이나의 수만 가구가 암흑으로 들어설 때, 해커는 두 번째 공격을 자행한다. 송전 시설에는 작은 박스로 된 시리얼-이더넷 변환기가 있다. 인터넷상에서 사용되는 통신 프로토콜을 오래된 장비가 알아들을 수 있도록 변환하는 역할을 하는 장치다. 해커가 이 변환기의 소프트웨어를 임의의 코드로 덮어 썼다. 그 결과 이 변환기는 먹통이 됐고, 전력 회사의 대응 팀은 인터넷을 통해 디지털로 전력을 복구할 수 있는 수단을 잃었다.

시리얼-이더넷 변환기를 먹통으로 만들기 위한 작업을 준비하는 것 하나만으로도 몇 주의 시간이 필요했을 것이라 아산테는 생각했다. 회의실 의자에 앉아 이 작업을 평가하던 그는 해커의 철저한 준비에 경탄을 금치 못했다.

해커들은 킬디스크를 이용해 수십 대의 사내 컴퓨터를 무력화시키는 작업도 빠뜨리지 않았다. 전력 공급이 중단되면 당연히 송전 설비 역시 전원 공급을 받을 수 없다. 이럴 경우를 대비해 송전 시설에는 비상용 배터리가 있지만, 해커들은 이마저도 꺼버려서 대응 팀이 원격으로 할 수 있는 일을 완전히 봉쇄해버렸다. 덕분에 복구는 지체될 수밖에 없었다. 해커로서는 최선을 다해 '정전 안의 정전'을 일으킨 셈이다.

"내가 받은 느낌은, '어디를 가든 정전을 맛보게 해주겠어.' 쾅쾅쾅쾅쾅쾅… 이었어요." 아산테가 전력망 관리자의 당황한 심정을 대변하며 말을 이어갔다. "아마 해커들은 자신들이 신이 된 듯한 느낌이 들었을 거예요."

그날 밤, 다음 여정을 위해 우크라이나 서쪽 이바노프란키우스크로 향하는 비행기에 올랐다. 카르파티아산맥에 있는 곳이다. 조사단은 눈보라를 헤치고 구소련 시절에 지어진 작은 공항에 도착했다. 다음 날 아침 프리카르파티아오블레네르고 본사를 방문했다. 프리카르파티아오블레네르고 역시 크리스마스를 앞두고 벌어진 이번 사태에 피해를 입은 전력 회사다.

이 전력 회사의 이사진이 미국에서 온 이들을 세련된 신축 빌딩으로 정중히 안내했다. 같은 부지 안에 있지만 지금은 사용하지 않는 석탄 발전소 굴뚝이 저 멀리 희미하게 보였다. 다시 이들을 이사진 회의실로 안내한 다음 긴 목재 테이블 곁에 앉게 했는데, 그 테이블 밑에는 중세 시대의 전투를 그린 유화가 들어있었다.

프리카르파티아오블레네르고 이사진이 설명한 바에 따르면, 이번 공격은 키보필레네르고를 공격했던 방법과 거의 일치했다. 블랙에너지, 펌웨어 감염, 보조 배터리 무력화, 킬디스크 등 동일한 테크닉이 사용됐다. 한 가지 큰 차이점은 해커들이 한 발 더 나아갔다는 것이다. 콜센터에 무의미한 전화를 걸어 이들을 방해했다. 회사가 사용자들에게 정전 사실을 알리지 못하게 하려고 한 것인지, 아니면 단순히 혼란을 가중할 목적으로 그런 것인지는 알 수 없었다. 해커들이 자신들의 기술을 뽐내는 것인지, 아니면 자신들의 역량을 테스트하기 위해 그런 것인지도 알 수 없었다.

다른 점이 하나 더 있었다. 키예프 전력 회사에서 해커들이 했던 것처럼, 복제된 제어 소프트웨어가 명령을 내려 전원을 차단한 것으로 보이는지를 프리카르파티아오블레네르고 엔지니어들에게 물었을 때, 이곳의 엔지니어들은 그렇지 않다고 대답했다. 전력 차단은 다른 방식으로 이뤄졌다.

이때 키가 크고 차가운 파란색 눈에 검은 머리를 한 기술 이사가 진중한 모습으로 끼어들었다. 그는 통역을 통해 해커들이 사용한 방식을 설명하기보다는 직접 보여주겠다고 했다. 자신의 낡은 아이폰 5s를 꺼내, 자신이 직접 녹화한 비디오의 재생 버튼을 눌렀다.

56초짜리 짧은 비디오에는 제어실 컴퓨터들 중 한 대의 모습이 담겨 있었는데, 화면의 마우스 포인터가 이리저리 움직이고 있었다. 마우스가 화면 한쪽으로 움직이더니 전력 차단 버튼을 클릭하는 모습이 보였다. 비디오에는 삼성 모니터와 마우스가 함께 나왔는데, 마우스는 전혀 움직이지 않고 있는 상태였다. 화면의 마우스 포인터가 다시 움직이더니 다른 전원 차단 버튼 위로 이동했다. 그러고는 다시 전원을 차단하려고 했다. 이때 제어실의 직원들은 누가 마우스를 조작하는 것인지 서로 묻고 있었다.

해커들은 자동화된 악성코드에서 명령을 보내 정전을 일으키지 않았다. 키보필레네르고에서 했던 것처럼 기계를 복제하지도 않았다. 이번에는 사내 IT 헬프데스크에서 사용하는 도구를 써서 발전소 관리자들이 사용하는 컴퓨터의 마우스를 직접 움직였다. 당시 관리자들은 컴퓨터를 사용할 수 없었다. 그리고 관리자들 눈앞에서 유령 손이 수십 개의 전력 차단 버튼을 눌렀다. 서로 다른 지역을 담당하는 장치의 전원을 차단했고, 모두 암흑의 맛을 보게 했다.

2부

서막

사람들은 기계가 삶을 자유롭게 해줄 거라 믿고
모든 정보를 기계에 넘겨버렸다.
그런데 다른 사람들이 나타나
그 기계를 가져간 후 정보를 차단해버렸다.

10

플래시백: 모로라

우크라이나로 조사를 떠나기 9년 전인 2007년 3월, 살을 에는 듯한 추운 바람이 부는 아침 시간에 마이크 아산테는 아이다호 국립연구소에 도착했다. 아이다호 폭포에서 50킬로미터 정도 서쪽에 위치한 이 연구소는 눈과 잡초들로 둘러싸인 황량한 대지 한가운데에 서 있었다. 방문자 센터 안에 위치한 강당으로 들어갔는데, 거기에는 사람들이 삼삼오오 모여 있었다. 국토안보부, 에너지부, 북미 전력계통 신뢰도 관리기구(NERC)에서 온 대표들이었다. 또한 전국 각지에서 온 전력 회사 이사진, 아산테와 같은 연구원이나 엔지니어도 섞여 있었다. 이들은 국립연구소의 지원으로 며칠 동안 여기에 머무르며 미국 주요 인프라의 재앙적 위험에 대해 의견을 나눴다.

　강당 앞쪽에는 모니터들이 일렬로 설치돼 각종 데이터를 보여주고 있었고, 의자는 스타디움 형식으로 배열돼 있어서 마치 로켓 발사를 제어하는 센터를 연상시켰다. 스크린에서는 다양한 각도로 촬영한 대형 디젤 발전기의 모습을 생중계로 보여주고 있었다. 밝은 녹색의 발전기는 스쿨버스 정도의 크기였으며 27톤에 달하는 강철로 만들어졌다. 27톤이면 M3 브래들리 전차와 맞먹는 무게다. 강당에서 1.5킬로미터 정도 떨어져 있는 발전기는 병원 한 곳이나 해군 전함 한 척에 들어가는 전력을 뽑아내며 굉음과 함께 돌아가고 있었다. 뿜어져 나오는 열기 때문에 비디오에는 가로줄이 생겼다.

아산테와 아이다호 국립연구소 연구원들은 30만 달러를 주고 이 발전기를 알래스카 유전에서 사왔다. 수천 킬로미터를 이동해 아이다호에 있는 시험장으로 배송됐고, 2,300제곱킬로미터 크기의 땅에서 연구소가 관리하는 전력망이 있는 곳에 설치됐다. 이곳은 100킬로미터에 달하는 송전선이 설치돼 있고 일곱 개의 변전소가 있는 큰 테스트장이다.

만약 아산테가 주어진 임무를 제대로 수행한다면, 이 발전기는 박살이 날 것이다. 여기에 모인 연구원들은 이 비싸고 무겁고 큼직한 기계를 물리적인 도구를 전혀 사용하지 않고, 140KB짜리 작은 데이터로 파괴하려고 한다. 이 데이터가 얼마나 작은 크기인가 하면, 트위터에 올리는 GIF 파일의 용량보다도 작다.

■

3년 전 아산테는 텍사스에서 켄터키까지 수백만의 고객에게 전력을 공급하는 전력 회사에서 최고 보안 책임자로 일했다. 제대한 해군 장교가 사이버 보안 엔지니어가 된 것이다. 아산테는 오래전부터 전력망을 공격하는 해커가 있다는 사실을 알고 있었다. 하지만 같은 전력 산업에 종사하는 대부분의 사람들이 간단하고 이론적으로나 가능한 공격에 대해서만 인지하고 있다는 것을 알고 크게 놀랐다. 해커가 전력망 네트워크에 깊숙이 들어와 전력을 차단하면, 엔지니어가 침입자를 네트워크에서 간단히 내쫓고 다시 전력 공급을 시작할 수 있다고 생각하는 것이 그 당시 이 업계의 상식이었다. 아산테의 동료들은 "전광석화와 같이 침입자를 내쫓고 원상 복구할 수 있죠."라고 말했다고 한다. "사이버 공격을 정전이랑 똑같이 취급했어요. 정전을 복구하듯 공격을 쉽게 막을 수 있다고 생각한 거죠. 그 당시 위기 관리의 한계였어요." 아산테가 말을 이었다.

그러나 전력망 구조와 컴퓨터 보안 분야 모두에 조예가 깊은 아산테는 완전히 다르게 생각했다. 만약 해커가 단순히 제어시스템에 침입한 후 전력망 스위치를 내려 단기간 정전을 일으키는 데 그치지 않고, 전력망에 있는 자동화 시스템을 다시 프로그램해 자동화 시스템이 스스로 명령을 내려 전력망을 제어하게 만들면 무슨 일이 발생할까?

특히 아산테는 보호계전기라는 장치에 관심이 많았다. 보호계전기는 전기 계통에서 위험한 물리적 상황이 발생하면 이에 대응하도록 만들어진 일종의 안전장치다. 전력선이 과열되거나 발전기가 제대로 동작하지 않는 경우, 보호계전기가 이를 알아차리고 전력을 차단한다. 그러면 문제가 생긴 장치와 비싼 하드웨어를 분리할 수 있고, 나아가 화재 등을 예방하는 효과도 있다. 이처럼 보호계전기는 마치 전력망의 안전요원 같은 존재다.

그런데 이 중요한 보호계전기가 망가지거나 심지어 악성코드에 감염돼 해커가 이를 마음대로 할 수 있다면 어떻게 될까?

전력 회사에서 일하던 시절부터 품어온 이 질문을 들고 아이다호 국립연구소를 찾았다. 바로 지금 연구소 방문자 센터에 앉아 다른 연구원들과 함께 이 위험한 아이디어를 실행에 옮길 예정이다. 비밀리에 진행된 이 실험은 코드 네임도 있는데, 디지털 공격이 물리적인 피해를 입힐 수 있다는 것을 암시하는 '오로라Aurora'로 지정됐다.

■

테스트 감독관이 오전 11시 33분을 알렸고, 보안 엔지니어와 함께 연구소의 디젤 발전기 근처에 아무도 없음을 확인했다. 그러고는 연구원에서 실험을 개시해도 좋다는 사인을 보냈다. 여느 디지털 공격과 마찬가지로 실험은 멀리 떨어진 곳에서 인터넷을 통해 수행됐다. 모의 해커는 약 30줄의 코드를 자신의 컴퓨터에서 버스 크기만한 디젤 발전기에 부착된 조그마한 보호계전기에 전송했다.

해킹 실험이 있기 직전까지 발전기는 순조롭게 동작하고 있었다. 눈에 보이지는 않았지만, 발전기 내부의 모든 동작은 완벽히 조화를 이루면서 전기를 연결된 전력망에 안정적으로 공급하고 있었다. 기름 방울이 된 경유는 엔진 내부에 들어가 폭발했고, 인간은 절대 흉내 낼 수 없는 빠른 속도로 피스톤을 움직여 쇠막대로 그 힘을 전달했다. 엔진 내부 폭발에 의한 에너지가 회전 에너지로 전환됐다. 엔진은 1분에 600번 정도 회전했다. 이 회전력은 진동을 줄일 수 있도록 특수 제작된 고무 체인을 타고 본격적인 발전 설비에 전달됐다. 마지막으로는 구리선이 감긴 막대가 두 자석 사이에서 회전하며 전류를 유도했다. 그 결과 60Hz의 교류 전류가 만들어졌고, 연결된 전력망에 전류가 공급됐다.

발전기에 부착된 보호계전기는 발전기가 60Hz보다 빠르거나 느린 주파수의 전기를 생산해내면 발전기와 전력망을 즉시 분리하도록 설계돼 있다. 그런데 아이다호 폭포에 있는 아산테의 해커 팀이 이 장비를 다시 프로그래밍해 정반대의 일을 하게 만들었다.

오전 11시 33분 23초, 보호계전기는 발전기가 정확히 60Hz의 전기를 생산하고 있다는 것을 확인한다. 그런데 해킹당한 이 장치는 정반대의 작업을 수행한다. 회로 차단기를 작동시켜 발전기와 전력망을 차단

한다.

아이다호 국립연구소의 전력망과 발전기가 분리됐다. 거대한 전력망에 전기를 공급할 필요가 없는 발전기는 그 즉시 더 빠르게 동작하기 시작했다. 마차와 분리된 말들이 더 빨리 달릴 수 있는 것처럼 엔진의 회전수가 증가했다. 발전기의 회전수가 완전히 어긋난 것을 확인한 보호계전기는 역시 정반대로 발전기와 전력망을 연결했다.

디젤 발전기가 다시 전력망에 연결됐을 때, 전력망에 연결된 다른 발전기에 큰 충격이 가해졌다. 비교적 크기가 작은 편에 속하는 이 디젤 발전기도 충격을 받고 회전이 느려졌으며, 다른 발전기와 주파수를 맞추려고 회전 속도를 낮췄다.

방문자 센터에 모인 사람들은 큰 기계가 갑자기 크게 흔들리더니 고주파의 굉음을 내는 장면을 스크린을 통해 목격했다. 악성코드가 동작을 시작한 순간부터 이 장면을 목격하기까지 1초도 채 걸리지 않았다.

발전기 내부에서 일어나는 일을 관찰할 수 있도록 연구원들이 내부를 들여다볼 수 있는 조그만 창문을 열어놨는데, 이게 떨어져 멀리 날아갔다. 발전기 내부에서는 특수 제작된 고무 체인이 끊어졌다.

발전기의 회전수가 강제로 60Hz에 맞춰졌으므로, 몇 초 후에 보호계전기는 다시 발전기와 전력망의 연결을 끊었고 이로 인해 다시 한 번 발전기가 크게 흔들렸다. 이번에는 발전기에서 회색 연기가 새 나오기 시작했다. 고무 체인이 내부에서 불에 탄 것 같았다.

연방정부가 지원해준 수백만 달러의 비용을 들여 몇 달간 노력한 끝에 조금 전의 공격을 마쳤다. 발전기가 내부에서부터 찢겨나가는 것을 목격한 아산테는 기계에게 조금 미안한 감정마저 들었다고 고백했다. "마음속에서는 그 작은 엔진을 응원했던 것 같아요. '엔진아 힘내!'라고 마음속으로 생각했죠."

아산테의 마음속 응원에도 불구하고 발전기는 완전히 망가졌다. 동일한 상황이 세 번째 발생하자 발전기는 더 큰 회색 연기를 내뿜었다. 아산테 옆에 있던 한 엔지니어는 "발전기가 완전히 탔네요."라고 말했다. 네 번째 폭발에서는 검은 연기가 10미터나 뿜어져 나왔고, 그게 마지막이었다.

테스트 감독관이 실험을 끝내고 망가진 발전기를 전력망에서 완전히 분리시켰다. 발전기는 완전히 멈췄다. 포렌식 과정에서 연구원들은 엔진 샤프트가 안쪽으로 붕괴됐고 구멍이 만들어졌는데 여기에 다른 쇠 조각들이 눌어붙었다고 했다. 발전기 내부에서는 전선과 보호재들이 녹거나 불에 탔다. 발전기는 폐기 처분됐다.

실험이 이뤄지는 동안 방문자 센터에는 고요함이 흘렀다. "모두 진지했어요." 아산테가 말했다. 어떻게 해커가 전력망을 공격해 단순 정전 이상의 피해를 입힐 수 있는지 의심의 여지없이 증명됐다. 전력 회사의 가장 중요한 장비를 수리가 불가능하게 망가뜨렸다. "아직도 생생해요. 실제 발전소에서 이런 일이 일어났다면 어떨지 한번 상상해보세요. 아주 끔찍하죠. 몇 줄의 코드를 사용해 비슷한 방법으로 필수적인 장비를 물리적으로 망가뜨릴 수 있다고 봐야 해요." 아산테가 말을 이었다.

그런데 오로라 실험을 마친 아산테의 마음속에서는 어떤 무거움이 느껴졌다. 60여 년 전 다른 미국 국립연구소에서 벌어진 최초의 원자폭탄 시험을 참관한 로버트 오펜하이머의 심정과 비슷했다. 역사상 굉장히 강력한 무언가가 탄생한 느낌이 들었다.

"정말 가슴 한구석이 아파왔어요. 미래를 본 느낌이 들었죠." 아산테가 말했다.

11
플래시백: 달빛 미로

국가가 주도하는 해킹이 얼마나 파괴적일 수 있는지는 이미 증명된 바 있다. 러시아 해커들이 수십만 가구의 전력을 차단하기 30년 전에, 오로라 발전기 시험이 있기 20년 전에 벌어진 일이다. 겨우 25센트짜리 회계 오류에서 모든 일이 시작됐다.

1986년 클리프 스톨이라는 26세의 천문학자는 로렌스 버클리 국립 연구소에서 IT 관리자로 일하고 있었다. 그는 재무 회계에서 이상이 발견돼 원인을 조사하고 있었다. 그 당시 온라인 컴퓨터를 쓰기 위해서는 분당 이용 요금을 내야 했는데, 누군가가 원격에서 연구소 공용 컴퓨터를 사용한 것 같았다. 그 당시 '헌터'라는 이름을 쓰는 실력이 좋은 해커가 있었는데, 다행히도 그의 소행임을 빨리 알아낼 수 있었다. 헌터는 연구소 소프트웨어의 제로데이 취약점을 공격했다. 헌터가 연구소 네트워크에서 훔쳐간 파일의 양이 꽤 됐으므로, 내년에는 꼭 헌터를 잡겠다고 스톨은 생각했다.

나중에 스톨은 여자 친구인 마샤 매튜스와 함께 가짜 파일들을 만들어 파일 도둑을 잡으려 했다. 해커는 연구소 컴퓨터를 발판 삼아 미 국방부의 밀넷(MILNET), 앨라배마 육군 기지, 화이트 샌드 미사일 기지, 해군 데이터센터, 공군 기지, 나사의 제트추진연구소, SRI와 BBN 같은 방위 산업체, 심지어 CIA까지 해킹해 들어가려고 했다. 스톨은 이 과정을 지켜보며 해커를 역추적했고, 독일 하노버에 있는 한 대학교에 이 해커가 있다는 사실을 알아냈다.

스톨의 저서 『The Cuckoo's Egg』란 책에 이 사건이 잘 묘사돼 있다. 스톨의 끈질긴 노력 덕분에 독일 경찰은 해커와 네 명의 서독 동조자를 체포한다. 이들은 서방 국가의 네트워크에서 훔친 정보를 팔려고 동독 관리와 KGB에 접근했다.

다섯 명 모두 처벌을 받았다. 마커스 헤스가 '헌터'라는 이름을 사용했는데, 20개월을 감옥에서 보내야 했다. 두 명은 조사에 협조하기로 해서 감옥행을 면했지만, 칼 코치라는 30세의 다른 동조자는 하노버 외곽의 숲에서 형체를 알아보지 못할 정도로 불에 탄 채 발견됐다. 옆에는 휘발유 통이 놓여 있었다.

■

이 사건이 있은 지 10년 만에 러시아 해커가 돌아왔다. 이번에는 프리랜서 해커가 아니라 정규화되고 노련한 전문 스파이들이었다. 미국 정부와 군대가 수년간 이들에게 당한 것으로 밝혀졌다.

1996년 10월을 시작으로 미 해군과 공군은 물론이고 나사, 에너지부, 환경보호청, 해양대기청 등의 국가 기관에서 산발적으로 침입이 감지됐다. 콜로라도와 토론토, 런던을 경유해 침입했지만, 해킹의 근원지를 추적했더니 모스크바에 있는 인터넷 서비스 제공업체인 시티라인에서 해킹이 시작된 것으로 밝혀졌다.

1998년 6월 국방정보시스템 연구원은 FBI, 런던경시청과 공조하면서 사건 조사를 시작했다. 해커가 방대한 양의 정보를 미국 정부와 군대에서 훔쳐간 것으로 밝혀졌다. 이들이 훔쳐간 정보를 프린트해 쌓는다면, 워싱턴 모뉴먼트Washington Monument의 높이와 비슷하다고 가늠했다. 유사 이래 최대 규모라 할 만한 엄청난 양의 정보가 도난당한 것으로 밝혀지자, 심지어 이번 사건에 이름까지 붙였다. '달빛 미로' 사건이다.

1998년 무렵에는 달빛 미로 사건의 해커들이 러시아인들이라는 것이 거의 확실히 밝혀졌다. 해커들이 활동한 시간을 보면 대부분 모스크바의 낮 시간대였다. 사건 조사관들은 계속해서 사건을 파고들어 학회 참석자 명단까지 확인했고, 미국이 도난당한 파일에 담긴 내용과 매우 밀접한 관련이 있는 주제에 러시아 과학자들이 참석한 것도 확인했다. 공군에서 포렌식 전문가로 활동했던 케빈 맨디아는 해커들이 사용한 도구를 리버스 엔지니어링한 후 난독화 부분을 걷어내 분석했는데, 그 코드에서 러시아어를 발견했다고 한다. (수십 년 후 맨디아는 파이어아이에서 존 헐퀴스트의 상사가 된다. 파이어아이는 샌드웜 사건이 러시아의 소행이라 밝힌 바 있는 아이사이트를 인수한다.)

모든 정황이 러시아 정보부가 미국의 정보를 조금씩 빼간 것임을 암시했다. 최초의 국가 대 국가의 사이버 스파이 활동이 벌어졌다. 러시아에 해커들이 있다는 것만으로 이들이 러시아 정부를 위해 해킹했다는 것을 증명하기는 어렵다. 이는 해킹 수사가 지금까지도 난항을 겪는 이유이기도 하다. 사건 조사관들이 침입이 어떤 빌딩에서 시작됐다고 증명하거나 해커들의 이름을 직접적으로 언급하지 않는 한, 상대 정부는 그런 짓을 한 적이 없다고 부인하면 그뿐이었다. 또는 10대 청소년들이 재미 삼아 해킹한 것이라고 말하거나 범죄 집단을 욕하면 그만이다.

　달빛 미로 사건의 조사관들은 수년간 노력했지만 침투를 완벽히 막지도 못했고, 러시아의 소행이라는 결정적 증거를 1999년 초까지도 찾지 못했다. 그러자 이들은 다른 계획을 내놨다. 러시아에 도움을 요청한 것이다.

■

　1999년 3월 FBI는 러시아 내무부 당국자를 워싱턴 D.C.로 초청해 보드카를 마시며 공식적으로 러시아 공권력에 도움을 청했다. 모스크바에 있는 해커들을 찾아 달라는 요청이었다.

　이에 대해 러시아 내무부는 놀라운 반응을 보였다. 기꺼이 수사를 돕겠다고 약속한 것이다. 구소련이 붕괴된 후였지만, 1990년대에 푸틴이 정권을 잡기 이전의 일이었다. 미국이 표면상으로는 냉전에서 승리한 시기다. 혁명 후 보리스 옐친 대통령이 집권한 새로운 러시아는 서방 세계와 민주적인 동반자 관계로 가는 듯했다.

　도움을 요청한 지 2주도 되지 않아 미국 조사관들은 모스크바로 날아가 러시아 관리들을 만난다. 당시 장군 한 명이 특히나 미국 대표단에 친절했는데, 그는 조사관들을 저녁 식사에 초대해 보드카를 흠뻑 마시기도 했다. 하지만 너무나 친절했던 나머지, 두 번째 외교 만찬에서 술에 취해 국제적인 사고를 치고 만다. 한 FBI 여성 요원의 귀에 혀를 집어넣었던 것이다.

　하지만 다음 날부터 러시아는 진정한 협조를 했다. 물의를 일으켜 망신을 당했던 그 장군이 직접 지시해 달빛 미로 사건에 사용된 인터넷 서비스 업체의 사무실로 미국인들을 데려갔고, 조사관들은 시티라인 인터넷 업체가 민간뿐 아니라 군대에도 인터넷 서비스를 제공한다는 사실을 곧 알아냈다. 러시아 정부와 관계를 지을 수 있는 단서가 나온 것이다.

그런데 예상치 못한 일이 발생했다. 러시아 국방부와 회의를 하던 중, 러시아 정부가 달빛 미로 사건의 배후에 있다고 그 장군이 직접적으로 언급해 모든 이들을 깜짝 놀라게 만든 것이다.

장군은 러시아 과학기술원을 중심으로 침입이 이뤄졌다고 설명했으며, 사람들은 "똑똑한 나쁜 놈들"이라고 반응했다. 러시아의 새로운 친구가 된 미국을 겨냥해 이런 행동을 하는 것은 용납될 수 없다고 장군이 이야기했다. 미국 대표단은 믿을 수 없을 만큼 쉽게 풀린 이 상황을 자축했다. 러시아의 사이버 스파이 활동 같은 난해한 문제를 외교적으로 풀 수 있을 것 같은 느낌이 들었다.

하지만 미국의 기대는 그리 오래가지 못했다. 다음 날 이들을 안내하는 러시아인에게서 나머지 일정은 모스크바 주변을 관광하는 것으로 구성돼 있다는 이야기를 들었다. 어제와 달리 조사단은 낙담했다. 이들을 안내하는 러시아인에게 어제 만난 장군이 어디에 있는지 물었지만, 답변을 듣지는 못했다. 아무런 회의도 없이 셋째 날이 끝나자, 미국 대표단은 러시아와 미국의 짧았던 동행이 끝났음을 인지했다.

당황한 조사단은 무슨 일이 벌어졌는지 추측할 수밖에 없었다. 러시아 정부가 주도한 해킹에 대한 지침을 장군이 확인하지 못해 발생한 일은 아닌지 생각했다. 러시아 정부가 구소련 붕괴 후 야심 차게 진행한 해킹 사건을 장군이 지나친 장난으로 생각했을 수도 있다. 여하튼 장군이 큰 실수를 한 것만은 분명했다. 다시는 그의 모습을 볼 수 없었다.

조사단이 귀국했을 때 러시아는 더 이상 달빛 미로 해킹을 수행하지 않았다. 따라서 당시 러시아 정부가 해킹 활동을 중단하라는 명령을 내렸을지도 모른다고 조사단이 생각하기도 했다. 그리고 두 달이 지난 1999년 봄 군사 네트워크 관리자가 동일한 해킹이 다시 시작됐다는 사실을 확인했다. 이번에는 더 은밀하게 진행됐고, 해킹에 사용된 도구들에는 더 심한 난독화 작업이 이뤄졌다. 국가 주도 사이버 해킹의 새 시대가 열렸다.

모스크바에 다녀오고 나서 얼마 지나지 않은 1999년 6월 국방부는 컴퓨터 네트워크 방어를 위해 합동 특무부(JTF-CND)를 창설한다. 증가하는 디지털 공격에 대한 국방부의 대응반이다. 같은 해 8월 개소식에서 미 국방부 장관인 존 햄리는 군대가 직면한 사이버 보안의 중요성을 강조했다. 달빛 미로 해킹이 아직도 지속되고 있음을 염두에 두고 한 말이다.

"지난 반년간 국방부는 사이버 전쟁에 참전했습니다." 햄리가 청중에게 이야기했다. 달빛 미로라는 이름을 직접 말하지는 않았다. 이 코드 네임은 몇 개월 뒤에나 언론을 통해 알려진다. "사이버 공간은 놀이터가 아닙니다. 사이버 공간은 전사들이 싸우는 전쟁터입니다." 햄리가 JTF-CND 개소식 연설에서 한 말이다.

∎

햄리가 '사이버 공간의 전사들'이란 표현을 쓰고 아직도 낯선 단어인 '사이버 전쟁'을 언급했던 배경은 무엇일까?

1999년 햄리가 이 연설을 하던 무렵 사이버 전쟁에 대한 개념은 군사학에서 수년째 회자되고 있었다. '사이버 전쟁'이라는 말은 1987년 「옴니ᵒᵐⁿⁱ」라는 잡지에서 처음 사용됐으며, 이때에는 인간 전투병을 돕는 거대 로봇과 자동 화기 시스템을 일컫는 말이었다. 하늘을 나는 드론, 자동 주행 전차, 망가진 기계들로 뒤덮인 전장을 소개하며 이 말을 사용했다.

하지만 영화《터미네이터》에서나 나올 법한 정의를 1993년 한 논문이 갈아 치웠다. 이 논문에서는 군대가 사용할 수 있는 정보 기술전의 한 형태라는 더 의미 있는 뜻을 부여했다. 랜드^{Rand}라는 싱크탱크에서 일하는 두 분석가, 존 아퀼라와 데이비드 론펠트가 쓴 이 논문은 '사이버 전쟁이 임박했다!^{Cyberwar Is Coming!}'라는 제목으로 「비교우의 전략」이라는 논문지에 실렸다. (아퀼라가 나중에 말하길, 마지막에 있는 느낌표는 '얼마나 중요한 사항인지 모두에게 알리기 위해' 사용했다고 한다.)

이 두 명의 랜드 연구원은 사이버 전쟁을 해커가 지닌 기술을 이용한 모든 형태의 공격 양상을 뜻하는 용어로 정의했다. 정보 수집과 스파이 활동은 물론이고 적의 지휘통제 시스템을 공격하는 것도 모두 여기에 포함된다. "다시 말해 정보통신 시스템을 파괴하거나 방해하는 모든 행위를 말한다. 이 단어는 광의적 개념으로 군대에서도 사용할 수 있다. 여기서 말하는 정보통신 시스템이란 적이 작전통제를 하기 위해 반드시 필요한 시스템을 말한다. 피아 식별, 위치 파악, 군사력 파악(언제 어떤 임무를 수행할 수 있는지에 관한 정보), 전투의 목적, 위기 상황 관리 등 작전과 관련된 거의 모든 내용이 정보시스템에 의해 관리된다. 전쟁의 형태가 나날이 발달함에 따라 사이버 전쟁이 20세기에 시작될 것이고, 21세기에는 일반적인 형태가 될 것으로 예상한다." 아퀼라와 론펠트가 논문에 쓴 내용이다.[*]

---

[*] 저자들은 사이버 전쟁이 재래식 군사 전쟁보다 덜 폭력적이고 덜 파괴적일 것이라고 예상했다. 병사들이 피를 흘리고 희생자가 발생하는 전쟁의 모습이 아니라, 해커가 적의 지휘통제 시스템에 빠르게 침투하는 새로운 양상을 띨 것으로 내다본 것이다. 이 논문에서 저자들은 "신이 아닌 이상 전쟁을 정확히 예측할 수는 없지만, 사이버 전쟁의 교전 규칙은 자신이 입는 피해를 최소화하는 것은 물론 상대방에게도 큰 피해를 입히지 않고 전투에서 승리하는 방향으로 발전할 것으로 예상한다. 이런 이유 하나만으로도 사이버 전쟁을 심도 있게 연구할 필요가 있다."라고 자신들의 생각을 밝혔다.

하지만 햄리의 연설이 있고 5년 정도 지난 후, 사이버 전쟁의 어두운 면이 수면 위로 떠오른다. 1997년 국회 청문회에서 미국은 반드시 '디지털 진주만' 사건에 대비해야 한다고 햄리가 말한 바 있다. 군의 지휘 통제 시스템뿐만 아니라 민간 기반시설에 물리적으로 피해를 입힐 수 있는 갑작스러운 사이버 공격에 미국이 대비해야 한다는 이야기다.

정부와 군은 사이버 전쟁을 연구하는 도중 사이버 전쟁이 생각보다 더 참담한 결과를 가져올 수 있다는 것을 깨닫는다. 만약 해커들이 인터넷을 통해 인간 문명의 주요 시스템을 물리적으로 공격하면 어떻게 될 것인가라는 의문을 갖기 시작했다.

아퀼라와 론펠트의 논문이 나오고 3년이 지난 1996년, 랜드 연구원들은 바로 이 질문에 답하고자 사이버 전쟁을 시뮬레이션했다. '그날 이후 사이버 공간에서는…'이라고 재미있게 이름을 지은 실험에서 랜드의 연구원들은 공격의 결과가 재앙으로 여겨질 만큼 매우 끔찍할 것으로 예상한다. 군과 민간이 입을 피해가 비슷할 것으로 예상했는데, 독일에서는 기차가 탈선하고, 사우디아라비아에서는 오일 회사인 아람코의 제어시스템이 고장 나고, 미 공군의 전력 공급이 중단되고, 시카고에서는 비행기가 추락하고, 뉴욕과 런던 증권가는 초토화될 것이라는 시뮬레이션 결과가 나왔다.

'디지털 아마겟돈'은 아퀼라와 론펠트가 예상한 것보다 훨씬 심각했다. 사이버 공격이 군인과 무기의 통신 회선을 차단하는 데 그치지 않고, 해커들이 직접 병사가 돼 사이버 세상에서 싸우게 된다면 어떤 일이 벌어질까? 사이버 공격이 총탄이나 폭탄처럼 물리적인 힘을 갖게 되면 어떻게 될까?

디지털 기술에 의해 물리적 공격이 일어난다면, 랜드 연구원들이 예상한 것처럼 현대 사회는 큰 혼란에 빠지게 될 것이 분명하다. "항공 관제 시스템의 1/4이 48시간 동안 제대로 동작하지 못한다면, 과연 비행기가 오갈 수 있을까? 은행이 2/3만 정상적으로 운영돼도 괜찮을까? 얼마나 오랫동안 우리가 버틸 수 있을까?" 랜드 연구원들이 스스로에게 한 질문이다.

상상할 수도 없는 이런 시나리오에 대해 본격적으로 연구를 시작했다. 그리고 전기 공급 시설의 취약점이 가장 심각한 위험이 될 수 있다는 결론을 내렸다. 현대 사회의 모든 기술 인프라는 전기가 필요하기 때문이다. 연구원들은 "전력 시스템이 위험하다면, 모든 것이 위험하다."라고 보고서에 썼다.

■

1999년에 사이버 전쟁은 더 이상 공상 과학에서나 나오는 이야기가 아니었다. 존 햄리가 앞서 했던 연설의 거의 모든 불길한 예감이 적중했다. 달빛 미로 사건은 사이버 전쟁 축에 끼지도 못한다. 이건 단순히 사이버 스파이 활동에 불과했다.

러시아 해커들이 야금야금 데이터를 빼갔지만, 군사 네트워크를 망가뜨리거나 네트워크에 연결된 시스템을 공격하지는 않았다. 아퀼라와 론펠트가 이야기했던 직접적인 위협을 가하지는 않았다. 해커들이 미군의 작전통제 시스템을 공격하거나 그 시스템에 침투하려고 했던 흔적은 찾아볼 수 없었다. 인터넷을 벗어나 실제 사회로 침투해 정전을 일으키거나 혼란을 야기하지 않은 것도 분명하다.

하지만 달빛 미로 사건은 국가 주도의 해커들이 미국 정부가 예상한 것보다 훨씬 더 넓고 깊게 침투할 수 있다는 점을 분명히 보여줬다. 그리고 다음 번 있을 공격에서는 단순 스파이 활동에 그치지 않을 수 있다는 점도 암시했다.

　2000년 1월 빌 클린턴 대통령은 백악관 잔디밭에서 열린 담화에서 이 사건을 언급한다. 연설의 목적은 미국의 사이버 보안 연구가 시작됐다는 사실을 공개하려는 데 있었다. 하지만 과거의 사건이 암시하는 경고가 청중 사이에 울려 퍼졌다. "전력 시스템부터 항공 관제 시스템까지 오늘날 우리의 주요 시스템은 모두 컴퓨터와 연결돼 있고, 컴퓨터에 의해 동작합니다." 클린턴이 한 말이다.

　　지금처럼 문명을 만들 수 있는 힘과 이를 파괴할 수 있는 강력한 힘을 동시에 갖고 있긴 처음입니다. 그리고 이 두 힘은 모두 같은 곳에서 시작됐습니다. 우리가 사는 이 시대는 컴퓨터 앞에 앉은 한 사람이 아이디어를 내고, 인터넷을 통해 인류의 문명을 발전시키는 시대입니다. 하지만 누군가는 같은 컴퓨터 앞에 앉아 멀리 떨어진 컴퓨터 시스템을 해킹하고 회사와 도시, 나아가 정부를 마비시킬 수도 있습니다.

　아직 해커가 광범위한 문제를 야기하던 시대는 아니었다. 하지만 클린턴이 상상한 미래의 모습은 틀리지 않았다. 사실, 임박한 현실이었다.

12
플래시백: 에스토니아

토마스 헨드리크 일베스의 인터넷 연결이 끊겼다.

2007년 4월의 어느 토요일, 가족 농장에서 잠이 깬 53세의 에스토니아 대통령에게는 적어도 그렇게 보였다. 농장이 드넓은 언덕으로 둘러싸여 있었기 때문에 처음에는 농장의 인터넷 연결이 잘못된 것은 아닌가 생각했다. 일베스는 인터넷을 사용할 수 없게 되자 화가 났다. 그 전날 수도 탈린에 있는 대통령궁에서 남쪽으로 200킬로미터 떨어진 아르마라는 이름의 대통령 별장으로 경호원들이 대통령을 비밀리에 이송시켰고, 별장 주변에서는 삼엄한 경비가 이뤄지고 있었다.

어제의 갑작스런 이송 작전은 탈린에서 폭력 시위가 확산되고 있는 상황에서 대통령을 보호하고자 내려진 조치였다. 폭력 시위는 수도를 며칠째 불안하게 만들었다. 러시아어를 구사하는 소수 민족으로 이뤄진 시위대는 차를 전복시키고 상점 문을 부수며 수백만 달러에 달하는 피해를 입혔다. 경찰과 충돌이 빚어졌고 현 정권의 퇴진을 요구했다. 러시아 의회에서 원하던 바였다.

이 모든 혼란은 하나의 작은 상징적인 사건에서 비롯됐다. 에스토니아 수도 탈린의 중심부에는 제2차 세계 대전 희생자들의 무덤에 둘러싸인 한 소련 병사의 조각상이 있었다. 그런데 구소련 몰락 후 16년이 지난 시점에 에스토니아 정부가 이 조각상을 탈린 중심부에서 다른 곳으로 옮기기로 결정했다는 것이 알려지면서 심각한 갈등이 시작됐다. 러시아인들에게는 그 무덤과 1.8미터 크기의 청동상이 에스토니아를 점령한 나치 세력과 싸운 고귀한 구소련의 희생을 상징한다고 여겨졌지만, 에스토니아인들에게는 그 후 이어진 암울한 소련 점령기를 상기시켰기 때문이다. 그 시절 에스토니아인들은 시베리아 지역으로 대거 쫓겨났고, 수십 년에 걸친 경제 침체를 경험했다.

러시아와 러시아어를 구사하는 소수 민족은 이 조그만 조각상을 이유로 수년간 에스토니아와 긴장 상태를 유지했다. 2007년 4월 에스토니아 정부에서 구소련 시대의 무덤을 발굴해 조각상과 함께 도시 외곽의 군대 묘지로 옮길 때 친러시아 성향의 에스토니아인들이 탈린 중심부로 쏟아져 나와 심각한 물리적 충돌 사태가 발생했다.

일베스는 결국 폭동을 피해 탈린을 떠났다. 그러고 나서 농장의 2층 침실에서 아침을 맞이한 후 제일 먼저 맥북 프로를 열고 에스토니아의 주요 일간지인 포스티미즈의 웹 사이트에 들어갔던 것이다. 하지만 알 수 없는 이유로 웹 사이트는 열리지 않았다. 브라우저가 보낸 요청 메시지는 타임아웃됐고 화면에는 에러 메시지만 보였다.

다른 에스토니아 미디어 사이트에도 들어가봤지만, 마찬가지로 에러 메시지만 보였다. 컴퓨터 와이파이Wi-Fi 카드 문제인가? 라우터 문제인가? 둘 다 아니었다. 영국에 있는 파이낸셜 타임스의 웹 사이트는 정상적으로 열렸다. 일베스는 몇 개의 에스토니아 정부 웹 사이트에 대해서도 접근을 시도해봤다. 모두 접근할 수 없었다.

일베스는 IT 관리자를 호출해 아르마의 인터넷 연결에 뭔가 문제가 있는지 물어봤다. 대통령 직속 기술자는 당황한 채 일베스만 웹 사이트에 접근할 수 없는 것이 아니라고 대답했다. 즉, 아무도 에스토니아 웹 사이트에 접근할 수 없는 것처럼 보였다. 무슨 영문인지 상당수의 에스토니아 내부 인터넷이 제 기능을 하지 못했다.

에스토니아는 지난 10년간 열심히 노력해 구소련 시절부터 이어져 온 침체에서 벗어나 세계에서 가장 디지털을 잘 다루는 나라로 떠올랐다. 에스토니아인들의 삶 속에서 인터넷은 매우 중요한 역할을 했다. 은행 업무의 95%가 웹에서 이뤄졌고, 거의 90%에 가까운 소득세가 온라인으로 접수됐다. 또한 세계 최초로 인터넷 투표를 실시한 나라이기도 했다. 일베스는 장관 시절부터 대통령 시절까지 이 일들을 자신이 주도했던 것을 자랑스러워했다. 그런데 이제는 자신이 주도해 만든 유일무이한 친인터넷 사회가 유일무이한 인터넷 멜트다운을 겪고 있다.

수도에서 멀리 떨어진 농장에서 응답하지 않는 웹 사이트에 접속을 시도하던 일베스는 간단한 기술적 문제가 아닐 수도 있다는 생각이 들었다. 안개 속에서 전투를 벌이는 것 같았다. 절체절명의 위기에서 눈이 가려진 것 같은 느낌이 들었다. '큰 사건의 전주곡인가? 도대체 무슨 일이 벌어지고 있는 거지?' 그가 속으로 생각했다.

■

공격은 하루 전 시작됐다. 힐라 아레라이드는 이런 상황을 예상하고 있었다.

에스토니아의 컴퓨터 응급 대응 팀(CERT)을 이끌고 있던 그는 며칠째 해커들이 방문하는 웹 사이트를 예의 주시했다. 청동 소련 병사를 탈린 중심부에서 다른 곳으로 옮기는 것에 대한 응징으로 해커들이 에스토니아 웹 사이트에 대량의 가짜 트래픽을 쏟아붓겠다는 계획을 모의하고 있었기 때문이다. 그들은 공격에 참여할 참가자들을 모은 후 각자의 컴퓨터에서 수많은 타깃 사이트에 핑ping을 반복해달라고 요청했다. 타깃 서버가 처리할 수 있는 수준 이상의 트래픽을 갑자기 전송하는 분산 서비스 거부 공격(DDoS)을 계획한 것이다.

아레라이드가 인근의 경찰대에서 이뤄진 2주간의 포렌식 훈련을 마치고 아일랜드의 작은 마을에 있는 식당에서 기네스 맥주를 마시고 있었을 때, 공격이 처음 시작됐다. 에스토니아 CERT에서 같이 일하는 동료에게서 전화가 왔다. "시작이야." 전화기 너머로 동료가 말했다. 이 두 명의 에스토니아인은 공격을 감시하고 준비해온 대응책을 수행하기로 단번에 동의한다. 웹 사이트 관리자와 함께 네트워크 대역폭을 늘리고, 백업 서버를 활성화하고, 악성 트래픽을 걸러냈다. 말수가 적고 과거에는 현장에서 직접 일하기도 했던 아레라이드는 짧은 머리를 하고 있었으며 검은 수염을 길렀다. 10초 정도 화면을 응시하고는 다시 기네스 맥주를 마시러 돌아갔다.

다음 날 아침 일베스 대통령은 아직도 에스토니아 남쪽에 있는 농장에서 인터넷 연결이 어떻게 된 것은 아닌지 생각하고 있었다. CERT에서 함께 일하는 동료가 탈린 공항으로 아레라이드를 마중나가 공격 상황을 보고했다. 악성 트래픽은 점점 늘어나고 있었고 공격을 당하는 웹 사이트도 점점 늘어났다. 대부분의 미디어 웹 사이트와 국방부, 의회 같은 정부 기관의 웹 사이트가 공격을 받았다. 공격의 정도가 심각해 많은 곳이 오프라인 상태가 됐다.

아레라이드는 발걸음을 멈췄다. 보통의 DDoS 공격이라면 초보 해커들도 할 수 있는 간단한 공격이며, 대부분 상대방을 협박하는 용도로 사용된다. 아레라이드는 이 싸움에서 가장 쉽게 이길 수 있는 방법은 해커가 스스로 지쳐 나가떨어지게 하는 방법이라고 생각했다. "우리가 해결할 수 있어."라고 CERT 동료에게 말했다. 아레라이드는 이 공격을 '사이버 시위' 정도로 치부했다. 탈린 거리로 쏟아져 나온 시위대의 인터넷 확장판이라고 생각한 것이다.

하지만 셋째 날, 아레라이드는 사태의 심각성을 인정한다. 평범한 웹 사이트 공격이 아니었다. 그가 알고 있던 보통의 방법으로는 이 공격을 멈출 수 없었다. 악성 트래픽을 막으려 시도할 때마다, 해커들은 공격 기술을 조금씩 바꿔 필터링을 매번 피했다. 공격을 막을 수 없었다. 공격은 점점 더 심해졌고 트래픽은 계속 증가했다. 공격에 참가한 해커들이 수만 대의 컴퓨터를 감염시켜 봇넷을 심고, 좀비가 된 컴퓨터들을 이용해 세계 곳곳에서 웹 사이트에 악성 트래픽을 보냈다. 스팸 이메일과 신용카드 도용 등으로 악명이 높은 러시아 비즈니스 네트워크(RBN)도 이 공격에 가담했다. 덕분에 베트남에서 미국까지 전 세계가 에스토니아를 공격하는 셈이 됐다.

공격의 목적도 바뀌었다. 단순 DDoS 공격에서 웹 사이트를 해킹하는 방향으로 진화했다. 웹 사이트에 나치 문양을 내걸고 에스토니아 수상 사진에 히틀러 수염을 합성해 내걸었다. 에스토니아인들을 반러시아 성향의 파시스트로 만들어버렸다. 공격당하는 웹 사이트도 기하급수적으로 늘었다. 은행, 전자상거래 사이트, 심지어 탈린시 아파트 거주자들이 사용하는 커뮤니티 사이트도 공격했다. "20, 50, 100, … 이렇게 많은 웹 사이트를 방어한다는 것은 사실 불가능했어요. 우리도 일요일을 전후해서 기존 대응 방식으로는 안 될 것 같다고 판단했어요." 아레라이드가 말했다.

월요일 아침 아레라이드는 주요 정부 기관 및 주요 민간 웹 사이트의

IT 관리자와 탈린 중심부에 있는 CERT 사무실에서 회의를 열었고, 전혀 새로운 방법을 취해야 한다는 데 의견을 모았다. 악성 트래픽을 보내는 소스를 하나씩 차단하는 방법 대신, 에스토니아 외부에서 들어오는 모든 웹 연결을 제한하기로 결정한다.

이 결정이 실행에 옮겨지자, 웹 서버에 가해지던 부담이 조금씩 줄어들기 시작했다. 에스토니아 내부에서 발신하는 악성 트래픽은 그리 많지 않아 쉽게 처리할 수 있었다. 물론 이 결정에는 대가가 따랐다. 에스토니아 미디어가 외부와 차단됐다. 시위대에 대한 기사를 공유하기가 어려워졌고, 디지털 공격에 대한 이야기조차 외부에 알리기 어려워졌다. 이 작은 나라는 외부의 공격을 차단하는 데 성공했지만, 그 대가로 스스로 고립됐다.

고립 후 며칠 동안 에스토니아 CERT는 국가의 인터넷 고립 상태를 조금씩 완화하기 시작했다. 아레라이드와 동료들은 전 세계의 인터넷 서비스 제공업체와 함께 악성 트래픽을 전송하는 컴퓨터를 찾아내 하나씩 필터링했다. 공격은 계속 늘었고 진화했으며 더욱 다양한 곳에서 트래픽을 전송했지만, 일주일이 지나자 갑자기 공격이 멈췄다.

공격이 잠시 소강상태를 보이긴 했지만, 에스토니아는 또다시 공격이 시작될 것이라는 걸 알고 있었다. 5월 9일은 러시아의 국경일인 '승리의 날'이다. 히틀러의 무자비한 공격에 맞서 4년 동안 구소련이 막대한 희생을 치르면서 싸워 결국 승리했던 것을 기념하는 날이다. 해커 웹 사이트에서는 이 기념비적인 날에 다음 공격을 하겠다는 이야기가 오갔다. 디지털 공격을 이날 다시 이어가겠다는 의도였다. "에스토니아

^{eSStonia} 정책에 동의하지 않는 거죠?" 러시아 웹 사이트의 한 이용자가 물었다. 여기서 '에스토니아^{Estonia}'라는 원래 국가명 대신에 'SS'를 써서 표기한 것은 에스토니아와 나치의 동조를 잊지 말라는 의미였다. "현 상황에서 어찌할 바를 모르겠다고요? 인터넷상에서 충분히(!) 우리의 뜻을 펼칠 수 있습니다!"

"이번 공격은 엄청날 거예요. 에스토니아의 인터넷을 완전히 다운시킬 계획이 있어요. :)" 다른 사용자가 댓글을 달았다.

5월 8일 모스크바 시각으로 자정에 맞춰 해커들은 에스토니아 웹 사이트를 다시 한 번 공격했다. 100만 대에 가까운 컴퓨터가 동원돼 수십 종의 봇넷을 작동시켰다. 이로 인해 58개의 웹 사이트가 동시에 다운됐다.

그날 저녁 이후 아군이 된 인터넷 서비스 제공업체들과 함께 아레라이드는 새로운 악성 트래픽을 차단하기 시작했다. 하지만 이번 공격에서는 해커들도 이전 공격 이상의 실력을 보여줬다. 훨씬 고도화된 공격은 소프트웨어 취약점을 공격해 인터넷 라우터를 무력화했다. 그 결과 ATM과 신용카드 전산 시스템처럼 인터넷에 의존하고 있는 시스템들이 다운됐다. "마트에 가서 빵과 우유를 산다고 해봅시다. 상점에서 카드로 값을 지불할 수 없어요. 또한 ATM에서 돈도 뽑을 수 없어요. 결국 빵과 우유를 살 수 없는 겁니다." 아레라이드가 말했다.

한층 업그레이드된 공격이 계속되면서, 에스토니아 웹마스터들도 공격에 점점 무뎌져갔고 웹 사이트 사용자도 줄었다. 아레라이드가 말한 것처럼, 에스토니아의 IT 관리자들은 공격에 제한적으로 대응했다. IT 관리자들도 이제 밤에는 잠을 자러 갔다. 해커들이 웹 사이트를 공격하든 말든 신경 쓰지 않았다. 아침이 되면 다시 일어나 밤사이 공격으로 발생한 피해를 복구하고 새로 드러난 악성 트래픽을 필터링했다. 또한 라우터를 재부팅해 인터넷 사용자들이 다시 인터넷을 사용할 수 있게 디지털 인프라를 복구했다. 고급 해킹 기술을 사용해 라우터를 공격해도 피해는 제한적이었다. 아레라이드에 따르면, 공격으로 인한 피해는 재부팅으로 복구할 수 있었다.

이런 공격과 복구가 반복되는 패턴을 에스토니아 국민이 영하의 추운 겨울 날씨에 적응하는 능력에 비유하기도 했다. 수천 년에 걸쳐 하루 몇 시간밖에 허락되지 않는 태양을 맞이하면서 단련된 에스토니아인이다. "아침에 일어나 일터로 나가죠. 하지만 아직 캄캄합니다. 일을 끝내고 집에 돌아오죠. 역시 캄캄합니다. 오랫동안 햇빛을 구경할 수 없어요. 에스토니아인은 이런 일상에 아주 잘 적응했어요. 대신 우리는 장작을 준비합니다." 아레라이드가 말했다.

■

공격은 서서히 약해지면서 5월 말까지 계속됐지만, 결국 공격은 멈췄다. 하지만 10여 년이 지난 지금도 풀리지 않는 몇 가지 의문이 있다. 공격의 배후는 누구인가? 공격의 궁극적인 목적은 무엇인가?

아레라이드와 일베스처럼 이번 공격을 직접 목격한 사람들은 처음에는 러시아 정부가 친정부 성향의 해커들과 함께 이번 공격을 계획하고 수행했다고 믿었다. 초반에는 보잘것 없었던 공격이 갑자기 고도화됐고 공격에 사용한 기술들이 갑자기 전문적으로 변했기 때문에 아마추어 해커가 했다고는 믿기 어려워진 탓이다. 겉으로는 러시아 범죄 조직이 계획한 것으로 보이지만, 수십 종의 봇넷을 제어한 진짜 배후는 누구였을까? 아버 네트웍스라는 보안업체에 소속된 한 분석가는 이번 공격에서 발견된 트래픽 근원지 중 일부와 이전에 가리 카스파로프의 웹 사이트에 DDoS 공격을 가했던 트래픽 근원지가 동일하다고 밝혔다. 가리 카스파로프는 러시아 대통령을 공개적으로 비판한 야당의 대통령 후보다.

"매우 잘 조직화된 공격이었어요. 과연 누가 그렇게 할 수 있었을까요? 범죄자들이요? 아닙니다. 한 나라의 정부예요. 러시아 정부도 같은 일이 발생하길 원했다는 것이 주목할 만한 점이죠." 아레라이드가 말했다.

이번 공격을 목격한 다른 에스토니아인들도 비슷한 생각을 했다. 민간 해커들과 정부 당국자가 손을 잡고 공격한 것으로 짐작했다. 아니면, 적어도 러시아 비즈니스 네트워크(RBN)나 정부에서 뒤를 봐주고 있는 범죄 조직이 자신들의 범죄 행위를 사법 당국이 눈감아주는 조건으로 이 일을 벌였을 것으로 생각했다. "마치 봉건제 같아요. 지역을 책임지고 있는 군주가 허락했기 때문에 사업을 할 수 있고, 그 대가로 조공을 바치는 구조처럼요." 그 당시 에스토니아 최대 은행인 한사은행^{Hansabank}에서 IT 보안 업무를 맡고 있던 담당자가 한 말이다. "군주가 전쟁에 나가면, 다 같이 전쟁에 나가는 거죠."

2007년 초 러시아라는 군주가 정말 전쟁에 나갔다. 적어도 전쟁을 준비했다. 에스토니아에 대한 공격이 있기 두 달 전, 푸틴이 뮌헨 보안 콘퍼런스에서 연설을 했다. 미국과 나토가 지정학적 불균형을 만들어 전 세계를 매우 위험한 상태로 몰고 가고 있다고 맹렬히 비난했다. 푸틴은 냉전 후 시대, 즉 미국과 그 연합국의 힘을 견제할 세력이 없는 일방적인 시대에 격분하며 연설을 했다.

단일 파워가 세계를 지배하고 있다는 점에서 푸틴이 직접적인 위험을 느낀 것이 분명했다. 결국 에스토니아는 예상보다 3년 일찍 나토 연합에 가입했다. 다른 발트해 연합 국가인 리투아니아와 라티비아도 함께했다. 이 두 국가는 러시아 국경과 매우 가까우며, 세인트 피터스버그에서 불과 200킬로미터도 떨어져 있지 않다.

"나토가 우리 국경 부근에 군대를 주둔시켰다." 푸틴이 뮌헨 연설에서 한 말이다. 나토 연합의 확장에 대해서는 "상호 신뢰 수준을 지속적으로 낮추는 심각한 행위이며, 도대체 누구를 견제하기 위해 세력을 확장하는 것인지 묻고 싶다."라고 말했다. 물론 대답을 듣지는 못했지만, 러시아와 푸틴이 그 대상임은 두말할 필요도 없다.

3개월 후 에스토니아에 대한 사이버 공격이 정점을 찍었을 때, 푸틴은 자신이 승인했다는 걸 숨기지 않았고 러시아 정부도 책임을 회피하지 않았다. 5월 9일 승리의 날 연설에서 푸틴은 해커들에게 에둘러 감사의 말을 전했다. "적군의 전쟁 영웅들을 미화한 상징물을 깨부순 아군이 이제는 그들을 욕보이고 불안과 새로운 불신의 씨를 퍼뜨리고 있습니다." 모스크바 붉은 광장에 모인 군중에게 푸틴이 한 말이다.

여전히 나토는 에스토니아를 공격한 사이버 공격에 대해 러시아 정부가 나토 연합국을 공격한 사건이라고 공개적으로 말하지는 않는다. 나토 규정을 명시한 워싱턴 헌장 5조에 따르면, 나토 회원국을 공격한다는 것은 곧 나토 전체를 공격한 것이 된다. 다시 말해 나토가 이를 인정하면 모든 수단을 동원해 응징해야 한다. 하지만 사이버 공격이 있던 첫 주에 일베스 대통령은 대사들과 회의를 진행했는데, 당시 그는 나토가 헌장 5조에 따라 대응하면 러시아를 자극할 것이 분명하고 나토 회원국들도 그런 상황을 원하지 않는다는 이야기를 들었다. 인터넷상의 공격만으로는 물리적인 전쟁에 준하는 치명적인 결과가 발생하지 않는다고 결론지은 것이다.

일베스는 대신 헌장 4조를 적용하는 것은 어떤지 물었다. 하지만 회원국의 보안이 위협받는 이 상황에서 나토 회원국의 정상회담까지 이어지지는 못했다. 나토의 대답은 간단했다. 5조만큼 강력하지는 못하지만, 4조를 적용하는 것도 가망이 없었다. 러시아가 배후에 있다고 단정짓는 것이 그렇게 간단한가? 결정적으로 나토의 정치인들은 DDoS 공격 메커니즘을 거의 이해하지 못했다. 트래픽의 근원지가 러시아 해커, 범죄 집단, 심지어는 전혀 상관없어 보이는 해외의 감염된 컴퓨터 등으로 골고루 나왔으니 배후를 지목한다는 것이 결코 간단하지 않았다.

나토가 적극적으로 움직이지 않은 데는 다른 배경이 있다고 일베스가 꼬집었다. 서유럽의 나토 회원국과 러시아를 마주한 동유럽 국가들 간의 균열을 말했다. 일베스가 서유럽의 나토 회원들의 '도도한 태도'를 흉내 내며 "저들은 우리와 사뭇 다르지."라고 말했다. "아, 동유럽 국가들? 이 나라들은 러시아를 좋아하지 않아. 그래서 무슨 문제가 생기면 러시아를 걸고 넘어지기 일쑤야." 일베스가 말을 이었다.

끝끝내 나토는 에스토니아 공격과 관련해 러시아에 아무런 조치도 취하지 않았다. 마치 러시아와 연관 짓기가 거의 불가능한 공격 도구를 사용해 푸틴이 시험 삼아 나토 회원국을 공격한 것 같았다. 공격이 잘못돼도 공격을 부인할 명분도 충분했다. 새로운 사이버 기술로 나토에 속한 동유럽 국가를 공격해도 나토가 섣불리 움직이지 않으리라는 것도 정확히 예상했다.

에스토니아에서 두 달 동안 있었던 일련의 사건들은 최초의 사이버 전쟁이다. 다시 말해 '제1차 웹 전쟁'이다. 사실 이번 사이버 공격은 실제 전쟁만큼 처참한 결과를 초래하진 않았다. 하지만 '사이버 진주만' 사건은 미래에 충분히 벌어질 수 있을 것 같았다. 이번 공격을 통해 러시아 정부는 그들이 가진 기술이 적국의 정부와 민간을 상대로 어떤 일을 벌일 수 있는지 충분히 증명했다.

13

플래시백: 조지아

석양이 진 후 카투나 므슈비도바제는 러시아 전차가 자신을 향해 오고 있다는 것을 알았다.

므슈비도바제는 2008년 8월 11일 저녁 트빌리시 중심부에 있는 나토 정보센터에서 야근을 하고 있었다. 트빌리시는 과거 구소련에 속했던 조지아의 수도다. 그녀는 당시 조지아 국방부 소속의 한 기관에서 보좌관으로 일하며, 코카서스 산맥의 작은 나라 조지아를 나토 연합국에 편입시키려 로비를 벌이고 있었다. 다양한 이벤트와 언론 플레이를 통해 흑해 서쪽의 이웃국가들과 함께 나토에 편입하는 것이 당연하다는 분위기를 조성하는 일이었다. 그러던 중 2008년 여름, 나토 정보센터는 훨씬 더 중요한 문제를 다뤄야 했다. 러시아의 침공과 관련해, 미디어를 장악하고 제어하려는 러시아의 시도를 차단하는 임무를 맡은 것이다.

전쟁은 며칠 전 이미 시작됐다. 러시아가 군대와 무기를 조지아 국경과 가까운 압하지야와 남오세티야로 전방 배치했다. 이 두 지역은 러시아로부터의 독립을 지지하던 곳이다. 조지아 군대가 선제 공격을 했다. 8월 7일 조지아는 츠힌발리 남오세티야 마을의 군부대에 포격을 가한다. 러시아와 피할 수 없는 분쟁에서 주도권을 쥐려는 의도였다. 하지만 러시아는 압도적인 병력으로 이에 대응했다.

조지아의 무력 도발로부터 압하지야와 남오세티야를 보호한다는 명분하에 러시아는 이 작은 나라에 2만 5,000명이 넘는 병력을 주둔시켰고, 1,200문의 포와 200대의 전투기, 40대의 헬리콥터를 들여왔다. 조지아가 보유한 1만 5,000명의 군인과 여덟 대의 비행기, 25대의 헬리콥터로 구성된 초라한 수준의 공군을 감안하면, 이는 다윗과 골리앗의 싸움인 셈이었다. 전쟁 이튿날 제2차 세계 대전 이후 처음으로 러시아는 흑해 함대를 전개했다. 함대를 보내 조지아의 해안을 봉쇄하자 불과 며칠 만에 조지아는 탄약이 떨어지고 고립됐다.

8월 11일 러시아는 압하지야와 남오세티야에서 조지아의 심장부로 군대를 이동했으며, 고리시를 점령하고 국가를 둘로 나눴다. 러시아 전차가 60킬로미터 떨어진 수도로 진격할 준비는 이미 이날 저녁에 끝났다.

므슈비도바제는 트빌리시 사무실에서 일하고 있었는데, 8월 11일 저녁을 그녀 인생에서 가장 혼란스러웠던 날로 기억한다. 사건이 발발한 초기에 사무실의 인터넷이 알 수 없는 이유로 끊겼다. 따라서 미디어를 통해 러시아 군대와 싸우고 있는 그녀가 할 수 있는 일은 거의 없었다. 조지아가 남오세티야와 압하지야에서 시민들을 학살하고 있다는 가짜 정보까지 러시아 군대에서 흘러나왔다.

무기력하게 사태를 지켜보고만 있을 때, 그녀의 상관인 나토 정보센터장이 전화를 걸어왔다. 센터장은 저널리스트로서 국가 간 분쟁을 취재하기 위해 며칠 전 남오세티야로 출장을 갔다. 그동안 므슈비도바제가 정보센터를 지휘하고 있었다. 그런데 지금, 므슈비도바제의 상관이 러시아 군대가 트빌리시로 진군하고 있다고 알려왔다. 모두 탈출해야 했다.

므슈비도바제와 직원들은 혹시 있을지 모를 점령에 대비해 서둘러 조치를 취했다. 민감한 파일을 삭제하고, 러시아 손에 들어가서는 안 될 문서들을 분쇄기에 넣었다. 잠시 후 도시 전체의 전기가 끊겼다. 러시아 군대가 물리적인 행동을 취한 것 같았다. 자정 무렵 직원들은 정전된 건물을 서둘러 빠져나와 흩어졌다.

당시 나토 정보센터는 트빌리시 바케 지역에 있는 유리 외벽으로 된 건물 안에 있었다. 바케 지역은 구소련 시절 지식인들이 모이던 장소이기도 했다. 므슈비도바제는 한 블록을 걸어 번잡한 거리로 들어섰다. 그리고 이곳에서 완전히 붕괴된 사회를 목격했다. 정전으로 가로등이 전부 꺼져 있었고, 자동차 전조등만이 인도를 밝혔다. 운전자들도 모두 혼란에 빠져 신호를 모두 무시한 채 교차로를 점거했다. 보행자들도 거리를 건널 수 없었다. 아무런 희망 없이 택시를 잡으려 시도도 해봤다. 다른 보행자들도 모두 혼란에 빠져 있었고, 공포에 질려 소리를 지르거나 울음을 터뜨리는 사람들도 있었다.

아파트에 혼자 있을 여동생에게 도시를 가로질러 가야겠다고 마음먹었다. 하지만 동생에게 연락을 할 수도 없었고 택시를 잡을 수도 없었다. 휴대폰은 간간히 작동했다. 혼란에 빠진 트빌리시 시민들이 모두 휴대폰을 붙들고 있었기 때문이다.

전화기를 들고 30분 동안 씨름한 끝에 운전기사를 찾는 데 성공했다. 하지만 운전기사는 혼란에 빠진 사람들을 제치고 그녀에게 와야 했고, 차가 도착할 때까지 므슈비도바제는 꼼짝없이 교차로에 그대로 서 있어야만 했다. 공황상태에 빠진 도시가 보였다. "기억하기도 싫은 끔찍한 상황이었어요. 아마 전쟁터에 직접 가봐야 제가 어떤 느낌이었는지 이해할 수 있을 거예요. 많은 생각이 머리를 스쳐 지나갔어요. 여동생, 가족, 그리고 나. 이 국가의 미래에 대해서도 생각했어요."

∎

호세 나자리오는 조지아에 전쟁이 닥칠 것이라는 걸 예상했다. 그것도 한 달이나 일찍, 코카서스 산맥의 전선이 아니라 미시간에 있는 사무실에서 말이다. 사이버 공격을 추적하는 회사인 아버 네트웍스에서 보안 연구원으로 일하는 나자리오는 7월 어느 날 아침 회사에 출근했다. 사무실은 앤아버에 있는 미시간 주립대의 남쪽 끝에서 한 블록 떨어진 곳에 있었다. 평소와 다름없이 전날 저녁에 있었던 봇넷 활동을 모니터링하는 일로 하루를 시작했다.

전 세계 인터넷에서 발생하는 디지털 분쟁을 실시간으로 분석하기 위해 아버 네트웍스는 블레이드러너^{BladeRunner} 시스템을 운영했다. 봇넷 추적을 한다는 의미에서 붙여진 이름이며, 수백만 대의 '허니팟'으로 이뤄진 시스템이다. 허니팟은 아버 네트웍스가 세계 곳곳에서 운영하는 가상 컴퓨터를 말하는데, 이 컴퓨터는 봇넷을 독립된 환경으로 유인해 이들의 활동을 감시할 수 있도록 디자인됐다. 아버 네트웍스는 이 컴퓨터들을 일종의 미끼로 활용했다. 이곳에서 악성코드의 샘플을 채취해 명령제어 서버가 보내는 명령어들을 모니터링했으며, 이는 곧 회사의 수익 모델이기도 했다. 명령제어 서버가 보내온 명령어에는 해커가 목표로 삼은 타깃을 어떻게 공격할 것인지에 대한 내용이 담겨 있다.

그날 아침 나자리오의 블레이드러너 분석 결과는 평소와 사뭇 달랐다. 한 봇넷이 조지아 대통령인 미하일 사카슈빌리의 웹 사이트에 대한 공격을 준비하는 것을 포착했다. 웹 사이트를 다운시키기 충분한 양의 악성 트래픽이 쏟아져 나왔고, 서버를 다운시킨 명령어에는 이상한 문자가 포함돼 있었다. 마치 해커들이 시스템 관리자에게 보내는 메시지 같았다. 'win+love+in+Rusia'

철자에 오류가 있는 이상한 메시지를 본 나자리오는 이번 공격에 경제적 목적이 아니라 정치적 목적이 있을 것으로 생각했다. 지난해 에스토니아를 공격한 봇넷과도 비슷해 보였다. 나자리오는 동료들과 함께 에스토니아 공격을 끈질기게 파고들었던 경험이 있다.

"메시지가 러시아어였다면 어디서 온 해커인지 더 쉽게 알 수 있었겠죠. 하지만 누가 명령을 보냈는지 분명히 알 수 있었어요." 나자리오가 메시지에 대해 말했다. 지정학적 분쟁에 대해 논의하려고 믿음직한 전문가에게 전화를 걸었다. 존 헐퀴스트다. 국무부에서 사이버 보안과 동유럽에 대한 분석을 담당하는 젊은 분석관에게도 전화를 했다.

헐퀴스트가 국무부에 합류하고 몇 달이 지나지 않아, 나지리오와 헐퀴스트는 좋은 관계를 유지했다. 헐퀴스트는 아버 네트웍스의 공격 데이터에 관심이 많았다. 헐퀴스트가 나자리오에게 먼저 전화를 걸어 나자리오가 워싱턴 D.C.에 사업차 방문했을 때 공항으로 데려다주겠다고 이야기하기도 했다. 아버 네트웍스가 추적했던 공격에 대해 헐퀴스트가 어떤 정치 외교적 견해를 갖고 있는지 나자리오 역시 궁금했다. 그 후로 이 둘은 일종의 규칙을 정했다. 나자리오가 워싱턴 D.C.에서 일을 끝내면 헐퀴스트가 마중을 나갔고, 크리스털 시티에 있는 할레오라는 식당에 들어가 함께 저녁을 먹었다. 헐퀴스트는 에스토니아는 물론 잉구세티야와 체첸 공화국에 이르기까지 다양한 공격에 대한 의견을 나누고 나자리오를 공항까지 바래다줬다.

나자리오가 이번 공격이 조지아 대통령의 웹 사이트를 노렸다는 것을 알아냈다. 그 즉시 헐퀴스트와 함께 큰 그림을 그리기 시작했다. 러시아와 조지아의 분쟁이 일촉즉발의 위기에 이르렀다. 우크라이나 때와 마찬가지로 새로 당선된 친서방 성향의 대통령은 조지아를 나토에 편입시키려 할 것이다. 만약 조지아가 나토에 가입하게 된다면, 나토는 러시아의 바로 코앞까지 영역을 확장하는 효과를 얻게 된다. 물론 러시아에게는 달갑지 않은 시나리오다.

러시아도 대응 태세를 갖췄다. 평화유지군이라는 이름으로 압하지야와 남오세티야에 병력을 증강했다. 러시아가 은밀히 주변국을 압박하면서 위협하고 있다고 조지아가 나토에 호소했지만 사실상 무시됐다. 오히려 주변 강대국과의 분쟁을 조장하지 말라는 경고를 받았다. 이와 동시에 러시아를 등에 업은 조지아 내 분리주의 지역에서 소규모 전투와 충돌이 발생했다. 폭탄이 터지고 간헐적인 총격전이 발생해 분리주의자 10여 명과 조지아 경찰, 군인이 죽거나 다쳤다.

나자리오와 헐퀴스트는 러시아 정부가 새로운 방법으로 조지아를 억압하려 한다고 생각했다. 러시아 정부가 직접 행동에 나선 것이 아니라면, 최소한 정부와 동일한 목적을 가진 해커들이 일을 꾸민 것이라고 생각했다. 에스토니아 분쟁과 비슷한 패턴이다. 차이가 있다면, 사이버 공격이 실제 전쟁보다 먼저 일어났다는 점이다.

전쟁은 8월 7일 발발했다. 외교부, 조지아 국립은행, 의회, 대법원, 트빌리시 소재의 미국 및 영국 대사관, 사카슈빌리 대통령의 웹 사이트를 포함해 38개의 웹 사이트가 이튿날 거의 동시에 DDoS 공격을 당했다. 에스토니아 때와 마찬가지로 사이트 몇 개를 해킹해 사카슈빌리와 히틀러 사진을 함께 내걸었다. 공격을 누군가가 지휘하는 것처럼 보였다. 사이트 하나가 공격당하고 30분 이내에 다음 사이트가 공격당했다. 공격은 조금도 줄어들지 않고 8월 11일 정오까지 계속됐다. 8월 11일

정오는 러시아가 정전 협상을 시작한 시각이다.

에스토니아 때와 마찬가지로 이 공격을 직접적으로 러시아 정부와 연관시키는 것은 불가능하다. 공격은 봇넷을 통해 이뤄졌고, 전 세계에서 동시 다발적인 트래픽이 발생했다. 하지만 보안업체인 시큐어웍스와 비영리재단 섀도우서버의 연구원들은 이번 공격이 러시아 비즈니스 네트워크(RBN), StopGeorgia.ru 같은 해커 사이트와 관련이 있다고 말했다. RBN은 에스토니아 공격에도 가담했던 사이버 범죄 단체다.

어떤 면에서는 디지털 공격과 물리적 공격이 무시무시할 정도로 잘 조화를 이뤘다. 예를 들면, 러시아 비행기가 폭격을 하기 직전에 해커들이 고리시의 주요 웹 사이트와 미디어를 먼저 공격했다.

"수도가 아니라 고리시에 폭탄을 투하할 것이라는 사실을 해커들이 어떻게 알았을까요?" 시큐어웍스 연구원인 돈 잭슨이 물었다. "제가 수행한 초기 조사에서는 누군가가 지시를 내리거나 공격을 조율한 흔적을 찾을 수 있었어요."

카투나 므슈비도바제는 조지아 전쟁이 종결되자 정치학과 사이버 보안 정책에 관한 연구로 박사 학위를 받았고, 현재 보안 연구원으로 활동하고 있다. 그녀는 러시아 정부가 직접 사이버 공격을 지시한 것이 틀림없다고 생각한다. "얼마나 많은 증거가 필요한가요?" 그녀가 화난 목소리로 물었다. "이게 바로 러시아 정부가 한 행동이에요. 대리인, 집권층, 범죄 집단을 활용해 공격을 자행했고, 이를 통해 러시아 정부와의 직접적인 연결 고리를 끊으려고 했죠. 공식적으로 러시아 정부가 공격을 부인할 명분이 생긴 것입니다. 이 방식이 더 이상은 먹히지 않을 거예요. 이제 우리는 누가 누구를 공격하는지 잘 알고 있어요."

존 헐퀴스트는 공격이 어떻게 진행됐는지 세세한 부분까지 잘 알고 있다. 그리고 6년 후 샌드웜 사건에서 동일한 공격 패턴이 드러났다. 조지아를 공격한 해커들 중 상당수가 특정 악성코드를 사용했다. 이 악성코드로 디지털 군대를 제어하고 누구를 공격할지 결정했다. 이 악성코드는 당시 초기 개발 단계였지만, 나중에 훨씬 강력한 사이버 공격 도구로 발전했다. 바로 블랙에너지다.

■

2008년 8월 12일 러시아와 조지아는 정전에 합의한다. 그 후 며칠 동안 러시아 전차들은 계속해서 조지아 영토로 진군했으며, 최종 회군할 때까지 조지아를 자극했다. 수도에는 들어가지 않았다. 마침내 포격은 멈췄고, 러시아 함대들은 흑해 봉쇄를 풀었다.

러시아가 이번 전쟁에서 거둔 성과는 꽤 컸다. 압하지야와 남오세티야 지역에서 활동하는 친러시아 성향의 분리주의자들을 결집하는 데 성공했고, 그 결과 조지아 영토의 20%에 달하는 지역에 영향력을 끼칠 수 있게 됐다. 2014년의 우크라이나 사건에서도 러시아는 약소국 우크라이나를 점령하려 하지 않았다. 단지 우크라이나를 분쟁 지역으로 인식되게 하는 것이 그 목적이었다. 나토 가입을 통해 러시아의 위협으로부터 보호받고자 했던 조지아의 꿈은 무너졌고, 나토 가입은 기약할 수 없게 됐다.

이번 전쟁에서 러시아의 사이버 공격이 어떤 역할을 했을까? 므슈비도바제는 사실상 아무 효과도 없었다고 이야기한다. "그 당시 사이버 공격이 있으리라 생각한 사람은 아무도 없었어요. 무지했죠." 조지아와 에스토니아는 많이 달랐다. 조지아에서는 100명 중 일곱 명만이 인터넷을 사용했다. 웹 사이트가 다운되는 것보다 훨씬 더 중요한 문제들이 산재했다. 도시에서 박격포가 터지고 전차가 서서히 마을로 진격해오고 있었다.

물론 사이버 공격이 전혀 효과가 없었던 것은 아니다. 대내외적으로 혼란을 가중시키는 역할을 했다. 조지아와 서방 세계를 연결하는 통로를 막았다. 러시아와의 전쟁을 보도할 채널이 막혔다. 므슈비도바제는 당시 널리 전파됐던 몇 가지 뉴스 내용에 지금도 여전히 분노하고 있다. 예를 들면, 조지아 영토 내에서 러시아가 몇 주 동안 조용히 군대를 모은 것이 전쟁의 원인이 아니라, 조지아가 츠힌발리에 포격을 가한 것이 전쟁의 원인이었다는 뉴스 등이다.

이번 사이버 공격이 가져온 결과보다는 이번 공격의 역사적 의미가 더 중요할 것이다. 지금까지 어떤 나라도 전통적인 전쟁과 사이버 전쟁을 병행해 공개적으로 적국을 공격한 적이 없었다. 러시아는 적국을 모든 면에서 압도하려 했다. 육군, 해군, 공군은 물론이고 이제는 인터넷에서도 상대를 압도하려는 모습이다. 이번 공격의 역사적 의미를 찾자면, 디지털 공격과 물리적 공격을 동시에 사용한 새로운 하이브리드 전쟁의 첫 희생양이 탄생한 사건이라 말할 수 있다.

조지아 사건과 에스토니아 사건을 돌이켜보면, 새로운 전쟁의 양상을 엿볼 수 있다고 헐퀴스트가 이야기했다. 이번 사건의 배후에 있던 러시아 해커들은 기술과 자원 측면에서 샌드웜 근처에도 미치지 못한다. 하지만 디지털 공격이 군대와 민간을 대상으로 얼마나 광범위하고 무차별적으로 벌어질 수 있는지는 잘 보여줬다.

"당시 해커들이 사이버 공격으로 정전을 일으킬 실력은 없었어요." 헐퀴스트가 말했다. "하지만 어떤 사이버 공격이든 일단 시작만 하면, 곧 물리적 전쟁이 발생할 것이란 사실은 알 수 있었어요."

14

플래시백: 스턱스넷

2009년 1월 버락 오바마 대통령의 취임식이 있기 며칠 전, 오바마는 조지 W. 부시 대통령을 만나 극비 사항을 논의한 적이 있다. 부시는 국가 안보와 관련된 모든 사항을 새로운 대통령에게 반드시 보고할 것을 참모진에게 지시했다. 핵미사일을 발사하는 방법처럼 아주 민감한 문제도 여기에 포함됐다. 하지만 이번 건은 직접 오바마와 이야기하고 싶었다. 부시는 후임 대통령이 자신이 진행해오던 역사상 유례가 없는 프로젝트를 계속해줄 것을 바랐다. 부시 행정부가 NSA를 통해 수년간 진행해온 프로젝트가 이제 곧 첫 결실을 맺으려 하고 있었다. 지금껏 존재하지 않았던 강력한 사이버 무기에 관한 이야기다. 나중에 이 무기는 스턱스넷Stuxnet이라는 이름으로 알려진다.

스턱스넷에 대한 이야기는 2년 전으로 거슬러 올라간다. 한마디로 미국 정부의 딜레마가 낳은 결과라 할 수 있다. 이란의 강경파 대통령 마무드 아마디네자드는 2005년 정권을 잡은 후 이란의 핵 처리 능력을 발전시키겠다고 공개적으로 선언했다. 우라늄을 농축해 핵 발전에 사용할 수 있도록 하는 것도 이 계획에 포함됐다. 이전까지 이란은 러시아로부터 농축 우라늄을 공급받았다. 물론 이면에는 다른 계획이 있었다. 아마디네자드는 핵무기를 원했다. 이 부분을 이스라엘도 두려워했다. 중동의 화약고가 폭발할 수도 있는 선언이었기 때문이다.

이란 정부는 1980년대부터 계속 핵무기를 갖길 원했다. 이라크와 전쟁이 발발한 시점이었고, 이라크의 리더인 사담 후세인이 핵폭탄을 개발하고 있다고 믿던 터였다. 결국 이란과 이라크 모두 핵무기를 갖지는 못했지만, 그 후로도 이란은 핵클럽에 가입하고자 부단히 노력해왔다.

2005년 여름 선거에서 아마디네자드가 대통령으로 당선되고 나서 두 달이 채 지나지 않아, 이란은 국제원자력기구(IAEA)와 맺었던 핵개발 중단 조약을 폐기한다. 이 조약이 있기 전까지, 이란은 2만 5,000제곱미터 크기의 지하 시설 두 개를 나탄즈 지하 7미터 공간에 건설하고 있었다. 무기에 사용할 수 있는 수준까지 우라늄을 농축하는 데 이 지하 시설을 사용할 예정이었다. 핵개발 중단 조약으로 공사가 중단됐지만, 아마디네자드가 대통령에 당선되자 나탄즈는 다시 빠르게 움직이기 시작했다.

2005년 미국 정보국은 이란이 핵폭탄을 개발할 때까지 6년에서 10년 정도의 시간이 걸릴 것으로 예상했다. 이와 달리 이스라엘 정보국은 5년 정도로 짧게 봤다. 하지만 이란이 나탄즈의 핵 농축 프로그램을 재가동하자, 이스라엘 정보국은 2년 정도로 예상 기간을 대폭 수정했다. 비공식적으로 이스라엘은 미 당국자에게 6개월이 지나면 폭탄이 준비될 수도 있을 것이라고 이야기하기도 했다. 위기가 꿈틀거렸다.

시간이 점점 지나면서 부시의 국가 안보 팀은 두 가지 선택지를 제시했지만, 어느 쪽도 문제를 해결할 것 같진 않았다. 이란의 변덕스럽고 공격적인 정부가 대량 살상무기를 갖는 것을 좌시하든지, 나탄즈를 향해 미사일을 발사해 전쟁을 시작하자는 내용이었다. 사실 무엇을 선택하든 전쟁은 불가피해 보였다. 이란이 핵무기를 소유하는 단계로 점차 다가간다면, 이스라엘의 강경 노선 정부는 이란을 향해 미사일을 발사할 것이 분명했다. "다른 방법이 필요합니다." 부시는 참모진에게 여러 번 말했다.

그 다른 방법이 바로 스턱스넷이다. 스턱스넷은 굉장히 추상적인 아이디어였다. 몇 줄의 코드로 이란의 핵 프로그램을 파괴하겠다는 전략이며, 전면전에 따른 위험이나 피해 없이 물리적 공격과 동일한 효과를 내겠다는 계획이다. 특수접근작전실(TAO)이라는 이름으로 알려진 NSA의 최정예 공격 해킹 팀, 그리고 이스라엘의 사이버 보안 팀 유닛 8200과 함께 국방부의 전략 사령부는 악성코드 제작에 나선다. 목적은 나탄즈의 주요 시설을 마비시키는 것이 아니라 파괴하는 것이었다.

2007년쯤 에너지부 소속 연구원들은 이란이 사용하는 P1 원심분리기를 손에 넣을 수 있었다. 전신주 두께의 반짝이는 원통이었으며 2미터 정도의 길이었다. 수개월 동안 연구원들은 원심분리기의 물리적 특징을 테스트했다. 또한 어떻게 하면 디지털 명령어로 이들을 완벽히 파괴할 수 있을지 실험했다. (일부 실험은 아이다호 국립연구소에서 이뤄졌다. 몇 줄의 코드로 디젤 발전기를 박살냈던 오로라 해킹 프로젝트를 진행했던 것과 거의 비슷한 시기에 실험이 이뤄졌다. 오로라 프로젝트를 지휘했던 마이크 아산테는 스턱스넷과 관련된 질문에 대해서는 대답을 피했다.)

실험이 시작되고 나서 얼마 지나지 않아 부시의 정보 참모진은 디지털로 파괴한 원심분리기의 쇠 조각을 테이블 위에 펼쳐 났다. 실험은 성공적이었다. 대통령은 악성코드를 이용한 공격 계획을 승인했다. 작전명은 '올림픽 게임'이었다. 악성코드의 능력은 매우 뛰어났다. 에스토니아와 조지아 사건에서 사용됐던 사이버 공격과 비교하자면, 중세의 투석기와 현대의 공격 무기를 비교하는 것에 비유할 수 있을 만큼 압도적인 차이가 있었다.

부시의 대통령 임기가 끝나가는 2009년 초반에도 올림픽 게임은 아직 초기 단계에 있었다. 스턱스넷이 이란의 핵 농축 시설에 침투해 파괴 능력을 이제 막 보여줄 참이었다. 그래서 부시가 오바마와 긴급 회동을 했고, 프로그램을 계속 진행해줄 것을 요청한 것이다. 회동에서 부시는 오바마에게 지정학적 중요성과 사이버 전쟁 미션의 중요성을 설명했다.

오바마는 경청했다. 그리고 스턱스넷 작전을 계획대로 진행하는 데 그치지 않았다. 오바마는 작전을 크게 확장했다.

■

세상에서 가장 파괴적인 무기인 핵무기를 만들 수 있을 만큼 우라늄을 고농도로 농축하려면 정교한 과정을 거쳐야 한다. 인류가 쉽게 멸망하지 않도록 신이 부착한 안전장치인 셈이다. 우라늄 광석을 채취하면 우라늄 238 동위원소가 주를 이루고 있으며, 도시 전체에 전력을 공급하거나 도시를 파괴할 수 있는 핵분열을 일으키는 우라늄 235는 우라늄 광석의 1%도 차지하지 않는다. 우라늄 235는 우라늄 238보다 약간 가벼운 은색 금속이다. 핵 발전에는 3%에서 5% 정도의 우라늄 235가 필요하지만, 핵무기에 쓰이려면 95% 이상의 순도를 가져야 한다. 희귀 금속의 동위원소를 그만큼 농축하기란 쉬운 일이 아니다.

원심분리기가 필요한 이유가 여기에 있다. 우라늄을 고농도로 농축해 무기로 만들려면, 먼저 우라늄을 가스로 만들어 원심분리기의 긴 알루미늄 원통에 넣어야 한다. 긴 원통 한쪽 끝에서 모터가 동작하며 원통을 분당 수만 번 회전시킨다. 그러면, 바깥 부분은 음속을 넘는 속도로 회전한다. 원심분리기 중앙에서 시작된 힘이 중력의 수백만 배 힘으로 무거운 우라늄 238을 벽 쪽으로 밀어붙이면, 가벼운 우라늄 235만 빨아들일 수 있다. 무기를 만들 정도로 우라늄을 농축하려면, 여러 단계의 원심분리기를 통해 이 과정을 반복해야 한다. 이 때문에 나탄즈 지하에 숨겨놓은 핵 농축 시설에는 수천 개의 긴 막대가 회전하는 기계에 부착돼 있다.

스턱스넷은 이런 노력에 찬물을 끼얹어 원심분리 과정을 조용히 망치도록 설계됐다.

2008년 언젠가부터 나탄즈의 엔지니어들은 알 수 없는 문제에 직면했다. 원심분리기의 회전이 불규칙적으로 말썽을 부리기 시작한 것이다. 베어링이 견딜 수 없을 만큼 빠른 속도로 원심분리기가 회전했다. 때로는 원심분리기 내부의 압력이 너무 높아져 궤도를 벗어났다. 빠르게 회전하던 원통이 하우징에 초음속으로 부딪히면, 원심분리 장치 내에서부터 문제가 발생했다. 지난해 아이다호 국립연구소에서 디젤 발전기 내부를 초토화시켰던 오로라 테스트와 비슷한 양상이었다.

원심분리 장치가 스스로 자폭하는 상황을 설명할 어떠한 징후도 원심분리기의 디지털 모니터링 시스템에서 찾아볼 수 없었다. 하지만 문제는 끊이지 않고 발생했다. 결국 관리자들은 엔지니어들에게 이 상황을 설명할 수 있을 때까지 원심분리기를 직접 눈으로 보고 있으라는 지시까지 내렸다. 문제의 원인을 파악하기 위해 164개의 원심분리기를 하나씩 가동해보기도 했지만 원인을 알아낼 수는 없었다.

"공격의 목적은 이들이 스스로 원심분리를 해낼 능력이 없음을 느끼게 하는 데 있었어요. 그리고 잘 먹혀들었죠." 비밀리에 진행된 올림픽 게임 프로젝트에 참여한 익명의 제보자가 뉴욕 타임스 기자인 데이비드 생어에게 한 말이다. 미국과 이스라엘 정보국은 이란 과학자들 사이에서 분열이 발생한 것도 감지할 수 있었다. 이란 과학자들이 반복되는 문제에 대해 서로를 탓하기 시작했다. 해고된 과학자들도 있었다.

시간이 흘러 오바마 정부에서 이 프로젝트를 진행했다. 나탄즈 원심분리기 문제는 심각해져만 갔다. 2009년 말과 2010년 초, 이란의 핵기술 발전 상황을 예의 주시하고 있던 국제원자력기구에 따르면, 이란이 핵 농축 시설에서 폐기한 원심분리기들은 그 사용 기간이 원심분리기의 통상적인 수명에 훨씬 못 미친 것으로 알려졌다. 당시 8,700개의 나탄즈 원심분리기 중 2,000개가 망가졌다고 IAEA가 공식 발표했다.

다시 말해, 올림픽 게임이 제대로 통했다. 중동을 전쟁 위기까지 몰고 갔던 기계 장치의 심장부에 미국과 이스라엘 해커들이 디지털 공격을 한 것이다. 믿을 수 없을 정도의 정확도로 작전이 성공했다. 스턱스넷 덕분에 적들은 자신들이 공격당하고 있는지도 모른 채 피해를 입었고, 미국과 이스라엘은 큰 성공을 거뒀다. 2010년 여름까지는 작전이 계획대로 잘 진행됐다. 하지만 스턱스넷을 개발한 해커들은 스턱스넷의 활동 주기를 컨트롤하지 못했고, 그 결과 스턱스넷이 세상에 공개되고 만다.

■

스턱스넷과 샌드웜 공격 간에는 공통점이 있다. 모두 제로데이 공격이라는 점이다.

2010년 6월 벨라루스 민스크에 있는 바이러스블로카다라는 많이 알려지지 않은 보안업체에서 이란에 있는 고객 컴퓨터 한 대가 계속 재부팅되는 현상을 발견한다. 연구원들은 무한 재부팅의 원인을 분석하다가 예상치 못하게 매우 진보된 무언가를 발견한다. '루트킷rootkit'으로 알려진 악성코드였다. 루트킷은 컴퓨터 운영체제 깊은 곳에 잠복해 있었다. 이들은 이 루트킷을 분석하다가 충격적인 사실을 알아냈다. 마이크로소프트 윈도우가 USB 드라이브의 내용을 디스플레이하는 과정에서 발생하는 취약점을 공격하는 강력한 제로데이 방법으로 컴퓨터가 감염됐다는 결론을 얻은 것이다. 감염된 USB 드라이브를 컴퓨터에 연결하는 순간, 악성코드가 컴퓨터에 설치됐다. 사용자는 자신의 컴퓨터가 감염된 사실을 전혀 눈치채지 못했다.

바이러스블로카다가 보안 게시판에 악성코드에 대해 발표하자, 대형 보안업체인 시만텍의 연구원들이 반응하기 시작했다. 킴 제터가 스턱스넷에 대해 저술한 보안 필독서 가운데 하나인 『Countdown to Zero Day』에 따르면, 수개월간 자신들이 스턱스넷을 연구했다고 한다. 악성코드는 크기와 복잡도에서 타의 추종을 불허했다. 500킬로바이트라는 코드 크기는 연구원들이 지금껏 다뤘던 일반 악성코드 크기의 20배에서 50배에 달하는 크기다. 연구원들이 코드 내용을 리버스 엔지니어링을 통해 분석할 때, 악성코드가 세 개의 제로데이 취약점을 추가로 공격하고 있다는 점도 발견했다. 윈도우가 설치된 컴퓨터라면 이 공격을 피할 수 없었다. 해커 기술의 정수를 모아 만든 자동 해킹 코드였다.

어느 누구도 네 개의 제로데이를 동시에 공격하는 악성코드를 본 적이 없었다. 스턱스넷은 간단히 말해 지상 최고의 기술이 집약된 사이버 공격 도구였다. 스턱스넷이라는 이름은 악성코드 파일의 이름을 따서 마이크로소프트가 직접 지었다.

그해 여름이 끝날 무렵, 시만텍 연구원들은 사건의 경위에 관한 정보를 좀 더 모을 수 있었다. 전 세계를 통틀어 3만 8,000대의 컴퓨터에서 악성코드가 발견됐는데, 2만 2,000개의 감염이 이란에서 나타났다.

그리고 지멘스의 STEP 7 소프트웨어와 통신을 하고 있다는 것도 발견했다. 산업제어시스템 관리자가 장비를 감시하거나 장비에 명령을 보낼 때 사용되는 소프트웨어다. 여러 가지 근거를 토대로 연구원들은 스턱스넷이 물리적 기계와 연관돼 있을 것이라고 결론을 내렸다. 그것도 이란에 있는 기계들일 것이라 생각했다. 스턱스넷이 공개되고 나서 얼마 지나지 않은 2010년 9월, 독일의 연구원 랄프 랑너는 지멘스 제품을 공격하는 코드를 분석해 최종 결론을 발표했다. 스턱스넷의 궁극적인 목표가 정확히 핵 농축에 사용되는 원심분리기를 파괴하는 데 있다고 밝힌 것이다.

이로써 연구원들은 스턱스넷을 둘러싼 조각들을 모두 제대로 맞췄다. 스턱스넷은 제일 먼저 에어갭air gap*을 극복할 수 있도록 디자인됐다. 이란 엔지니어들이 나탄즈 네트워크를 인터넷과 물리적으로 분리했기 때문이다. 그래서 스턱스넷은 진화된 기생충처럼 네트워크 연결이 아니라, 인간의 연결에 의존해 USB 드라이브를 통해 감염되고 전파됐다. 악성코드는 핵 농축 시설의 네트워크에 연결될 때까지 컴퓨터 안에서 숨어 지냈다. (지멘스 소프트웨어 엔지니어들이 먼저 감염돼 숙주와 전달자 역할을 했을 수 있다. 또는 나탄즈에서 일하는 스파이를 통해 좀 더 계획적으로 USB 악성코드가 퍼졌을 수도 있다.)

일단 에어갭을 통과하면, 스턱스넷은 병 속의 배처럼 스스로를 전개했다. 자동화된 악성코드는 외부에서 어떤 명령도 받을 필요가 없었다. 스스로 조용히 제로데이 취약점을 공격하면서 지멘스 STEP 7 소프트웨어를 실행 중인 컴퓨터를 찾아다녔다. 일단 발견하면, 감염시키고 때를 기다린다. 스턱스넷은 프로그래머블 로직 컨트롤러(PLC)에 명령어

---

* 민감한 데이터를 다루는 네트워크를 다른 네트워크와 물리적으로 분리하는 보안 기술을 말한다. ㅡ 옮긴이

를 주입했다. PLC는 기계에 부착된 작은 컴퓨터로 물리 기계에 디지털 신호를 공급하는 역할을 한다. PLC가 부착된 원심분리기가 스턱스넷에 감염되면 원심분리기는 스스로를 파괴했다. 이 과정에서 한 가지 기발한 아이디어가 적용됐는데, 공격을 개시하기 직전에 원심분리기의 신호를 기록한다는 점이었다. 이렇게 기록한 신호를 공장 관리자가 모니터링하는 장치에 송출했다. 뒤로는 원심분리기를 파괴하면서 앞으로는 관리자에게 아무런 문제가 없다는 신호를 송출했다. 눈에 보이는 문제가 발생했을 때는 이미 늦었다.

스턱스넷의 유일한 단점은 너무나 효과가 뛰어나다는 점이다. 컴퓨터 보안 연구원들은 악성코드가 의도를 벗어난 행동을 하는 현상을 상당히 위험하게 생각한다. 스턱스넷도 예외가 아니었다. 스턱스넷은 나탄즈뿐만 아니라 전 세계로 퍼져 나갔고, 결국 100개가 넘는 국가에서 컴퓨터를 감염시켰다. 그리고 결국 수년 동안 수백만 달러를 들여 개발한 악성코드가 만천하에 공개됐다.

스턱스넷이 노리는 바가 정확히 공개되자 세계는 즉시 미국과 이스라엘이 스턱스넷을 제작했을 것으로 의심하기 시작했다. (하지만 뉴욕타임스에서 스턱스넷은 미국과 이스라엘의 작품이 맞다는 기사를 전면에 내기까지 2년이라는 시간이 더 걸렸다.)

스턱스넷의 존재가 일반 대중에게 알려지자, 오바마 정부는 어떻게 사태를 해결할지 끊임없는 회의를 하며 머리를 맞댔다. 부인할 수 없는 증거가 나오기 전에 작전을 서둘러 종료해야 할까? 일단 악성코드가 알려진 이상, 이란 엔지니어들이 문제의 근원을 파악하고 소프트웨어 취약점을 보강해 스턱스넷을 무용지물로 만드는 것은 시간문제였다.

악성코드의 배후에 있는 미국과 이스라엘은 잃은 것이 없다는 태도를 취했다. 이들은 한 발 더 나아갔다. 원래의 스턱스넷보다도 더 강력한 공격을 전개하는 스턱스넷 최종 버전을 만들어냈다. 결국 이란 엔지니어들이 취약점을 보강하기 전까지, 악성코드는 원심분리기 1,000대를 추가로 파괴했다. 이로써 해킹 역사에 한 획을 그은 것은 분명했다.

■

스턱스넷은 국가 주도 해킹에 대해 우리가 지금까지 갖고 있던 편견을 완전히 뒤집었다. 나탄즈의 촘촘한 원심분리기 사이에서 최첨단 사이버 전쟁이 일어났고, 이 전쟁은 지금까지와 완전히 다른 모습을 보였다. 2007년과 2008년에 러시아가 벌였던 기초적인 웹 공격에서 해킹 기술을 집약해 만든 자동화된 물리적 공격으로 디지털 전쟁이 발전했다.

역사는 지금까지도 부시 정부와 오바마 정부가 수행한 사이버 공격이 과연 그만한 가치가 있었는지를 평가하고 있다. 몇몇 미국 정보 분석가에 따르면, 스턱스넷은 이란의 핵 프로그램을 1~2년 정도 늦추는 효과를 가져왔으며 오바마 행정부가 이란을 다시 협상 테이블로 데려오는 데 필요한 시간을 벌었다고 한다. 그 결과로 2015년 핵 합의가 가능했다고 보는 것이다.

하지만 사실 나탄즈 작전의 성공이 영구적인 효과를 가져온 것은 아니다. 방해 공작과 원심분리기 파괴에도 불구하고 이란 핵 시설은 결국 2010년에 우라늄 농축 속도를 높였다. 2008년과 비교하면 50% 빨라진 속도다. 스턱스넷이 아마디네자드의 계획을 조금 늦춘 것 말고는 그다지 효과가 없었을 것이란 생각도 든다.

그렇다면 스턱스넷으로 우리가 얻은 것은 무엇인가? 처음으로 미국의 엘리트 해커들이 기량을 뽐낼 기회였다는 점은 분명하다. 미국 정부가 사이버 보안을 어떻게 생각하는지 자국민에게 알린 사건이기도 하다. 해커들은 스턱스넷이 악용한 제로데이 취약점을 마이크로소프트에 알리지 않았다. 대신 취약점을 비밀리에 공격하고 윈도우를 설치한 전 세계의 컴퓨터들이 모두 같은 기술에 당하게 방치했다. NSA가 애초 TAO를 통해 소프트웨어 취약점을 공격하도록 결정했을 때, 이들은 군사 작전을 민간의 안전보다 우선시한 것이다.

미국 정부가 얼마나 많은 제로데이 취약점을 감추고 있는지는 아무도 모른다. 오바마 행정부와 트럼프 행정부는 자신들이 감춘 취약점보다 더 많은 취약점을 보강하도록 돕고 있다고 말하지만, 보이지 않는 디지털 무기를 정부가 사용한다는 것 자체가 이미 사이버 보안 분야를 수년째 불안하게 만들고 있다. (결국 몇 해 지나지 않아, 미국 정부가 감춘 제로데이 취약점은 독이 돼 자신들에게 돌아온다.)

다른 측면에서 보자면, 전 세계는 이번 사건을 통해 악성코드가 어떤 파괴를 초래할 수 있는지 분명히 목격했다. 이로 인해 디지털 공격의 범주에 더 다양한 시나리오를 포함시켰을 것이다. 음지에서 정부의 지원을 받는 지구상의 모든 해커가 미국이 만든 작품을 지켜봤고, 자신들이 지금까지 한 해킹이 얼마나 하찮은 것들이었는지 깨달았을 것이다. 스턱스넷이 디지털 공격의 수준을 한 단계 높였다.

한편 전 세계 정치 지도자들과 외교관들은 스턱스넷 사건에서 기술적이면서 지정학적인 교훈을 얻었다. 지구상 어느 나라도 소유하지 못한 공격 무기를 미국은 거리낌 없이 사용했다. 만약 동일한 무기가 미국과 동맹국을 겨눈다면 어떻게 막을 수 있을까?

국가 간 전쟁에서 코드를 사용한 물리적 공격이 과연 타당한 교전 규칙일까? NSA와 CIA 국장을 역임한 마이클 헤이든도 신종 공격 무기에 다소 당황한 모습이었다. "누군가가 루비콘강을 건넜네요." 뉴욕 타임스와의 인터뷰에서 헤이든이 한 말이다. 서방 세계의 보안 전문가들이 두려워하는 상황이 있었다. 기술이 뛰어난 누군가가 원격에서 물리적 장비를 파괴하고 제어하는 공격이다. 그런데 미국이 처음으로 그 누군가가 됐다. "해킹의 결과가 무엇이 됐든 손을 쓸 수 없을 거예요. 주요 인프라가 파괴되는 모습을 그냥 지켜보기만 하겠죠. 이란의 원심분리기가 차례차례 붕괴되는 모습을 상상해보세요."

스턱스넷은 '사이버 9/11'이나 '디지털 진주만' 사건이 아니다. 악성 코드가 해커의 제어를 벗어난 상황에서도 정확히 정해진 타깃만을 공격하는 매우 정교한 공격이다. 정교한 공격에도 불구하고, 후폭풍은 걷잡을 수 없다. 이란이 핵클럽에 가입하는 것을 저지하는 과정에서 미국은 65년 전 있었던 히로시마, 나가사키 원자폭탄 투하 사건을 재현했다. 이번에는 무슨 일이 벌어질지 예상할 수도 없다.

"1945년 8월의 냄새가 나네요." 헤이든은 한 연설에서 이렇게 말했다. "완전히 새로운 무기가 처음 사용됐습니다. 누군가는 그 무기를 또 사용하겠죠."

3부
진화

무언가를 파괴할 수 있는 힘은
그 무언가를 완벽히
제어할 수 있다는 걸 의미한다.

15
경고

스턱스넷이 '디지털 전쟁'이란 판도라의 상자를 열고 나서 5년쯤 지난 2015년 하반기, 스턱스넷에 영향을 받은 괴물이 마침내 등장했다. 그 괴물이 바로 샌드웜이다.

크리스마스에 일어난 우크라이나 정전 사태는 러시아 해커들이 사이버 전쟁을 이어가겠다고 선언한 것과 마찬가지다. 어쩌면 역사상 처음 일어난 진정한 의미의 광범위한 사이버 전쟁일지도 모르겠다. 스턱스넷이 넘었던 선을 러시아도 넘었다. 이들도 디지털 해킹으로 물리적 공격을 가했다. 이번에는 군사 시설과 민간 시설의 경계도 넘었다. 에스토니아와 조지아 사건 때 사용했던 무차별적인 하이브리드 전쟁 방식을 더 정교하고 위험한 해킹 기술과 조합했다.

이번에는 상황이 더 나빴다. 2016년 1월 말쯤이 돼서야 손에 꼽을 만한 소수의 사람들만 공격을 인지했다. 마이크 아산테와 로버트 리도 포함해서다. 사태를 정확히 조사하기 위해 우크라이나를 방문하고 미국으로 돌아온 후, 아산테는 리와 정보를 교환할 수 없었다. 조사에 참여한 정부 기관에서 일종의 방화벽을 쳤다. 새로 입수한 정보는 대외비에 부쳐졌다. 하지만 리는 이미 우크라이나 연락책에게서 받은 네트워크 로그와 다른 포렌식 자료를 바탕으로 조각을 맞췄다. 고도화된 공격이 여러 기술을 조합해 이뤄진 것으로 파악했다. 블랙에너지, 킬디스크, 보안 팀을 무력화하기 위해 작성된 펌웨어, 전화선을 이용한 DDoS 공격, 현장 보조 배터리 무력화, 시설 관리자 컴퓨터상에서 일어난 '유령 마우스' 공격을 모두 알아냈다.

샌드웜이 공격을 재개하는 걸 막을 방법이 전혀 없었다. 리와 아산테는 그동안 정부의 관료 체계에 너무 얽매여 있었다는 걸 인정하고, 상세 보고서를 발표해 전 세계에 위험을 알리겠다고 마음먹었다.

리와 아산테가 보고서를 준비하고 있었지만, 백악관은 여전히 우크라이나 정전 사태에 대한 상세 내용을 당장 공개하는 것을 반대했다. 국토안보부의 산업제어시스템 사이버 위기 대응 팀(ICS-CERT)은 이번 사건과 관련된 경고를 전력 회사에 보낼 때까지 상세 내용을 비밀로 하길 원했다. 마침내 국토안보부가 2월 말 보고서를 발표했지만, 여기에는 리를 화나게 하는 문구가 포함돼 있었다. '여러 공개된 보고서들이 블랙에너지(BE) 악성코드가 사내 컴퓨터 네트워크에서 발견됐다고 말하고 있지만, 실제로 이번 공격에 BE가 사용됐는지는 불명확하며 더 심도 있는 기술적 분석이 요구된다.'

리와 아산테는 블랙에너지가 공격에 어떻게 사용됐는지 매우 정확히 알고 있었다. 해커는 블랙에너지를 타깃 머신에 설치했고, 블랙에너지는 여러 방법의 침입 기능을 사용해 최종적으로 회로 차단기까지 침투했다. 그리고는 해커가 원격에서 회로차단기를 조정할 수 있도록 만들었다.

리는 ICS-CERT가 사건을 덮기 위해 그와 같은 발언을 한 것이라 생각했다. 블랙에너지가 이번 공격에 사용된 것이 맞는지 의문을 제기함으로써, 심지어 공격당한 네트워크에 존재했는지에 대한 의문을 제기함으로써 국토안보부는 중요한 사실을 감추려 했다. 미국이 얼마 전 사용했던 기술을 해커들이 똑같이 사용했다. 미국 역시 위험했다.

"미국 정부에서 하려는 말은 '이번 사건은 우리와 관련 없어요. 우크라이나 사건이에요.'였습니다. 우리를 기만하려 한 거죠." 리가 말했다.

■

그 후로 몇 주 동안 리는 국토안보부, 에너지부, NSA, CIA와의 회의를 거부했고 전화도 받지 않았다. 우크라이나만이 아니라 서유럽과 미국도 겨눈 중대하고 새로운 디지털 공격의 위협을 백악관과 CERT가 축소하려 한다고 생각했다. SANS 웹 사이트에 분노가 담긴 글도 올렸는데, 그 내용을 한마디로 요약하면 '비겁한 행동이다. 사람들은 알 권리가 있다.'였다. 정확한 문구는 역사 속으로 사라졌다. 정치적 판단을 한 아산테가 글을 삭제해달라고 리에게 요청했기 때문이다.

그러는 동안 리와 아산테는 백악관과 몇 주에 걸쳐 공방을 이어갔다. 리와 아산테는 하나라도 더 공개하기 위해 애썼고, 백악관 측은 비밀을 감추고자 계속해서 보고서의 수정을 요구했다. 한 달 후 SANS 연구원들은 전기 정보 공유 및 분석 센터(E-ISAC)에 보고서 발표를 의뢰했다. E-ISAC는 북미 전력계통 신뢰도 관리기구에 소속된 기관으로, 행정부가 아닌 입법부와 긴밀한 관계를 유지하고 있다. 오바마 행정부는 마지막 순간까지 정보 공개에 반대했다.

그 순간에도 리는 한 시즌 내내 사건의 내막을 제대로 이해하지 못하는 정부 당국자들과 싸움을 이어갔다. 이 극도로 낙천주의적인 당국자들은 미국의 전력 공급 업체들에게는 우크라이나에서와 같은 공격이 일어날 수 없으니 걱정하지 말라고 말하고 있었다. 에너지부와 NERC 에서 나온 사람들은 우크라이나가 사용한 소프트웨어는 불법 소프트웨어였기 때문에 네트워크 보안이 허술했고 안티바이러스 소프트웨어 하나 제대로 갖추지 못하고 있었지만, 미국의 상황은 그렇지 않으니 걱정하지 말라며 전력 공급 업체들을 안심시켰다. 하지만 리와 아산테에 따르면, 전혀 사실이 아니었다.

리는 모든 잘못 중에서도 미국 정부가 정말 잘못한 것은 따로 있다고 말했다. 돌이킬 수 없는 실수였다. 잠재적인 타깃에게 빨리 알리지 않은 사실을 말하는 것이 아니다. 사건을 축소하려 한 사실을 말하는 것도 아니다. 리는 샌드웜에게 제대로 된 메시지를 보내지 않은 것이 가장 큰 실수라고 생각했다. 누군가는 샌드웜이 했던 공격을 그대로 따라 할 수도 있기 때문이다.

1990년대 말 있었던 최초의 사이버 전쟁 이후로 해킹에 의한 정전은 악몽과 같은 존재가 됐다. 정부 당국자, 전력 공급 업체, 보안 전문가 들을 한밤중에 깨웠으니 말이다. 전력망에 대한 공격 시나리오를 다각적으로 분석했었고, 가상의 사이버 전쟁 시나리오도 테스트했었다. 우크라이나 정전 사태가 있기 거의 15년 전에 클린턴 대통령도 디지털 공격에 대한 근본적인 대책을 세워야 한다고 이야기했다.

그리고 지금 리가 목격한 바에 따르면, 바로 그 문제가 발생했다. 그런데 미국 정부는 사실을 감추고 축소하기에 바빴다. 정부의 가장 큰 실수는 공격을 비난하는 제대로 된 성명 하나도 발표하지 않았다는 점이다. "넘어서는 안 되는 선에 대해 우리는 수년 동안 말하고 말하고 또 말했어요. 그런데 누군가가 그 선을 정말 넘었는데, 우리는 침묵했죠." 리가 말했다. "민간 인프라에 대한 사이버 공격은 절대 용서할 수 없는 행동이라고 정부에서 누군가 나와 분명한 목소리로 말했어야 해요."

사실 불과 1년 전, 정부는 리가 요구하는 대응을 한 적이 있다. 지금보다는 수준이 떨어지는 공격에 대해서였다. 2014년 12월 '평화의 수호자'라는 이름으로 알려진 북한의 해킹 그룹이 소니 픽처스를 해킹했다고 스스로 밝혔다. 《인터뷰》라는 코미디 영화에 대한 복수였다. 이 영화가 북한의 독재자 김정은을 암살하는 내용을 다뤘기 때문이다. 해커들은 수천 대의 컴퓨터를 망가뜨리고, 비밀 정보를 훔친 다음 인터넷에 공개했다. 훔친 파일들을 몇 주에 걸쳐 인터넷에 천천히 공개했는데, 여기에는 아직 상영되지 않은 영화도 포함돼 있었다.

소니 해킹 사건이 발생하고 나서 몇 주도 지나지 않아 FBI는 북한이 이번 사건의 배후에 있다는 것을 신속히 발표했다. 북한 해킹 그룹에 경고 메시지를 보낸 것이다. FBI 국장 제임스 코미가 북한이 이번 사건에 관련돼 있다는 증거를 언론에 공개했다. 해커들은 컴퓨터를 점령한 다음 이를 프락시로 사용하려 했는데, 해킹이 순조롭게 진행되지는 않았다. 덕분에 IP 주소가 밝혀졌고, 이전 해킹에 사용된 IP 주소와 동일하다는 것도 드러났다. 제임스는 이런 자세한 증거들이 북한의 소행임을 증명한다고 이야기했다. 오바마 대통령도 백악관 기자 회견에서 이 공격에 대해 직접 이야기하며, 북한의 디지털 공격을 미국이 좌시하지 않을 것임을 전 세계에 알린 바 있다.

"많은 피해가 발생했고, 우리는 이를 응징할 것입니다. 우리가 피해를 입은 것만큼 적들도 피해를 입을 것이고 시간, 장소, 방법은 우리가 정할 것입니다." 오바마가 한 말이다. (어떤 방식으로 응징하겠다는 것인지는 알려지지 않았다. 다만, 며칠 후 북한 전역에서 인터넷 연결이 끊겼고, 다음 달 미국 정부는 북한에 대한 새로운 경제 제재 조치를 발표했다.)

"우리는 국제사회와 협력해 인터넷을 어떻게 운영할 것인지 분명한 규칙을 세워야 합니다." 오바마가 회견에서 한 발언이다.

그런데 불과 1년 후 민간 인프라에 러시아 해커가 훨씬 광범위하고 위험한 공격을 가했는데, 정부는 합당한 응징 방안이나 새로운 국제 규칙에 대한 언급이 전혀 없었다. 보안 연구원이라면 쉽게 찾을 수 있는 증거가 산재해 있는데도, 러시아가 그 배후에 있다고 말한 정부 기관은 하나도 없었다. 바로 그 오바마 행정부가 사실상 침묵했다.

사이버 전쟁 시 민간을 어떻게 보호할지를 규정하는 교전 규칙을 마련할 수 있는 절호의 기회를 미국과 전 세계가 놓쳤다고 리는 생각한다. "기회를 놓친 거예요. 용납할 수 없다고 말했던 일이 벌어졌는데, 아무 말도 하지 않았어요. 결국 허용한 거나 다름없죠."

■

사실 오바마의 참모들 가운데 사이버 보안 분야 최고 책임자는 샌드웜에 의한 블랙아웃을 전혀 가볍게 보지 않았다. 1월 말, 우크라이나로 파견됐던 조사단이 워싱턴으로 돌아오고 나서 얼마 지나지 않았을 무렵에 J. 마이클 다니엘은 아이젠하워 행정동 빌딩에 있는 상황실에 들어섰다. 백악관 웨스트윙 바로 뒤에 있는 이 상황실은 높은 보안 수준이 요구되는 곳이다. 이곳에서 다니엘은 국토안보부로부터 우크라이나 현지 조사에 대한 보고를 받았다. 부드러운 목소리에 가느다란 머리카락과 걱정이 많은 듯한 인상을 지닌 다니엘은 보고 내용을 경청했다. 보고가 끝나자 다니엘은 자신의 사무실로 돌아와 다른 직원들과 함께 국가안보 보좌관에게 보낼 보고서를 작성했다. 이 보고서는 최종적으로 오바마 대통령에게 올라간다.

대통령에게 어떤 내용을 보고할지 백악관의 다른 보좌관들과 상의

할 때, 다니엘은 자신이 이번 공격에 감탄하고 있다는 걸 느꼈다. 3년 전 마이클 헤이든이 스턱스넷에 대해 했던 말을 다니엘이 다시 했다. "우리가 루비콘강을 건넜군요. 새로운 공격 방식이에요."

다니엘은 오바마 행정부에서 일하면서 정부 주도 해커가 지켜야 할 규범을 정했다고 스스로를 자랑스럽게 생각했다. 법무부, 국방부, 상무부 당국자들과 함께 일하면서, 외국 해커들이 저지른 범죄를 강하게 응징했다. 예를 들어 2014년 중국 사이버 스파이가 수년 동안 미국의 지적 재산을 훔쳐갔을 때, 오바마 법무부는 중국 인민해방군 다섯 명의 신상을 파악해 형사 고발했다. 이듬해 국무부는 중국이 계속해서 미국의 경제를 침략한다면 중국에 대한 제재를 취하겠다고 으름장을 놓기도 했다. 결국 중국 지도자 시진핑은 사실상 항복하고, 양국이 서로의 비밀 정보에 대한 해킹을 하지 않겠다는 조약에 서명했다. 그 즉시 중국의 사이버 공격이 줄어들었다고 크라우드스트라이크와 파이어아이 같은 보안업체들은 입을 모았다. 크라우드스트라이크에 따르면 90%까지 공격이 줄어들었다. 사이버 보안 외교에서 전례 없는 승리였다.

북한의 소니 공격은 무력 사용에 가까운 응징을 받았다. 이란 정부의 해킹 그룹이 미국 은행에 DDoS 공격을 가하고 뉴욕 북부 댐의 컴퓨터 시스템을 해킹하려 한 적이 있는데, 오바마 행정부는 이들을 기소하기에 이른다. (이들이 공격한 바우먼 애비뉴 댐은 높이 6미터 정도의 작은 댐이다. 오레곤에 더 큰 바우먼 댐이 있는데, 해커들이 댐을 착각해서 잘못 공격한 것일지도 모르겠다.) 미국 정부가 일련의 해킹 사건들에서 보여준 태도는 한결같았다. 외국 정부가 미국 회사들을 해킹하거나 미국 인프라를 해킹해 얻을 수 있는 것은 아무것도 없다는 강력한 메시지를 전달했다.

이번에는 전면전 성격을 띤 사이버 공격이 우크라이나를 대상으로 자행됐다. 그런데 미 외교부와 보안 전문가들은 아무 말이 없다. 이유가 무엇일까?

마이클 다니엘이 정전 사태를 처음 접했을 때 들었던 생각에 그 답이 있는 것 같다. 크리스마스 다음 날 국토안보부에서 샌드웜에 대한 전화가 걸려왔을 때, 다니엘의 첫 반응은 불안과 공포였다. '우려하던 상황이 정말로 일어났다.'라고 생각했다. 하지만 잠시 후, 다니엘은 전혀 다른 감정에 휩싸였다. "미국이 공격받은 것은 아니었으므로 두 번째 반응은 약간의 안도였어요."

러시아 해커들이 민간 인프라를 공격했다는 사실이 다니엘을 두렵게 했다. 무엇보다 불과 1년 전 미국 인프라를 해킹하려던 해커들과 동일한 인물들인 것 같다는 점이 다니엘을 더 두렵게 만들었다. 정전 해킹 기술이 우크라이나에만 제한적으로 사용될 거란 허황된 생각은 전혀 하지 않았다. "똑같은 시스템이 미국에도 있어요. 우리가 가진 시스템이 우크라이나의 시스템보다 더 안전하다고는 결코 장담할 수 없죠." 나중에 다니엘이 나에게 한 말이다. 진실을 말하자면, 미국 전력 공급망은 자동화가 많이 이뤄진 만큼 공격할 곳이 많다. "더 취약점이 많다고 단정할 수는 없지만, 동일한 취약점을 가졌다고 말할 수는 있죠." (미국 조사단이 우크라이나에서 돌아왔을 무렵, 배후에 러시아 정부가 있다는 것에 대해 다니엘도 의심하지 않았다. "모든 정황이 그러한데, 아니라고 할 수는…" 다니엘이 한 말이다.)

어찌 됐든 샌드웜이 공격한 대상은 우크라이나다. 이 나라는 미국에서 6,000킬로미터 떨어져 있다. 우크라이나가 공격받은 것이지, 미국이 공격받은 것은 아니라는 사실이 유일하게 다니엘을 안도하게 만들었던 점이다. 나토 회원국도 아니다. 따라서 미국 정부로서는 공식적으로 자신들의 문제가 아니라고 말할 수 있었다.

16
팬시 베어

만약 충분한 시간이 있었다면, 오바마 정부가 사이버 전쟁을 이유로 샌드웜을 맹비난하거나 기소했을 수 있고, 혹은 제재 조치를 가했을지도 모른다. 하지만 그럴 겨를도 없이 2016년 6월 백악관은 다른 해킹 사건으로 시선을 돌렸다. 이번에는 훨씬 미국과 가깝다.

2016년 6월 14일 워싱턴 포스트는 민주당 전국위원회(DNC)가 한 팀도 아닌 두 팀의 해커들에게 수개월 동안이나 해킹당했다는 사실을 보도한다. 러시아 정부의 지원을 받는 해커들이었다. 두 달 앞서 DNC에게 사건 조사를 의뢰받은 보안업체 크라우드스트라이크가 블로그에 발표한 바에 따르면, 민주당을 휩쓸고 지나간 해커들은 코지 베어^{Cozy Bear}와 팬시 베어^{Fancy Bear}라는 해킹 그룹이었다. 이들은 민주당의 선거 운동을 수년 동안이나 감시했고, 국무부와 백악관뿐만 아니라 항공우주 및 방위 산업체를 모두 감시했다.

수년간 해커들을 추적한 경험이 있는 크라우드스트라이크는 팬시 베어 해킹 그룹이 러시아의 군 정보기관인 GRU와 연관돼 있다고 발표했다. 나중에 발견된 코지 베어는 러시아의 SVR 외교 정보기관과 관련이 있었다. ('베어^{bear}'라는 이름은 크라우드스트라이크가 해커 팀에 이름을 붙일 때 관련국의 동물을 이용해 이름을 붙이는 데서 유래했다. 러시아는 곰, 중국은 판다, 인도는 호랑이, 이런 식이다.) '두 그룹 모두 러시아 연방정부의 이익을 위해 어마어마한 정치적 경제적 스파이 활동을 벌였다. 두 그룹 모두 러시아 정부의 강력한 정보기관과 연관돼 있는 것으로 보인다.' 크라우드스트라이크 보고서의 내용이다.

샌드웜이 수행했던 해킹이 겉으로 드러나는 사이버 전쟁이었다면, 달빛 미로 사건 이후 러시아는 이 두 팀을 이용해 조용한 사이버 전쟁을 벌였다. (크라우드스트라이크도 샌드웜 사건을 분석했다. 크라우드스트라이크가 부여한 코드 네임은 '부두 베어^{Voodoo Bear}'였다.)

DNC 해킹 사건이 겉으로 드러나는 사이버 전쟁은 아니었지만, 흔히 볼 수 있는 해킹 사건도 아니었다. 사건이 뉴스에 보도되기 24시간 전, 자신을 '구시퍼 2.0^{Guccifer 2.0}'이라 칭하는 사람이 트위터에 링크를 올린다. 자신을 소개하는 블로그 글의 링크였다. 그런데 글의 제목이 '한 명의 해커에게 DNC 서버가 해킹당하다.'였다.

전 세계적으로 명망이 높은 보안업체인 크라우드스트라이크는 민주당 전국위원회(DNC) 서버가 '고도의' 해킹 그룹에 당했다고 발표했는데, 이에 대해 구시퍼 2.0은 빈정거리며 글을 올렸다. "내 기술을 이렇게나 높이 평가해주다니 너무 기쁘다. 하지만 사실 해킹은 쉬웠다. 정말 쉬웠다."

그다음 글이 전 세계를 놀라게 했다. DNC 서버에서 훔친 문서의 실제 샘플이었다. 파일에는 당시 경쟁자였던 공화당 대통령 후보 도널드 트럼프에 대한 보고서, 정책 문서, 선거 후원자들의 이름과 금액이 담겨 있었다. "주요 내용과 수천 개의 파일, 이메일을 위키리크스에 보냈다. 곧 공개할 예정이다. 일루미나티와 음모론은 개나 줘버려!!!!!!!!!"

'일루미나티Illuminati'를 언급한 것과 구시퍼 2.0이라는 이름을 사용한 것은 모두 물불을 가리지 않는 핵티비스트hacktivist를 떠올리게 했다. 핵티비스트는 권력자들에게서 정보를 훔쳐와 유출함으로써 불공평한 사회계층을 뒤집으려는 사람들을 말한다. 본래 '구시퍼'는 루마니아의 아마추어 해커인 마르셀 레헬 라자르가 사용하던 이름이다. 콜린 파월, 록펠러 가문, 조지 W. 부시 전 대통령의 누이와 같은 고위층의 이메일 계정을 해킹한 해커다.

구시퍼 2.0은 자만심에 가득 찬 동유럽 사이버펑크족을 닮았다. 사이버펑크족은 구시퍼, 에드워드 스노든, 줄리언 어산지 같은 인물을 동경한다. "개인적으로 나는 세계 최고의 해커 중 하나라고 생각한다." FAQ가 있었다면 충분히 이렇게 쓰고도 남을 인물이다.

구시퍼 2.0은 러시아 정부가 DNC 해킹 사건 배후에 있다는 걸 감추기 위해 사용한 위장술이라고 크라우드스트라이크가 이야기하자 구시퍼 2.0은 애매모호한 말로 얼버무린다. "크라우드스트라이크는 바보다! 아무것도 증명할 수 없어! 어쩌고저쩌고 하는 근거 없는 의견과 추정뿐 아무것도 증명하지 못해." 구시퍼 2.0이 쓴 글이다.

실제로 러시아가 배후에 있다는 사실이 거의 즉시 드러났다. 영국 정보기관 GCHQ에서 일했던 맷 테이트에 따르면, 처음 공개한 파일에 포함된 트럼프를 반대하는 문서에서 러시아어로 된 에러 메시지가 발견됐다. 더욱이 공개된 파일의 메타데이터를 살펴보면, '펠릭스 제르진스키Feliks Dzerzhinsky'라는 계정으로 컴퓨터에서 파일을 연 흔적이 보였다. 우습게도 러시아 정부와의 연관성이 너무 쉽게 드러났다. 제르진스키는 구소련 비밀경찰의 창시자로, KGB 본청사 앞에 그의 동상이 세워진 적도 있다.

'마더보드Motherboard'라는 테크 뉴스 사이트에서 구시퍼 2.0에게 트위터로 연락해 메신저를 통한 인터뷰를 진행한 적이 있다. 마더보드의 기자인 로렌조 프란체스키-비치에라이는 영리하게도 영어, 루마니아어, 러시아어로 질문을 쏟아냈다. 구시퍼 2.0은 문법에 맞지 않는 영어와 루마니아어로 질문에 답했지만, 러시아어는 할 줄 모른다고 말했다. 인터뷰를 마치고 나서 대화 기록을 루마니아인과 언어 학자에게 보여줬는데, 이들은 구시퍼가 구글 번역기를 사용해 러시아어를 루마니아어로 번역한 언어학적 흔적이 조금씩 보인다고 이야기했다. 러시아 해커들이 진짜 루마니아인을 고용하는 것을 깜빡했던 모양이다.

∎

구시퍼 2.0의 어설픈 거짓말은 중요한 변수가 아니었다. 해커는 DNC에서 훔쳐온 트럼프 비방 문서를 '가우커Gawker'라는 뉴스 사이트에 보냈고, 곧 기사화돼 수백만 명이 이 기사를 클릭했다. 트럼프의 어두운 면을 공개할 민주당의 기회가 사라졌다. 그리고 약속한 대로 위키리크스도 해커가 훔쳐온 데이터를 조금씩 공개하기 시작했다. 덕분에 줄리언 어산지가 이끄는 비밀 누설 그룹은 처음으로 내부 고발자 또는 해커가 유출한 내용을 대중에게 공개하기에 이른다.

이제 이 문서들은 위키리크스가 공인한 문서가 됐고 뉴욕 타임스, 워싱턴 포스트, 가디언, 폴리티코, 버즈피드, 인터셉트 등 여러 뉴스 매체를 통해 퍼지기 시작했다. 폭로된 내용은 사실이었다. DNC는 비밀리에 힐러리 클린턴을 경쟁자인 버니 샌더스보다 민주당의 대통령 후보로 선호했다는 사실이 드러났다. 중립을 유지해야 하는 DNC가 샌더스를 낙마시킬 방법을 슬그머니 논의했던 것이다. 샌더스의 종교 문제와 샌더스의 선거를 돕는 직원이 클린턴 진영의 투표인 명단 데이터에 접근했다는 주장을 대중에게 공개하는 방식 등을 논의했다.

DNC 위원장인 데비 와서먼 슐츠는 직격탄을 맞았다. 공개된 이메일에는 그녀가 샌더스의 선거운동 매니저를 '망할 거짓말쟁이'라고 부른 내용과 "샌더스는 대통령이 되지 못할 것"이라고 말한 내용이 담겨 있었다. 해킹된 메일이 공개되고 한 달이 조금 지나서 그녀는 위원장직을 사임했다.

하지만 해커는 위키리크스나 DNC에 만족하지 못했다. 그 후 몇 달 동안 구시퍼 2.0이 훔친 DNC 이메일은 'DC리크스'라는 웹 사이트에도 게시됐다. 이번에는 공화당과 민주당의 입법자들, 필립 브리드러브 장군까지 더 많은 사람이 공격 대상에 포함됐다. 필립 브리드러브 공군 사령관은 러시아가 우크라이나를 침공했을 때 미국이 더 공격적으로 대응해야 한다고 주장했던 인물이다. DC리크스는 위키리크스와 같은 또 다른 폭로 사이트가 되려고 노력했지만, DC리크스가 사실은 러시아 팬시 베어 해킹 그룹의 위장 단체라는 것을 쓰레트커넥트^{ThreatConnect}라는 보안업체가 알아낸다. 팬시 베어가 공격했던 타깃이 DC리크스가 폭로한 내용에 다수 포함돼 있다는 점과 DC리크스 도메인 등록 데이터를 그 증거로 제시했다.

팬시 베어가 이 모든 해킹을 주도한 것이 명백한 사실인지에 대해 아직도 의문이 남아 있는 독자가 있을지 모르겠다. 2016년 9월 쐐기를 박는 사건이 발생한다. 이 해킹 그룹이 세계반도핑기구를 공격했다. 러시아의 여러 운동 선수가 운동성 향상 약물을 널리 사용한 것으로 밝혀지자, 세계반도핑기구는 모든 러시아 운동선수를 하계올림픽에 참여하지 못하게 해야 한다고 권고했다. 이에 푸틴 정부는 화가 났다. 그에 대한 보복으로 팬시 베어는 테니스 스타 비너스 윌리엄스와 세레나 윌리엄스, 기계체조 선수 사이먼 바일스의 의료 기록을 공개한다. 이 의료 기록을 면밀히 살펴보면, 이 선수들도 운동성 향상을 위해 약물을 사용했다고 해석할 만한 여지가 있었던 것이다. 이번에는 뻔뻔하게도 해당 내용을 Fancybears.net에 공개한다. 곰과 관련한 클립아트와 애니메이션 GIF로 뒤덮인 웹 사이트다.

팬시 베어는 정보기관에서 '영향 공작influence operation'이라 부르는 작업에 착수했다. 정확히 말하면, 과거 러시아 정보기관이 사용했던 '콤프로마트kompromat'라는 정치 공작을 사용했다. 구소련 시대까지 역사가 거슬러 올라가는 이 방법은 정적(정치적으로 대립하는 상대)의 약점을 잡은 다음 이를 서서히 유출해 대중을 원하는 방향으로 이끄는 술수다.

샌드웜의 해커들은 자신을 숨기며 노출을 꺼렸다. 반면, 팬시 베어는 부끄러움을 모르는 세속적인 정치꾼 같았다. 그리고 지금, 블라디미르 푸틴을 도와 도널드 트럼프가 대선에서 승리하도록 돕고 있다.

팬시 베어가 영향을 미치려 했던 선거가 2016년 대선이 처음은 아니었다. 2014년 우크라이나 중앙선거관리위원회를 친푸틴 성향의 사이버 베르쿠트 해킹 그룹이 해킹한 바 있다. 그런데 2017년 5월 시티즌랩이라는 이름의 토론토대학 보안 연구원들이 배후에 팬시 베어가 있다는 포렌식 증거를 찾아냈다. 구시퍼 2.0과 DC리크스처럼 사이버 베르쿠트도 일종의 위장막이었던 셈이다.

이들이 사용한 기술은 간단했다. 2015년 크리스마스에 정전을 일으킨 샌드웜에는 미치지 못하는 기초적인 수준의 해킹이다. 하지만 매우 효과가 있는 기술이 하나 있었다. 웹 사이트 로그인 페이지를 갈아치운 기술이다.

10월 7일 위키리크스는 새로운 정보를 공개하기 시작했다. 이번에는 힐러리 클린턴의 선거본부 의장인 존 포데스타의 이메일 계정에서 직접 훔쳐온 메일들이다. 3월 포데스타는 기초적인 피싱 메일에 당했다. 가짜 지메일 사이트에 아이디와 비밀번호를 입력한 것이다. 당연히 그 웹 사이트는 팬시 베어의 덫이었다.

위키리크스는 클린턴 선거 본부의 콤프로마트를 수주 동안 서서히 공개한다. 여기에는 80페이지에 달하는 클린턴의 월스트리트 비밀 연설 원고도 포함돼 있었다. 정치인들은 공적인 입장과 사적인 입장을 구별해야 한다는 문구도 포함돼 있었는데, 이로 인해 클린턴의 도덕성이 도마 위에 오르기도 한다. '열린 국경'의 필요성에 대한 내용은 이민정책 강경파 노선을 자극하는 계기가 됐다. 하루가 멀다 하고 조금씩 내용이 공개됐고, 이는 대선 마지막 날까지 클린턴을 괴롭힌다.*

포데스타 해킹 사건은 팬시 베어의 역할을 다시 한 번 확인해줬다. 포데스타가 클릭한 가짜 지메일 사이트 링크는 URL을 짧게 만들어주는 Bitly를 통해 만들어졌다. 그런데 우크라이나 당국자, 러시아를 연구하는 학자, 언론인 등 수백 명의 계정을 해킹하는 데 팬시 베어가 사용했던 동일한 Bitly 계정이 사용됐다고 보안업체 시큐어웍스는 밝혔다.

물론 트럼프는 러시아의 선거 개입과 관련된 증거는 완전히 무시한 채, 쏟아져 나오는 스캔들을 마음껏 즐기고 있었다. "위키리크스 사랑해요!" 선거 연설 중 그가 한 말이다. 러시아 해커들이 클린턴이 집에 보관하고 있던 서버에서 이메일을 해킹해 누출해줬으면 좋겠다고 말하기도 했고, 심지어 공식 석상에서 해커들에게 이메일을 더 해킹해달라고 말하기도 했다. 트럼프는 러시아 정부가 해킹을 한 것이 아니라, 중국이나 하루 종일 방 안에만 틀어박혀 있는 해커, 아니면 민주당 스스

---

* 이런 일련의 공개 과정에서 최대 수혜자는 당연 트럼프다. 트럼프가 '억세스 할리우드'라는 TV 쇼에 나와 여성들의 음부를 동의 없이 만졌던 과거의 사실을 자랑한 적이 있는데, 워싱턴 포스트가 이 충격적인 내용이 담긴 영상을 10월 7일 공개했다. 하지만 위키리크스가 불과 몇 시간 뒤 포데스타의 이메일을 공개하기 시작하자, 트럼프 비디오는 금세 대중의 관심에서 멀어졌다.

로가 해킹을 한 것이라는 허무맹랑한 주장을 하기도 했다. 트럼프의 연막 적전이 팬시 베어를 잘 도와줬다. 몇 달이 지난 2016년 12월까지도 미국인의 30%만이 러시아가 미국 대선에 개입했다고 믿었고, 44%는 그렇지 않다고 생각했으며, 25%는 이에 대한 입장을 정하지 못했다.*

실제로 러시아 대통령 측에서 영향 공작을 펼쳐 2016년 미국 대선을 흔들려 했었는지는 알 수 없다. 오바마 정부 시절에 힐러리 클린턴이 국무장관직을 맡을 때부터 푸틴이 그녀를 싫어했다는 것은 누구나 잘 아는 이야기다. 그냥 단순히 푸틴이 힐러리를 싫어해서 괴롭힌 것일 수도 있다. 물론 러시아 당국자는 이 공격과 러시아 정부는 아무런 관련이 없다고 수차례 연관설을 부인했다. 결과야 어찌 됐든, 미국의 민주주의를 혼란으로 몰고 간 것만은 사실이었다.

2016년 맨해튼의 한 공원에서 크라우드스트라이크의 CTO 드미트리 알페로비치를 만난 적이 있다. 당시 그는 4개월 전 이들이 발견한 공격이 기술적으로 진보됐음을 마지못해 인정하는 눈치였다.

"제 생각에 그들은 이미 성공한 것 같아요. 원하는 바를 충분히 이뤘잖아요." 유감스러운 말투로 이야기했다.

사실 팬시 베어가 벌인 작전이 진짜 성공한 날은 3주 뒤였다. 도널드 트럼프가 미국 대통령이 됐다.

■

---

* 이 책이 인쇄될 시점까지도 트럼프가 러시아 정부와 연합해 선거에 영향을 끼쳤는지는 확인된 바 없다. 하지만 특별검사 로버트 뮬러의 조사에 따르면, 트럼프 선거 관계자 여러 명과 도널드 트럼프 주니어가 러시아 정부 당국자를 만난 사실이 확인됐다. 또한 다른 러시아 당국자들이 클린턴에 관련된 해킹 정보를 제공했으며 트럼프 주니어가 이를 받으려 했다는 정황이 밝혀졌다. 우크라이나를 러시아로부터 지켜줘야 한다는 입장을 취해왔던 공화당인데, 대통령 후보인 트럼프가 이를 폄하한 결과가 됐다. 우연인지는 몰라도, 당시 모스크바에서는 트럼프 타워를 짓는 10억 달러짜리 계약이 진행되고 있었다.

2012년 J. 마이클 다니엘은 오바마 정부의 사이버 보안 조정관 역할을 담당하는 특별보좌관이 된다. 특별보좌관으로서 가장 먼저 한 일 중 하나는 2013년 모스크바로 날아가 '사이버 핫라인'을 완성하는 것이었다. 반세기 전 핵전쟁이라는 아마겟돈을 막기 위해 처음 만든 채널이다. 이제는 백악관과 러시아 대통령궁을 연결해 사이버 공격과 관련된 메시지를 주고받는 채널이 됐다. 두 강대국이 전쟁으로 치달을 만한 갈등을 겪지 않도록 사전에 오해가 생기는 것을 방지하는 일종의 안전장치다. 다니엘은 이를 두고 '아름답게 포장된 특수 이메일 시스템'이라 일컬었다.

2016년 10월 7일, 다니엘은 백악관에서 일을 시작한 후 처음이자 마지막으로 이 핫라인을 사용했다. 러시아의 노골적인 선거 개입에 대해 푸틴에게 메시지를 보내기 위해서다. 다음과 비슷한 메시지를 보냈다고 한다. "당신들 행동이라는 걸 잘 알고 있습니다. 이제 그만하세요. 당장 중단하세요." 같은 날 국토안보부와 국가정보국 국장은 러시아 정부가 이메일을 훔쳐갔다는 사실을 미국 정보기관이 확인했다고 공식적으로 밝혔다. 사이버 보안 연구원들이 지난 4개월 동안 끊임없이 하던 말이었다.

결국 오바마의 임기가 끝나갈 무렵, 미국 정부는 러시아 정보기관에 대한 새로운 경제 제재 조치를 취했다. 미국 대선을 흔든 대가로 미국 회사와 사업을 벌이지 못하게 했다. 그 결과 35명의 러시아 외교관이 미국에서 추방됐고, 러시아 정부는 자신들이 운영하던 미국 영토 내 두 개의 사업체에 대한 제어권을 잃었다. 전략국제연구센터에서 사이버 보안 최고 연구원으로 일하는 제임스 루이스는 미국의 대응을 '냉전 후 러시아 스파이 활동에 대해 미국이 취한 최대의 보복 조치'라고 설명한다.

하지만 러시아가 행한 정전 공격과 관련해서는 백악관과 러시아 대통령궁을 잇는 핫라인이 울리지 않았다. 샌드웜은 이 침묵에서 암묵적인 메시지를 받는다. 작전 수행에 장애물은 없었다.

17
에프소사이어티

선거 당일 마이클 매토니스는 일찍 잠자리에 들었다. 트럼프가 당선될 가능성이 높다는 걸 확인한 후였다. 초조하게 밤을 지새우는 대신, 클린턴이 대권을 잡는 상상을 하며 잠자리에 드는 걸 택했다.

새벽 5시 침대 옆의 단파 라디오가 그를 깨웠다. 뉴스를 듣고 걸쭉한 욕설을 내뱉었다.

매토니스는 검은 곱슬머리의 27세 보안 연구원으로 당시 뉴욕주 알바니에 살고 있었다. 그날 밤 그는 브루클린에서 열릴 파티를 준비했다. 트럼프가 TV에 연일 나올 것이 확실해진 만큼 클린턴의 승리를 축하하는 자리는 아니었다. 충격적인 선거 결과를 접한 후였으므로, 일종의 위로 파티가 됐다. 매토니스는 남쪽으로 향하는 암트랙 기차에 올라탄 후, 펜역에서 뉴욕시로 이동했다. 상점과 지하철 승강장에 걸린 포스터와 시위대를 통해 도시의 비통함을 느낄 수 있었다.

브루클린에 도착하면 매토니스는 윌리엄스버그 근처에서 맛있는 터키 음식이나 브라질 음식을 사야겠다고 마음먹었다. 하지만 너무나 기운이 빠진 나머지 에어비엔비 숙소를 나서기 싫었다. 그래서 공식적으로는 휴가 중이었지만, 일을 통해 잠시나마 지금의 고통을 벗어나고자 노트북을 열었다.

매토니스는 존 헐퀴스트 밑에서 일하는 연구 팀의 일원이었다. 당시 헐퀴스트는 파이어아이에서 사이버 공격 분석 수석 연구원으로 일하고 있었으며, 이 회사는 2016년 아이사이트를 합병한 보안업체이기도 했다. 바이러스토털과 같은 사이트에서 새로운 악성코드를 발표하면 매토니스가 제작한 소프트웨어가 이를 스캔한다. 정부의 도움을 받는 해커들을 추적해 흔적을 찾는 일이었다. 매토니스는 이를 '사이버 금광 캐기'라고 부른다.

그날 아침 이른 시각에 필터 중 하나가 뭔가를 발견했는데, 당시에는 경황이 없어 확인하지 못했다. 그는 지금 이걸 확인하고 있다. 마이크로소프트 오피스 스크립트를 이용해 스스로를 타깃에 설치하는 악성코드를 누군가가 바이러스토털에 업로드했다. 2015년 말 블랙에너지가 했던 바로 그 공격이다. 새로 등장한 악성코드는 타깃 머신을 원격에서 조정할 수 있게 만드는 새로운 백도어처럼 보였다. 보안 기능이 좋은 텔레그램을 이용해 명령제어 서버와 통신한다는 점이 흥미로웠다. 블랙에너지 공격을 파헤친 경험이 있는 매토니스는 비슷한 명령어가 사용되고 있다는 점을 금방 파악했다.

백도어 프로그램은 키릴Cyrillic 문자로 작성된 워드 파일에 숨겨져 있었다. 구글 번역기를 사용해 파일을 번역했더니 우크라이나어로 적힌 스토리지 하드웨어와 서버의 가격이 나왔다. 우크라이나 IT 시스템 관리자에게 던지는 미끼였다. "이런 방식으로 해킹을 하는 단체는 단 한 곳밖에 생각나지 않았어요." 매토니스가 말했다.

우크라이나 정전 사태 후 거의 1년 동안 샌드웜은 자취를 완전히 감쳤다. 전력망 해킹이라는 걸작을 남긴 후 샌드웜은 완전히 사라진 것 같았다. 매토니스, 그의 상사 헐퀴스트, 로버트 리 같은 샌드웜 중독자들을 제외하곤 대부분의 보안 커뮤니티는 팬시 베어의 대선 방해 공작에 신경을 쏟고 있었다.

그런데 바로 지금 매토니스는 이들이 돌아왔다는 신호를 본 것이다. "젠장" 브루클린 숙소의 식탁에 앉으면서 중얼거렸다. "샌드웜 버전 2를 찾은 것 같네."

　　　　　　　　　　■

크리스마스 정전 사태가 발생하고 나서 8개월 후인 2016년 8월 무렵, 야신스키는 스타라이트미디어를 떠났다. 우크라이나의 모든 곳에 공격을 쏟아붓는 해커들에게서 회사 하나 지키기도 벅차다고 생각했다. 정전 사태 이후 샌드웜은 종적을 감췄지만, 야신스키는 이 그룹이 계속해서 해킹 기술을 발전시키고 있으며 이미 다음 공격이 시작됐을지도 모른다고 생각했다. 야신스키는 더 완벽한 해킹 분석이 필요했다. 우크라이나는 샌드웜처럼 냉혈한 해커에 효과적으로 대응해야 했다. "착한 팀은 이분돼 있어요. 그런데 나쁜 팀은 하나로 뭉쳤죠." 해커들의 공격에 컨트롤 타워 없이 개별적으로 대응하던 우크라이나에 대해 이렇게 이야기했다.

그래서 야신스키는 키예프에 있는 정보시스템 보안연합(ISSP)의 연구 및 포렌식 분야 수장을 맡았다. 이 회사는 규모 있는 보안업체는 아니었지만, 야신스키는 직책 때문에 회사를 옮겼다. ISSP를 우크라이나 비상 사태에 대응하는 업체로 만들고 싶었다. ISSP에서 자신이 맡은 직책을 활용할 의도였다.

마치 계획이나 한 것처럼, 이직 후 얼마 지나지 않아 우크라이나는 또 다른 공격에 직면하게 된다. 이번에는 훨씬 광범위하고 파괴적이었다. 파이어아이의 마이클 매토니스와 다른 연구원들이 샌드웜의 재등장을 목격하고 나서 한 달이 지난 12월이었다. 2015년 이들을 공격했던 바로 그 해킹 그룹이 우크라이나 정부기관과 산업 기반시설을 공격하는 것을 감지했다. 우크라이나의 연금 기금, 재무부, 항만 시설, 기반시설청, 국방부, 금융기관이 그 대상이었다. 지난해와 마찬가지로 타깃의 하드디스크에 킬디스크와 유사한 악성코드를 활성화시키며 끔찍한 공격을 시작했다.

해커들은 다시 한 번 우크라이나의 철도청 우크르잘리즈니짜 Ukrzaliznytsia를 공격했다. 이번에는 온라인 예매 시스템을 며칠 동안 다운시켰다. 연말연시로 한창 바쁠 때 말이다. 재정부의 경우 수십 테라바이트의 데이터가 삭제됐으며, 부서 컴퓨터의 80%에 달하는 데이터가 사라졌다. 내년도 예산안도 사라졌고, 2주 동안 네트워크를 전혀 사용할 수 없었다.

이번 공격은 작년보다 더 맹렬했다. 규모로는 작년 공격을 압도했고, 선별적 공격으로 피해는 극에 달했다. 보안 연구원들이 12월에 기록된 로그를 살펴봤다. 해커들이 새로운 방법을 사용하려 한 흔적이 보였다. 예를 들어, 해커들은 킬디스크 코드를 수정해 타깃 머신의 내용을 지우는 동시에 괴기스러운 이미지를 화면에 디스플레이하기도 했다.

슬로바키아 보안업체인 ESET도 이 두 번째 공격을 면밀히 분석했다. 연구원들이 공개한 사진은 단순히 타깃 머신에 숨겨진 파일이 아니었다. 사용자를 골탕 먹이고 두렵게 할 목적으로 악성코드가 동작할 때마다 이미지가 화면에 나타났다. 콧수염이 있는 저해상도 가면이 밝은 녹색과 검정색으로 칠해져 화면에 표시됐다. 배경은 여러 색을 띤 0과

1로 이뤄져 있었다. 가면 위아래에는 '우리는 에프소사이어티다^{WE ARE} ^{FSOCIETY}.'라는 말과 '우리와 함께 하라^{JOIN US}.'는 문구가 있었다.

TV쇼 '미스터 로봇'에 등장하는 무정부주의자 해커의 상징을 가져다 쓴 것이다. 짜임새 있는 정부 주도 해킹이 자유분방한 개개인들에 의해 이뤄지고 있다는 걸 상징하려고 이 그림을 가져다 쓴 것인지도 모르겠다. (나중에 든 생각이지만, 해커들이 자신의 의도를 알리기 위해 이 마스크를 사용한 것일 수도 있다. 미스터 로봇에서는 에프소사이어티 해커들이 방대한 뱅킹 데이터를 삭제해 수천 명의 빚을 없애버리고 세계 경제를 혼란으로 몰고 간다. 충분히 가능한 시나리오다.)

2차 공격에서는 전략을 바꿨다. 핵티비스트를 앞으로 내세우지 않고, 사이버 범죄자를 앞에 내세웠다. 해킹당한 컴퓨터에 비트코인을 요구하는 랜섬웨어 메시지를 표시한 것이다. '안타깝게도 컴퓨터의 데이터는 완전히 암호화됐다. 데이터를 살리고 싶으면 222 btc를 보내라.'

샌드웜이 자신들을 금전적인 이득을 위해 해킹하는 해커들로 위장하려는 듯 보였다. 신용카드 번호를 훔치거나 훔친 데이터를 되팔지 않아도 된다. 사이버 범죄자들은 타깃 머신의 하드디스크 드라이브를 암호화한 후 암호를 풀려면 돈을 달라고 협박한다. 해커가 정한 시간 내에 돈이 전달되면, 해커는 데이터의 암호를 풀 수 있는 키를 넘겨준다. 몇몇 랜섬웨어 해커들은 실시간 고객센터도 갖고 있다. 돈만 받고 사라지는 것이 아니라, 돈을 주면 실제로 데이터를 복구할 수 있을 것이라는 믿음을 주기 위해서다.

대부분의 경우 수백에서 수천 달러를 요구한다. 하지만 이 사건의 경우 2016년 비트코인 시세를 기준으로 15만 달러를 요구했다. 이 돈을 지불할 바보는 없을 것이다. 그리고 ESET 연구원이 밝힌 바에 따르면, 이 해킹에 사용된 악성코드에는 암호화 메커니즘이 전혀 들어있지 않았다. 돈을 요구한 것은 단지 혼란을 주려는 목적이었다. 샌드웜이 지난해 사용했던 것과 똑같은 킬디스크 스타일의 데이터 파괴 해킹을 아주 잠시라도 숨기기 위해서다.

야신스키는 해커들이 진화했을 뿐만 아니라 실험도 하고 있다고 생각했다. 1년 동안 잠복해 있으면서 이전보다 훨씬 더 위험하고 기만적인 기술을 구사했다. 우크라이나 사이버 전쟁이 발발했고, 2주 만에 샌드웜은 그 최고 기량을 선보였다. 야신스키가 키예프 아파트의 소파에 앉아 가족과 함께 영화《스노든》을 본 지 얼마 지나지 않았을 때였다.

■

2016년 12월 17일 올렉 자이첸코라는 젊은 엔지니어는 키예프 북쪽 끝에 위치한 우크레네르고 국영 배전소에서 12시간 교대 근무를 하고 있었다. 이제 막 네 시간이 지났을 무렵, 그는 구소련 시대에 만들어진 낡은 제어실에 앉아있었다. 벽은 베이지색이었고, 붉은색의 아날로그 제어장치들이 바닥에서 천장까지 이어졌다. 배전소에서 기르는 고양이 '아자Aza'는 먹이를 찾으러 나간 것 같았다. 자이첸코가 시간을 때울 수 있는 유일한 방법은 구석에서 팝 뮤직비디오를 재생하는 TV를 시청하는 것뿐이었다.

근무일지를 작성했다. 평범한 토요일 저녁이었다. 그때 갑자기 배전소의 경보음이 울렸다. 귀청이 떨어질 듯한 경보음이 멈추질 않았다. 자이첸코의 오른쪽에서 송전 시스템의 상태를 보여주던 불빛들이 붉은색에서 녹색으로 변했다. 전기 엔지니어들 사이에서 녹색 불빛은 전력 공급이 끊겼다는 신호다.

책상 왼편에 있는 검정 전화기를 집어 들고 우크레네르고 본사 상황실에 전화를 걸어 사고가 발생했다는 사실을 보고했다. 그 순간 다른 스위치 불빛도 녹색으로 변했다. 하나가 아니었다. 자이첸코는 아드레날린이 솟는 것을 느낄 수 있었다. 전화상으로 이 상황을 설명하고 있는 와중에도 불빛들이 녹색과 빨간색을 오갔다. 여덟 개, 열 개, 그리고 12개의 불빛색이 변했다.

상황이 급박해지자, 본사 상황실은 자이첸코에게 밖으로 뛰어나가 장비에 물리적 손상이 발생한 것은 아닌지 확인하라고 지시했다. 이 순간 마지막 20번째 스위치가 꺼졌고, 제어실의 불도 꺼졌다. 컴퓨터와 TV도 마찬가지였다. 자이첸코는 파란색과 노란색의 작업복 위에 코트를 걸치고 문을 나섰다.

키예프 북쪽에 있는 우크레네르고 배전소는 20에이커가 넘는 넓은 공간을 차지하고 있으며, 거대한 전기 장비들이 즐비하다. 축구경기장 12개를 합친 것보다 더 큰 크기다. 자이첸코는 빌딩에서 나와 살을 에는 저녁 공기 속으로 들어갔다. 오늘따라 더 스산해 보였다. 건물 옆에 있는 전차만한 변압기 세 대가 우크라이나 수도의 5분의 1에 해당하는 전력량을 공급하고 있다. 그런데 변압기들이 조용하다.

이때까지만 해도 자이첸코는 기계적 결함이 있는지 체크리스트를 확인하고 있었다. 작동을 멈춘 변압기를 지나치면서, 처음으로 다른 생각이 들었다. 지난번 해커들이 또 나타났다.

18
폴리곤

이번에는 해커들이 우크라이나 전력망의 심장부까지 파고들었다. 전기를 세부 송전선으로 분배하는 시설을 해킹하는 데 그치지 않고, 분배 시설 배후에 있는 동맥까지 파고들었다. 키예프 북쪽에 있는 단 하나의 배전소가 200메가와트의 전력을 공급하므로, 2015년 공격당한 50개가 넘는 송전 시설을 모두 합한 것보다도 큰 규모다.

다행히도 시설은 한 시간 만에 복구됐다. 우크레네르고의 엔지니어들이 수작업으로 회로를 연결해 장비들을 모두 복구했으며, 파이프가 동파되거나 시민들이 혼란에 빠지는 상황까지는 이어지지 않았다. 키예프 북쪽에 있는 야신스키의 집도 자정쯤 발생한 정전 사태의 피해를 입었다. 연달아 일어난 정전 사태는 보안에 잔뼈가 굵은 야신스키도 불안하게 만들었다.

야신스키는 우크라이나를 공격하는 침입자에 대해 최대한 평정심을 유지하면서 응대한다고 말했다. 해커들이 누구이고 어디에서 왔는지는 그의 관심사가 아니라는 이야기다. 해커의 이름이나 국적은 이들을 물리치는 데 전혀 고려 대상이 아니라고 덧붙였다. (해커의 출신 배경을 신경 쓰지 않는 건 사이버 보안업계에서 흔한 일이다. 하지만 야신스키는 그 정도가 심했다. 내가 해커들이 러시아 출신이라고 말할 때마다 손가락을 흔들며 비웃었다.)

야신스키는 자신이 하는 일을 체스 게임에 비유하길 좋아했다. 사적인 감정을 배제한 채 논리적으로 적의 움직임을 분석하기 때문이다. 야신스키는 감정에 치우치면 분노, 집착, 사욕에 사로잡히고, 그 결과 실수를 하게 된다고 이야기한다. "냉정한 정신이 필요해요. 싸움에서 이기려면 적을 증오할 겨를이 없죠." 야신스키가 말했다.

하지만 야신스키의 집까지 정전의 영향권에 들어갔을 때, 야신스키도 자신이 정한 규칙을 어겼다고 털어놨다. 야신스키는 '도둑맞은 느낌'이었다고 말했다. "위협을 느꼈어요. 지금껏 누려왔던 사적인 공간이 환상에 불과한 것은 아닌가 하는 생각마저 들었어요."

정전이 시작된 지 24시간이 채 지나지 않아 우크레네르고는 사이버 공격에 당한 것이라고 공개적으로 발표했다. 야신스키가 생각했던 바와 같다. 미국의 국가안보국(NSA)과 부분적으로 비슷한 일을 하는 우크라이나의 SBU와 우크레네르고는 우크라이나가 이번 사건을 스스로 해결해야 한다고 생각했다. 이번에는 미국 조사단이 없었다. ISSP가 우크레네르고에 전화를 걸어 이번 일을 맡겠다고 제안하자, 자연스레 야신스키가 이 일을 담당하게 됐다.

■

2017년 초 키예프 중앙에 있는 우크레네르고 본사에서 회의가 열렸다. 우크레네르고는 ISSP에 하드디스크 드라이브를 넘겼고, 여기에는 야신스키가 포렌식 분석을 시작하는 데 필요한 테라바이트 상당의 로그가 들어있었다. 스타라이트미디어에서 했던 것처럼 수주 동안 로그를 분석했다. 사냥감을 잡아먹기 위해 그들의 모든 행동을 따라 한 해커들이 혹시라도 남겼을지 모를 아주 작은 단서를 찾기 위해 여러 로그를 다각도로 분석했다. 야신스키는 이 작업을 '바늘 속에서 바늘 찾기'라고 부른다.

1년 넘게 동일한 해커를 추적한 야신스키는 어디에 가면 이들의 흔적을 찾을 수 있는지 잘 알고 있었다. 1월이 끝나갈 무렵 ISSP는 거의 모든 퍼즐을 맞췄다. 우크레네르고 IT 관리자들에게 분석 결과를 발표했다. 해커들의 작업일지는 1.8미터 길이의 종이에 시간순으로 프린트됐다. 회사에서 제공한 로그는 6개월 분이었지만, 해커가 침입한 건 그보다 훨씬 전으로 드러났다. 2016년 1월 두 번째 정전 공격이 있기 거의 1년 전에 스타라이트미디어, TRK, 보리스필 국제공항을 공격한 바로 그 블랙에너지가 우크레네르고를 감염시킨 것이 드러났다. 첫 번째 공격 이후 우크레네르고에서 악성코드 청소에 나섰지만, 시스템에 숨어있던 해커들이 공격 시점을 기다렸던 것으로 야신스키는 생각했다.

우크레네르고 네트워크에서 다른 컴퓨터를 감염시킬 때는 널리 사용되는 해킹 도구인 미미캐츠를 사용했다. 미미캐츠는 구 버전 윈도우 운영체제가 패스워드를 메모리에 남겨둔다는 취약점을 공격하는 해킹 도구다. 미미캐츠가 메모리에 남겨진 암호를 추출해내면 해커는 이 암호를 원하는 만큼 재사용해 컴퓨터에 접속할 수 있다. 컴퓨터 한 대에 그치지 않는다. 이 사용자가 접속할 수 있는 네트워크에는 모두 접속이 가능하다. 해커들은 사용하기 쉽지 않은 공격 방법도 구사했다. 애플리케이션이 알 수 없는 이유로 종료됐을 때 '크래시덤프^crashdump'라는 데이터를 남겨 종료의 원인을 추후에 분석할 수 있도록 하는 경우가 있는

데, 여기에 있는 계정 정보를 파고들었다. 정차한 차의 열쇠를 복제해 사용하는 것에 비유할 만한 수법이다.

이렇게 훔친 계정 정보를 사용해 해커들은 우크레네르고 네트워크에 있는 일종의 전지적 능력을 갖춘 데이터베이스에 접근할 수 있게 됐다. '역사가historian'라고 불리는 데이터베이스로, 회사의 모든 작업 명령이 여기에 기록된다. 물리적 기계에서 데이터를 수집해 비즈니스 네트워크에서 사용할 수 있게 하는 역할도 수행했다. 이 데이터베이스는 침입자들에게 큰 도움이 됐다. 우크레네르고의 네트워크와 산업제어시스템을 잇는 가교로 활용됐기 때문이다. 회로 차단기에 접근할 수 있는 컴퓨터도 이를 통해 접근할 수 있었다.

데이터베이스에는 회사 컴퓨터에서 수집한 정보만 있는 것이 아니었다. 매우 위험하게도 데이터베이스 서버에서 컴퓨터에 명령어를 보낼 수도 있었다. 야신스키가 묘사한 바로는 해커들이 데이터베이스를 '스위스 아미 나이프Swiss Army knife'로 만들어 해커가 원하는 코드를 컴퓨터에 보낸 후 실행할 수 있었다고 한다. 악성코드를 데이터베이스 서버에서 우크레네르고의 실제 배전 시설 장비까지 보낸 것이다. 그러고는 2015년과 마찬가지로 가차 없이 스위치를 차단해 수십만 가구의 전원을 차단했다.

2015년과는 다른 공격 모습을 보인 것도 사실이다. 2015년에는 세 개의 전력 회사를 타깃으로 삼았고, 전력 회사의 백업 발전기에서 전화 시스템까지 닥치는 대로 공격했다. 하지만 이번에는 단 하나의 목표, 배전 시설만 공격했다. "2015년에는 마치 거리의 불량배들 같았어요." 허니웰에서 일하며 야신스키의 ISSP 분석을 돕던 우크라이나 태생의 독일 산업제어시스템 전문가가 한 말이다. "그런데 2016년에는 닌자 같았어요."

해커들이 설치한 마지막 장치는 야신스키에게 블랙박스처럼 느껴져서 분석하기가 어려웠다. 해커들이 자정 공격에 앞서 여러 동적 연결 라이브러리(DLL)를 설치한 것을 알아냈는데, 여러 명령어가 담긴 라이브러리로 보였다. 그런데 산업제어시스템은 사이버 보안에서 마치 이단아와 같은 존재이므로 전통적인 IT 시스템에 능통한 야신스키가 분석하기에는 한계가 있었다. DLL 파일의 용도를 도무지 알 수 없었다. 야신스키의 친구이자 산업제어시스템 분야에서 내로라하는 전문가인 크로토필이 이 부분의 분석을 도왔다. 하지만 우크레네르고와 맺은 비밀 유지 계약 때문에 DLL 파일을 그녀에게 보낼 수는 없었다.

야신스키는 파일들을 우크레네르고의 엔지니어들에게 보여줬다. 엔지니어들은 코드가 특정 프로토콜에 맞게 작성된 명령어라는 것을 알아냈다. 프로토콜은 회로 차단기가 이해할 수 있는 일종의 컴퓨터 언어다. 어찌 됐든 이 DLL 파일들이 최종 명령을 실행해 해커의 정전 작전을 수행했다. 이로써 수개월 동안 감춰져 있던 해커의 종적이 드러났다.

당시 미국에서는 두 번째 우크라이나 정전 사태에 대한 이야기가 사이버 보안 커뮤니티를 중심으로 번지고 있었으며, 러시아의 대선 개입에 쏠렸던 관심도 아주 조금은 뺏어왔다. 리의 말에 따르면, 역사상 처음으로 동일한 해커 그룹이 주요 인프라를 반복해서 공격한 사건이 발생했다. 이들은 할 수 있었고, 하려고 했다. 두 번째 공격에서는 기술이 더 발전했고 파괴력도 커졌다. 또한 미국 전력망을 공격했었던 해킹 그룹이었다.

미국 전력 회사들과 정부는 러시아가 사이버 전쟁 무기를 준비하고 있다고 봐야 하며 이 사건을 러시아와 우크라이나만의 문제가 아니라 우리의 문제로 봐야 한다고 리가 주장했다. "미국 전력망을 이해하는 사람들이라면 여기서도 똑같은 문제가 발생할 수 있다는 걸 잘 알죠." 리가 말했다.

NERC의 최고 보안 책임자인 마커스 삭스와 이에 대해 전화로 논의할 때 삭스는 이 위협을 과소평가했다. 미국 전력 회사들은 이미 우크라이나 사태에서 교훈을 얻었다고 주장했다. 삭스는 미국 전력 회사들에게 이번 사건을 알린 회의들을 언급하면서, 이미 전력 회사들을 재촉해 기본적인 사이버 보안 기술을 갖추도록 했으며 주요 시스템에 대한 원격 접근을 봉쇄하게 했다고 이야기했다. 그리고 우크라이나 정전 사태에서 봤던 기상천외한 공격에 대해서는 다음과 같이 지적했다. 그들은 실제로 재앙을 불러일으키지 않았다. 결국에는 꺼진 불이 다시 켜지지 않았나.

"우리가 취약점이 없다고 말할 수는 없겠죠. 다른 것과 연결된 모든 것들은 취약점을 가질 테니까요." 삭스가 말했다. "시스템의 안정성을 높여 아주 잠시 정전을 늦추라는 건 무책임한 행동이에요."

샌드웜과 같은 해커들에게 미국은 더없이 편리한 타깃이라고 리가 반격했다. 미국 전력 회사들이 사이버 보안에 더 적극적으로 대응하기는 하지만, 우크라이나 설비에 비하면 훨씬 더 자동화돼 있고 선진화돼 있다. 다시 말해, 재래식 시스템보다 훨씬 더 넓은 '공격 범위'를 제공한다.

우크라이나 같은 나라와 비교할 때 미국의 엔지니어들은 정전을 수동으로 복구해본 경험이 부족하다고 리가 말을 이어갔다. 우크라이나의 소형 전력 시설 업체들, 심지어는 키예프의 우크레네르고마저도 미국 전력 회사들보다 설비 고장에 의한 정전에 훨씬 잘 대응한다는 이야기다. 2015년 해커들이 처음 우크라이나를 정전 사태로 몰고 갔을 때 본 것처럼, 이들에게는 언제든 밖으로 나갈 채비를 하고 있는 트럭이 항시 준비돼 있다. 정전이 발생하면 엔지니어들은 트럭을 몰고 송전 시설로 달려가 수동으로 전력을 복구한다. 고도의 자동화가 진행된 미국 전력 회사들은 이렇게까지 준비하지 못했으므로, 수동으로 할 수 있는 일에 한계가 있다. "미국 전력 시설을 공격하는 것은 우크라이나 전력 시설을 공격하는 것보다 어려울 거예요. 하지만 일단 다운시키는 데 성공하면 복구를 막기는 쉬울 거예요." 리가 말했다.

샌드웜의 능력이 발전함에 따라 궁금증이 생겨났다. 우크라이나를 공격한 것처럼 미국도 공격하려 들까? 러시아가 국지전에서 사용한 사이버 공격에 대해 미국은 거의 침묵을 지켰다. 하지만 미국 본토의 시설을 공격한다면, 미국 정부로부터 즉각적이고도 분명한 보복이 있을 것임은 불 보듯 뻔하다.

샌드웜의 두 번째 전력망 공격이 있었을 때 몇몇 사이버 보안 전문가는 미국이 사이버 전쟁에 어떻게 대응하는지 테스트하려고 러시아가 공격을 하는 것이라고 말할 정도였다. 키예프의 불을 끄면서, 그리고 동시에 미국 전력망에 언제든 침투할 수 있음을 과시하면서 러시아는 미국에 경고를 보낸 것과 마찬가지다. 스틱스넷과 같은 행위를 러시아는 물론이고 시리아와 같은 동맹국에도 하지 말라는 경고를 보낸 것이다. 당시 (그리고 지금까지도) 시리아는 내전 중이었는데, 미국은 시리아의 독재자 바샤르 알아사드에 반대하는 혁명군을 지지하고 있었다.

이런 관점에서 보면 이번 해킹 사건은 전쟁 억지력에 대한 내용이다. 두 번째 우크라이나 정전 사태가 발생하자 'Grugq'라는 이름으로 활동하는 해커이자 보안 전문가는 다음과 같은 글을 블로그에 올렸다. "영향 공작의 측면에서 보면 비싼 대가를 치른 정전 사태가 일리 있어 보인다. 러시아가 서방 세계에 '진정한 사이버 전쟁 무기'가 무엇인지 한 수 가르쳐준 사건이다."

"러시아는 두 번이나 우크라이나의 '불light'을 갖고 놀았다. 사실 첫 공격이 성공했으므로 두 번째 공격을 할 이유는 전혀 없었다. 하지만 러시아는 서방 세계가 자신들의 메시지를 분명히 받길 원했을 것이다." 블로그에 올라온 글이다.

하지만 NSA에서 다양한 사이버 전쟁 시나리오를 분석하며 잔뼈가 굵은 리는 다른 생각을 했다. 러시아가 코너에 몰리면 미국의 인프라를 보복 공격할 수도 있다는 상상을 한 것이다. 예를 들어, 만약 미국이 러시아와 우크라이나, 러시아와 시리아 간의 이권 다툼에 개입하겠다고 협박한다면 말이다. "한 국가를 말 잘 듣는 나라로 만들려면, 후려갈겨야죠." 리가 말했다.

물론 리와 같은 사람들은 이런 끔찍한 상황을 10년 이상 분석하고 대비해왔다. 다행히 사이버 심판의 날이 아직 미국 땅에 그림자를 드리우지는 않았지만, 팬시 베어의 선거 개입 사건을 놓고 봤을 때 러시아가 감히 하지 못할 행동은 하나도 없어 보였다. 러시아 대통령궁에서 직접 우크라이나 선거를 뒤집어 놨지만, 러시아는 아무런 피해를 입지 않았다. 그러고는 비슷한 행동을 미국에게도 했다. 러시아 해커들이 거리낌 없이 우크라이나의 전력망을 마비시켰지만, 아무도 러시아를 대놓고 비난하지 않았다.

샌드웜의 공격을 지금까지 2년 넘게 지켜본 존 헐퀴스트에게 다음 단계는 불 보듯 뻔했다. 2016년 키예프 공격이 있고 나서 3주가 지난 후, 헐퀴스트는 트위터에 예언을 하고 나중을 위해 프로파일에도 연결해놨다. "장담하건대 샌드웜이 서방 세계의 주요 인프라를 공격하는 날, 안일하게 대응했던 모든 사람이 놀랄 것이다. 나도 이들을 지켜줄 수 없다."

■

2017년 3월 어느 흐린 날 나는 키예프 ISSP 본사 앞에 있는 주차장으로 택시를 타고 갔다. 당시 이 회사는 우크라이나 수도의 상업지구에서 저층 빌딩을 사무실로 쓰고 있었다. 주위에는 흙바닥으로 된 스포츠 경기장이 있었고, 군데군데 고층 건물들이 들어서 있었다. 구소련 시절부터 내려온 건물들이다.

올렉시 야신스키를 만나 회사의 '사이버 랩'에 자리를 잡았다. 원형 탁자가 있는 어두운 방이었다. 우크레네르고 프로젝트 때 만든 네트워크 지도와 비슷한 무언가가 탁자 위에 놓여 있는데, 네트워크 노드들이 복잡하게 얽힌 모습이 긴 종이에 드러나 있었다. 지도 하나하나마다 샌드웜이 침입한 기록이 있었다. 당시 야신스키는 스타라이트미디어 시절을 포함해 거의 2년 동안이나 이들을 추적하고 있었다. 야신스키는 얼마나 많은 우크라이나 기관이 공격당했는지 알 수 없다고 말했다. 어떻게 추산하든 실제 데이터를 밑돌 것으로 생각했다. 공격을 받은 것으로 알려진 기관들 모두 최소한 하나씩은 감춰둔 비밀이 있을 것이고, 심지어 지금까지도 시스템에 샌드웜이 숨어들어 있다는 걸 모르는 기관들도 있을 것이기 때문이다.

야신스키는 그 당시에도 다음 디지털 공격이 진행 중일지도 모른다고 생각했다. 그 순간에도 야신스키 바로 뒤에서는 수염이 덥수룩한 두 명의 젊은 ISSP 직원이 전날 새로운 피싱 이메일에서 채취한 악성코드 샘플을 분석하고 있었다. 곧 닥칠 것이라 믿는 공격은 일종의 주기가 있는 듯했다. 연초 몇 개월간은 해커들이 잠잠하다. 아마도 타깃에 조용히 침투해 점점 세력을 넓혀가는 것 같다. 공격은 연말에 본격적으로 시작한다. 작년에 일어난 전력망 공격을 분석하고 있는 이 시점에도 2017년 12월 일어날 공격의 씨앗이 이미 싹트고 있을지도 모른다고 야신스키는 말했다.

"다음에 있을 공격을 대비하는 것은 마치 곧 있을 기말 시험을 준비하는 것 같아요." 야신스키가 말했다. 그는 지금껏 우크라이나와 자신이 직면했던 공격들을 마치 일련의 연습 시험처럼 느꼈다.

야신스키는 해커의 공격을 한 단어의 러시아어로 축약했다. '폴리곤 poligon', 구소련이 핵 실험을 하던 지역을 가리키는 말이었다. 가장 피해가 심각했던 공격에서도 해커들은 충분히 더 공격을 퍼부을 수 있었다고 야신스키가 이야기했다. 재무부에 저장된 데이터를 파괴하는 데 그치지 않고, 백업까지 파괴할 수 있는 충분한 능력이 해커들에게 있었다. 우크레네르고 배전소를 더 오래 마비시킬 수도 있었고, 전력망에 물리적 피해를 입혀 영구적으로 전력망을 망가뜨릴 수도 있었을 것이다. "지금도 우리를 갖고 놀고 있는 것으로 봐야 해요." 야신스키가 이야기했다. 매번 해커들은 공격이 절정에 달했을 때, 공격을 거뒀다. 마치 다음 작전에서 그들의 진가를 보여주려는 듯했다. "마지막 훈련에서도 해커들이 우리를 살려줄지 모르겠어요. 마지막 훈련이 아니길 바라는 수밖에 없죠."

우크라이나 사이버 전쟁과 관련해 이런 불길한 예감이 든 사람은 야신스키 혼자만이 아니었다. 전 세계의 보안 전문가들도 러시아가 우크라이나를 실험실로 만들고 있다고 생각하기 시작했다. 이들 역시 나중에 서방 세계를 공격할 때 사용할 디지털 공격 기술을 훈련한다고 생각했다. 푸틴의 영향력 안에 있고 연합국이 없다시피 한 우크라이나보다 더 좋은 훈련 상대가 어디 있을까? "러시아로서는 거리낄 게 없죠.

보복이나 사후 조치에 대해 걱정할 필요 없이 최악의 실험을 할 최적의 장소라 할 수 있죠." 케네스 기어 나토 대사가 나에게 한 말이다. "우크라이나는 프랑스나 독일이 아니에요. 대부분의 미국인들은 우크라이나를 지도에서 찾을 수도 없을 걸요. 러시아로서는 최적의 장소죠."

존스 홉킨스 대학에서 정치 군사학을 연구하는 토마스 리드는 러시아가 기술만 발전시킨 것이 아니라고 말한다. 세계의 국가들이 어디까지 묵인할 수 있는지 그 선을 시험해본 것이라는 의미였다. "어디까지 공격해도 문제가 없을지 그 선을 찾고 있었어요." 리드가 나에게 한 말이다. "살짝 찔러보고 아무 반응이 없으면 한 번 더 깊이 찔러보는 거죠."

만약 해커들이 이 놀이를 그만두고, 총력을 다해 공격하면 어떻게 될까? 2017년 봄 내가 키예프 ISSP의 어두운 회의실을 방문했을 때, 야신스키는 자신도 다음 공격이 어떤 공격이 될지 모르겠다고 털어놨다. 아마도 더 참혹한 정전이 될 수도 있다. 혹은 이번에는 수자원 시설을 공격할 수도 있다. 어떤 공격이 됐든 우리가 지금껏 이해한 인터넷의 범위를 뛰어넘는 공격이 될 것임은 분명하다고 야신스키가 말했다. 인터넷의 경계를 뛰어넘어 물리적인 세계에 대한 공격이 다시 펼쳐질 것으로 예상한 것이다.

늦은 오후에 비치는 햇빛은 블라인드를 넘어 들어왔고, 야신스키 얼굴의 검은 윤곽만 보였다. "사이버 공간은 그 자체가 공격 대상이 아니에요. 공격 수단이죠. 상상한 모든 일이 벌어질 수 있을 거예요." 야신스키가 말했다.

19
인더스트로이어/크래시 오버라이드

야신스키만 우크레네르고 정전을 포렌식 분석하고 있는 것은 아니었다. 1,000킬로미터 서쪽으로 떨어진 곳에서 근무하는 보안 연구원 안톤 체레파노프도 동일한 분석을 하고 있었다. 더욱이 체레파노프는 야신스키가 풀지 못한 마지막 문제를 풀고 있었다.

12월 17일 샌드웜에 의한 정전 사태가 발생하고 나서 5일이 지난 후 체레파노프는 ISSP가 풀지 못한 의문의 DLL 파일들을 오픈했다. 체레파노프는 슬로바키아의 보안업체인 ESET 본사에서 일하고 있었다. 그가 일하는 사무실은 열린 구조로 돼 있어서 여러 대의 컴퓨터가 벽을 등지고 줄지어 있었으며, 벽을 가득 채운 스크린에서는 ESET의 안티바이러스 소프트웨어가 전송하는 데이터를 분석한 결과가 표시되고 있었다. 나사의 활약에 경의를 표하는 취지에서 이 사무실은 '휴스턴Houston'이라 불렸다.

ESET 사무실은 슬로바키아의 수도 브라티슬라바 남쪽에 있는 오팍타워 16층에 있다. 다뉴브강의 절경과 함께 강 너머에서 도시 역사의

4분의 1을 목격한 브라티슬라바성을 볼 수 있는 곳이다. 12월 사건 당일 이미 체레파노프는 문제의 파일들을 살펴보고 있었다. 혼자 일을 하고 있었고, '휴스턴'에 다른 이는 없었다. ESET 직원 대부분은 크리스마스 연휴를 즐기고 있는 터였다. 러시아인인 체레파노프만 서양 명절인 12월의 크리스마스가 아닌 1월의 그리스 정교회 크리스마스를 축하한다.

체레파노프는 ESET가 인재를 채용하고자 개최한 5단계 리버스 엔지니어링 및 암호 경연대회를 거친 뒤 2012년 러시아 첼랴빈스크에서 슬로바키아로 이사를 왔다. 우크레네르고 정전의 핵심에 있는 문제의 DLL 파일을 들여다보고 있었지만, 그 코드는 입사 후 단 한 번도 접해보지 못했을 만큼 매우 난해했다. 코드를 샅샅이 뒤지며 알아볼 수 있는 문자열은 모두 구글에서 찾아보는 강도 높은 리버스 엔지니어링을 통해 결국 수수께끼를 해결했다. DLL 파일은 하나의 덩어리가 아니었다. 네 개의 독립된 덩어리였다. 각각은 서로 다른 산업제어시스템이 사용하는 프로토콜로 명령어를 전송하도록 설계됐다. 각기 다른 산업제어시스템이 알아들을 수 있는 언어로 명령어를 번역하는 것이다.

다양한 해커가 작성한 수천 개의 악성코드를 ESET에서 분석했지만, 이건 전혀 새로운 유형의 코드였다. "제가 이해할 수 없는 대단한 코드였어요. 대부분의 악성코드는 단순하거든요. 암호를 훔친다거나, 드라이브를 암호화하거나 삭제하는 수준이죠. 이건 굉장히 달랐어요. 그 순간 깨달았어요. 이번 크리스마스 연휴에 할 일이 생겼다는 걸요." 체레파노프가 말했다.

ESET와 체레파노프는 2016년 말 악성코드가 이웃나라 우크라이나를 공격하는 것을 가까이에서 목격했다. ESET는 우크라이나에서 유명한 안티바이러스를 공급하는 회사다. 덕분에 우크라이나에서 유행할 악성코드를 빨리 접할 수 있는 기회가 생겼다. (사실 ISSP와 파이어아이가 조용히 공격을 분석할 때 ESET가 처음으로 샌드웜 두 번째 공격의 세부 내용을 발표했다. 파이어아이에 속한 존 헐퀴스트의 동료들이 이번 공격이 샌드웜의 소행이라는 사실을 알아차렸을 때, ESET는 이번 공격의 배후에 있는 해커들에게 이름을 지어주기도 했다. 처음 타깃에 설치된 뒤 텔레그램으로 백도어를 만들었다는 뜻에서 '텔레봇'으로 명명했다.) 따라서 크리스마스를 일주일 앞두고 우크레네르고 배전 시설에 대한 공격이 개시됐을 때, ESET는 즉시 이번 정전 공격에 대한 분석을 진행할 수 있었다.

체레파노프는 어떻게 ESET가 우크레네르고 사태의 핵심에 있는 악성코드를 손에 넣을 수 있었는지 알려주지 않았다. 체레파노프도 DLL 파일을 본 즉시 그 정체를 정확히 알 수는 없었다. 사건 발생 후 몇 주가 지나 우크라이나 연구원들이 코드를 발견했을 때, 야신스키가 그 정체를 알 수 없었던 것처럼 말이다. 하지만 이 코드가 중요하다는 것은 직감했다. 그 추운 겨울날의 해가 서서히 브라티슬라바 서쪽으로 지면서 오스트리아로 향했다. 하지만 체레파노프는 ESET의 조용한 사무실에서 모니터 앞에 앉아 몇 시간이나 프로그램을 분석했다.

체레파노프는 아내에게 세르비아에 가기로 한 휴가 계획을 취소해야 할 것 같다고 이야기했다. 새해 첫날에도 그는 코드를 분석했다. 익숙하지는 않았지만 코드가 사용하는 산업제어시스템용 프로토콜을 분석하고, 코드의 함수들을 하나씩 분석했다.

ESET 직원들이 1월 초 다시 회사로 돌아왔다. 드디어 체레파노프는 이 굉장한 해킹 도구에 대해 동료들에게 설명할 수 있었다. 악성코드는 마치 지능을 가진 것처럼 동작했다. 일단 회로 차단기 같은 장비와 연결된 컴퓨터에 설치되기만 하면, 자동 탐색 코드를 실행해 그 장비를 찾아내고 장비의 설정 데이터를 해커에게 전송한다. 그러면, 때가 왔을 때 DLL이 지원하는 프로토콜로 직접 장비에 명령을 내린다.

우크레네르고의 경우 네 가지 프로토콜 중 하나만 사용했다. 이 하나만으로 키예프 북부 우크레네르고 배전 시설의 모든 회로 차단기를 작동시킨 것이다. 악성코드가 실행 중인 컴퓨터가 연결된 상태에서는 계속 회로 차단기에 차단 명령이 전달됐다. 소총의 연사 공격과 흡사하다. 관리자가 회로 차단기를 원상태로 돌려 전기를 복구하려 해도, 악성코드가 곧바로 전기를 차단했다.

다시 말해, 해커들이 작년에 했던 공격을 자동화한 것이다. 자동화 덕분에 인간이 따라갈 수 없는 속도로 전원 차단이 이뤄졌다. 유령의 손으로 컴퓨터 화면 위에서 회로 차단기의 버튼을 클릭하는 것이 아니라, 악성코드를 이용해 기계의 속도로 공격을 반복 수행했다.

"젠장" 체레파노프의 상사인 로버트 리포프스키가 이 악성코드에 대해 처음 설명을 들었을 때 한 말이다. "스턱스넷 이후 가장 큰 건이다."

사실 이미 예견된 일이었다. 미국의 적대국 중 하나가 자신들의 스턱스넷을 개발한 것이며, 물리 세계를 공격한 두 번째 악성코드일 뿐이었다.

■

ESET는 이 악성코드를 인더스트로이어^{Industroyer}라 이름 지었다. '산업 제어시스템 파괴자'라는 의미다. ESET는 자신들이 역사에 남을 만한 발견을 했다는 사실을 잘 알고 있었다. 하지만 체레파노프가 연휴를 반납하며 리버스 엔지니어링해 분석한 악성코드에 관한 사실을 ESET는 복잡한 이유로 6개월이나 비밀로 간직한다.

ESET 직원들은 자신들이 발견한 것에 대해 재확인 작업을 거쳤다.

자신들이 서명한 비밀유지계약서도 다시 살펴봐야 했고, 우크라이나 당국자와 정보를 교환하는 과정에서도 복잡한 절차가 필요했다. 결국 2017년 6월이 돼서야 우크레네르고 정전에 사용된 코드에 대한 보고서를 발표할 준비를 모두 마칠 수 있었다.

인더스트로이어에 대한 발표를 나흘 앞둔 어느 목요일, ESET는 로버트 리에게 연락했다. 첫 우크라이나 정전 사태 때 가장 상세한 보고서를 작성한 전직 NSA 주요 인프라 보안 연구원인 로버트 리에게 초안을 보여주기 위해서다. 리가 인정한 보고서라면 신뢰도가 한층 높아지기 때문이기도 하다. ESET는 주의를 기울여 인더스트로이어 코드의 샘플을 보냈고, 블로그에 공개할 보고서 초안도 공유했다.

리는 이를 보자마자 깜짝 놀랐다. 샌드웜이 사이버 공격 무기의 정수만 모아 하나의 집약체로 만든다면 이런 모습일 것이라고 상상했던 코드가 바로 눈앞에 있었기 때문이다. "민간 인프라를 망가뜨릴 악성코드의 극히 일부분이었어요. 큰 사건이었죠." 스턱스넷은 군사 시설만 공격했지만, 이건 민간 시설을 공격하는 데 사용될 것이라는 두려움이 밀려왔다.

리는 악성코드 전부를 달라고 요청했지만, ESET는 이를 거절했다. 불행히도 ESET는 리의 불타는 탐구욕과 큰 야망을 과소평가했다. 다른 보안업체 직원들을 과감히 무시할 준비가 돼 있다는 사실도 몰랐을 것이다.

리는 드라고스에 팀을 꾸렸다. 악성코드를 스스로 찾을 능력이 있는 산업제어시스템 보안 팀이 탄생한 순간이다. 자신들이 갖고 있는 악성코드 데이터베이스에서 ESET가 보내온 코드 샘플을 뒤지기 시작했다. 몇 시간이 채 지나지 않았을 때 샌드웜 공격의 스테이징 서버에서 같은 악성코드를 발견했다고 리가 밝혔다.

스테이징 서버는 해커들에게 일종의 전초 기지 같은 역할을 한다. 해커가 자신의 위치를 노출하지 않은 채, 해킹 도구들을 숨겨놓고 타깃을 공격하는 전진 기지다. 리는 어떤 경로를 통해 드라고스가 이 스테이징 서버에 접근할 수 있었는지 밝히지 않았다. 하지만 드라고스는 이 서버에 접근할 수 있었고, 여기서 ESET가 발견한 것과 동일한 코드를 가져왔다.

ESET가 당초 계획한 발표 시점을 72시간 앞두고 드라고스 연구원들도 보고서를 작성하는 데 열을 올렸다. 원격에서 작업하는 여섯 명의 핵심 리버스 엔지니어들은 비디오 회의실을 꾸렸다. 여섯 개의 다른 주에서, 세 개의 다른 시간대에서 살고 있는 사람들이 댁내 사무실 home office에서 일했다. 악성코드를 파헤쳐 분석하고, 팀으로 일하면서 잠도 거의 자지 않았다. 리 역시 메릴랜드 외곽의 집 안에 마련한 사무실에서 72시간의 마라톤을 완주했다. 일본산 니카 코페이 위스키 한 병을 비웠고 레드불 24 캔을 마셨다. 드라고스의 보고서가 완성된 월요일 아침 6시가 돼서야 그는 겨우 두 시간가량 눈을 붙였다.

한 시간 뒤, 두 회사 모두 보고서를 발표했다. 드라고스는 악성코드를 '크래시 오버라이드Crash Override'라고 부르면서 논란에 불을 지폈다. 크래시 오버라이드라는 이름은 악성코드를 실행하는 DLL 파일이 'crash.dll'이라는 점에서 선택됐으며, 관리자가 회로 차단기를 되돌려도 수동 복구보다 더 빠른 속도로 무력화시킨다는 의미를 갖고 있다. 1995년 영화《해커스》의 주인공이 쓴 닉네임도 영향을 미쳤다. (마이크로소프트와 US-CERT는 월요일 당일 이 코드에 대한 경고를 발표했다. 모두 인더스트로이어가 아닌 크래시 오버라이드라는 이름을 사용했다. 체레파노프와 충격을 받은 ESET 팀은 아직도 리를 용서하지 못하고 있다.)

보안업체들 간의 싸움은 차치하고, 드라고스와 ESET의 보고서 모두 상당 부분에서 동일한 의견을 싣고 있다는 점이 중요했다. 크래시 오버라이드와 인더스트로이어 중에서 어떤 이름을 선택해 부르든 간에 이 악성코드를 막아내는 것은 쉽지 않아 보였다. 샌드웜이 우크레네르고에 했던 것처럼 해커들이 이 악성코드를 전력 시설 깊은 곳에 심어놓으면, 악성코드는 산업제어시스템에 명령을 전송한다. 산업 설비는 악성코드가 보낸 명령과 관리자가 내린 명령을 절대 구별하지 못한다. "막을 수 있는 방법이 전혀 없어요. 최악의 시나리오예요." 리가 말했다.

더 나쁜 점은 공격이 자동화됐다는 사실이다. 이 말은 샌드웜의 우크라이나 공격이 전 지역에 걸친 동시다발적인 공격으로 진화할 수 있다는 것을 뜻한다. 리는 2015년 공격에서는 20명 정도 되는 해커가 수동으로 컴퓨터에 침입해 회로 차단기 버튼을 눌렀다고 생각했다. 그런데 지금 그 정도 규모의 해커라면 자동화 도구의 도움을 받아 10~15개에 이르는 인프라를 동시에 공격할 수 있을 것으로 분석했다. 시한폭탄처럼 정해진 시간에 공격을 개시하게 만들면 되기 때문이다. 해커의 입장에서는 '일단 침투만 하면 해커의 개입 없이 시설을 마비시킬 수 있는' 도구가 생긴 거라며 설명을 이어갔다.

악성코드에는 halso.dat, 우크라이나어로 '고문'을 뜻하는 파일도 들어있다. 타깃 시스템의 모든 데이터를 파괴하는 코드다. 몇 달이 지난 뒤 별도로 코드를 분석한 마리나 크로토필에 따르면, 이렇게 데이터를 파괴하는 것은 정전 시간을 늘려 복구 작업을 늦출 수 있다는 점을 노린 것이라고 한다. 또한 추후에 악성코드가 발견돼 포렌식 분석에 사용될 가능성을 줄이는 역할도 한다. 이번의 경우, 정말 운이 좋게도 데이터를 파괴하는 작업이 실패했다. "이 해킹 도구를 노출할 계획은 없었을 거예요." 해커들의 은어를 적절히 섞어가며 이야기를 이어갔다. "공들여 만든 해킹 도구를 우리가 발견하는 것은 원치 않았을 겁니다."

악성코드의 놀라운 측면이 ESET 보고서에서만 간략히 설명됐다. 배전설비 시스템에 사용되는 네 개의 다른 프로토콜로 명령을 내보낼 수 있지만, 이번에는 단 하나만 사용해 우크레네르고를 공격했다는 점이다. 하지만 코드는 높은 수준으로 모듈화돼 있어서, 프로토콜을 언제든 갈아치울 수 있도록 설계돼 있었다. 미국에서 사용된 프로토콜도 예외는 아니었다. "이 악성코드를 만든 해커에게 존경을 표합니다. 어디든 사용할 수 있게 잘 설계됐어요." 크로토필이 덧붙인 말이다. "이 코드의 디자인을 칭찬하는 이유는 세계 어느 나라, 어느 배전 시설에 갖다 놔도 동작할 수 있도록 설계됐기 때문이에요."

샌드웜이 우크라이나에 사용한 기술로 언젠가는 서유럽이나 미국을 공격할 수 있으리라는 이야기는 단순히 이론적인 것만은 아니다. 연구원들이 밝혀낸 바에 따르면, 해킹 도구가 동작하는 실제 방식이 이를 뒷받침했다. 악성코드는 단발성 공격에 사용되도록 설계된 수류탄 같은 무기가 아니라 재사용 가능하도록 유연성 있게 설계된 무기 체계 같았다.

단 한 번의 한 시간짜리 정전을 일으키고자 유일무이한 악성코드를 공들여 만들고, 1년이라는 시간을 투자해 타깃 네트워크에 몰래 침투한 후 코드를 심어놓을 사람은 아무도 없을 것이다. "다른 무언가를 공격하려고 만든 악성코드라는 느낌을 지울 수 없어요." 리가 말했다. "어디를 봐도 단 한 번의 공격을 위한 것이라는 생각이 안 들어요. 악성코드의 설계를 보나 운영 방식을 보나 여러 번 사용하려고 만든 것이 틀림없어요. 그리고 우크라이나에서만 사용하려고 만든 것도 아니에요."

리와 드라고스의 동료 연구원들이 크래시 오버라이드 악성코드에 대한 보고서를 발표한 그 주, 리는 백악관 국가안전보장회의 위원들에게 사건을 설명해달라는 요청을 받는다. 국토안보부, 에너지부, CIA, NSA에서 온 참석자들과 함께 큰 회의실에 앉아 왜 이 악성코드가 전 세계 전력망을 위협할 수 있는 도구인지 설명했다.

첫 우크라이나 공격이 발생했을 때 아무 말도 하지 않았던 정부가 두 번째 정전 공격에 대해서는 일종의 대응을 하려고 하는 것일지도 모른다고 리는 처음에 생각했다. "참석자 모두 이해했어요. 이해하지 못한 사람은 아무도 없었어요. 얼마나 중요한 사건인지 전원이 이해했죠." 리가 말했다.

하지만 백악관 보고가 있고 나서 며칠, 몇 주가 지나도 아무런 소식이 없었다. 결국 백악관 직원에게 연락했을 때 다음과 같은 이야기를 들었다. 러시아의 전력망 공격 악성코드에 대해 리가 보고한 내용은 국가정보국 국장 댄 코츠에게까지 전달됐고, 최종적으로 트럼프 대통령에게까지 보고됐다고 한다. 그리고 리가 말하길, "우리는 이 사건에 관심이 없습니다."라는 대답을 들었다고 한다.

컴퓨터와 디지털 보안에 대해 아는 바가 거의 없다고 알려진 트럼프가 단순히 '사이버'라는 단어 하나 때문에 이 이야기를 무시했을 수도 있다. 하지만 리는 몇 단계를 거쳐 트럼프에게 전달된 이 메시지가 '나쁜 타이밍'에 '너무 정치적인' 성격을 갖기 때문에 백악관이 꺼렸을 것이라고 설명했다. 즉, 자신과 관련된 대선에 러시아가 개입했다는 논란이 점점 커지고 있는 시점에, 트럼프가 어떤 맥락에서든 '러시아'와 '해커'라는 말이 들어있는 문장에 거부감을 느꼈을 것이 당연하다는 이야기다. (리가 보고한 내용에 대해 백악관의 입장을 알려달라고 여러 번 요청했지만, 단 한 번도 대답을 듣지 못했다.)

이 내용이 정치적으로 나쁘게 사용될 수 있다고 생각했다면, 트럼프가 옳았다. 2017년 6월 말 18명의 민주당 상원의원과 버니 샌더스는 대통령에게 편지를 보냈다. 편지는 드라고스의 작업을 언급하며, 러시아 정부가 미국 전력망을 공격할 능력에 대해 에너지부가 분석해봐야 한다는 내용을 담고 있었다. 전력, 수자원과 같은 미국의 에너지 인프라를 러시아가 이미 공격한 것은 아닌지 조사해달라는 요청도 했다.

"에너지 네트워크의 사이버 보안을 중요시해야 한다는 약속에 트럼프 행정부가 아직 적극적인 모습을 보이지 않는 것에 대해 우리는 심히 유감을 표시합니다." 의원들이 이렇게 썼지만, 백악관은 대답이 없었다.

정치권에서 크래시 오버라이드를 정쟁의 수단으로 이용하는 모습에 리는 자책했다. 하지만 더 걱정스러웠던 부분은 1년 전의 사태가 반복되고 있다는 점이었다. 새로운 행정부 역시 우크라이나 정전 사태를 숨기려고만 하는 것 같았다. "동시다발적 공격이 가능해 전 세계 사람들에게 영향을 미칠 수 있는 사이버 공격이 사상 최초로 발생했고, 전력망을 다운시켰어요. 그런데 아무 입장도 없다고요? 말도 안 되는 이야기죠." 리가 말했다.

■

드라고스 연구원들이 72시간 동안 크래시 오버라이드(인더스트로이어)를 광적으로 분석하는 동안, 이들은 중요한 것을 놓쳤다. 사실 로버트 리는 ESET가 보고서에서 밝힌 부분이 드라고스가 발견한 악성코드에서는 나오지 않았다고 나에게 털어났다. 우크레네르고 공격에 사용된 코드가 아니었다. 드라고스가 분석한 코드가 실제 동작했던 코드인지도 확실치 않다. 더 불길한 예감이 드는 이유이기도 하다.

체레파노프가 다각도로 인더스트로이어 코드를 분석할 때, 악성코드가 알 수 없는 18바이트 길이의 수를 전송하는 부분을 발견했다. 이 수를 구글에서 검색했을 때, 지멘스 시프로텍 장치의 취약점에 대해 경고하는 내용이 나왔다. 이 장치는 보호계전기이며 전기 장비의 안전장치로 사용된다. 그런데 이 18바이트짜리 데이터를 지멘스 시프로텍 박스에 전송하면 장비가 먹통이 되고, 수동으로 재부팅해야만 장비를 다시 살릴 수 있다.

마이크 아산테는 와이오밍의 집에서 인더스트로이어에 대한 ESET의 보고서를 읽었다. 시프로텍에 대한 부분을 읽을 때는 충격을 받은 듯했다. 보호계전기는 아산테가 항상 우려하던 장치다. 이 장치가 고장나면 단순 해킹이 아니라 물리 장치를 망가뜨릴 수 있기 때문이다. 보호계전기가 악의적으로 변형되면, 이를 통해 얼마나 큰 규모의 재앙이 닥칠 수 있는지 오로라 프로젝트를 통해 보여준 지 10년이 막 지난 시점이었다.

오로라 프로젝트에서는 보호계전기의 기능을 뒤집어 위험한 결과를 억지로 만들었다. 하지만 샌드웜의 악성코드는 이렇게까지는 하지 않았다. 단순히 계전기를 먹통으로 만드는 데 그쳤다. 하지만 다른 배전기 해킹 기술과 이 기술이 함께 사용된다면, 훨씬 치명적인 결과를 가져올 수 있다. 특정 부분의 전류를 뒤집어 엎은 다음 보호계전기를 무력화하면, 송전선이 녹거나 변압기가 폭발하는 결과를 가져올 수 있다. 한 시간짜리 정전이 심각한 정전 사태로 변하는 순간이다. "변압기 화재를 본 적이 있나요? 굉장해요. 큰 검은 연기가 순식간에 불덩어리로 변해요." 아산테가 말했다.

2007년 아산테는 해커가 전력 시스템에 물리적 피해를 입히는 것이 가능하다고 전 세계에 경고한 바 있다. 바로 지금 누군가가 오로라 프로젝트와 비슷한 공격을 한 것이다. 2층 집에 마련한 사무실의 창문을 통해 테톤 산맥을 바라보며, 그는 자신의 예언이 맞았다는 자랑스러움과 그로 인한 안타까운 마음이 뒤섞이는 기분을 느꼈다. "제 예언이 맞아 들어간 것이 자랑스러워요. 그런데 두려움도 생기네요. 해커들이 지금 이 기술을 갖고 있다는 것이 두려워요." 아산테가 말했다.

실험실에서 이뤄진 오로라 프로젝트가 현실로 다가오고 있다. "이건 현실이다. 실제 상황이야." 그가 나지막하게 속삭였다. 10년 전에 상상만 했던 상황이 지금 벌어지고 있다.

4부
절정

모래 폭풍을 뚫고 반짝이는 군대가 진격한다.
차츰 드러나는 반짝이는 군대의 정체는
날카로운 이를 드러낸 샌드웜이었다.
성벽을 쌓은 샌드웜 위에는 공격을 기다리는 프레멘족이 올라탔다.
이들은 평원을 가를 때마다 바람을 채찍질하는
날카로운 소리를 내는 갑옷으로 무장했다.

20
머스크

코펜하겐의 더할 나위 없이 완벽한 여름날, 세계 최대의 운송업체가 패닉에 빠진다.

A.P. 몰러-머스크^{A.P. Møller-Maersk} 그룹 본사는 코펜하겐 항구 부근의 아름다운 조약돌이 깔린 산책로 옆에 자리 잡고 있다. 본사 북동쪽 끝에는 덴마크기를 단 배가 정박해 있고, 파란색 창으로 둘러싸인 6층 건물은 덴마크 왕족의 요트가 정박된 부두를 바라보고 있다. 본사 지하에는 직원들이 이용할 수 있는 매장이 있다. 매장에는 머스크 로고가 새겨진 가방과 넥타이, 머스크사의 거대 트리플-E 컨테이너선을 본뜬 레고, 엠파이어 스테이트 빌딩 크기의 화물을 실을 수 있는 선박 모델이 진열돼 있다.

매장에는 IT 헬프센터도 있다. IT 관련 문제를 해결하는 전문가가 매장 계산대 옆 한 자리를 차지하고 있다. 2017년 6월 27일 오후, 당황한 머스크 직원들이 헬프데스크에 모여들기 시작했다. 한 줄이 두 줄이 됐고, 이내 세 줄로 변했다. 모두 노트북을 들고 왔다. 'C 드라이브 복구

중'이라는 메시지와 함께 컴퓨터를 끄지 말라는 경고가 화면에 보였다. 다른 컴퓨터들에서는 '아이쿠! 중요한 파일이 암호화됐습니다.'라는 메시지와 암호를 풀려면 300달러의 비트코인을 송금하라는 메시지가 화면에 표시됐다.

길 건너에서는 IT 관리자 헨릭 젠슨이 머스크의 다른 건물에서 일하고 있었다. 화려하게 장식된 하얀 돌로 지어진 건물은 지난 수백 년간 왕실의 해도를 보관하는 장소로 쓰였다.* 젠슨은 8만 명 직원의 소프트웨어 업그레이드를 준비하고 있었는데, 이때 자신의 컴퓨터가 반복해서 재부팅됐다.

제이슨은 속으로 욕을 했다. 머스크의 중앙 IT 부서에서 컴퓨터를 갑자기 재부팅한다고 생각했다. 중앙 IT 부서는 영국에 있는데, 욕을 가장 많이 먹는 부서 중 하나다. 세계 130개 국가의 574개 사무실에서 수행하는 항만, 수송, 송유 등 여덟 개 비즈니스 영역을 감시하는 역할을 한다.

열린 구조의 사무실에서 일하는 젠슨은 고개를 들어 다른 사람의 컴퓨터도 재부팅되는지 살펴봤다. 고개를 쭉 빼고 둘러보자, 사무실에 있는 모든 컴퓨터가 깜박거리며 재부팅되는 것을 볼 수 있었다.

"수많은 스크린이 검정색으로 바뀌는 걸 봤어요. 여기도 검정, 저기도 검정, 검정, 검정." 젠슨이 말했다. 젠슨과 동료들은 컴퓨터가 완전히 먹통이 되는 걸 목격했다. 재부팅을 해봐도 비트코인을 송금하라는 메시지만 나왔다.

머스크 본사 전체에서 문제가 발생했다. 사건 발생 후 30분 이내에 머스크 직원들은 복도로 달려 나와 동료들에게 악성코드에 감염되기

---

* 헨릭 젠슨은 실명이 아니다. 내가 인터뷰했던 다른 머스크 직원, 고객, 파트너들과 마찬가지로 젠슨은 이 이야기의 공개로 인한 후폭풍을 두려워했다.

전에 컴퓨터를 끄고 네트워크에서 분리하라고 소리쳤다. 1분마다 수십 대, 수백 대의 컴퓨터가 감염되고 있었다. 기술 지원 팀은 회의장으로 뛰어들어가 회의 중인 컴퓨터를 껐다. 직원들은 카드로 동작하는 문이 열리지 않아 빌딩 다른 쪽에 있는 동료들에게 메시지를 전달하지 못했다. 어떤 악성코드가 카드키 문을 망가뜨렸는지는 아직도 밝혀지지 않았다.

IT 직원들이 머스크의 글로벌 네트워크를 분리하는 데는 두 시간이 넘게 걸렸다. 결국 전 직원에게 컴퓨터를 전부 *끄고* 책상 위에 올려놓으라는 명령이 떨어졌다. 디지털 전화기도 네트워크의 긴급 폐쇄로 인해 쓸모없게 됐다.

오후 3시쯤, 젠슨과 10여 명의 동료들이 다른 소식을 기다리고 있던 사무실 안으로 머스크 이사진이 들어와서 모두 집으로 돌아갈 것을 지시했다. 머스크 네트워크는 완전히 감염돼서 IT 직원들도 할 수 있는 일이 없었다. 고루한 사고방식을 가진 매니저 몇몇은 오피스에 남아있을 것을 요구했지만, 대부분의 직원들은 컴퓨터, 서버, 라우터, 전화기 없이는 할 수 있는 일이 전혀 없었으므로 회사를 나섰다.

젠슨 역시 빌딩을 나와 6월 말 오후의 따뜻한 공기 속으로 들어왔다. 대부분의 머스크 직원들과 마찬가지로, 그는 언제쯤 다시 일터로 돌아갈 수 있을지 알 수 없었다. 젠슨을 고용한 해상 운송 대기업은 전 세계의 76개 항구를 책임지고 있다. 수천만 톤의 화물을 운반할 수 있는 컨테이너선을 포함해 약 800대의 선박도 소유하고 있다. 전 세계 운송의 5분의 1을 담당하고 있는 이 회사가 한순간 물속으로 가라앉았다.

21
은밀한 중개인

역사상 최악의 사이버 전쟁은 머피의 법칙처럼 다른 나쁜 일과 겹쳐서 왔다. 강력하고 변화무쌍한 공격들 중 하나는 다름 아닌 미국 정부가 했다.

2016년 8월 아침 제이크 윌리엄스에게 큰 재앙이 시작됐다. 머스크의 컴퓨터들이 검정색으로 변하기 10개월 전에 오하이오 어딘가의 회의실에서 일어난 일이다. 렌디션 인포섹Rendition Infosec이라는 보안업체의 창업자인 39살 윌리엄스는 다른 동료들과 함께 한 회사를 돕고 있었다. 사이버 범죄 집단이 이 회사의 네트워크를 매섭게 공격해왔다. 윌리엄스가 늘 하던 일이다. 윌리엄스와 그의 팀은 노트북과 모니터를 펼쳐놓고 고객사의 한 회의실을 상황실로 만들었다. 네트워크 로그를 분석하고 회사 변호사와 계속 이야기를 주고받느라 어젯밤 늦게까지 일했다. 그러고도 몇 시간밖에 자지 못하고 아침 7시가 되기 전에 현장으로 다시 돌아왔다.

제이크 윌리엄스는 화면 하나에 트위터를 열었다. 고객사를 언급하는 모든 트윗을 이곳에 실시간으로 디스플레이했다. 고객사나 미디어가 아직 발표하지 않은 관련 뉴스가 퍼지고 있는지 감시할 목적이었다. 그 순간 다른 공격을 언급하는 트윗들이 눈에 들어왔다. 고객사에 대한 내용이 아니었다. 전 세계에서 가장 보안이 철저하다고 알려진 곳, 바로 NSA에 대한 이야기다.

트윗은 @shadowbrokerss(이 계정명의 의미를 살려 이 해커들을 '은밀한 중개인Shadow Brokers'이라 부른다.) 계정이 올렸다. 이 계정은 해커들이 글을 올리는 데 자주 사용하는 페이스트빈Pastebin 사이트에 올라온 글을 링크했다. 윌리엄스는 서툰 영어로 적힌 문제의 글을 발견했다.

"!!! 사이버 전쟁의 배후에 있는 정부들과 이로 인해 이익을 얻는 자들에게 고하노라 !!!"라는 메시지로 시작했다. "사이버 전쟁에 돈을 얼마나 쓰고 있는가?"

이 글은 말도 안 되는 제안을 한다. 해커들은 자신들이 지금껏 아무도 접근하지 못한 곳에서 정보를 훔쳐왔다고 주장했다. 적어도 지금껏 밝혀진 바로는 말이다. NSA를 해킹해 매우 민감한 파일을 훔쳤다고 밝히면서, 특히 '이퀘이션 그룹Equation Group'도 해킹했다고 강조했다. 이퀘이션 그룹은 스턱스넷을 만든 해커 그룹에 러시아 보안업체 카스퍼스키가 붙인 이름이다. 은밀한 중개인의 정체는 알 수 없지만, 그들은 NSA를 해킹한 데 그치지 않고 NSA 내 최고의 해킹 그룹까지 해킹했다고 말하고 있다. 특수접근작전실(TAO)로 알려진 미국 정부 최정예 엘리트 팀을 해킹했다는 것이다. 그리고 가장 높은 금액을 제시하는 사람에게 훔친 정보를 팔겠다고 말했다.

이퀘이션 그룹을 추적했다. 이퀘이션 그룹이 어디 있는지 알아냈고 이들을 해킹했다. 이퀘이션 그룹이 제작한 사이버 공격 무기를 다수 찾아냈다. 사진을 참고하길 바란다. 이퀘이션 그룹의 파일을 공짜로 조금 배포하겠다. 이 정도면 충분한 증거 아닌가? 마음껏 즐겨라!!! 해킹을 많이 해봤을 것이다. 침입도 많이 봤을 것이고 글도 많이 썼을 것이다. 우리는 지상 최고의 파일들을 경매에 부친다.

이와 같은 메시지 밑에 공짜 '증거' 파일들을 다운로드할 수 있는 링크를 걸어 놨다. 이 링크에서 다른 암호화된 파일들도 다운로드할 수 있었는데, '스틱스넷보다 뛰어남'이라고 자랑까지 곁들여 놨다. 은밀한 중개인은 파일 내용을 보고 싶은 사람은 정해진 주소에서 비트코인 경매에 입찰하라고 했다. 입찰에 사용한 비트코인은 환불되지 않고, 최고 입찰자만 파일을 열 수 있는 암호를 가질 수 있다. 이상한 조건은 여기서 끝나지 않았다. 입찰가가 100만 비트코인(당시 가격으로 5억 달러 이상의 가치)에 이르면 파일을 공개할 것이라는 조건도 붙였다.

마지막에는 '부유한 엘리트'에 대해 해석하기 힘든 메시지를 남기며 글을 맺었다. "엘리트들에게 분명히 전한다. 너희들의 부와 파워는 디지털 데이터 때문이다. 만약 디지털 데이터가 부유한 엘리트를 떠난다면? 바보가 되겠지? '너희들에게 책임이 있다고 생각하지는 않니?' 부유한 엘리트들아, 너네도 비트코인을 보내 경매에 참여해봐. 네가 경매에서 이기면 너네도 좋겠지?"

겉으로 보기에는 NSA를 해킹할 능력이 있는 집단이 남긴 글로 보이지 않는다. 의도적인 냄새가 풍기는 서툰 영어, 엉터리 경매 시스템, 〈매스 이펙트〉라는 비디오 게임에 등장하는 캐릭터 이름인 '은밀한 중개인' 등, 이 전부가 마치 심심한 청소년들이 올린 글처럼 느껴지게 했다. 샌드웜처럼 정부 지원을 받는 해커 그룹일 리가 없었다. 팬시 베어에도 미치지 못한다.

제이크 윌리엄스는 어쨌든 파일을 다운로드했다. PC에서 파일 내용을 살핀 순간 깜짝 놀랐다. 여기에는 시스코와 포티넷이 판매하는 방화벽을 포함해 많이 사용되는 방화벽들을 몰래 침투할 수 있는 해킹 도구가 들어있었다.

보통의 방화벽 해킹 프로그램이 아니다. 윌리엄스에게는 특히나 큰 의미가 있었다. 4년 전 윌리엄스는 NSA를 그만뒀다. NSA에서 윌리엄스는 TAO 팀의 해커였다. 직업의 특수성 때문에 지금까지도 윌리엄스는 NSA에서 일했을 때 은밀한 중개인이 공개한 도구를 본 적이 있었는지 분명히 말하지 않는다. 하지만 은밀한 중개인이 한 말이 거짓이 아님을 에둘러 이야기했다. "그 도구들을 누가 만들었는지 분명히 알고 있었어요." 그가 한 말이다.

은밀한 중개인이 공짜 샘플로 공개한 도구들은 단순히 성능 좋은 해킹 프로그램이 아니라 사이버 보안 분야에서 찾아보기 힘든 흔치 않은 도구다. 제로데이 취약점을 공격하는 해킹 프로그램이었다. 파일이 2013년에 만들어진 것으로 보이지만, 이들이 공격한 소프트웨어 취약점은 공개될 당시까지 아무도 모르고 있었다. 예를 들어, 시스코도 그때서야 이 해킹 도구에 포함된 취약점을 보완하기 위해 11개 시스코 제품의 설정을 바꿔야 한다고 고객들에게 이야기했다. 이 취약점은 침입자가 해당 제품의 모든 권한을 가질 수 있을 정도로 심각했다. 다르게 해석하면, 전 세계 수백만 명이 사용하는 네트워크의 트래픽을 모두 감시하고 공격할 수 있다는 뜻이기도 했다.

이들이 공개한 샘플들 하나하나가 소름 끼치도록 위험하다는 것을 보는 즉시 알 수 있었다. 그런데 이것들이 한 번에 인터넷에 공개됐다. 범죄자들이 쉽게 사용할 수 있도록 말이다. 은밀한 중개인이 진짜라면, 훨씬 더 많은 도구가 감춰져 있을 것이다.

고객사의 문제를 해결하는 일에서 잠시 벗어나 렌디션 팀이 간이 상황실에서 파일들을 분석하고 있을 때, 윌리엄스는 다른 직원과 눈짓을 주고받았다. NSA에서 윌리엄스와 함께 일했던 이 직원도 현 상황에 적지 않은 충격을 받은 눈치였다.

지난 5년 동안 정부의 지원을 받는 해커들이 사이버 전쟁으로 서서히 다가가고 있을 때, 그 정점은 바로 스턱스넷이었다. 그런데 은밀한 중개인이 공개한 파일이 중요한 사실을 증명했다. 미 정보국과 군대가 샌드웜과 같은 적에 대응하기 위해 스턱스넷을 발전시킨 사이버 무기를 가질 것이라던 예언이 적중했던 것이다.

NSA의 샘플이 공개된 그날 아침, 우려하던 현실은 더 극적으로 다가왔다. 적대국이 그들만의 해킹 도구를 만들도록 자극한 것이 아니라, 순식간에 미국의 해킹 도구가 적의 손에 들어가버린 것이다.

■

은밀한 중개자의 계획은 실패로 돌아간 듯 보였다. 자신들이 원했던 100만 비트코인을 받지 못했다. 비트코인 거래 내역에 따르면, 경매 개시 첫 24시간 동안 고작 937달러가 모였다.

하지만 경매의 금액보다는 NSA 보안에 허점이 있다는 사실이 더 충격적이었다. 전문가들은 경매는 금전적 이득을 취하려는 목적이 아니라 위장 전술일 것이라는 데 의견을 모았다. 은밀한 중개인은 사이버 범죄 집단이 아니라 사실 정부의 지원을 받는 해커 그룹이고, NSA를 곤란하게 만들기 위해 가능한 모든 방법을 모색했을 것이라는 생각이다. 제이크 윌리엄스는 경험에 비춰 러시아를 그 배후로 즉시 지목했다. "지구상에서 이런 일을 할 수 있는 정부는 하나밖에 없죠." 그가 단호하게 말했다.

예상치 못한 다른 전직 NSA 관계자도 이와 비슷한 말을 했다. NSA 내부 고발자 에드워드 스노든이다. 3년 전 NSA의 최고 기밀문서를 유출했던 인물이다. 그는 트위터에 메시지를 올리면서 더 큰 그림을 그렸다. 은밀한 중개인이 러시아와 관련 있을 것이며 NSA의 해킹 도구를 '스테이징 서버'에서 훔쳤을 것이라 예상했다. 스테이징 서버는 NSA가 해킹 작전을 펼칠 때 전진 기지로 사용하는 서버다. 은밀한 중개인의 주목적은 아마 NSA를 창피하게 만들고 다음과 같은 메시지를 전달하려는 데 있을 것이라 예상했다. '우리는 네가 무슨 일을 하는지 잘 알고 있다.'는 식의 경고였던 셈이다. "정황 증거와 일반적인 통념을 고려할 때 러시아가 맞을 것이다." 스노든이 쓴 내용이다. "이 사건으로 정치인들이 DNC 해킹에 얼마나 적극적으로 대응할지가 관건이다."

러시아가 민주당 전국위원회를 해킹했다는 뉴스가 나온 지 두 달 만에 은밀한 중개인 사건이 보도됐다. 스노든은 러시아가 NSA의 약점을 이용해 러시아도 적국의 침입 작전을 언제든 공개할 수 있다는 모습을 보여준 것이라 생각했다. 미국이 러시아의 해킹을 비난하듯 러시아도 미국을 같은 이유로 비난할 수 있다는 경고의 메시지다.

아이러니하게도 NSA의 다른 불법 행위를 고발한 자가 처음으로 이런 논리를 펼쳤다. 더욱이 그는 미국 사법 당국을 피해 모스크바로 망명한 상태다. 스노든이 NSA 자료를 많이 공개했지만, 실제 제로데이 취약점이나 해킹 도구를 공개한 적은 없다. 하지만 스노든이 공개한 어떤 자료보다도 은밀한 중개인이 공개한 데이터가 NSA에 더 큰 치명타를 입혔다. 사실 NSA뿐만 아니라 전 세계가 피해를 입었다.

■

이들은 NSA를 괴롭히는 것을 즐겼던 모양이다. 그 후로 몇 개월 동안 은밀한 중개인은 보이지 않았다. 그리고 갑자기 다시 나타나 새로운 정보를 유출한다. 마치 국가안보국의 내장을 꺼내 인터넷에 집어 던지는 것 같았으며, NSA를 둘러싼 음모와 의심이 가라앉는 걸 견딜 수 없는 듯 보였다.

두 번째 유출은 어떤 면에서 그리 큰 건은 아니었다. NSA에서 발생한 문제가 아직 끝나지 않았다는 걸 상기시켜주는 정도로 생각할 수도 있다. 세상에 갑자기 등장한 지 두 달이 지나서 은밀한 중개인은 할로윈 전날에 이들이 훔친 다른 데이터를 공개했다. 블로그 글의 제목은 할로윈 때 사탕을 얻으러 다니면서 하는 말인 '트릭 오어 트릿?Trick or Treat?'이다. 이번에는 NSA가 스테이징 서버로 사용한 IP 주소다. 국가안보국이 전 세계를 어떻게 해킹했는지 알 수 있는 광범위한 지도를 완성할 수 있는 주소였다.

민주당 전국위원회를 해킹한 배후가 러시아이며 CIA를 통해 일종의 보복을 하겠다는 조 바이든 부통령의 며칠 전 연설에 대한 대답도 함께 있었다. 바이든은 NBC의 한 인터뷰 프로그램에 출연해 이렇게 말했다. "미국은 다음과 같은 메시지를 전달합니다. 공격은 우리가 정한 시각에 가장 큰 효과를 낼 수 있는 상황에서 이뤄질 겁니다."

"왜 늙다리 할아버지가 CIA에게 러시아와 사이버 전쟁을 하라는 거지?" 은밀한 중개인이 한 말이다. "교과서에 나오는 재래식 방법 맞지? 깃발을 흔들고, 외부로 문제를 돌리고, 자신들이 한 잘못은 나 몰라라 하고. 다 됐고, 이퀘이션 그룹이 해체되는 것보다 DNC 해킹이 훨씬 더 중요한 문제일 거야." 가시 돋친 빈정거림 사이로 은밀한 중개인이 미국 대선 개입에 대해 러시아를 옹호하려는 듯한 속내가 보였다.

또다시 6주가 흘렀다. 은밀한 중개인은 인내심을 잃은 듯 보였다.

"은밀한 중개인이 경매를 해봤는데 아무도 좋아하지 않아." 그들이 쓴 말이다. "이제 직접 판매에 나서겠다." 훔친 제로데이 해킹 기술을 하나씩 팔기로 결정했다. 이번에는 파일의 목록을 블로그에 올렸다. 자신들이 소유한 비밀 해킹 프로그램의 카탈로그를 올렸다.

아마 은밀한 중개인의 경매 방식이 구매자들을 질리게 했던 모양이다. 아니면, 돈벌이가 잘 안됐을 수도 있다. 어찌 됐든 해커들은 1월쯤 갑자기 판매가 실패했으며 판매는 끝났다고 선언한다. "오랫동안 즐거웠어. 안녕 친구들. 은밀한 중개인은 어둠 속으로 사라진다. 끝이야. 이 일을 계속 하는 건 너무 위험하고 무모해. 비트코인도 잘 모이지 않아. 여러 음모론이 있었지만, 우리는 비트코인만 원했어. 공짜로 파일을 공개하고 말도 안 되는 정치적 발언을 한 건 마케팅 전략이었어." 그들이 쓴 글이다.

그 후로 3개월 동안 정말로 이들이 사라진 것 같았다. 몇몇 보안 전문가는 도널드 트럼프의 대선 승리와 관련된 러시아의 해킹 활동에서 시선을 돌리는 작업을 한 것 같다고 이야기했다. 그리고 그 작업이 끝난 것이라 판단했다. "구경거리는 끝났습니다." 테크 뉴스 사이트 마더보드가 쓴 글이다.

하지만 NSA가 한숨 돌렸다고 생각하기에는 아직 일렀다. 3개월이 지난 2017년 4월, 은밀한 중개인이 다시 나타났다. 그리고 이들이 처음 공개했던 암호화된 파일, '스턱스넷보다 뛰어남'이라고 자랑했던 파일의 암호를 풀 수 있는 32자 암호문을 공개했다.

전 세계 해커들은 파일을 열어봤다. 그리고 엄청난 해킹 도구를 발견한다. 윈도우뿐만 아니라 리눅스, 유닉스, 솔라리스와 같은 다양한 운영체제를 공격하는 도구들이다. 10년이 넘은 도구들도 다수 있었다. 스턱스넷보다 더 나아 보이지는 않았지만, NSA는 다시 한 번 곤경에 처했다. 언제 끝날지 알 수 없었다.

은밀한 중개인은 이와 함께 1,400자로 이뤄진 횡설수설하는 글도 블로그에 올렸다. 트럼프에게 우파로 계속 남아달라는 애원, '딥 스테이트'와 '글로벌주의자'에게 나라를 넘기지 말라는 애원 등을 담은 공개서한이었다. 또한 러시아의 지원을 받는 독재자 바샤르 알아사드가 화학 무기를 사용한 것에 대한 보복으로 시리아를 공중 공격한 트럼프의 결정을 비판했다. 러시아와 관련이 있을 거란 근거 있는 추측에도 불구하고, 해커들은 자신들이 양심에 따라 행동하는 미국의 전직 정보 장교라 주장했다. 그들은 골드만 삭스, 시온주의자, 사회주의자, 러시아 반대주의자를 혐오했다.

> 미국이 중국, 글로벌리스트, 사회주의자들보다는 러시아와 더 많은 공통점이 있다는 사실을 깨달았다. 러시아와 푸틴은 애국주의자이자 글로벌리스트의 적이다. 나토의 침범이나 우크라이나 사태를 보라. 따라서 공공의 적을 무찌르고 미국이 다시 위대해지기 전까지는 러시아와 푸틴이 미국에게 최고의 동맹이다.

NSA와 관련이 있는 모든 사람이 그럴 것처럼, 제이크 윌리엄스도 은밀한 중개인의 행동에 호기심 반 두려움 반으로 주목했다. 이들이 다시 등장했을 때, 윌리엄스는 보안업체들이 사용하는 소셜미디어인 피어리스트^Peerlyst에 재빨리 보고서를 올렸다. 지금까지 이들을 지켜본 윌리엄스의 결론, 즉 은밀한 중개인은 러시아 정부가 꾸민 영향 공작의 일부라는 글을 올렸다. "최근 은밀한 중개인이 공개한 내용을 이용해 러시아 정부는 미디어의 관심을 움직이려고 했다. 시리아 분쟁에서 시선을 돌리려 한 것이다." 윌리엄스가 쓴 글이다.

다음 날 아침 윌리엄스는 올랜도의 호텔에서 눈을 떴다. 그는 이곳에서 수업을 하기로 돼 있었다. 자리에서 일어나 트위터를 확인했다. 그때 은밀한 중개인이 자신의 블로그에 직접 대답한 것을 보게 된다. 이들이 제이크 윌리엄스에게 직접 트윗을 날린 것이었다. "@malwarejake 전직 #이쿼에이션그룹 일원으로 할 말이 많은 것 같군." 이들이 트위터에 쓴 글이다. "은밀한 중개인은 절대로 #이쿼에이션그룹 멤버와 교류하지 않지만, 할 말이 많은 것 같으니 이번만은 예외로 한다."

윌리엄스는 단 한 번도 자신을 전직 NSA 직원이라 밝힌 적이 없다. 은밀한 중개인이 이쿼에이션 그룹이라고 말한 TAO 팀 멤버였다고 말한 적은 더더욱 없다. 자신의 경력을 아주 조심스레 숨겨왔으며, 동료와 고객들에게는 국방부를 위해 일했다고만 자신을 소개했다.

숨이 멎는 듯했다. "복부에 펀치를 맞은 느낌이었어요." 그가 말했다.

이들이 남긴 메시지에는 OddJob, CCI, 윈도우 BITS와 같은 코드 네임과 NSA의 방첩 부대 'Q 그룹'에 대한 조사 내용도 포함돼 있었다. 윌리엄스는 이 코드 네임의 의미를 알려주지 않았다. 하지만 이 코드 네임과 관련해 다음과 같이 말했다. 자신이 NSA와 관련이 있다는 것뿐만 아니라 자신이 했던 일까지 은밀한 중개인이 구체적으로 알고 있다는 이야기였다. "이들이 '이건 추측이 아니야. 우리는 다 알고 있어.'라는 메시지를 나에게 전달한 거예요." 윌리엄스가 말했다.

윌리엄스의 숨은 과거가 드러나자 그의 삶도 바뀌었다. 이제 전직 TAO 해커라는 타이틀이 생겼다. 따라서 러시아나 중국처럼 윌리엄스를 법적으로 공격할 수 있는 국가로는 더 이상 여행을 가지 않는다. 은밀한 중개인이 윌리엄스의 과거를 밝힌 후, 윌리엄스는 체코 공화국, 싱가폴, 홍콩으로 가는 여정을 모두 취소했다. 그리고 지금까지도 자신이 했던 해킹 때문에 외국 정부가 그를 기소하진 않을까 걱정하며 살고 있다. 미국 정부가 이란, 북한과 같은 외국의 해커를 기소한 것처럼, 외국 정부도 자신을 기소할 수 있다는 두려움에 떨고 있는 것이다.

처음 윌리엄스의 과거가 밝혀졌을 때, 그는 당황해 어쩔 줄 몰랐다. 은밀한 중개인은 지난 8개월 동안 NSA를 괴롭혔다. 그런데 지금은 이들이 윌리엄스 개인을 괴롭힌다는 생각이 들었다. 윌리엄스가 은밀한 중개인에 대해 알고 있는 것보다, 그들이 윌리엄스에 대해 더 많이 알고 있다는 것을 직감할 수 있었다. 이들의 손바닥 위에 내던져진 느낌이었다. 언제든 윌리엄스의 과거에 대해 더 폭로할 수 있다는 두려움이 들었다.

물론 NSA도 예외는 아니며, 더 많은 비밀이 폭로될 수 있었다. 최악의 상태까지 가려면 아직 많이 남은 것 같았다.

22
이터널블루

은밀한 중개인이 갑자기 나타나 많은 것을 공개했을 때, 그들은 정치에는 관심이 없고 오직 비트코인 때문에 일을 벌였다고 설명했다.

"지난주에는 은밀한 중개인이 사람들을 도우려 했어." 2017년 4월 14일에 그들이 그 전주에 남긴 정치적 메시지를 두고 한 말이다. "이번 주에는 좀 괴롭혀줘야겠어."

지난 번과 같은 방식으로 다운로드 링크를 올렸다. "은밀한 중개인은 너희들에게 실망했어. 우리에게 돈을 준 사람이 아무도 없더라고. 닥치고 꺼지라니. 너무 하잖아." 글의 결론은 이러했다. "만약 제3차 세계 대전에서 살아남는다면, 다음 주에 또 볼 수 있겠지."

당시 미국과 북한 사이에서 긴장이 고조되는 분위기를 두고 '제3차 세계 대전'이라 말한 것일 수도 있다. 당시 북한은 미국 전역을 타격할 수 있는 핵 미사일을 발사할 능력을 곧 가질 수 있을 것이라 발표했다. 혹은 파일 내용을 두고 한 말일 수도 있다. 디지털 세계 대전을 일으킬 수 있을 만한 것들이 들어있었기 때문이다.

은밀한 중개인이 공개한 파일은 이들이 처음부터 약속한 것처럼 강력한 해킹 도구가 숨어있는 '금광'이었다. 8개월 동안 이들은 전 세계를 상대로 조롱과 함께 눈치작전을 벌인 후, NSA가 개발한 해킹 도구를 공개했다. 이 파일을 다운로드한 사이버 보안 전문가들은 20개가 넘는 획기적이고도 전문적인 고성능 해킹 도구를 찾았다고 밝혔다. 초보 해커도 사용할 수 있을 정도로 완성도가 높은 도구들이다.

하지만 사이버 보안 커뮤니티를 즉시 달아오르게 한 프로그램은 따로 있었다. 그것은 바로 NSA가 '이터널블루EternalBlue'라 이름 지은 프로그램이다. 이터널블루는 윈도우 8 이전의 모든 버전에 존재하는 제로데이 취약점을 공격하는 해킹 도구이며, 서버 메시지 블록(SMB)이라 불리는 오래된 윈도우 프로토콜의 취약점을 공격한다. SMB는 한 컴퓨터가 다른 컴퓨터에게 자신이 가진 파일과 프린터 등을 공유할 수 있게 해주는 기술이다. 그런데 이 기술은 여러 치명적인 버그가 있으므로, 이를 악용하면 아무나 SMB 메시지를 보내 타깃 머신에서 원격으로 코드를 실행할 수 있었다.

NSA 해커들은 전 세계의 수많은 컴퓨터에 침투할 수 있는 프로그램을 만들었다. 그리고 이를 도둑맞았다.

"상상하는 그대로 큰 사건이에요." 은밀한 중개인 사건을 수개월 동안 분석한 영국의 보안 전문가 매튜 히키가 한 말이다. "한마디로 인터넷 치트키예요." 나와 함께 와이어드에서 일하는 동료인 릴리 헤이 뉴먼이 이야기하는 것처럼 미국의 고성능 비밀 사이버 무기가 다른 누군가의 손에 들어갔다.

하지만 은밀한 중개인이 공개하고 나서 몇 시간이 채 지나지 않았을 때, 마이크로소프트가 뜻밖의 공지를 한다. 이터널블루가 공격한 제로데이 취약점은 엄밀히 따지면 제로데이는 아니라는 이야기였다. 지난

3월 마이크로소프트는 아무런 설명도 없이 SMB 취약점에 대한 패치를 내놨다. NSA의 공격을 막을 수 있는 패치였다. 그리고 한 달이 지난 시점에 은밀한 중개인이 이를 공개했다. 워싱턴 포스트에 따르면, 은밀한 중개인이 훔친 해킹 도구에 이터널블루가 포함된 것을 확인한 NSA가 마이크로소프트에게 이 사실을 은밀히 알려줬다고 한다.

보안 패치가 이미 있다는 소식이 들려오자 자연스럽게 다음 질문으로 이어졌다. 얼마나 많은 사람이 패치를 적용했을까? 전 세계에 소프트웨어 패치를 적용하는 일은 복잡한 전염병을 치료하는 것만큼이나 복잡한 이야기다. 시스템 관리자들이 패치를 무시할 수도 있다. 컴퓨터 일부에만 적용할 수도 있고, 패치에 버그가 있어 잘 동작하는 소프트웨어를 망가뜨릴까봐 패치를 고의로 설치하지 않을 수도 있다. 패치를 설치할 수 없는 불법복제 소프트웨어도 있다. 백신 개발이 완료된 전염병을 아직도 통제하기 힘든 이유와 보안 업데이트를 모든 컴퓨터에 적용하기 힘든 이유가 어떤 면에서는 비슷한 셈이다.

얼마나 많은 컴퓨터가 이터널블루의 공격에 취약한지가 그 후 며칠 동안 중요한 이슈로 떠올랐다. 보안 연구원들도 이터널블루에 공격당한 컴퓨터가 몇 대인지 직접적으로 알 수 있는 방법은 없었다. 다만, NSA가 만든 또 다른 악성코드인 더블펄서^{DoublePulsar}를 인터넷상에서 스캔할 수는 있었다. 더블펄서 역시 은밀한 중개인이 공개한 백도어 프로그램이며, 이터널블루가 타깃 머신에 설치하는 것으로 알려져 있다. 더블펄서에 감염된 컴퓨터에 특정 네트워크 트래픽을 전송하면, 더블펄서에 감염된 컴퓨터가 이에 응답한다.

호기심에 찬 연구원들은 인터넷 곳곳에 방대한 트래픽을 전송했다. 여기에 수만 대의 컴퓨터가 응답했다. NSA가 만든 '만능 열쇠'에 빗장이 풀린 컴퓨터들이 응답한 것이다. 은밀한 중개인이 이를 공개한 지

더블펄서DoublePulsar

일주일 만에 그 수는 10만 대가 넘어갔다. 2주가 지나자 40만 대로 늘어났다. 이터널블루 사태는 좀처럼 잦아들 기미가 보이지 않았다. 그리고 최악의 사태가 곧 닥쳐왔다.

■

어느 금요일 오후 2시 30분쯤, 영국의 작은 바닷가 마을인 일프라콤에 사는 마커스 허친스는 동네 피쉬앤칩스 매장에서 점심을 먹고 집으로 돌아왔다. 그리고 자기 방 컴퓨터 앞에 앉아 인터넷에서 큰일이 벌어지고 있음을 감지한다.

허친스는 상냥한 22살 청년으로, 폭탄에 맞은 듯한 갈색 곱슬머리를 가졌다. 보안업체 크립토스로직Kryptos Logic에서 악성코드 분석을 하는 허친스는 이날 휴가였다. 평소 그는 집에서 일했고, 자신의 부모와 함께 살며 1층 침실을 사무실로 썼다. 보통의 침실은 아니었다. 여러 대의 모니터가 물려 있는 세 대의 강력한 데스크톱 컴퓨터가 수냉식 쿨러로 열을 식히며 빠르게 돌아가고 있었다. 두 대의 노트북도 있고, 서버랙도 가득 차 있었다.

첨단의 침실에 자신만의 악성코드 연구소를 만들었던 것이다. 서버에서는 가상 머신을 돌렸다. 새로운 악성코드가 발견되면 가상 머신에 올려 어떻게 동작하는지 관찰했다. 화면 하나에는 그가 수집하는 스팸 메일과 피싱 메일이 끊임없이 표시됐는데, 이메일에 첨부된 프로그램을 분석하는 작업이었다.

스크린에 영국 사이버 보안 연구U.K. cybersecurity research forum 사이트를 띄워놓고, 여기서 은행 사기 관련 악성코드를 연구해왔다. 그는 곧 위기를 감지했다. 영국 국민 건강 서비스British National Health Service가 랜섬웨어에 감염된 것을 알 수 있었다. 병원이나 경찰서와 같은 주요 시설을 공격하는 일반적인 악성 랜섬웨어가 아니었다. 뭔가 달랐다. 수천 대의 컴퓨터가 이미 감염됐고, 그 수는 인간 해커가 직접 해낼 수 없는 수준의 속도로 빠르게 늘어났다.

공격을 당한 컴퓨터는 무용지물이 됐다. 빨간색 스크린에 300달러 상당의 비트코인을 송금하라는 메시지만 보였다. '중요한 파일이 암호화됐습니다.' 화면에 나온 메시지다. '파일을 복구하려고 여기저기 바쁘게 들쑤시고 다닐 필요가 없습니다. 우리가 복구해주지 않으면 아무도 파일을 복구할 수 없어요.' 화면 왼쪽에는 카운트다운 타이머가 번쩍이며 해커가 약속한 7일의 시간을 카운트다운하고 있었다. 이 시간이 지나면, 해커가 파일의 열쇠를 지우고 컴퓨터의 데이터는 영원히 복구할 수 없는 상태가 된다.

보안 연구원들은 이 랜섬웨어를 '워너크라이WannaCry'라고 불렀다. 랜섬웨어가 파일을 암호화한 뒤 확장자를 .wncry로 바꾼다는 점에 착안한 작명이다. 그리고 이내 이 랜섬웨어가 왜 이렇게 악종인지 그 이유가 알려졌다. 타깃 머신에 침투하기 위해 이터널블루를 사용했던 것이다. 감염된 컴퓨터는 먼저 부근의 컴퓨터 중에서 패치가 적용되지 않은 컴퓨터가 있는지 확인하고, 그다음에는 인터넷에서 패치를 설치하지 않은 컴퓨터를 찾아 최대한 많은 컴퓨터를 감염시킨다. 이렇게 감염된 컴퓨터는 다시 같은 방법으로 다음 컴퓨터를 감염시킨다.

워너크라이가 빠르게 확산되면서 영국은 혼란에 휩싸였다. 영국 전역에 걸쳐 수천 명의 병원 예약이 취소됐다. 심지어 문을 닫은 응급실도 있다. 다행히 이번 공격에 피해를 입지 않은 멀리 떨어진 병원으로 환자들은 강제 이송됐다. 허친스는 영국의 상황이 전 세계에 불어닥친 재앙의 극히 일부분이라는 사실을 알아냈다. 스페인 통신사업자 텔레

포니카 역시 공격에 당했다. 러시아의 국영은행 스베르방크, 독일 철도청 도이치반, 프랑스 자동차 회사 르노를 비롯해 중국의 대학과 인도의 경찰청도 워너크라이로부터 피해를 입었다.

정말 운이 좋게도 미국은 그때까지 그리 큰 피해를 입지 않았다. 하지만 랜섬웨어가 점점 번지는 상황에서 미국이 공격받는 것은 시간문제였다. 몇 시간, 아니 몇 분이면 미국에서도 피해가 보고될 것 같았다.

NSA가 개발한 제로데이 공격 악성코드가 전 세계로 퍼져 나갔다. 최악의 랜섬웨어 사태가 발생했다. "휴가를 잘못 잡았어." 허친스가 트위터에 글을 남겼다.

■

'카페인Kafeine'이라는 이름으로 활동하는 해커 친구가 허친스에게 워너크라이 코드 샘플을 보내왔다. 허친스는 서둘러 코드를 분석하기 시작했다. 먼저 집에 마련된 서버에서 가상 머신을 작동시켰다. 랜섬웨어가 암호화할 파일들도 마련하고, 랜섬웨어를 격리된 테스트 환경에 풀어놨다. 그리고 악성코드가 파일을 암호화하기 전에 Iuqerfsodp9ifjaposdfjhgosurijfaewrwergwea.com이라는 이상한 웹 주소에 접근을 시도하는 것을 확인했다. 허친스는 놀랐다. 악성코드가 이런 주소로 접속을 시도한다는 건 이곳에 명령제어 서버 같은 뭔가가 있을 수 있다는 뜻이었기 때문이다.

허친스는 저 긴 웹 사이트 주소를 복사해 웹 브라우저로 옮겼다. 놀랍게도 이런 사이트는 없었다. 직접 도메인 등록업체에 들어가 저 보잘것없는 웹 주소를 10.69달러에 구매했다. 허친스는 워너크라이에 당한 컴퓨터들을 악성코드로부터 조금이나마 멀리 떨어지게 하려는 의도에서 이 주소를 구입했다. 그게 아니더라도, 최소한 어디에서 얼마나 많은 컴퓨터가 감염됐는지 확인할 수 있었다. 악성코드 연구원들이 싱크홀이라고 부르는 방법이다.

예상대로 허친스가 도메인을 크립토스로직 서버에 연결한 즉시, 워너크라이에 새롭게 감염된 컴퓨터들이 전 세계에서 수천 개의 트래픽을 보내왔다. 이로써 허친스가 광범위한 공격의 시작을 목격할 수 있게 됐다. 이 일에 대해 트위터에 글을 올리자마자 보안 연구원, 기자, 시스템 관리자 할 것 없이 수백 통의 메일을 보내왔다. 세계의 네트워크를 잠식한 악성코드에 대해 하나라도 더 파악하기 위해서다. 이 싱크홀 도메인 덕분에 허친스는 지구상에서 그 누구도 알지 못했던 정보를 손에 넣게 됐다.

그 후 네 시간 동안, 허친스는 메일에 답장하며 쉬지 않고 일했다. 세계 어느 곳에서 새로운 감염이 발생하고 있는지를 추적할 수 있는 지도를 만들었다. 도메인을 등록한 지 네 시간이 지난 오후 6시 30분, 또 한 명의 보안 연구원인 대리언 허스가 올린 트윗을 해커 친구 카페인이 전달해줬다. 허친스를 놀라게 만든 간단한 문장이었다. '싱크홀 도메인 덕분에 공격 실패' 즉 워너크라이가 계속 새 컴퓨터를 감염시켰지만, 허친스가 등록한 도메인이 동작하기 시작하면서 실제로 데이터를 파괴하지는 못했다. 악성코드가 무력화된 것이다.

허스가 올린 트윗에는 리버스 엔지니어링된 워너크라이 코드 샘플도 포함돼 있었다. 파일을 암호화하기 전에 악성코드는 먼저 허치슨의 웹 사이트에 접근이 가능한지 체크했다. 접근이 불가능하면 컴퓨터의 파일을 암호화한다. 반대로 접근이 가능하면 공격을 멈춘다.

허친스는 악성코드 명령제어 서버의 주소를 찾지는 못했다. 대신 킬 스위치를 찾았다. 허친스가 등록한 도메인이 간단하면서도 즉각적인 방법으로 전 세계에서 동작하는 워너크라이를 멈출 수 있는 스위치였던 셈이다. 영화 《스타워즈》에 등장하는 제국군 데스스타의 배기 통로에 양자 어뢰를 명중시켜 그 효과로 원자로 코어가 폭발함으로써 결국 은하계 전체를 구한 것과 비슷했다. 다만 허친스는 자신이 한 행동이 무엇을 의미하는지 알지 못했고, 그 결과 어떤 일이 발생했는지 네 시간 동안이나 파악하지 못했다.

허스의 트윗을 봤을 때, 허친스의 심장이 쿵쾅거리며 뛰기 시작했다. 사실인가? 직접 확인해보기로 마음먹었다. 워너크라이에 감염된 서버를 시뮬레이터에 올렸다. 인터넷을 타고 도메인에 접근하도록 문을 열었다. 그 즉시 악성코드가 동작을 멈췄다. 테스트를 반복했다. 이번에는 싱크홀에 접근하지 못하도록 만들었다. 이번에는 파일들이 암호화됐고, 워너크라이의 위협적인 메시지가 화면에 표시됐다. 테스트를 통해 그의 킬스위치가 동작하는 것을 확인했다.

아마도 당시에 자신의 컴퓨터가 랜섬웨어에 당하는 걸 직접 목격하고도 이렇게 기뻐한 사람은 그가 유일했을 것이다. 의자를 박차고 일어나 침실 여기저기를 뛰어다니며 기뻐했다.

█

워너크라이를 만든 해커의 의도는 여전히 알 수 없다. 강력한 랜섬웨어를 이용해 가능한 한 많은 돈을 긁어모으려 한 것인가? 아니면 세계를 극한의 혼란에 빠지게 하려는 목적이었을까? 어떤 이유에서든 악성코드에 킬스위치를 숨겨놓은 것은 미스터리였다.[*]

---

[*] 킬스위치가 존재하는 것 자체가 미스터리다. 이와 관련해 허친스와 다른 악성코드 연구원들은 다양한 가설을 내놨다. 일부에서는 포렌식 분석을 회피하기 위한 일종의 장치였을 것으로 추측한다. 워너크라이의 동작을 분석하는 사람들을 혼란스럽게 만들 목적이라고 생각한 것이다. 이 논리라면, 이상한 도메인에 접근을

워너크라이 프로그래머는 다른 면에서도 부주의했다. 이들이 사용한 지불 방법이 사실상 동작하지 않았다. 다른 랜섬웨어와 달리 워너크라이는 돈을 지불한 사람에게 암호키를 자동으로 배포하는 시스템이 없었다. 심지어 누가 돈을 지불했는지 기록하는 시스템도 없었다. 이 사실이 알려지자, 워너크라이에 감염된 사람들이 더 이상 돈을 지불하지 않았다. 전부 다해서 20만 달러 정도를 모은 것으로 알려졌는데, 이는 한 명의 악성코드 연구원이 받는 연봉보다도 적은 금액이다.

워너크라이가 너무 서둘러 사용됐다고 결론을 내린 보안 연구원들도 있었다. 해커들이 테스트하던 도중에 실수로 인터넷으로 유출시켰을지도 모른다는 주장이었다. 스턱스넷이 7년 전 범했던 실수와 비슷하다.

이들이 한 마지막 실수는 워너크라이에 해커의 정체를 유추할 수 있는 힌트를 남겼다는 점이다. 사건 발생 후 며칠이 지나자 구글의 보안 연구원과 러시아 보안업체 카스퍼스키 연구원들은 워너크라이에 사용된 코드에서 북한의 해킹 그룹 라자루스Lazarus가 자주 사용하는 백도어 프로그램의 흔적을 찾았다. 2017년 12월에는 트럼프가 있는 백악관에서 북한이 배후에 있다는 사실을 확인했다고 발표하기도 한다. 3년 전 소니를 공격했던 해킹 그룹이 전 세계를 공격했고, 우연히 작동된 킬스

시도하는 것이 악성코드가 동작하는 환경이 실제 타깃 머신인지 혹은 보안 연구원의 가상 머신인지 확인하는 작업일 수도 있다.
허친스가 한 것처럼 악성코드의 활동을 관찰하고자 가상 머신을 사용할 때, 악성코드가 가상 머신이 아닌 실제 컴퓨터라고 착각하도록 만들어야 한다. 하지만 실제 인터넷과는 연결되면 안 된다. 연결되는 순간 스팸 메일을 뿌리거나 다른 컴퓨터를 공격할 수도 있기 때문이다. 그러므로 이런 가상 환경에서는 웹 서버에 접속을 시도하면 임의의 응답을 하도록 설정하는 것이 일반적이다. 웹 사이트가 실제 존재하지 않아도 응답을 한다. 만약 악성코드가 존재하지 않는 주소에 접근했는데 계속해서 응답을 받는다면, 가상 환경임이 분명하다. 영화 《매트릭스》에서 주인공 네오가 빨간 약을 먹은 것과 마찬가지다. 이처럼 악성코드는 자신이 보안 연구원이 설치해둔 덫에서 동작하고 있다는 걸 파악하면 나쁜 행동을 멈춘다.
물론 이것이 랜섬웨어 프로그래머가 의도했던 바라면, 너무 앞서갔다. 위장하기 위해 만든 기능이 킬스위치로 작동해버렸으니 말이다.

위치로 공격이 끝난 상황이었다.*

■

2017년 말에는 은밀한 중개인이 어떻게 NSA를 해킹해 비밀 자료를 꺼내왔는지 밝혀지기 시작한다. 그해 12월 67세의 전직 NSA 직원이자 TAO 해킹 팀에서 개발자로 일했던 응히아 호앙 포가 보안 규칙을 어겼다고 시인했다. 집으로 수많은 비밀 자료를 가져간 것이다. 메릴랜드 법정에서 포는 업무상 필요해 연구하려고 가져간 것이라고 항변했지만, 66개월의 실형을 선고받았다.

수개월 전 월스트리트 저널에 실린 기사에도 연결된다. 러시아 정부에서 일하는 해커들이 모스크바에 본사를 둔 카스퍼스키 연구소의 안티바이러스 소프트웨어를 이용해 NSA 계약직 직원의 집에 있는 컴퓨터에서 방대한 NSA 파일을 훔쳤다는 내용의 기사다. 기사에 따르면, 계약직 직원은 보안 규칙을 어기고 비밀 자료를 집으로 가져온 데 그치지 않고 카스퍼스키의 소프트웨어를 집 컴퓨터에서 돌렸다고 한다. 대부분의 안티바이러스 프로그램들처럼 카스퍼스키 소프트웨어도 파일을 카스퍼스키 데이터센터 서버에 업로드해 분석하는 기능이 있다.

카스퍼스키는 성명을 내고 러시아 정부와의 '부적절한 관계'에 대해 전면으로 부인했다. 러시아 정부의 해커가 자신들의 안티바이러스 코드를 사용하도록 하지 않았다는 이야기였다. 몇 주 뒤, 카스퍼스키는 내부 조사 결론을 공개했다. 2014년 NSA 해킹 도구가 업로드된 적이

---

* 허친스가 워너크라이와 관련해서 세운 공로는 3개월 뒤 큰 빛을 발한다. '데프콘'이라는 해킹 콘퍼런스에 참석한 허친스를 FBI가 체포했다. 허친스는 수년 전 인터넷 뱅킹 악성코드를 개발해 판매한 혐의를 받고 있었다. 하지만 2019년 7월 법원은 그가 워너크라이 사태 때 중요한 역할을 한 것을 인정해 교도소에 집어넣지는 않았다.

있지만, 파일의 심각성을 파악하고 즉시 삭제했다는 주장이었다.*

앞서 말한 사건이 NSA의 비밀 병기 누출 사건과 러시아가 서로 관련 돼 있을 거란 정황 증거이긴 하지만, 은밀한 중개인이나 워너크라이가 샌드웜과 연관 있다고 생각하기는 힘들다. 하지만 예술가들이 서로의 작품을 보고 감명을 받듯, 샌드웜도 이 사건을 보면서 분명 배우고 느끼는 점이 있었을 것이다. 은밀한 중개인이 강력한 해킹 도구를 공개했는데, 극도로 호전적인 사이버 전사들이 이를 무시할 리는 절대 없었을 것이다.

워너크라이 사건은 대규모 해킹이 일어났을 때 어떤 방식으로 진행될 수 있을지 샌드웜에게 좋은 본보기가 된 사건이다. 이를 타산지석 삼아 더 강력한 무기를 어떻게 개발할 수 있을지 배웠을 것이다.

---

* 이 책을 저술하는 시점을 기준으로, 응히아 호앙 포 외에 할 마틴이라는 NSA 직원도 은밀한 중개인 사건과 연관돼 있다는 혐의를 받고 있다. 마틴도 TAO 그룹에서 계약직으로 일했는데, 포처럼 테라바이트 상당의 비밀 자료를 집으로 가져간 혐의로 2016년 말 체포됐다. 2년 뒤 열린 공판에서 법정은 마틴이 수상쩍은 트위터 메시지를 2016년 8월 두 명의 카스퍼스키 연구원에게 보낸 사실을 밝혀냈다. 미팅을 하자는 메시지였으며, 사법 당국은 비밀 정보를 팔려는 의도였을 것으로 의심했다. 이후 은밀한 중개인이 처음 데이터를 공개하기 불과 몇 시간 전에 마틴이 메시지를 보낸 것으로 확인됐다. 카스퍼스키는 이 사실을 미국 정부 연락책에 알렸고, 미국 정부는 집을 급습해 마틴을 체포했다.

23
미미캐츠

2012년 5월 벤자민 델피는 모스크바 프레지던트 호텔에 있는 자기 방으로 걸어 들어갔다. 그런데 그 순간 자기 방에서 검은 양복을 입은 사람이 자신의 노트북을 들고 있는 것을 목격한다.

불과 몇 분 전, 프랑스 국적의 25세 프로그래머는 인터넷 연결이 원활하지 않은 문제를 해결하고자 호텔 프론트에 다녀왔다. 그는 호텔 부근에서 개최되는 '파지티브 핵 데이즈Positive Hack Days'라는 보안 콘퍼런스에서 발표하고자 이틀 전에 도착했는데, 호텔 객실에서 와이파이를 사용할 수 없었다. 또한 이더넷 케이블도 동작하지 않았다. 호텔 직원은 기술자가 와서 고칠 때까지 로비에 앉아 기다리라고 말했지만, 델피는 이를 무시하고 방으로 돌아왔다.

그리고 지금 본 것처럼 웬 낯선 사람이 책상 옆에 서 있었다. 곁에는 검정색 여행 가방이 있었고, 낯선 사내는 키보드에서 급히 손을 뗐다. 노트북에서는 윈도우 로그인 화면만이 보였다.

그 남성은 카드 열쇠가 문을 잘못 연 것 같다고 얼버무리면서 델피의 방을 빠져나갔다. 경황이 없던 델피는 당시 아무 말도 하지 못했다. "정말 이상했어요. 마치 첩보 영화를 보는 것 같았어요." 델피가 이야 기했다.

얼마 지나지 않아 델피는 왜 검은 옷의 사내가 자신의 노트북을 노리고 있었는지 깨달았다. 컴퓨터에는 모스크바 콘퍼런스에서 발표할 슬라이드와 자신이 만든 프로그램인 미미캐츠^{Mimikatz}의 초기 버전이 들어있었다.

미미캐츠는 취미 삼아 만든 프로그램이었다. 델피는 프랑스 정부 기관에서 IT 매니저로 일했다. 정확히 어떤 기관인지 말하길 거부했지만, 그곳에서 윈도우에 중요한 약점이 있다는 걸 발견했다. 마이크로소프트는 'W다이제스트^{WDigest'}라는 기능을 만들었는데, 이는 일종의 ID 검증 기능이며 기업이나 정부의 윈도우 사용자가 자신이 명령을 실행할 권한을 갖는 적법한 사람이라는 것을 네트워크상에서 동작하는 다양한 프로그램에 알리는 기능을 한다. W다이제스트는 비밀번호를 한 번만 입력하면 이를 반복해서 사용할 수 있게 해주는 편의 기능이다. 사용자의 이름이나 암호처럼 사용자를 증명할 수 있는 정보를 컴퓨터 메모리에 갖고 있다가, 다른 프로그램에서 사용자 암호가 필요할 때 재입력 없이 사용할 수 있게 해주는 편리한 기능이다.

메모리에 있는 위 정보를 윈도우가 암호화해 갖고 있긴 하지만, 이를 풀 수 있는 열쇠 역시 메모리에 보관하고 있다는 것을 델피가 발견했다. "이메일에 암호를 건 파일을 첨부하면서, 그 암호를 이메일에 적어 보내는 것과 같은 행동이죠." 델피가 나에게 설명했다.

해커가 컴퓨터에 침입해 암호화된 사용자 정보와 그 암호를 풀 수 있는 열쇠를 메모리에서 추출해낸다면, 그리고 암호를 풀어 사용자 ID와 비밀번호를 갖고 네트워크를 이리저리 들쑤시고 다닌다면? 2011년 델피는 마이크로소프트 웹 사이트에 이 사실을 알렸지만, 마이크로소프트는 실제 문제가 되지는 않을 거라며 이를 무시했다. 메모리에 있는 암호를 손에 넣을 정도라면, 이미 해커가 컴퓨터를 완전히 장악했을 거라는 논리를 내세웠던 것이다. (6년이 흐른 현시점에서 같은 질문을 마이크로소프트에 했더니, 또 비슷한 대답이 돌아왔다. "해커가 이 방법을 사용하려면, 컴퓨터가 이미 해커의 손에 넘어가 있는 상태여야 한다는 점을 명확히 이해해주시길 바랍니다. 사용자들은 보안 모범 사례를 준수하고 항상 최신 업데이트를 설치하는 것이 중요합니다." 마이크로소프트가 한 답변이다.)

하지만 델피는 윈도우 인증 시스템의 약점이 해커가 악용하기에 충분한 약점이라고 생각했다. 이를 시작점으로 삼아 한 컴퓨터에서 다른 컴퓨터로 감염 영역을 확대할 수 있으리라 생각했다. 단순 피싱을 사용하든, 고도의 기술을 요하는 제로데이 취약점을 사용하든 간에 일단 해커가 컴퓨터 깊숙이 들어갈 수만 있다면, 델피가 발견한 방법을 이용해 사용자 ID와 비밀번호를 메모리에서 끄집어내 네트워크에 있는 다른 컴퓨터에 접속할 수 있다. 더욱이 두 번째 컴퓨터에 다른 사용자가 로그인하면, 해커는 같은 방식으로 이 사용자의 비밀번호도 훔칠 수 있다. 이렇게 해커의 침투는 계속 반복된다.

마이크로소프트로부터 의미 있는 대답을 듣지 못한 델피는 해커들이 자신이 발견한 취약점에 대해 상대가 수긍하지 않을 때 취하는 일반적인 방법을 택했다. 바로 취약점을 증명하는 방법이다. 델피는 C 프로그래밍 언어를 배워야 했다. C로 프로그램을 만들어 마이크로소프트에 경고했던 공격을 증명했다. 이 프로그램이 바로 미미캐츠다. 불어로 '미미mimi'는 '귀여운'이라는 뜻이다. 즉, '귀여운 고양이들'이라는 뜻이다. 이 프로그램을 2011년 5월 공개했다.

"마이크로소프트가 취약점을 고치려 하지 않았기 때문에 사용자들에게 경각심을 불러일으키기 위해 만들고 이를 공개했어요." 델피가 당시의 심정을 이야기했다. "마이크로소프트가 움직이는 데까지는 몇 년이 걸렸어요. 하지만 해커들은 기다리지 않죠."

얼마 지나지 않아 해커 웹 사이트에서 중국 해커들이 미미캐츠를 언급하며 리버스 엔지니어링을 하려는 것을 목격했다. 그리고 2011년 중반, 미미캐츠가 외국 정부의 네트워크에 침입하는 데 처음으로 사용됐다는 이야기를 전해 들었다. 델피는 누구에게 이 이야기를 들었는지 알려주지 않았다. 델피는 이때까지 미미캐츠의 소스 코드를 공개한 적이 없었다. 다른 누군가가 자신이 만든 도구를 악용하는 것을 원치 않았기 때문이다. 하지만 해커들은 미미캐츠를 역어셈블해 자신들의 도구를 만들었다. "처음 이야기를 들었을 때, 죄책감이 들었어요." 델피가 말했다.

그해 9월 미미캐츠가 다시 악용됐다. 디지노타^{DigiNotar}를 해킹한 획기적인 사건이었다. 디지노타는 이른바 인증기관이다. 사용자가 브라우저 주소창에 입력한 주소가 지금 방문한 웹 사이트가 맞는지 인증해주는 기관이며, 인증기관은 온라인상에서 신뢰 보증과 같은 역할을 한다. 디지노타가 함락당했다는 건 인터넷의 신뢰가 깨졌다는 것을 의미한다. 이란 정부를 위해 일하는 것으로 보이는 해커들이 가짜 인증서를 만들어 인터넷 사용자가 방문하는 웹 사이트를 완벽히 속일 수 있었다. 보안업체 팍스IT에 따르면, 디지노타에 침투한 뒤 수천 명에 달하는 이란인들의 인터넷 활동을 감시한 것으로 알려졌다. 결국 브라우저들은 디지노타를 블랙리스트로 처리했고, 그 여파로 회사는 파산했다.

디지노타의 몰락은 델피가 공개한 암호 추출 프로그램이 어떻게 사용될 수 있는지 보여준 사례였으며, 델피조차 예상치 못했던 강력한 결과였다. 하지만 델피는 미미캐츠를 만드는 일이 위험한 일임을 시작부터 알았다고 한다. 윈도우 보안 팀의 눈길을 끌기 위해 만들었지만, 인터넷에서 가장 위험한 존재들에게서도 함께 주목을 받았다.

"미미캐츠는 절대 공격용으로 만들지 않았어요. 하지만 해커들을 도운 것만은 사실이에요." 영어 어휘력이 부족해서인지는 모르겠지만, 절제된 표현으로 사실을 인정했다. "좋은 의도로 시작한 일이지만, 나쁜 사람의 손에 들어가면 나쁘게 사용될 수도 있어요."

■

마이크로소프트는 이 취약점의 심각성을 과소평가했다. 반면에 델피는 자신이 만든 도구의 능력을 과소평가했다. 외국 스파이가 사용했다는 사실을 안 다음에도 자신이 만든 도구를 과소평가했던 것이다. 정부의 지원을 받는 해커들이라면 이미 델피는 미미캐츠의 비밀을 알고 있으리라 예상했다. 암호를 메모리에 남겨놓는 마이크로소프트의 실수를 알아챈 건 물론 델피 혼자만은 아니었다.

델피가 모스크바에서 열리는 파지티브 핵 데이즈 콘퍼런스에서 자신이 한 일에 대해 이야기해달라는 초청을 받고 이를 수락했을 때는 2012년 초였다. 그러고 나서 모스크바에 도착하자마자 벌어진 사건이 호텔 방에 수상한 러시아인이 침입했던 바로 그 일이다.

델피의 노트북을 해킹하는 어설픈 방법은 실패했다. 아니면 델피가 그렇게 믿는 것인지도 모르겠다. 그 사건이 있은 후, 러시아인들은 더 직접적인 방법을 시도했다. 콘퍼런스가 열린 구소련 초콜릿 공장에서 델피가 해커들에게 자신이 한 일을 발표하고 나서 이틀이 지난 후, 어두운색 정장을 입은 다른 사내가 델피에게 접근했다. 그는 델피에게 발표 자료와 미미캐츠의 복사본을 USB 드라이브에 복사하라고 협박했다.

신변의 위협을 느낀 델피는 그의 요구에 응했다. 그리고 러시아를 떠나기 전, 미미캐츠의 소스 코드를 소프트웨어 소스 코드를 저장하는 깃허브^{GitHub}에 공개했다. 두 가지 이유에서다. 우선 자신의 안전을 위해서였다. 또한 해커가 자신이 만든 코드를 사용할 수 있다면, 방어자들도 이를 충분히 사용할 수 있으리라 생각했기 때문이다.

그 후 수년 동안, 미미캐츠는 해커들 사이에서 거의 만능 도구가 됐다. 보안을 점검하는 사람부터 사이버 범죄자와 고도의 사이버 스파이에 이르기까지 모두 이를 사용했다. 곳곳에서 이를 사용한 흔적이 보였다. 악명 높은 카르바낙 범죄 집단 침투 사건부터 팬시 베어가 행한 독일 분데스탁 작전까지 많은 곳에서 사용됐다. "사이버 보안 세계에서는 'AK-47'로 불려요." 크라우드스트라이크의 CTO 드미트리 알페로비치가 언젠가 비유했던 말이다.

델피가 자신이 미미캐츠를 만들었다는 사실을 숨기지 않은 이유는 해커라면 충분히 이해할 수 있는 부분이다. 그리고 역시 해커답게 자신의 작품과 거리를 두려고 하지도 않았다. 범죄 행위에 사용되는 빈도가 늘어나도 마찬가지였다. 오히려 더욱 발전시켰다. 메모리에 비밀번호를 저장하는 데 따른 문제점을 마이크로소프트에 알리는 것이 그렇게 중요했다면, 다른 취약점을 알리는 것도 중요하지 않을까?

그래서 델피는 미미캐츠에 다른 기능도 넣었다. 마이크로소프트의 커버로스 시스템이 사용하는 '티켓'을 가짜로 만들어내는 기능부터 크롬과 엣지 브라우저에 있는 암호 자동 완성 기능에서 암호를 훔쳐오는 기능까지 다양한 기능을 추가했다. 커버로스 시스템은 컴퓨터가 네트워크에 연결된 다른 컴퓨터에게 자신이 진짜인지를 증명하는 시스템이다. 심지어 〈지뢰 찾기〉 게임에서 지뢰의 위치를 메모리에서 추출해 알려주는 기능도 여기에 집어넣었다. "내 아이디어를 모두 집어넣은 일종의 도구 상자였어요." 델피가 나에게 말했다.

델피는 이 도구 상자에 새로운 해킹 능력을 넣기 전에 마이크로소프트가 됐든, 누가 됐든 간에 이를 고칠 수 있는 사람에게 이 사실을 알렸다고 한다. 때로는 고쳐졌다. 한 예로, 윈도우 8.1에서 마이크로소프트는 마침내 W다이제스트 기능을 기본으로 비활성화시켜 델피의 미미캐츠가 한 공격을 막아냈다.

하지만 때로는 이 방법도 완벽해 보이진 않았다. 모의 침투 업계에서 정평이 나 있는 제이크 윌리엄스는 지금도 이 방법을 사용해 자주 침투에 성공한다고 이야기했다. 미미캐츠를 이용해 W다이제스트를 아직도 찾아낼 수 있다는 뜻이다. 경우에 따라서는 비활성화된 W다이제스트를 다시 활성화할 수도 있다고 한다. "30초면 W다이제스트를 다시 활성화할 수 있어요." 윌리엄스가 말했다.

델피가 강력한 도구를 별생각 없이 만들어 배포한 것처럼 보였다. 하지만 버클리에서 컴퓨터를 연구하고 있는 닉 위버에게 미미캐츠에 대한 생각을 물어봤을 때, 그는 간단히 판단할 문제는 아니라고 이야기했다. 미미캐츠가 엄청나게 강력하다는 점에 대해서는 이견이 없었다. 하지만 능력이 있는 해커라면 언젠가는 이 취약점에 대해 알아차렸을 거라 주장했다. 미미캐츠처럼 스포트라이트를 받지 않고 조용히 개발했을 수도 있지만, 언젠가는 나왔을 도구라는 것이다. "좀 솔직해져 봅시다. 미미캐츠가 없었다면, 아마 다른 도구가 나왔을 거예요." 위버가 말했다. "소수의 인간 관리자가 다수의 컴퓨터를 관리하려다 보니 생긴 근본적인 문제예요."

샌드웜은 자신만의 미미캐츠를 만들지 않았다. 이들은 그냥 델피가 만든 것을 가져다 썼다. 배고픈 포식자처럼 더 큰 사냥을 위해 잠시 동안만 굶주림을 달래면 그걸로 족했다. 올렉시 야신스키는 2015년 스타라이트미디어 사건 때 미미캐츠를 이용해 우크라이나를 괴롭히는 해커가 있다는 것을 알았다. 2016년 말 발생한 우크레네르고 정전 사태 때도 미미캐츠가 등장했다.

이터널블루가 공개되고 워너크라이에 사용됐을 때, 샌드웜의 해커들은 델피가 만든 미미캐츠가 단순한 취약성 검증 도구에서 강력한 자동화 해킹 도구가 될 수 있음을 예상했을 것이다. 강력한 연쇄반응의 절반은 NSA가 만든 코드가 완성했다. 그리고 그 나머지 절반은 미미캐츠가 완성했다.

24
낫페트야

2017년 6월 27일 이른 아침, 막심 샤포발 대령은 키예프 서쪽의 조용한 솔로미안스키 지구에서 자신의 벤츠 자동차를 운전하고 있었다. 녹음이 우거진 통신주립대 옆 교차로에 정차했을 때, TNT 2톤과 맞먹는 폭발물이 우크라이나 장교의 차 밑에서 폭발했다. 그는 현장에서 불에 휩싸여 즉사했다. 차량의 잔해는 사방으로 수십 미터 날아갔으며, 근처를 지나가던 보행자 두 명이 다리와 목에 파편을 맞았다. 이들은 이날 첫 무고한 피해자가 됐다. 하지만 마지막 피해자는 아니었다.

∎

키예프 중심부에서 동쪽으로 약간 벗어나면 포딜이라 불리는 곳이 있다. 예전에는 커피숍과 공원이 많이 있었는데, 지금은 산업 시설이 들어섰다. 고가로 된 고속도로 아래에는 버려진 철도 트랙과 콘크리트 문 옆으로 4층짜리 린코스 그룹 본사 건물이 들어서 있다. 가족이 운영하는 작은 우크라이나 소프트웨어 사업장이다.

건물 상단 3층은 서버실이다. 피자 박스 크기의 컴퓨터들이 복잡한 선으로 얽혀서 연결돼 있고, 손으로 쓴 번호가 적혀 있다. 평소라면 서버는 M.E.Doc라는 회계 프로그램에 업데이트를 진행한다. 버그 수정, 보안 패치, 기능 추가 등의 일반적인 업데이트다. M.E.Doc는 미국으로 치면 터보택스나 퀵큰 같은 세금 보고 및 회계 프로그램이다. 우크라이나에서 사업을 하거나 세금을 보고하는 사람이라면 거의 이 프로그램을 이용한다고 보면 된다.

그런데 2017년 봄을 시작으로 서버가 하는 일이 하나 더 생겼다. 샌드웜 해커들은 린코스 그룹에서 전혀 눈치채지 못하게 서버에 침투한 후 M.E.Doc가 설치된 컴퓨터에 백도어를 만들었다. 그리고 6월 27일 이들은 백도어를 이용해 본격적인 공격을 시작한다. 인터넷 역사상 가장 파괴력이 높은 사이버 공격 무기가 사용됐다.

◼

올렉시 야신스키는 사무실에서 한가로운 화요일을 보내고 싶었다. 키예프 중심부에서 일어난 우크라이나 대령에 대한 경악스러운 테러 소식을 아침에 접한 터였다. 하지만 야신스키는 평소처럼 출근했고, 평소와는 달리 조용한 사무실에 들어섰다. 우크라이나 헌법기념일을 하루 앞둔 날이었다. 우크라이나의 국경일인 헌법기념일은 대부분의 동료들이 긴 휴가를 즐기는 날이다. 하지만 야신스키는 그렇지 못했다. ISSP에서 야신스키가 담당하는 일은 더 이상 사치스러운 휴가를 허용하지 않았다. 2015년 러시아 해커들이 처음 스타라이트미디어를 공격한 이후 그가 누렸던 휴가는 다 합쳐서 고작 일주일에 불과했다.

ISSP 국장이 아침에 전화를 걸어 우크라이나에서 두 번째로 큰 오스차드 은행이 공격을 받고 있다고 이야기했지만, 야신스키는 냉정을 유지했다. 은행은 랜섬웨어에 감염됐다고 했다. 랜섬웨어 공격이 사실 새로운 공격은 아니다. 하지만 30분쯤 후 본사 IT 부서에 직접 갔을 때, 야신스키는 보통 일이 아님을 즉시 알아챌 수 있었다. "직원들이 당황해서 어쩔 줄 모르고 있었어요." 야신스키가 회상했다. 은행에는 수천 대의 컴퓨터가 있었는데, 약 90%의 컴퓨터가 먹통이 됐다. 몇몇 컴퓨터는 'C 드라이브 복구 중'이라는 메시지를 표시했고, 다른 컴퓨터들은 '저런, 파일이 암호화됐습니다.'라는 메시지를 보여주면서 300달러 상당의 비트코인을 요구하고 있었다.

은행 로그를 분석한 야신스키는 랜섬웨어 공격이 자동화된 악성코드의 짓이라는 걸 알아냈다. 워너크라이와 비슷한 듯하면서도 달랐다. 무작위로 인터넷에 연결된 컴퓨터를 공격하는 기능을 갖췄을 뿐만 아니라 관리자 비밀번호를 이용해 은행의 네트워크를 공격했다. 마치 교도관의 열쇠를 가로챈 죄수들이 빠르게 문을 통과하는 것처럼, 해커들도 오스차드 은행의 시스템을 빠르게 휘젓고 다녔다.

ISSP 사무실로 돌아와 은행 사건을 분석하고 있을 때, 야신스키는 우크라이나 전역에서 비슷한 현상이 발생했다는 전화와 메시지를 받기 시작한다. 그중에는 회사뿐만 아니라 정부 기관도 있었으며, 피해자 중 한 명이 해커들이 요구한 돈을 지불해봤다고 알려왔다. 야신스키가 예상했듯 돈은 아무런 소용이 없었다. 보통의 랜섬웨어가 아니었다. "단번에 치료할 수 있는 방법이 없었어요." 야신스키가 말했다. 워너크라이와 달리 킬스위치 따위는 없었다.

수천 킬로미터 남쪽으로 떨어진 곳에서는 ISSP의 CEO 로먼 솔로거브가 헌법기념일을 맞아 터키 남쪽 해안에서 휴가를 보낼 준비를 하고 있었다. 그는 가족과 함께 해안가로 갈 채비를 했다. 이때, 정체 모를 공격을 당한 고객들과 뉴스를 접한 고객들이 전화를 걸어와 어떻게 해야 할지 조언을 구하기 시작했다. 전화는 쉴 새 없이 이어졌다.

솔로거브는 호텔로 돌아왔다. 그리고 거기서 하루를 다 보냈다. 무려 50통이 넘는 전화를 받았다. 하나같이 자신들의 네트워크가 감염됐다는 전화였다. 고객의 네트워크를 실시간으로 감시하는 ISSP의 보안 운영센터는 솔로거브에게 악성코드가 무서운 속도로 네트워크를 잠식해 가고 있다고 알려왔다. 우크라이나 은행 하나를 잠식하는 데 45초면 충분했다. ISSP가 데모용으로 장비를 설치했던 한 회사는 60초 안에 완전히 감염이 됐다. 2016년 정전 사태 이후 ISSP가 네트워크 재건을 도와줬던 우크레네르고 전력 회사도 이번 공격에 당했다. "우리가 새로운 보안 시스템을 만드는 것을 계획하고 있었는데, 기억하세요? 너무 늦었네요." 우크레네르고 IT 담당자가 솔로거브에게 했던 말이다.

정오쯤에는 ISSP의 공동 창업자인 올레 데레비안코도 휴가를 반납해야 했다. 데레비안코는 전화가 빗발치기 시작할 때, 휴가를 맞아 별장에서 가족을 만나려고 북쪽으로 운전해 가고 있었다. 하지만 전화를 받고 나서는 고속도로를 빠져나와 도로변 식당에서 일을 했다. 오후가 되자 자신에게 전화를 건 사람들에게 조금도 지체하지 말고 네트워크를 차단하라고 말했다. 회사가 문을 닫는 한이 있어도 그렇게 하라고 강경하게 말했다. 하지만 시간이 너무 많이 흘렀다. "고객에게 전화할 때쯤에는 이미 다 날아간 상태였어요." 데레비안코가 이야기했다.

■

한바탕 소동을 벌인 악성코드는 곧 이름을 부여받았다. '낫페트야

NotPetya'라는 이름이었다. 몇 달 전 워너크라이 사태를 지켜본 전 세계의 보안업체들은 빠르게 새 악성코드를 분석하기 시작했다. 카스퍼스키의 연구원들은 2016년 유행했던 페트야라는 랜섬웨어와 이번 공격에 사용된 악성코드가 다소 유사한 점이 있다는 것을 알아낸다. 페트야와 마찬가지로 일단 컴퓨터가 감염되면, 컴퓨터의 마스터 파일 테이블부터 암호화한다. 마스터 파일 테이블은 컴퓨터 운영체제가 데이터가 어디에 저장됐는지 기록하는 테이블이다. 페트야는 파일 하나하나를 암호화했다. 마치 도서관에서 책 목록을 먼저 분쇄기에 넣고, 차례로 책 한 권씩을 파괴하는 것과 같았다.

하지만 더 악랄한 방법이 새 악성코드에 숨어있었다. 덕분에 '페트야'가 아니라는 뜻을 지닌 '낫페트야'라는 이름을 얻게 됐다. 프랑스 보안 연구원 마티외는 돈을 지불해도 암호를 풀 수 없다는 사실을 사건 발생 후 24시간 내에 파악했다. 화면에 보이는 메시지는 공격의 의도를 덮는 목적으로 사용되는 듯했다. 공격의 목적은 완벽한 파괴였다.

낫페트야가 페트야와 다른 점은 이뿐만이 아니었다. 파괴 행위가 극에 달했다. 미미캐츠와 이터널블루를 동시에 사용했다. 어떻게 낫페트야가 컴퓨터 네트워크에 처음 침입할 수 있었는지는 정확히 파악할 수 없었다. 하지만 일단 네트워크에 침입하고 나면 미미캐츠를 이용해 감염 영역을 늘려 나갔다. 컴퓨터 메모리를 읽어 사용자 비밀번호를 수집했다. 그다음에는 다른 컴퓨터로 옮겨 다녔다. ID와 비밀번호만 알면 네트워크에 연결된 다른 컴퓨터에 쉽게 접근할 수 있는 윈도우 관리 도구를 이용했다. 이 점이 바로 야신스키가 교도관의 열쇠를 가로챈 죄수들 같다고 오스차드 은행 사건에서 말했던 부분이다.

은밀한 중개인이 공개한 NSA의 이터널블루, 그리고 구 버전의 윈도우가 사용하는 이터널로맨스EternalRomance에는 촉매 역할을 하는 추가적인 기능이 포함돼 있다. 아직 마이크로소프트의 이터널블루 패치를 적용하지 않은 네트워크에 있는 어떤 컴퓨터가 있으면, 낫페트야는 이 컴퓨터에 침입해 미미캐츠 기술을 이용해 공격을 진행한다. 이 두 도구를 함께 사용해 낫페트야는 높은 감염성을 갖게 됐다. "패치가 설치되지 않은 컴퓨터를 먼저 감염시킨 다음, 거기서 비밀번호를 추출해요. 그리고 이 비밀번호를 이용해 패치가 설치된 다른 컴퓨터로 옮겨가는 거예요." 미미캐츠를 만든 델피가 이야기했다. "두 방법을 사용하면, 정말 강력하죠."

그 결과 감염 속도가 높아졌고, 감염된 컴퓨터에 있는 파일들은 초토화됐다. "지금까지 제가 본 악성코드 중 가장 빠른 감염 속도를 가진 악성코드예요." 시스코 보안 팀 탈로스에서 일하는 크레이그 윌리엄스가 나에게 한 말이다. "두 번째 들여다봤을 때, 데이터센터는 이미 사라졌을 거예요."

낫페트야는 해커들이 의도한 것보다 더 악성인 듯했다. 몇 시간 만에 우크라이나 전역을 감염시키고 인터넷으로 뻗어 나갔다. 머스크, 제약회사 머커, 페덱스 유럽 사업부인 TNT 운송, 프랑스 건설사 생고뱅, 캐드베리와 나비스코의 모회사인 몬델리즈, 듀렉스 콘돔과 라이졸 살균제로 유명한 영국 제조사 레킷 벤카이저 등이 공격에 당했다. 결국 각 회사에 수억 달러 상당의 피해를 입혔다. 사이버 보안업계가 빠르게 배후로 지명했던 러시아도 피해갈 수 없었다. 오일 회사 로스네프트, 철강회사 에브라즈, 의료기술 업체 인비트로, 국영은행 스버뱅크 등이 공격에 당했다.

국가 차원의 피해를 따지자면, 우크라이나만큼 낫페트야에 피해를 입은 국가는 없다. 악성코드가 사건 초기부터 인터넷을 타고 흘러 나가기는 했지만, 대부분의 공격은 우크라이나 디지털 인프라에서 일어났다.

국가 비상사태

바로 그 화요일 오전, 세르히 혼차로프는 평소와 마찬가지로 남들과 다른 출근을 이어갔다. 안경을 쓴 혼차로프는 무뚝뚝한 엔지니어 차림으로 우크라이나 북쪽 슬라푸티치시에서 동쪽으로 가는 기차에 올라탔다. 기차는 드나이퍼강을 지나 벨라루스 경계를 잠깐 지나쳤다. 지난 30년간 인간의 흔적이란 찾아볼 수 없는 20킬로미터 길이의 지역도 지났다. 나무와 풀은 선사시대만큼이나 무성하다. 기차 창문을 통해 사슴과 새 떼가 보였다. 동물들은 인간이 존재하던 시대보다 인간이 남겨놓은 방사선 시대를 더 좋아하는 듯했다. 마침내 기차는 프리피야트강을 지나 열차의 하나뿐인 목적지에 도착했다. 체르노빌 원자로의 뒤처리를 위한 곳이다.

역에서 혼차로프는 파란색 작업복을 입고 버스에 올라탔다. 버스는 체르노빌 단지의 한 건물에 그를 내려놨다. 축구장 12개를 연결한 것보다 더 큰 단지다. 한쪽 끝에는 인부들이 아치라고 부르는 빛나는 구조물이 있다. 격납고처럼 생긴 건물인데, 자유의 여신상보다 더 높고 로

마의 콜로세움보다 더 넓다. 체르노빌 원자로에서 나오는 극독성 폐기물을 보관하기 위해 만든 건물이다. 1986년의 비극적 사건 이후 아무도 접근하지 않은 200톤가량의 우라늄 연료가 내부에 남아있다. 체르노빌 시설에서 일하는 인부들에게 부여된 임무는 크레인을 이용해 체르노빌 원자로에서 연료를 꺼낸 다음, 근처 차단 시설에 안전하게 묻는 작업이다. 일의 양이 방대하고 복잡한 탓에 2064년에야 작업이 끝날 것으로 예상된다.

체르노빌 시설의 IT 관리자인 혼차로프는 자신이 일하는 반대편 건물에 도착했다. 체르노빌 단지에 도착한 지 겨우 두 시간이 지났을 때, 뭔가 심각하게 잘못돼 가고 있다는 연락을 받았다. 현장에 12개가 넘는 빌딩이 있는데, 여기서 사용하는 모든 컴퓨터의 화면이 검정색으로 변했고 재부팅 후에는 낫페트야 메시지만 화면에 표시된다는 연락이었다. 혼차로프는 시스템 관리자들이 일하는 방으로 서둘러 들어갔다. 모두들 악성코드가 네트워크를 잠식해 들어가는 속도에 경악을 금치 못했다.

불과 7분 만에 체르노빌 현장에서 동작하는 수천 대가 넘는 윈도우 컴퓨터의 전원을 차단하기로 결정했다. 방사능 폐기물을 다루는 장비에서 중요한 역할을 하는 시스템은 감염된 네트워크에서 분리돼 있었다. 따라서 이 시스템은 안전했다. 하지만 현장 관리자들이 사용하는 컴퓨터들과 외부로 통하는 통신은 모두 꺼졌다.

응급 확성기를 통해 메시지를 읽는 사내의 목소리가 빌딩 곳곳에 전달됐다. 체르노빌 사건이 세상을 흔든 지 31년 만에, 다른 종류의 멜트다운으로 이곳에 다시 경고음이 흘러 나왔다. "전 직원들에게 알립니다. 즉시 컴퓨터를 끄고 네트워크 케이블을 분리하세요. 그리고 다음 지시를 기다리길 바랍니다."

거의 비슷한 시각, 수도에 있는 우크라이나 보건부의 IT 관리자인 파블로 본다렌코는 소셜 네트워크를 중심으로 낫페트야 소식이 빠르게 퍼지고 있음을 확인했다. 페이스북과 텔레그램에서 동일한 랜섬웨어 화면이 연달아 올라왔다. 2미터 키에 숱이 많은 곱슬 금발을 가진 22세 본다렌코는 공무원보다는 프로레슬링 선수에 가까운 외모를 가졌다. 그는 사무실 책상에서 사태가 악화되고 있음을 확인했으며, 키예프의 정부 기관이 다음 타깃이 될 것으로 직감했다.

본다렌코는 보건부 장관 울라나 서프런에게 전화를 걸어 쉽게 받아들이기 어려운 엄청난 제안을 했다. 보건부 전체 네트워크를 인터넷에서 분리하자는 제안이었다. 노동자 임금부터 약품 목록과 장기 기증자 및 수여자 등에 대한 정보가 담긴 국가 데이터베이스까지 모든 것을 연결하는 네트워크를 분리하자고 한 것이다. "데이터를 보호해야 해요." 서프런에게 강력하게 요구했다. "결과는 나중에 생각하기로 해요."

서프런이 동의했다. 본다렌코와 동료들은 보건부 컴퓨터를 네트워크에서 분리하고 네트워크 연결을 쏜살같이 끊기 시작했다. 불과 몇 시간이 지나지 않아 우크라이나 정부 기관은 둘 중 하나의 상황이 됐다. 네트워크 분리에 동참했거나, 낫페트야가 네트워크를 잠식하고 데이터를 삭제하는 걸 지켜봐야 했던 것이다. "정부가 죽었어요." 우크라이나 정부의 인프라 책임자라 할 수 있는 볼로디미르 오멜리안 장관이 사태를 요약한 말이다. 그리고 얼마 지나지 않아, 낫페트야는 우크라이나 철도청을 공격했고 2016년 공격과 마찬가지로 발매 시스템을 마비시켰다. 키예프의 보리스필 국제공항도 공격에 당했다. 비행 스케줄을 표시하는 화면이 모두 검은색으로 변했다.

오후 1시쯤에는 낫페트야가 우크라이나 사회의 또 다른 주요 인프라를 공격한다. 공격 대상은 우체국이었다. 키예프 마이단 광장에 있는 하얀색 본사에서 처음 랜섬웨어 화면이 등장했다. 그리고 한 시간이 채 지나지 않아 우체국 IT 관리자 올렉산드르 리아베츠는 우체국장 이고르 스멜리안스키와 급히 통화를 했다. 국장은 우크라이나 서쪽 리비브 시에서 회의를 하고 있었다. 통화를 시작한 지 불과 몇 분 만에 우체국장은 우체국의 전체 네트워크를 차단하라는 지시를 내렸다.

우크라이나 사회에서 우체국의 IT 시스템은 단순히 편지만 전달하는 데 그치지 않는다. 송금, 신문 배송, 450만 명의 연금 지급, 7만 4,000명의 직원 급여 처리, 2,500대의 우체국 차량 배치 등과 같은 다양한 서비스를 제공한다.

리아베츠는 살짝 대머리가 되려는 듯하면서 전형적인 공무원 느낌을 풍기는 인물이다. 그는 잠시 동안 어떻게 우체국 전산망을 차단할지 생각했다. 그리고는 동료들과 함께 한 시간 동안 전화기를 붙들고 25개 지역 사무소에 차단 명령을 전달했다. 이 지역 사무소들은 모두 11,500개의 지구대를 담당하고 있는데, 총 2만 3,000대의 컴퓨터와 서버가 여기에 연결돼 있다. (나중에 안 사실이지만, 네트워크 차단은 이미 늦었다. 이미 70%가 넘는 우체국 컴퓨터가 감염됐고, 이로 인해 복구하는 데 수개월이 걸렸다.)

그날 오후, 마지막 메시지가 전달되고 네트워크는 완전히 차단됐다. 리아베츠는 이때 건물을 감싸던 스산하게 조용한 느낌을 이렇게 회상한다. "갑자기 공허한 느낌이 들었어요. 디스코 파티에서 춤을 추고 있는데, 갑자기 음악이 꺼지고 온 세상이 조용해졌다고 생각해보세요."

■

ISSP 사장 올레 데레비안코가 도로변 식당을 떠난 건 오후 6시가 지나서다. 식당에서 패닉에 빠진 고객들의 전화를 다 받았다. 다시 고속도로로 진입하기 전에 주유소에 들렀고, 곧 낫페트야가 신용카드 지불 시스템도 공격한 것을 알게 됐다. 지갑에 현금이 없었으므로 조심스레 연료계 눈금을 봤다. 목적지까지 갈 수 있을지 걱정이 들었다.

우크라이나 전역에서 사람들이 비슷한 질문을 했다. 이번 사태가 끝날 때까지 버틸 식료품과 연료를 살 현금이 있을까, 월급과 연금은 받을 수 있을까, 약을 살 수 있을까.

22살의 보건부 IT 관리자 파블로 본다렌코도 이런 우려를 하는 사람들 중 하나였다. 본다렌코는 7시까지 사무실에 남아있다가 밖으로 나갔다. 여름이라 아직 해가 지지는 않았다. 아르세날나 지하철역에서 회전문에 신용카드를 갖다 댔다. 아무런 반응이 없었다. 여기서 낫페트야에 당한 희생양을 만난 것이다.

열차표를 살 현금이 없었으므로 가까이에 있는 ATM을 찾았다. 하지만 그것 역시 동작하지 않았다. 다른 ATM들도 마찬가지로 작동하지 않았다. 결국 네 번의 시도 끝에 동작하는 ATM을 찾았으나 줄이 길게 늘어서 있었고, 인출할 수 있는 금액은 매우 적었다.

본다렌코는 지하철을 타기에 충분한 돈을 인출했다. 잠시 후 자신이 살고 있는 도시 북쪽의 오볼론에서 내렸다. 어머니와 함께 사는 아파트로 귀가하는 길에 식료품점에 들러 우유, 고기, 빵을 골랐다. 며칠 먹기에는 충분한 양이었다. 역시나 계산대에서 계산기가 동작하지 않았고, 점원은 현금만 받고 있었다. 충분한 현금이 없던 본다렌코는 밖으로 나올 수밖에 없었다. 다시 현금을 구하러 다녔다. 동작하는 ATM을 찾기 위해 다섯 개의 ATM을 지나쳤다.

마침내 식료품을 들고 집으로 돌아왔다. 그러고는 컴퓨터로 전기요금을 내려고 했다. 그리고 어김없이 웃긴 상황을 마주하게 된다. 전력 회사의 사이트가 동작하지 않았던 것이다.

"종말 영화의 결말을 보는 듯했어요. 뭘 어떻게 해야 할지 몰랐어요. 다음에 뭘 해야 할지 알 수가 없었죠. 팔을 하나 잃은 느낌이었어요." 본다렌코가 말했다. "페이스북에 글을 올리는 시대에서 내일 먹을 음식을 걱정해야 하는 시대로 갑자기 변한 거예요."

■

그때까지도 우크라이나에 대한 낫페트야의 공격은 끝나지 않았다. 저녁 10시, 보리스 클리닉이란 키예프 병원의 대표인 미하일 라더스키는 키예프 서쪽 외곽에 위치한 집에서 양치질을 하고 있었다. 그때 낫페트야 관련 전화를 받는다. 시내 병원까지 운전한 그는 자신이 소유한 병원들이 심각한 공격을 받았다는 사실을 알았다. 리눅스와 IBM 운영체제가 돌아가던 의료용 장비는 멀쩡했지만, 윈도우 운영체제가 설치된 거의 모든 장비는 암호화됐다.

모든 병원 예약이 취소됐다. 병원 앰뷸런스의 위치를 알려주는 GPS 시스템도 고장 났다. IT 관리자는 3일 전의 백업만 갖고 있는 상태였다. 따라서 그 후로 진행된 모든 테스트들은 다시 해야 했다. 혈액 테스트, MRI 촬영, CAT 촬영 모두 다시 해야만 하는 상황이었다.

라더스키는 그날 저녁 집으로 돌아갈 수 없었다. 아침에는 예약이 취소된 성난 환자들이 병원 로비, 복도, 사무실 밖 대기실까지 채우면서 모여들었다. "엉망진창이었어요. 혼란의 시간이었죠." 그가 짧게 설명했다.

6월 27일까지 모두 합쳐 낫페트야는 키예프에서만 최소 네 개의 병원을 공격했다. 여섯 개의 전력 회사, 두 개의 공항, 22개가 넘는 우크라이나 은행, ATM, 카드 지불 시스템과 사실상 거의 모든 정부 기관을 공격했다. ISSP에 따르면 최소 300개의 회사가 당했으며, 우크라이나 정부 관료에 따르면 우크라이나 컴퓨터의 10%에서 데이터가 삭제됐다. 국가의 인터넷이 무차별 공격을 당했던 것이다. "우리가 가진 모든 시스템에 대량 폭격을 가한 겁니다." 볼로디미르 오멜리안 장관이 말했다.

그날 밤 낫페트야가 범죄 집단의 랜섬웨어인지, 아니면 정부의 지원을 받는 해킹 집단이 행한 공격인지를 두고 전 세계에서 의견이 분분했다. ISSP의 올렉시 야신스키와 올레 데레비안코는 이미 이 사건을 새로운 각도에서 보기 시작했으며 '조직화된 대량 사이버 공습'이라 불렀다.

단 한 번의 감염이 수송왕 머스크에 치명타를 날렸다. 우크라이나 흑해 연안의 항구 도시 오데사에 있는 한 사무실에서 했던 작은 일 때문에 거대 운송 회사가 마비됐다. 머스크의 우크라이나 사업을 책임지는 재무 팀에서 IT 관리자에게 회계 프로그램 M.E.Doc를 컴퓨터 한 대에 설치해달라고 요청했고, 이 한 대의 컴퓨터를 통해 낫페트야가 파고들었다.

26
붕괴

뉴저지주 엘리자베스에 있는 선박 터미널은 뉴어크 베이까지 뻗어 나가 있으며, 머스크 그룹의 항만 사업부가 관리하는 76개 터미널 중 하나다. APM 터미널이라 부르는 이곳에서는 수만 대의 규격화된 컨테이너가 아스팔트를 덮으면서 장관을 연출하고 있으며, 60미터 높이의 파란색 크레인이 항만을 오간다. 10킬로미터쯤 떨어진 맨해튼 남쪽의 높은 곳에서 바라보면, 물속에 모여 있는 쥬라기 시대의 브라키오사우루스들처럼 보인다.

어느 화창한 날, 3,000대의 트럭이 터미널에 도착했다. 기저귀부터 아보카도, 트랙터 부품까지 각각이 수천 킬로그램의 짐을 나르기 위해 모였다. 트럭은 비행기에 탑승하는 승객들처럼 프로세스를 시작한다. 먼저 터미널 입구에서 체크인을 한다. 여기서 스캐너가 컨테이너의 바코드를 자동으로 읽고, 머스크 직원과는 스피커로 대화한다. 트럭 운전사는 어디에 트럭을 주차해야 하는지 안내하는 종이를 받는다. 그러면 야드 크레인이 컨테이너를 트럭에서 집어 들고 항만에 쌓는다. 다른 크레인이 다시 이를 컨테이너선에 옮겨 싣고 나면 컨테이너선은 항해를 떠나게 된다. 하선 작업은 물론 이와 반대로 진행된다.

6월 27일 아침, 파블로 페르난데스는 트럭 12대 분량의 화물이 엘리자베스를 떠나 중동의 항구로 향하리라 생각했다. 페르난데스는 화물 운송업자이며, 화물 주인이 돈을 내면 세계 어느 곳이든 안전하게 화물을 배달해주는 일을 했다.*

뉴저지 시각으로 오전 9시쯤 성난 화물 주인들로부터 페르난데스에게 전화가 빗발치기 시작했다. 화물 주인들은 하나같이 화물을 실은 트럭이 머스크 엘리자베스 터미널 밖에 멈춰 서 있다고 했다. "사람들이 난리였어요." 페르난데스가 말했다. "컨테이너를 보낼 수도, 갖고 올 수도 없었어요."

뉴저지 항구로 들어가는 입구가 막혔다. 낫페트야가 머스크 네트워크를 잠식한 사건과 동일한 시점에 발생한 일이었다. 게이트 직원은 소리 없이 사라졌다.

곧 수백 대의 컨테이너 트럭이 터미널 밖에 줄지어 섰다. 수 킬로미터 길이였다. 근처 터미널에서 일하는 다른 회사의 직원이 이 장면을 목격했다. 트럭들이 줄지어 섰다. 바짝 붙어 섰지만, 그 끝을 볼 수 없었다. 15분에서 30분 전에 게이트 시스템이 다운된 걸 알았다. 하지만 몇 시간이 흐른 후에도 머스크에서는 아무런 말이 없었다. 항만 관계자는 엘리자베스 터미널을 오늘 하루 폐쇄한다고 공고했다. "이때가 우리가 문제의 심각성을 깨달은 때였어요." 근처 터미널 직원이 회상하며 말했다. "공격이구나." 출동한 경찰이 트럭 운전석에 다가가 도로를 벗어나라고 명령했다.

---

* 페르난데스는 가명이다. 그는 헨릭 젠슨처럼 가명을 쓰길 원했다.

페르난데스와 성난 다른 머스크 고객들은 선택의 여지가 그리 많지 않았다. 급하게 선적하기 위해 웃돈을 얹어 다른 배를 알아보기도 했다. 공장에 들어가는 부품처럼 서둘러 공급해야 하는 화물이라면 무리를 해서라도 항공 운송을 알아봐야 했다. 그러지 않으면 며칠 공장 가동을 멈춰야 하고, 이럴 경우 공장이 하루 쉴 때마다 발생하는 수십만 달러의 손해를 보상해야 했다. 냉동 컨테이너는 전기가 필요하다. 여기에는 상하기 쉬운 상품들이 실려 있다. 컨테이너를 어서 빨리 전기에 연결해야 했다.

페르난데스는 머스크로부터 뭔가 소식을 들을 때까지 고객의 화물을 보관할 창고를 뉴저지에서 수소문했다. 사건 발생 첫날에 하루를 통틀어 단 한 통의 공식 이메일을 받았다고 한다. 기진맥진한 머스크 직원의 지메일 계정에서 보내온 '횡설수설'하는 내용이었다. 왜 이런 일이 발생했는지에 대한 설명은 없었다. 회사의 예약 시스템인 Maerskline.com이 다운됐고, 회사에서는 아무도 전화를 받지 않았다. 머스크 화물선을 통해 그날 보내기로 한 컨테이너는 그 후로 석 달 동안 종적을 감췄다. "머스크가 마치 블랙홀 같았어요." 페르난데스가 한숨을 쉬며 그때를 회상했다. "매우 큰 오류가 발생했어요."

사실, '오류의 오류'가 발생했다. 동일한 장면이 머스크의 76개 터미널 중 17개의 터미널에서 반복됐다. 로스앤젤레스, 스페인 알헤시라스, 네덜란드 로테르담, 뭄바이까지 전 세계에서 같은 상황이 발생한 것이다. 크레인은 멈춰 섰고, 전 세계 수만 대의 트럭이 혼수상태에 빠진 터미널을 뒤로한 채 회차해야 했다.

운송 예약은 불가능했고, 머스크 그룹의 주요 수익원이 큰 피해를 입었다. 머스크 배에 있던 컴퓨터는 감염되지 않았다. 하지만 배에서 데이터를 받아 화물 내용물이 무엇인지 처리해 터미널 직원에게 알려주는 소프트웨어가 완전히 삭제됐다. 항구에서 컨테이너를 갖고 초대형 젠가 게임을 해야 하는데, 안내원이 사라진 셈이다.

지구촌 경제가 순환할 수 있도록 떠받치는 복잡한 물류 체계 중 하나가 그 후로 며칠 동안 고장 나 있었다. "세계 운송 역사에서 유례를 찾기 힘든 대규모 사태였어요." 머스크 고객 중 한 명은 이 사태를 이렇게 기억한다. "물류 IT 역사상 이런 대단한 위기를 겪어본 사람은 아마 없을 거예요."

■

헨릭 젠슨은 머스크 본사의 컴퓨터들이 검정색 화면으로 변하는 걸 직접 목격했다. 그 후로는 계속 자신의 집인 코펜하겐 아파트에 머물렀고, 수란 브런치와 잼을 바른 토스트를 먹으면서 한가로운 시간을 보냈다. 며칠 전이었던 어느 화요일에 사무실을 나선 이후로는 회사에서 아무런 소식이 없었다. 그런데 갑자기 전화기가 울렸다.

전화를 받자, 세 명의 머스크 직원과 동시에 전화 회의를 하게 됐다. 영국 메이든헤드에 있는 머스크 사무실에서 그를 필요로 한다는 이야기였다. 이 공룡 기업의 IT를 담당하는 자회사인 머스크 그룹 인프라 서비스가 이곳, 런던 서쪽에 있다. 하던 일을 모두 멈추고 즉시 이동하라는 명령이 전화를 통해 떨어졌다.

두 시간 후 젠슨은 런던행 비행기에 탑승했다. 비행기에서 내려서는 차를 타고 메이든헤드에 있는 8층 유리벽 건물로 향했다. 도착했더니, 이미 빌딩 4층과 5층은 24시간 응급 지원 센터로 변해 있었다. 단 하나의 임무만 주어졌다. '낫페트야에 공격당한 머스크의 네트워크를 복구하라.'

몇몇 직원은 낫페트야의 공격이 시작된 지난 화요일 이후 계속 복구 센터에 상주해 있었다고 한다. 사무실 책상 밑이나 회의실 구석에 들어가 잠을 자고 있는 직원들도 있었다. 짐 가방을 손에 든 채 세계 곳곳에서 직원들이 도착했다. 머스크가 5킬로미터 이내에 있는 모든 호텔과 모텔을 예약했다. 누군가가 근처 세인즈버리 식료품점에서 사온 간식거리를 회사 간이 식당에 쌓아놨고, 직원들은 이걸로 끼니를 해결하는 듯 보였다.

딜로이트 컨설팅에서 메이든헤드 복구 센터를 관리하고 있었다. 머스크는 이 영국 기업에 낫페트야 문제를 해결해달라며 백지 수표를 건넸다. 순식간에 200명의 딜로이트 직원이 메이든헤드 사무실에 모였고, 400명의 머스크 직원들도 함께했다. 그리고 낫페트야 사건 이전 머스크에서 사용하던 모든 컴퓨터를 수거해 갔다. 새로 구축한 시스템을 감염시킬 수 있다는 위험 때문이다. 이전 컴퓨터를 절대로 사용하지 말라는 강력한 안내문도 붙었다. 그렇게 하는 동시에, 메이든헤드의 전자제품 상점들을 모두 돌아다니면서 새 노트북과 선불 와이파이 핫스팟을 구매해 사용했다. 다른 머스크 IT 직원들과 마찬가지로 젠슨도 새 노트북을 받고 작업에 나섰다. "거의 이런 식이었어요. '자리는 네가 알아서 찾고 빨리 일하라. 뭐든 필요한 일은 다하라.'" 젠슨이 이야기했다.

작업 초기 머스크 네트워크를 복구하던 직원들은 뭘 해야 할지 몰랐다. 머스크가 갖고 있는 거의 모든 서버에 대한 백업을 찾았다. 낫페트야 공격이 있기 3일 전부터 7일 전까지의 데이터가 있었다. 하지만 가장 중요한 백업을 찾지 못했다. 머스크 네트워크 어디에 어떤 서버가 있는지 알려주는 지도 같은 역할을 하고 누가 어떤 서버에 접근할 수 있는지에 대한 규칙을 정하는 서버를 도메인 컨트롤러라고 부르는데, 이에 대한 백업을 찾을 수 없었다.

머스크에는 150여 개의 도메인 컨트롤러가 있었는데, 서로 데이터를 동기화하도록 프로그램돼 있었다. 이론상으로는 이 하나하나가 백업 역할을 할 수 있다. 하지만 이 같은 분산 백업에는 치명적인 단점이 있다. 지금처럼 모든 도메인 컨트롤러가 동시에 지워졌을 때다. "도메인 컨트롤러를 복구할 수 없다면, 복구할 수 있는 게 아무것도 없어요." 한 머스크 IT 직원이 그 당시를 회상하며 말했다.

전 세계 데이터센터의 IT 관리자들에게 수백 통의 전화를 돌리며 살살이 뒤졌다. 그리고 드디어 홀로 살아남은 도메인 컨트롤러를 멀리서 찾아냈다. 가나에 있는 서버였다. 낫페트야 공격이 시작되기 전, 정전으로 인해 가나 오피스가 오프라인이 됐다. 덕분에 컴퓨터가 네트워크와 분리될 수 있었다. 악성코드에 영향을 받지 않은 유일한 도메인 컨트롤러였으며, 오로지 정전 덕분이었다. "이 서버를 찾았을 때, 사무실은 축제 분위기였어요." 한 머스크 시스템 관리자는 이렇게 기억한다.

메이든헤드의 긴장한 엔지니어들은 조심스레 가나 사무실과 네트워크를 연결했다. 하지만 네트워크 대역폭이 너무 작은 탓에 수백 기가바이트의 도메인 컨트롤러 백업을 영국으로 전송하려면 며칠이 걸릴 것 같았다. 다음 아이디어는 가나 직원을 런던으로 향하는 다음 비행기에 태우자는 것이었다. 하지만 서아프리카에 위치한 사무실에서 영국 비자를 갖고 있는 사람은 아무도 없었다.

그래서 메이든헤드 팀은 일종의 이어달리기를 계획했다. 가나 사무실 직원 한 명이 나이지리아까지 날아와 다른 머스크 직원을 공항에서 만난 후 이 소중한 하드디스크 드라이브를 전달한다. 그러면 다음 직원이 머스크의 미래가 달린 하드디스크 드라이브를 들고 여섯 시간 반을 날아 런던 히드로 공항에 도착한다는 아이디어였다.

도메인 컨트롤러 구출 작전이 끝나면, 메이든헤드 사무실에서는 머스크의 핵심 서비스를 온라인으로 돌리는 작업을 시작할 수 있다. 마침내 첫 복구가 끝나고, 머스크의 항만 운송 사업부에서는 선적 파일을 읽어들일 수 있었다. 드디어 항구에 도착한 초대형 컨테이너 선박에 무엇이 들어있는지 알 수 있게 됐다. 며칠 후 머스크는 Maerskline.com을 통해 예약을 받기 시작했다. 하지만 전 세계 터미널이 정상으로 돌아가기까지는 일주일이 넘는 시간이 더 필요했다.

한편 머스크 직원들은 가능한 모든 방법을 동원해 일을 했다. APM 항구에서는 테이프를 써서 문서를 컨테이너에 붙였고, 직원 개인의 지메일 계정, 왓츠앱WhatsApp, 엑셀을 이용해 선적 주문을 받았다. "왓츠앱으로 컨테이너 500대 분량의 주문을 받는 일이 정상적인 모습은 아니죠. 하지만 우리는 그렇게 일했어요." 어느 머스크 고객이 한 말이다.

공격이 있고 나서 2주가 지나서야 머스크는 개인용 컴퓨터를 직원들에게 지급할 만큼 정상화됐다. 코펜하겐 본사 지하에 있는 식당은 컴퓨터 재설치 라인으로 변했다. 한 번에 20대의 컴퓨터가 식탁 위에 놓였다. 머스크 직원들은 일일이 USB 드라이브를 컴퓨터에 꽂았고, 몇 시간 동안 컴퓨터 재설치를 위해 마우스를 클릭했다.

메이든헤드에서 돌아오고 나서 며칠이 지나자 헨릭 젠슨도 컴퓨터를 받았다. 하드디스크 드라이브는 깨끗이 지워졌고, 윈도우가 새로 설치돼 있었다. 젠슨뿐만 아니라 모든 머스크 직원의 개인 컴퓨터에 저장돼 있던 데이터들이 모두 사라졌다. 간단한 메모부터 거래처 정보와 가족 사진까지 모두 삭제됐다.

27
대가

머스크가 낫페트야 공격에서 벗어나고 5개월이 지난 후, 짐 하게만 스나베 회장은 스위스에서 열린 다보스 세계경제포럼 무대에 섰다. 이곳에서 그는 머스크 IT 팀이 보여준 영웅적인 활약을 칭찬했다. 스나베 회장은 6월 27일 스탠포드에서 열린 콘퍼런스에 참석하고자 캘리포니아에 머무르고 있었다. 그가 새벽 4시에 전화를 받고 처음 잠에서 깼을 때부터 회사가 4,000대의 서버와 4만 5,000대의 컴퓨터를 복구하는 데까지 불과 10일밖에 걸리지 않았다. (완벽한 복구는 사실 더 오래 걸렸다. 메이든헤드 사무실에서 일한 직원들 중에는 머스크에서 사용하는 소프트웨어를 복구하려고 거의 두 달이나 밤낮으로 일한 사람도 있었다.) "인간의 끈기로 문제를 해결했습니다." 스나베 회장이 청중에게 한 말이다.

그 후로 스나베는 회사를 잘 경영했다. 머스크는 사이버 보안을 개선했을 뿐 아니라, 이를 회사의 경쟁력으로 승화시켰다. 실제로 낫페트야 사건 이후, 보안 기능 관련 업무는 요청만 하면 거의 승인되는 분위기였다고 IT 직원들이 전했다. 멀티팩터 인증이 전사에 걸쳐 실시됐고,

운영체제도 윈도우 10으로 업그레이드됐다.

스나베는 낫페트야 이전의 회사 보안에 관해서는 말을 아꼈다. 머스크 보안 직원의 말을 빌리면, 그때까지도 윈도우 2000이 동작하는 서버가 있었다고 한다. 너무 오래돼서 마이크로소프트도 지원을 끊은 운영체제였다. 2016년에 IT 이사진 중 한 그룹이 머스크 네트워크를 보안을 위해 다시 디자인해야 한다고 주장했던 적이 있다. 머스크의 불완전한 소프트웨어 패치, 오래된 운영체제, 부족한 네트워크 분리 등을 이유로 들었다. 그중에서도 특히 마지막 취약점에 주목할 만했다. 다음 해 낫페트야가 했던 것처럼, 네트워크 분리가 잘돼 있지 않으면 네트워크에 침입한 악성코드가 다른 곳으로 빠르게 퍼져 나갈 수 있기 때문이다.

이 보안 계획은 승인도 받았고 예산도 주어졌다. 하지만 계획대로 네트워크 보안 수준을 높인다고 해서 이게 겉으로 드러나지는 않는다. 또한 계획대로 진행됐다고 해서 직원들이 보너스를 받을 수 있는 것도 아니었다. 회사는 보안 개선 사업을 적극적으로 진행하지 않았다.

보안에 적극적으로 돈을 쏟아붓는 회사는 그리 많지 않다. 다보스 연설에서 스나베는 낫페트야 공격 때 회사가 적극적으로 대응하고 수동으로 시스템을 되돌려서 전체 운송 물량에서 20%가 감소하는 데 그쳤다고 이야기했다. 하지만 휴업에 따른 손해와 네트워크 복구에 들어간 비용을 빼고도, 머스크는 고객이 화물을 다른 경로로 재배송하고 보관하는 데 쓴 비용을 보상해야 했다. 화물을 급하게 전세기에 실어 보내느라 들어간 수백만 달러의 비용을 보상받은 사례도 있다. "수백만 달러를 지불하는 데 채 2분도 걸리지 않은 것 같아요." 수백만 달러의 비용을 보상받은 고객이 한 말이다.

다보스 연설에서 스나베는 낫페트야 때문에 총 2억 5,000만 달러에서 3억 달러의 비용이 들었다고 밝혔다. 이에 대해 내가 개인적으로 연락한 직원들은 회사에서 비용을 낮춰 부른 것 같다고 생각했다.

어찌 됐든 낫페트야가 남긴 상처가 대단하다는 사실을 방증하는 것임에는 틀림없다. 머스크 소유 터미널에 생계가 달린 운송 회사들이 모두 보상을 받은 것은 아니다. 예를 들어, 뉴어크 항구에 기반을 둔 운송 회사 바이스테이트 모터 케리어스 회장 제프리 베이더는 다른 운송 회사와 트럭 운전사에게 줘야 할 돈이 아직도 수천만 달러가 남아있다고 이야기했다. "악몽 같아요. 엄청난 손실이 났어요. 분노가 끓어올라요." 베이더가 말했다.

머스크 사태로 세계 공급망이 틀어진 것에 대한 비용은 훨씬 측정하기 어렵다. 물품이 제때 도착하지 않아서 발생한 손해, 공장 설비 부품이 도착하지 않아서 발생한 손해를 계산하기는 쉽지 않다. 물론 낫페트야가 머스크만 공격한 것은 아니다. 다른 업체들도 머스크와 비슷한 손해를 입었다. 똑같이 시스템이 마비됐고, 똑같이 네트워크가 잠식당했으며, 복구하려고 똑같이 노력했다. 단순히 머스크가 입은 손해를 공격당한 업체 수만큼 곱해보자. 러시아의 사이버 범죄가 얼마나 큰 피해를 입혔는지 그 심각성을 짐작할 수 있다.

낫페트야가 활동을 시작한 날, 뉴저지에 기반을 둔 시가총액 2,000억 달러 규모의 제약업체인 머크도 공격을 받았다. IT 직원에 따르면 관리자가 전사 네트워크를 차단하기까지 90초가 걸렸는데, 그동안 1만 5,000대의 윈도우 컴퓨터가 사라졌다고 한다. 머크는 이런 상황을 대비해 백업 데이터센터를 운영하고 있었다. 하지만 이 백업 데이터센터는 접근이 까다로운 저장소에 보안 위급 상황을 위해 마련된 센터가 아니라, 머크 네트워크가 필요할 때마다 데이터를 복구할 수 있도록 마련된 접근이 용이한 서버였다. 다시 말해 낫페트야 쓰나미가 이곳까지 밀려왔다. "머크 네트워크와 백업 센터가 동시에 공격을 당하면 어떻게 해야 한다는 계획이 없었어요. 그런데 그런 일이 벌어진 거죠." IT 직원의 말이다. "모든 윈도우 시스템이 다운됐어요. 이런 공격은 상상하지 못했어요."

낫페트야가 전 세계 머스크 터미널을 휩쓸고 지나간 것처럼, 머크를 물리적으로 빠르게 공격하기 시작했다. 약품 연구는 마비됐고, 제약 공장 상당수가 동작을 멈췄다. "요즘 컴퓨터 없이 무슨 일을 할 수 있겠어요." 머크 소속 과학자가 워싱턴 포스트에 한탄하듯 말했다. 몇 달이 지나 투자자들에게 전달된 재무제표에 따르면, 자신들이 생산한 유두종 바이러스 백신을 250억 달러 상당이나 질병통제센터에서 빌려와야 했다고 한다. 하원 의원 두 명은 미국 보건복지부에 서한을 보내기도 했다. 머크의 낫페트야 사태에서 본 것처럼, '주요 의료품 공급에 차질이 생겼을 때를 대비해 미국이 어떤 대비를 하고 있는지 궁금하다.'는 내용이었다.

공격이 있고 나서 8개월이 지났을 무렵, 머크는 이번 악성코드 공격으로 총 8억 7,000만 달러에 달하는 막대한 피해를 입었다고 주주들에게 보고했다. 페덱스와 유럽 자회사인 TNT 모두 이번 공격에 당했다. 데이터 복구에 수개월이 걸렸고, 이 때문에 총 4억 달러가 증발했다. 프랑스 건설사 생고뱅도 비슷한 금액을 날렸다. 영국 제조사 레킷 벤키저는 1억 2,900만 달러, 식료품을 생산하는 몬델리즈는 1억 8,800만 달러의 손해를 입었다. 또한 상장하지 않은 많은 회사가 얼마나 손해를 입었는지조차도 밝히지 않았다.

전직 국토안보 보좌관 톰 보서트에 따르면, 백악관은 이 사건으로 인한 피해를 100억 달러 이상으로 추산했다. 톰 보서트는 당시 트럼프 대통령의 보안 관련 최고 당국자였다. 보서트는 이 천문학적인 액수가 최대 피해액이 아니라 피해를 최소로 잡았을 때를 기준으로 산정한 액수라고 강조했다. 실제 피해 규모는 훨씬 더 클 수 있다는 이야기다. "사상자는 없지만, 작은 전쟁에서 승리하기 위해 전략핵을 사용한 것과 마찬가지예요." 보서트가 설명했다. "절대 묵과해서는 안 되는 무모한 공격이에요."

사이버 공격에서 100억 달러 규모의 피해가 얼마나 큰 것인지는 쉽게 상상할 수 없다. 2018년 3월 애틀랜타 시정부를 마비시켰던 랜섬웨어 공격과 비교해보자. 이 역시 악몽 같은 경험이었지만, 훨씬 일반적인 랜섬웨어 공격이었다. 그때 피해를 대략 1,700만 달러로 추산하는데, 낫페트야로 인한 피해 규모의 0.2%도 안 되는 수준이다. 유례를 찾아볼 수 없을 만큼 인터넷을 농락했던 워너크라이조차 40억 달러 정도로 그 피해 규모를 추산할 뿐이다. 한마디로 피해액을 따졌을 때는 낫페트야에 견줄 만한 공격이 없는 셈이다.

"경종을 울리는 사건이에요." 머스크 회장 스나베가 다보스 패널에 앉아 이야기했다. 그리고 스칸디나비아 특유의 절제된 표현으로 다음과 같은 말도 덧붙였다. "아주 비싼 수업료를 지불했어요."

낫페트야로 인한 피해를 모두 금액으로 산정할 수는 없다. 잘 알려지지 않은 회사 중에 뉘앙스라는 회사가 있다. 음성인식 소프트웨어를 개발하는 회사다. 아이폰 시리 초기 버전에 사용되기도 했고, 포드 자동차의 음성인식 시스템에 들어가기도 했다. 또한 2017년까지, 삶과 죽음을 다루는 중요한 기관에서 뉘앙스의 기술을 많이 사용했다. 바로 병원이다.

다른 다국적 기업이 당한 것과 마찬가지로, 낫페트야는 뉘앙스의 우크라이나 사무실에서 시작됐다. 인도부터 한국과 매사추세츠 벌링턴 본사까지 세계 70개 사무실에 걸쳐 시스템을 공격했다. 머스크 사태와 마찬가지로 당황한 IT 관리자들은 수천 대의 컴퓨터와 서버를 복구하려고 몇 주를 보냈을 것이다. "참호전 같았어요." 복구에 참여했던 전직 뉘앙스 직원이 나에게 한 말이다. "사무실이 응급실처럼 돌아갔어요. 사람들은 24시간 일했고, 빈 회의실은 침대로 채워졌어요."

결국 낫페트야 때문에 뉘앙스는 9,200만 달러의 손해를 입었다. 머크와 페덱스가 입은 피해에 비하면 적지만, 뉘앙스가 제공하는 전자 의료 기록 서비스는 전 세계 수백 개의 병원과 수천 개의 클리닉에서 사용하는 서비스다. 따라서 병원에서 실질적인 피해가 발생했다는 점이 문제였다.

공격이 있었던 아침에 재키 몬슨은 캘리포니아 로즈빌에 있는 회의실에 있었다. 새크라멘토 근교에 위치한 곳이다. 그는 유타에서 하와이에 이르기까지 74개가 넘는 병원과 클리닉이 속한 서터 헬스라는 병원 체인에서 정보보호 최고책임자로 일했다. 이른 아침 머크의 정보보호 최고책임자로부터 머크가 낫페트야에 감염돼 곤욕을 치르고 있다는 불길한 전갈을 받았다. 헬스케어산업 사이버 보안 대책위원회가 사용하는 메일링 리스트를 통해서였다. 오바마 정부에서 만든 이 대책위원회는 의료기관에 대한 사이버 보안을 점검하는 기관이다. 캘리포니아 시간으로 오전 9시쯤 몬슨은 전 세계 헬스케어 보안 위원들과 긴박한 회의를 갖는다. 모두들 낫페트야가 자신들을 지나치길 바랐다.

회의가 시작된 지 30분이 지났을 무렵에 몬슨은 서터의 헬스케어 정보 관리 시스템 책임자로부터 또 다른 전화를 받는다. 서터 소속 병원들이 아직 낫페트야에 영향을 받지는 않은 것 같다는 소식이었다. 몬슨은 다소 긴장을 늦췄다. 그런데 다른 이상한 문제가 발생했다. 지난 한 시간 동안 뉘앙스 시스템이 다운됐다. 서터 병원 소속 의사들을 대신해 환자의 의료 기록을 업데이트해주는 음성인식 시스템이 다운된 것이다.

몬슨은 상황의 심각성을 파악했다. 서터 소속 전 병원에서 의사들은 뉘앙스 시스템을 이용해 음성으로 환자 의료 기록을 수정한다. 경우에 따라 몇 시간 분량의 음성도 있다. 그런데 아무것도 반영되지 않았다. 그날 아침 수술이 잡혀 있던 환자들 중에는 수술을 해도 좋다는 주치의의 승인이 반영되지 않은 경우도 있었을 것이다. 또는 장기 이식과 같이 의사가 꾸준히 상황을 지켜보며 약을 처방해야 하는 상황에서 중요한 내용이 빠졌을 수도 있다.

서터 응급 상황 팀은 수십 개 병원에 있는 환자 기록 수천 개를 확인하며 뉘앙스 시스템 때문에 발생할 수 있는 심각한 결과가 있는지 빠르게 확인하기 시작했다. 동시에 몬슨과 동료들은 소속 의사들이 의료 기록을 평소처럼 처리할 수 있도록 대체 시스템을 찾는 데 혈안이 됐다. 비록 뉘앙스 시스템과의 연결은 끊겼지만, 서터 시스템에 설치된 소프트웨어는 아직 동작하고 있었다. 하지만 이 소프트웨어는 사용하기가 불편하고 다양한 악센트를 제대로 인식하지 못한다는 단점이 있다. 병원에 소속된 서기는 이미 다른 일을 하고 있었다. 뉘앙스와 비슷한 서비스를 제공하는 경쟁사로 넘어가려면 2주는 족히 걸린다. 불과 24시간 만에 서터에는 처리되지 않은 환자 의료 기록 수정이 140만 개나 쌓였다. 하나하나가 환자의 생사를 결정짓는 중요한 걸로 보였다.

다른 주에서는 다른 병원 체인이 낫페트야에 더 호되게 공격을 받았다. 펜실베이니아에서 두 병원을 거느리고 있는 소규모 병원 체인인 헤리티지 밸리 헬스 시스템의 이야기다. 병원 IT 부서에서 일하는 관계자의 말에 의하면, IT 관리자가 뉘앙스 시스템이 감염될 때 이 시스템에

로그인했다고 한다. 이로 인해 병원 시스템으로 직접 감염이 확산됐다. 펜실베이니아 시각으로 8시가 되기도 전에 이미 2,000대의 컴퓨터와 수백 대의 서버가 감염됐다.

헤리티지 밸리 직원에 따르면, 엑스레이나 CT 촬영 장치들은 윈도우가 설치돼 있지 않아 이번 공격을 받지 않았다고 한다. 하지만 다른 윈도우 시스템은 모두 공격을 받은 탓에 병원 운영이 불가능했다. "MRI 촬영 장치는 영향을 받지 않았어요. 하지만 MRI 사진을 촬영기에서 가져오는 소프트웨어는 윈도우 기반 컴퓨터에 설치돼 있었고, 공격을 받았어요." 나에게 한 말이다. "촬영한 결과를 볼 수 없는데, 촬영해서 뭐 하겠어요."

헤리티지 밸리에 속한 두 곳의 병원 모두 기존 환자들은 계속 돌봤다. 하지만 새로운 환자는 3일 동안 받지 못했다고 같은 직원이 전했다. AP 통신은 이 병원에서 수술이 지연되는 사태가 발생하기도 했다고 보도했다. 56세 여성인 브렌다 피사스키는 당시 쓸개 수술을 받아야 했는데, 병원 전체에 울려 퍼지는 큰 스피커에서 직원들을 낫페트야 상황실로 모으는 방송이 나와 수술이 지연됐다고 말했다.

"유럽인가, 그 근처 어딘가에서는 비버 메디컬 병원과 스위클리 병원이 공격을 당했고, 모든 컴퓨터가 못 쓰게 됐대! 이 모든 일이 내가 수술실에 들어서자마자 벌어졌어!!!" 피사스키가 페이스북에 올린 글이다. "감사하게도 내 수술에는 컴퓨터가 필요 없었지만, 수술에 컴퓨터가 필요한 다른 사람들은 수술을 취소해야 했어."

■

헤리티지 밸리의 경우는 상황이 조금 다르다. 병원 컴퓨터 대부분이 낫페트야에 당했지만, 자신들의 잘못이 아니라 뉘앙스가 악성코드에 감염됐기 때문에 이들도 감염됐다. 200명이 넘는 환자의 의료 기록이 업데이트되지 않고 남아있었던 것으로 재키 몬슨은 기억한다.

몬슨이 주장하는 바에 따르면, 서터의 경우 성공적으로 모든 응급 상황을 체크해 의사와 IT 직원에게 의료 기록을 반드시 업데이트하라고 지시했다고 한다. "다행히 우리가 적극적으로 대응한 덕분에 환자의 안전과 관련된 문제는 발생하지 않았어요." 그녀가 말했다.

하지만 모든 병원이 이처럼 문제가 없다고 확신할 수는 없는 것 같았다. 한 대형 미국 병원에서 일하는 IT 시스템 연구원은 더 심각한 이야기를 나에게 했다. 병원 이름을 익명으로 처리해줄 것을 요구했다. 그녀는 낫페트야 사건을 겪은 후에야 병원을 어떻게 감염되지 않게 보호할 것인지 심각하게 생각했다고 한다. 사건이 있고 나서 일주일 정도 지난 어느 날 오후, 당황한 동료가 두 어린이의 최신 의료 기록이 누락됐다고 알려왔다. 뉘앙스 시스템과 연결이 끊겨서 발생한 문제다. 이 두 아이 모두 치료를 받기로 돼 있었는데, 의료 기록이 최신 상태여야만 이들이 안전하게 치료를 받을 수 있는 상태였다. 그중 한 어린이는 다음 날 아침 수술을 위해 다른 병원으로 이송됐다.

IT 직원은 얼굴에 핏기가 가시는 것을 느꼈다. 병원에 의료 기록 복사본이 있을까? 어린이의 생명과 관련된 중요한 치료를 미뤄야 하나? IT 직원은 몇 시간에 걸쳐 병원 데이터실에서 음성 기록을 찾아냈다. 40개 정도의 음성 파일을 듣고, 중요한 부분을 발견했다. 다음 날 있을 수술에 의료 기록을 사용할 수 있도록 음성 파일을 문서화해 꼭 병원으로 보내달라고 겨우 요청할 수 있었다.

그리고 다음 주, 같은 직원은 소아과 환자의 의료 기록이 누락된 것을 두 건 더 발견했다. 중요한 시술이 있기까지 하루나 이틀 정도밖에 시간이 없었다. 한 건은 의사가 어린이의 심장을 초음파로 다시 촬영한 다음 의료 기록을 수기로 업데이트해야 했다.

위 네 경우에서는 다행히도 병원이 가까스로 시간에 맞춰 문제를 해결해 치료가 늦춰지거나 잘못된 시술을 하는 것을 피할 수 있었다고 한다. 하지만 어린이 의료정보가 사이버 공격을 당한 사건은 1년 반이 지난 지금도 자신을 괴롭히고 있다고 직원이 말했다. 뉘앙스 시스템을 이용하지 못해 발생한 문제를 해결하기까지는 4개월이 넘는 시간이 걸렸다. 위 네 경우는 해피 엔딩으로 끝났다고 결론을 내렸다. 그런데 낫페트야에 당한 다른 수백 개의 병원은? 다른 수천 명의 환자는? 그녀가 스스로 결론을 내린 것처럼 수천 명의 환자 중에 낫페트야 때문에 중요한 의료 서비스를 제때 받지 못한 사람이 과연 아무도 없을까? "얼마나 많은 환자가 영향을 받았는지, 뉘앙스 사태 때문에 어떤 의료 문제가 발생했는지 알 수 있는 방법이 없어요." 그녀가 말했다. "하지만 충분히 그럴 가능성이 있어요. 공격당한 수를 보세요. 의료 시스템을 복구하기 위해 얼마나 많은 시간을 들였나요."

조슈아 코먼은 위 상황에서 아주 조금이라도 지체됐다면, 인간이 낫페트야의 희생양이 됐을 수도 있다고 이야기한다. 조슈아 코먼은 애틀랜틱 카운슬에서 보안 연구원으로 일하고 있으며, 헬스케어산업 사이버 보안 대책위원회 멤버이기도 하다. 그는 「뉴잉글랜드 저널 오브 메디슨New England Journal of Medicine」에 발표된 연구를 언급했다. 연구에서는 앰뷸런스가 5분 이하의 신호 대기를 하는 것조차 환자가 30일 이내에 병원에서 사망할 확률을 4% 포인트 높일 수 있다고 보고했다.

"얼마나 많은 미국 병원이 뉘앙스를 사용하고 있는지 생각해보세요. 얼마나 오랫동안 시스템이 다운됐죠? 검사 결과, 다른 병원으로의 이송, 퇴원도 생각해보세요." 코먼이 이야기했다. "병원에서는 시간이 제

일 중요해요. 아픔의 정도가 달라지고, 삶의 질이 달라져요. 사망률이
달라지는 것은 물론이고요."

28
후유증

낫페트야 사건이 발생하고 나서 일주일이 지난 때였다. 자동 소총으로 무장한 특수기동대 복장의 우크라이나 경찰이 밴에서 쏟아져 나와 린코스 그룹 본사로 들어갔다. 그들은 빈 라덴을 쫓는 네이비실 팀 6^{SEAL} $^{Team\,Six}$처럼 계단을 달려 올라갔다.

당황한 직원들을 총으로 겨냥하고는 복도에 일렬로 세웠다. 창업자 올레시아 린닉은 나중에 나에게 상황을 이렇게 묘사했다. 린닉이 열쇠로 문을 열겠다고 했는데도, 경찰은 2층에 있는 그녀의 오피스 옆 문을 부숴버렸다. "터무니없는 상황이죠." 린닉은 분노의 한숨을 쉬며 이야기했다.

무장 경찰들은 마침내 그들이 원하는 것을 찾았다. 낫페트야 사태의 1번 감염 머신인 M.E.Doc 서버다. 공격에 사용된 서버를 압수하고 하드디스크 드라이브를 검정 비닐봉지에 넣어 가져갔다.

∎

낫페트야 공격이 시작됐을 때 안톤 체레파노프는 ESET의 사무실인 '휴스턴'에서 일하고 있었다. 이곳에서 그는 이번 공격이 린코스 그룹의 회계 프로그램과 관련이 있다는 걸 몇 시간 만에 알아냈다. 공격이 시작되고, 10시쯤이 되자 ESET 우크라이나 사무실 동료들이 랜섬웨어 메시지를 찍은 사진을 보내왔다. 체레파노프는 ESET의 안티바이러스 소프트웨어가 수집한 악성코드들을 파헤쳐 관련 샘플을 찾았다. 난독화 처리가 약하게 돼 있었으므로 우선 난독화 처리를 걷어냈다. 감염된 컴퓨터의 czvit.exe라는 파일에서 공격이 시작되는 것을 확인할 수 있었다. M.E.Doc 회계 프로그램의 일부분이다.

체레파노프는 여기에 만족하지 않았다. ESET 안티바이러스를 사용하는 고객들이 이번 공격에 피해를 입지 않도록 안티바이러스를 업그레이드하고 배포했다. 그러고는 낫페트야를 무력화할 방법을 모색했다. 워너크라이 사태처럼 킬스위치가 있는지도 확인했다.

낫페트야 공격이 M.E.Doc와 관련이 있다는 것을 파악한 지 며칠 만에 '어떻게 공격이 시작됐는가?'라는 수수께끼가 천천히 풀리기 시작했다. 공격 과정이 너무 복잡하게 얽혀 있었기 때문에 ESET의 브라티슬라바 본사에서는 체레파노프에게 여러 번 설명해달라고 부탁하기도 했다.

체레파노프는 이전에 ezvit.exe 파일을 본 적이 있어서 이를 빨리 알아볼 수 있었다. 2017년 5월 다른 악성코드 감염 사건에서 이 파일을 접했다. 워너크라이가 전 세계를 휩쓸고 간 지 불과 5일이 지난 후 XData라 알려진 다른 랜섬웨어가 ezvit 실행·파일을 매개로 퍼지고 있었다. 이 랜섬웨어의 경우 이터널블루는 사용하지 않았지만, 미미캐츠는 사용했다. 당시 체레파노프는 해커들이 악성코드가 심어진 M.E.Doc 버전을 설치하라고 사용자들을 속였을 것으로 짐작했다. 랜섬웨어 같은 악성코드를 타깃 머신에 설치할 때 해커들이 종종 쓰는 방법이다.

체레파노프는 린코스 그룹에서 일하는 M.E.Doc 개발자에게 이 사실을 이메일로 알렸고, 간단한 답장도 받았다. ESET가 이 악성코드를 방어할 수 있도록 대책을 세운 후 관련 글도 블로그에 올렸다. 하지만 워너크라이라는 태풍이 휩쓸고 간 직후였으므로 비교적 적은 피해를 다룬 그의 글에 집중하는 사람은 그리 많지 않았다.

그런데 한 달이 지난 지금 M.E.Doc가 낫페트야를 감염시키는 매개체로 사용된 것이다. 지난번에 봤던 것과는 비교도 안 된다. 심지어 워너크라이보다도 더 큰 사태였다. 지난 5월 처음 M.E.Doc가 감염 매개체로 사용되는 것을 확인했을 때 이미 체레파노프는 린코스 그룹 웹 사이트에서 M.E.Doc의 모든 2017년 업데이트를 다운로드했다. 낫페트야가 발생하자 이번에는 5월과 6월에 배포한 업그레이드만 다운로드했다. 린코스 그룹이 웹 사이트를 차단하기 직전에 받을 수 있었다. 그리고 며칠 동안 분석하고 또 분석했다. 해커가 독이 든 차 한 잔을 사용해 타깃을 암살하는 것처럼 간단한 방법을 사용하지는 않았다. 타깃 머신에 단순히 감염된 M.E.Doc 파일을 설치하지는 않았고, 소프트웨어를 공식적으로 배포하는 업데이트 서버를 노렸다. 마치 차를 생산하는 인도까지 침입해 차 생산의 근원지를 직접 공격하는 것 같았다. 소프트웨어 업데이트 채널을 공격했다는 이야기는 린코스 그룹 서버 깊숙이 침입했다는 것을 의미한다. "M.E.Doc 자체가 백도어였어요." 체레파노프가 그때를 회상하며 이야기했다.

며칠 동안 감염된 업데이트 코드를 보고 또 봤다. ESET 데이터베이스도 샅샅이 뒤졌다. 하루에 12시간 넘게 일하면서 어떻게 해커가 아무 죄 없는 회계 프로그램을 전 세계에 낫페트야를 전파하는 숙주로 만들었는지 분석했다. 지난 5월 XData를 사용한 해커들이 최소한 두 번에 걸쳐 M.E.Doc의 업데이트 채널을 공격한 것이 드러났다. 그리고 6월, 이를 이용해 훨씬 치명적인 낫페트야 공격을 개시했다.

다른 흔적도 발견한 체레파노프는 다른 조사에도 착수했다. 덕분에 더 깊은 공격의 줄기를 파악하게 됐다.

그는 '텔레봇TeleBots'이라는 해킹 그룹을 면밀히 조사한 적이 있다. 다른 사람들은 이들을 '샌드웜'이라 불렀다. 전년 12월에 에프소사이어티로 위장한 샌드웜이 우크라이나에 두 번째 정전을 일으켰을 때다. 체레파노프는 이들이 2017년 2월과 3월에 다른 공격을 진행한 것도 확인했다. 각 공격에서 해커들이 텔레그램 백도어뿐만 아니라 다른 백도어도 설치한 것을 밝혀냈다. 비주얼 베이직 스크립트, 즉 VBS로 작성한 백도어였다.

여기서 체레파노프의 눈길을 사로잡는 흔적이 발견된다. 그는 M.E.Doc 공격 메커니즘을 분석할 때 다른 주요 우크라이나 금융기관으로부터 흥미로운 이야기를 전해 들었다. 금융기관의 명칭은 밝히지 않았다. 낫페트야에 감염되기 전, 악성코드에 감염된 M.E.Doc가 앞서 말한 VBS 백도어와 이와 비슷한 다른 VBS 스크립트를 설치했다는 이야기였다. 그중 하나는 일종의 '플랜 B'인 것 같았다. M.E.Doc가 발견돼 제거됐을 때를 대비한 것이다. 다른 하나는 실제로 낫페트야를 보내 공격을 실행하기 전, M.E.Doc 백도어가 제대로 동작하는지 테스트하는 것으로 보였다.

VBS로 만들어진 백도어들이 6개월 전에 봤던 공격과 일치한다는 것을 체레파노프가 알아냈다. 낫페트야 공격이 2016년 12월, 우크라이나에서 데이터 파괴와 정전이 발생했던 시점까지 연장됐다. 체레파노프는 퍼즐들을 연결하기 시작했다. 모두 하나로 이어졌다. 바로 샌드웜이다.

샌드웜의 발자취를 더 자세히 들여다본 체레파노프는 2015년까지 거슬러 올라갔다. 2015년 벌어진 킬디스크 공격과 낫페트야가 매우 닮았다. 무차별 데이터 삭제를 자행한 기술이 해커의 손에서 3년 동안 더 발전한 것으로 보였다. 체레파노프는 2016년 12월 삭제된 파일 확장자들과 낫페트야 공격에서 삭제된 파일 확장자들이 거의 일치한다는 것도 확인했다. "해커 입장에서 보면 한 가지 문제가 있었어요. 킬디스크가 혼자서는 감염이 안 된다는 점이죠. 그래서 새 기술을 연습한 것 같아요. 어떻게 타깃 머신을 찾고, 어떤 취약점을 공격해야 하는지 공부한 거죠." 그가 말했다.

M.E.Doc 업데이트를 천천히 살펴본 체레파노프는 해커들이 린코스 그룹의 회계 프로그램이 최적의 숙주가 될 수 있다고 판단한 것 같다고 이야기했다. 낫페트야 공격이 있기 두 달 전인 4월, 해커들이 M.E.Doc 소프트웨어에 백도어를 설치하려 한 흔적을 발견했다. 백도어가 설치된 후 진짜 공격 코드를 설치할 때까지, M.E.Doc 소프트웨어를 사용하는 고객들의 네트워크 속에 잠복해 있었다. 수년 동안 공격을 준비해왔다. 그리고 마침내, 우크라이나 인터넷의 심장을 공격할 수 있는 조합을 만들어낸다. 실험하고, 때를 기다린 다음에 세계를 뒤흔든 악성코드를 뿌렸다. "유일무이한 공격이에요. 엄청난 집념과 인내가 필요한 공격이죠." 체레파노프가 이야기했다.

일요일 새벽 3시가 돼서야 그림 전체를 이해할 수 있었다. 브라티슬라바 동쪽에 있는 아파트 안에 마련한 사무실에서였다. 모니터에서 나오는 빛만이 캄캄한 방을 비추고 있었다. 아내는 이미 잠들었다. 일을 끝내고 잠자리에 들었지만, 장기간 샌드웜이 펼쳤던 공격을 파악한 직후라 쉽게 잠이 오지 않았다. 동이 틀 무렵까지 잠들지 못했다.

낫페트야 사건에서 거의 묻힐 뻔했던 중요한 사실이 있다. 낫페트야에서 킬스위치를 발견할 수는 없었지만, 백신이 있다는 점이다.

이스라엘 정부의 전직 해커이자 보스턴에 위치한 보안업체 사이버리즌에서 보안 연구원으로 일하는 아밋 서퍼는 낫페트야 사건이 터진 지난 6월의 어느 화요일에 텔아비브에서 휴가를 보내고 있었다. 도시 외곽에 사는 가족을 만나러 온 서퍼는 저녁 7시쯤 텔레비전 뉴스를 통해 낫페트야가 퍼지고 있다는 소식을 들었다. 서퍼는 친구들과 밤 10시에 술자리를 갖기로 예정돼 있었다. '아직 세 시간 남았네. 한번 해보지 뭐.' 속으로 생각했다.

서퍼는 낫페트야 샘플을 빨리 구할 수 있었고, 자신의 맥북에서 악성 코드를 분석하기 시작했다. 두 시간이 채 지나지 않았을 때 뭔가 이상한 점을 발견했다. '종료' 함수가 호출되는 부분을 발견한 것이다. 함수 호출은 코드에 있는 일종의 명령어다. 종료 함수를 호출한다는 말은 곧 프로그램을 종료하는 명령어가 있다는 것을 의미하는 셈이다. 서퍼는 여기서부터 거꾸로 코드를 분석했다. 어떤 경로로 이 명령이 실행되는지 파악하기 시작했다. 그리고 곧 환희에 찬 미소를 지을 수 있었다. 낫페트야의 파괴 행위를 멈출 수 있는 숨겨진 코드를 찾아낸 것이다.

친구들과 만나기로 한 시내로 향하기 직전, 서퍼는 종료 함수를 호출하는 'if/then' 문을 정확히 찾아냈다. 메인 윈도우 디렉터리에 확장자가 없는 'perfc'라는 이름의 파일이 존재하면, 낫페트야는 동작을 멈춘다. 서퍼는 이걸로 컴퓨터의 데이터를 구할 수 있다고 생각했다. 낫페트야의 암호화 알고리즘이 사용하는 파일일 수도 있다. 예를 들어 데이터를 두 번 암호화하는 걸 피하기 위해 암호화가 끝났다는 표시가 필요했을지도 모른다. 어찌 됐든 컴퓨터 관리자가 'perfc'라는 이름을 가진 파일을 정확히 저 디렉터리에 만들면, 낫페트야를 피할 수 있다. 양의 피를 문에 바르면 죽음의 천사가 맏아들을 죽이지 않고 넘어갔다는 유월절 이야기와 흡사한 경우였다.

전 세계를 위기에 빠뜨린 악성코드를 치료할 수 있는 한 가닥 희망을 발견한 서퍼는 이 사실을 트위터에 공개했다. 낫페트야에 '킬스위치'가 있다고 글을 올렸다. 정말 위기의 사이버 세계를 구할 수 있을까? 텔아비브에 있는 바에서 친구들과 맥주를 마시고 있을 때, 전화기에 수많은 메시지가 쏟아졌다. 보안 연구원, 네트워크 관리자, 리포터들은 이 파일로도 낫페트야 활동을 멈출 수 없다고 알려왔다.

킬스위치를 발견했다는 기쁨도 잠시였다. 마커스 허친스가 워너크라이에서 발견했던 킬스위치가 완벽한 킬스위치였다면, 사실 서퍼가 발견한 것은 완벽한 킬스위치에 조금 미치지 못했다. 낫페트야의 감염을 멈추려면 'perfc' 파일 외에도 한 가지 조건이 더 필요했다. 킬스위치가 제대로 동작하려면, 낫페트야에 감염되기 전에 파일이 존재해야 했던 것이다. 즉, 일종의 예방 주사가 필요하다는 이야기다.

서퍼가 제작한 백신을 설치한 컴퓨터는 다행히 낫페트야를 피해갈 수 있었다. 하지만 그날 밤 보안 커뮤니티에서 백신을 테스트하고 검증한 뒤 이를 공유하기까지는 시간이 필요했고, 백신에 대한 검증이 끝난 건 이미 낫페트야가 널리 퍼진 후였다. 낫페트야로 인해 100억 달러 상당의 손해가 이미 발생했다. 죽음의 천사가 이미 전 세계를 휩쓸고 지나간 후였다.

■

서퍼의 작업이 때를 맞추지 못해 성공적이지 못했지만, 적어도 우크라이나 정부의 눈길은 끌었다. 사이버리즌은 우크라이나 당국과 계약을 맺는다. 그리고 키예프 경찰은 린코스 그룹 본사를 급습해 서버를 압수하고 사이버리즌에 아주 획기적인 제안을 한다. 경찰이 압수한 린코스 그룹 서버에 대한 분석을 의뢰받은 것이었다.

린코스 서버실을 급습한 다음 날, 우크라이나 경찰은 키예프에 있는 서퍼의 두 동료에게 압수된 하드디스크 드라이브의 접근을 허용한다. 하드디스크 드라이브는 아직 검정 비닐봉지에 담겨 있었다. 이들은 빠르게 모든 데이터를 복사했다. 서퍼는 보스턴 본사에서 동료들 노트북에 원격으로 접속해 린코스 로그를 분석하기 시작했다. 정오부터 저녁 늦게까지 린코스 그룹의 M.E.Doc 인프라를 공격해 코어까지 침투해간 해커의 조각난 발자취를 연결하기 시작했다. 서퍼는 너무 몰두한 나머지 사이버리즌 사무실에서 집으로 우버를 타고 가는 와중에도 노트북으로 작업을 이어갔다. 그날 밤 씻는 시간조차 아까운 마음에 욕조 위 선반에 컴퓨터를 올려놓고 목욕을 하면서 리버스 엔지니어링을 이어갔다.

그리고 마침내 린코스 그룹 사건의 대략적인 이야기를 이해할 수 있었다. 해킹은 린코스 웹 사이트의 콘텐츠 관리 시스템에 존재하는 취약점에서 시작됐다. 콘텐츠 관리 시스템은 일종의 웹 사이트 디자인 소프트웨어다. 여기에 해커가 '웹 셸web shell'을 만들었다. 웹 셸은 간단한 관리 도구라 할 수 있는데, 이를 이용하면 해커가 컴퓨터에 원하는 소프트웨어를 설치할 수 있다.

정확히 어떤 방법을 사용했는지 서퍼가 나에게 설명하지는 않았지만, 웹 서버에 먼저 침투한 다음 같은 네트워크에 연결된 M.E.Doc 업데이트 서버에 접근했다. 이어서 업데이트 서버가 배포하는 소프트웨어 업데이트에 백도어를 설치했다. 린코스 그룹 인프라에 악성코드 감염 경로를 숨긴 영리한 방법을 택했다. 마치 숙주의 손발과 두뇌로 동시에 뻗어 나간 기생충 같았다.

더 놀라운 점은 해킹된 업데이트 서버와 M.E.Doc 업데이트에 설치된 백도어의 통신 방식에 있었다. 전 세계 M.E.Doc 소프트웨어와 린코스 그룹 서버는 HTTP로 통신했다. HTTP는 웹 브라우저가 웹 사이트에 접속할 때 기본적으로 사용하는 통신 방식이다. HTTP로 메시지를 주고받을 때 사용하는 '쿠키'를 이용해 명령을 주고받았다. 쿠키는 웹 사이트가 브라우저에 설치할 수 있는 작은 데이터를 말하는데, 보통은 사용자의 활동을 추적하는 데 사용한다.

해킹된 M.E.Doc 서버에 설치된 명령제어 소프트웨어가 백도어가 설치된 컴퓨터에 쿠키를 사용해 비밀리에 명령을 보낸다. 낫페트야 같은 악성코드를 설치하라는 명령을 보낼 수도 있고, 회계 프로그램이 설치된 머신에서 파일을 복사하라는 명령을 보낼 수도 있다. M.E.Doc의 인프라를 이용하기 때문에 발견하기가 쉽지 않다. "M.E.Doc 인프라를 사용해 해킹 명령을 보낸 것은 꽤 참신한 방법이에요." 서퍼가 말했다. "해커로서는 영리한 선택이었어요."

서퍼는 전혀 생각하지 못한 방법으로 해킹이 진행된 것에 대해 충격을 받은 듯했다. 민첩하고 혁신적인 해커들이 낡고 조잡한 M.E.Doc의 서버 소프트웨어에 구멍을 뚫었다. "어렵지는 않았을 거예요." 서퍼가 이야기했다. 린코스 그룹을 폄하하지 않으려 애쓰는 모습이 보였다.

M.E.Doc 서버의 보안 문제가 하루 이틀의 문제가 아니라는 점도 주목할 만하다. 린코스 하드디스크 드라이브에 기록된 2015년 11월의 로그 파일에서 서퍼는 다른 문제를 발견했다. 낫페트야 사건이 발생하기 수년 전에 기록된 네트워크 로그다. 여기서 서퍼는 또 하나의 숨겨진

웹 셸을 발견했다.

2015년 감염이 낫페트야와 연관이 있다거나 낫페트야를 퍼뜨린 해킹 그룹과 관련이 있다고 단정지을 수는 없다. 하지만 20개월 이상이나 전 세계를 공포에 떨게 했던 사건에 사용됐던 서버를 누군가가 이전에도 몰래 접근했다. 샌드웜의 공격을 절정에 이르게 했던 서버가 사실은 샌드웜이 크리스마스 연휴 공격을 하기도 전에 누군가에 의해 이미 해킹됐던 것이다. 참으로 취약한 서버가 아닐 수 없다.

29
거리

올레시아 린닉은 낫페트야에 대해 이야기할 때마다 그날의 악몽이 떠오르는 듯하다. "당시 어떤 느낌이었냐 하면, 공포 영화 속에서 살고 있는 느낌이었어요." 린코스 그룹 회의실에서 린닉이 이야기할 때 그녀의 감정을 느낄 수 있었다. "우리 회사의 슬로건은 '문제없는 회계 보고'였는데, 우리가 문제 그 자체였으니까요."

지난 7년 동안 회사를 키운 린닉의 노력은 매스컴에도 몇 번 등장했다. 린닉은 아버지가 운영하던 회계 소프트웨어 회사에서 M.E.Doc를 분리해 새로운 상품으로 만들었다. 린닉은 작은 아이디어를 큰 비즈니스로 만드는 데 성공한 사업가다. 거의 300명의 직원을 고용했고 동시에 네 명의 자녀를 키웠다. 회사는 그녀의 다섯 번째 자녀였다. "내 다섯 번째 자식이에요. 그런데 첫째 대접을 받았어요. 다른 아이들보다 더 많은 관심을 받고 자랐죠." 린닉이 짧은 미소를 지으며 말했다. "그런데 7년 동안 쌓아온 명성이 한순간에 무너졌어요."

나는 좀 무례한 질문을 하려고 했었다. 그러길래 왜, 그렇게 정들인 회사였던 린코스의 보안에는 그렇게 무심했나요? 전 세계를 감염시킬 강력한 메커니즘인데, 아니 왜 보안에 신경 쓰지 않았나요?

하지만 린닉은 내가 묻기도 전에 대답했다. 의도적으로 제품을 보호하지 않았거나 고객이 사이버 공격을 받도록 내버려둔 것이 아니라고 했다. 다만, 단순히 자신들이 타깃이 되리라고는 상상하지도 못했다고 했다. "사실 우리는 무척 기본적이고 간단한 일만 하는 회사예요. 회계사를 돕는 게 우리 역할의 전부죠." 그녀가 말했다. "사이버 보안과 우리는 거리가 있다고 생각했어요."

'거리'라는 말이 그녀의 입에서 나오는 순간 모든 일이 이해됐다. 낫페트야 사태의 정점에서 전 세계 인터넷을 감염시킨 원인을 그 말에서 찾을 수 있었다. 린코스 그룹은 결코 자신이 전 세계에 디지털 공격을 가할 숙주가 되리라 상상하지 못했다. 사건이 발생한 다음 우크라이나 경찰은 현란한 방법으로 악성코드의 진원지인 린코스 그룹을 급습했다. 하지만 진짜 가해자는 아무런 처벌도 받지 않고 수천 킬로미터 떨어진 곳에서 이를 지켜봤다. 미국 정보기관들, 좁게는 미미캐츠를 만든 해커는 자신들이 만든 도구가 적의 손에 들어가면 어떤 일이 벌어질지 생각하지 못했을 것이다. 낫페트야를 만든 해커들도 자신들이 만든 악성코드가 우크라이나를 벗어나 전 세계에 어떤 피해를 입힐지 알 수 없었을 것이다. 물론 서방 국가와 러시아도 마찬가지다.

사이버 전쟁이 발발했을 때 서방 국가들이 우크라이나에 대해 취하는 태도를 우리는 꾸준히 지켜봐왔다. 10년 동안 러시아가 에스토니아, 조지아, 우크라이나 등과 같은 주변국에 행한 사이버 공격이 먼 '거리'에서 일어났다는 이유로 미국은 이를 남의 일로 치부했다. 오바마 정부는 2015년 이후 우크라이나가 맥없이 공격에 당하고 러시아 정부의 지시를 받는 해커들이 무차별 공격을 하는 것을 계속 목격했다. 미국이 취한 '침묵'이라는 태도는 해커들이 수위를 점점 높이게 만들었다. 두 번이나 사상 유례없는 정전 공격을 펼쳤다. 두 번째 공격은 시기도 잘 맞췄다. 임기를 안전하게 마치고 싶어 하는 이전 정부의 말기에 이뤄져 외교적 마찰도 빚지 않았다.

그뿐만이 아니다. 트럼프 행정부는 더 적극적으로 푸틴에게 양보했다. 트럼프는 러시아의 대선 주자 해킹 사건을 토론으로 끌고 나왔다. 그 결과 우크라이나에서 벌어진 주요 기관 해킹 사건은 그 뚜렷하고도 넘치는 증거에도 불구하고 세간의 관심을 받지 못했다. 이와 동시에 트럼프는 연설에서 푸틴을 '강한 지도자'로 치켜세우며, 러시아가 오바마 행정부의 제재 조치에 잘 대응했다고 칭찬하기까지 했다.

한편, 트럼프 행정부가 민족우선주의 정책을 취함으로써 우크라이나 사태는 우크라이나 스스로 해결해야 한다고 전 세계에 공언한 것과 마찬가지였다. 물리적 전쟁이 됐든 디지털 전쟁이 됐든 말이다. "왜 미국 납세자들이 우크라이나 사태에 관심을 가져야 하죠?" 낫페트야 사건이 발생하기 3개월 전에 트럼프 행정부의 국무장관 렉스 틸러슨이 이탈리아에 모인 외교관들에게 한 말이다.

낫페트야가 틸러슨의 질문에 깔끔히 대답을 한 것 같다. 우크라이나에서 사이버 전쟁은 점점 더 심해졌고, 이는 분명히 전 세계가 비슷한 공격에 노출될 것이라는 반복된 경고였음에도 미국은 이를 무시했다. 그리고 예고 없이 동일한 공격이 반복됐고, 그에 따른 대가는 참혹했다.

이런 근시안적 사고로 인해 인류는 사상 유례없는 사이버 전쟁을 경험했다. 사이버 전사들이 적의 인프라를 공격하기 시작했다. 단 한 번의 공격으로 문명사회의 근간을 흔들었다. 제약 회사부터 운송 및 식료품 회사까지 사회 곳곳이 공격을 받았다. 우크라이나를 초토화하고 전 세계로 퍼져 나간 낫페트야는 1997년 존 햄리가 처음 경고했던 '디지털 진주만'이었다.

존스 홉킨스 대학에서 정치 군사학을 연구하는 토마스 리드 교수조차 낫페트야 사건을 통해 과장된 사이버 전쟁이 충분히 일어날 수 있음을 인정했다. 토마스 리드는 사이버 전쟁의 피해에 대해 비판적 시각을 갖고 있는 인물이다. 그는 '사이버 무기'나 '사이버 9/11'과 같은 말이 사건을 과장하고 있다고 비판하며 사이버 전쟁이 가진 잠재적 파괴력에 대해 회의적인 입장을 취해왔던 학자다. "이게 바로 '사이버 9/11' 이네요." 리드가 말했다.

■

낫페트야 사태에 영향을 받은 사람들은 종종 낫페트야를 통제할 수 없는 전염병이나 자연재해에 비유하곤 한다. 물론 자연과는 전혀 상관없다. 이 악성코드는 분명 사람이 만들었고, 이를 만든 해커의 악의적인 의도가 담겨 있다. 그렇다면 다음 질문은 '해커의 의도가 무엇인가?'다.

공격이 있고 나서 거의 1년이 다 됐을 무렵, 나는 ISSP가 옮겨 간 업그레이드된 본사에 방문한 적이 있다. ISSP는 낡고 우중충한 동네를 떠나 스타트업 기업이 몰려 있는 멋진 산업단지로 옮겨 갔다. 근처에는 우버 사무실도 있었다. 회의실에서 올렉시 야신스키를 만났다. 야신스키는 주변 분위기와 사뭇 다른 복장을 하고 있었다. 잘 다려진 비즈니스 캐주얼 대신 찢어진 청바지와 하얀 티셔츠를 입고 있었으며, 까칠한 수염이 자라나 있었다. 전형적인 보안 연구원의 차림새였다.

ISSP 공동 창업자이자 상관이기도 한 올레 데레비안코와 야신스키는 낫페트야의 목적에 대해 빠르게 설명하기 시작했다. 우크라이나 사이버 전쟁에 대한 그럴싸한 이론을 총동원했다. 이들이 설명한 공격의 목적은 협박, 실험, 부수적 피해였다. 그리고 한 가지 놀라운 이야기도 덧붙였다. 낫페트야가 감염된 머신을 파괴하는 데 그치지 않고 자신의 흔적을 지우려는 증거 인멸까지 시도했다는 것이다. 낫페트야 공격을 자행한 해커들은 M.E.Doc 인프라에 침투한 다음 수개월 동안 네트워크를 장악했다. 그러고는 낫페트야가 공격을 개시했을 때 파괴 작업을 수행했을 뿐만 아니라 증거를 인멸하고 다음 공격을 위해 더 많은 정보를 수집했다.

우크라이나에서 낫페트야에 당한 타깃을 야신스키가 며칠 또는 몇 주 뒤에 살펴봤다고 한다. 아무도 나에게 설명해주지 않았던 이야기를 야신스키가 들려줬다. 아밋 서퍼가 발견한 백신, 즉 'perfc'라는 이름의 파일이 낫페트야 공격으로부터 살아남은 컴퓨터에서 발견됐다. 경우에 따라서는 10%에 달하기도 했다. 그런데 놀랍게도, 공격을 당한 회사의 관리자는 자신들이 백신을 설치한 적이 없다고 이야기했다. 백신을 설치하지도 않았는데, 백신이 설치돼 있었고 낫페트야 공격을 피할 수 있었던 것이다.

야신스키는 낫페트야 해커들이 다른 목적으로 '백신'을 사용했을 것으로 생각했다. 감염된 컴퓨터를 다음에 또 사용하기 위해 남겨뒀다는 분석이다. 낫페트야에 당한 회사가 네트워크를 복구했다고 가정하자. 아마도 백신 덕분에 낫페트야가 암호화하지 않은 컴퓨터는 내버려둘 것이다. 이 컴퓨터에는 관리자나 ISSP가 찾지 못한 다른 악성코드가 숨어있을 수도 있다. "전 세계에 침투하기 위한 백도어로 우크라이나를 이용했어요." 야신스키가 말했다. 그리고 그는 아직도 이 백도어가 남아있을 수 있다고 경고했다.

낫페트야와 관련해 다른 사이버 보안 연구원들과도 이야기를 나눈 적이 있다. 이들과 이야기하면서 낫페트야가 공격했던 우크라이나와 무관한 회사들을 단순히 부수적 피해자로 치부하기에는 석연치 않은 점을 발견했다. 서퍼, ESET, 시스코 탈로스 보안 팀 모두가 발견해낸 점이다. M.E.Doc 백도어는 감염된 컴퓨터에서 우크라이나 납세자 식별번호 EDRPOU를 추출해 해커에게 보내는 기능을 탑재했다. 이 ID를 사용하면 해커들은 타깃에 대한 정보를 우크라이나 정부 데이터베이스에서 찾아볼 수 있다. 해커들은 공격을 개시하기 전에 누가 공격을 받을지 미리 알 수 있다는 뜻이다. 따라서 마음만 먹으면 부수적 피해를 줄이면서 타깃을 선별적으로 공격하는 정밀 공격을 펼칠 수 있었다.

시스코의 크레이그 윌리엄스는 이 악성코드가 전 세계에 어느 정도의 피해를 입힐지 러시아가 잘 알고 있었다고 주장한다. 부수적 피해가 사실은 우연이 아니라는 의견이었다. 러시아의 적국에서 사업을 하는 모든 기업을 처단하는 일종의 '통상 금지 조치'라고 말했다. 지나치게 공격적인 통상 금지 조치다. "우연히 공격을 받은 것이라 생각한다면, 그건 희망 사항인 거예요." 윌리엄스가 말했다. "정치적 메시지가 담겨 있는 악성코드예요. '우크라이나에서 사업을 한다면, 나쁜 일이 벌어질 거야.'라는 메시지죠."

지금까지도 낫페트야의 공격 의도에 대해 설전을 벌이는 사람들이 있다. 낫페트야가 러시아 회사를 공격한 것을 이유로 들면서 러시아가 이번 사건의 배후일 리 없다고 주장하는 사람들도 있다. 불가리 과학대학에서 보안 연구원으로 일하는 베셀린 본체프는 낫페트야의 랜섬웨어 부분에 있는 에러를 이유로 숙련된 해커가 작성한 코드가 아닐 것이라 주장한다. M.E.Doc 백도어에 정부 기관이 작업한 흔적이 있음을 인정하면서도 러시아 정부가 한 해킹은 아니라는 주장이다. 이처럼 낫페트야는 자신을 은폐하려 여러 겹의 위장막을 사용했고, 사실 그 위장막 안에 누가 있는지 정확히 밝혀지지 않았다. 진정한 공격 의도도 역시 밝혀지지 않았다.

누구를 공격했든 목적이 뭐였든 간에 낫페트야 사건에서 한 가지 분명한 점은 공격이 시작된 곳이 밝혀졌다는 사실이다. 즉, 사이버 전쟁이 지리적 제약을 받지 않는다는 것을 뚜렷이 입증한 사건이라 할 수 있다. 키예프의 외딴곳에 위치한 M.E.Doc의 서버실에서 보이지 않는 어두운 손이 나와 전 세계를 덮쳤다는 것은 일반인의 상식을 크게 벗어난다. 그런데 그 마수가 수도의 연방 기관을 덮쳤고, 전 세계를 잇는 항구를 거쳐 코펜하겐 항구에 있는 위풍당당한 머스크 본사까지 덮쳤다. 그뿐만이 아니다. 미국 병원의 수술실과 전 세계 경제에 영향을 끼쳤다. "우크라이나 회계 소프트웨어가 가진 취약점이 미국의 백신 공급에 영향을 미치고 전 세계 운송망에 영향을 끼쳤다고요?" 아틀란틱 카운슬에서 보안 연구원으로 일하는 조슈아 코먼이 나에게 물었다. 여전히 뭐가 어떻게 된 건지 이해할 수 없다는 표정을 지었다. "현실 세계와 사이버 세계에서는 전혀 다른 물리 법칙이 각각 작용하는 것 같네요."

물리적 관점에서 보면, 거리가 방어 수단이 될 수 없다는 교훈을 낫페트야가 우리에게 남겼다. '야수barbarian'는 세계 곳곳에 이미 퍼져 있다. 지난 25년간 전 세계를 하나로 묶고 발전시킨 복잡한 네트워크가 이제는 독이 돼 야수를 네트워크에 푼 셈이다. 단 몇 시간 만에 벌어진 일이다.

5부
정체성

배반의 배반의 배반

30
GRU

2017년 말까지 나는 샌드웜을 1년 넘게 추적하고 있었다. 어떻게 낫페트야가 전 세계를 공격할 수 있었는지 연구하는 데 많은 시간을 할애했으며, 그 뒤에 숨어있는 해킹 그룹에 나의 온 관심이 쏠렸다. 내 머릿속에서는 이들을 세계에서 가장 위험한 해커로 규정했다. 그리고 내가 아직도 샌드웜의 정체를 모른다는 사실이 리포터라는 직업을 가진 나를 괴롭혔다.

러시아 해커들 같았다. 그리고 러시아 정부가 배후에 있는 것으로 보였다. 하지만 나는 더 많이 알고 싶었다. 키보드와 모니터 뒤에서 공격을 개시한 샌드웜 멤버 하나하나의 이름, 얼굴, 동기를 알고 싶었다. 인터넷의 익명성을 악용해 전 세계 절반을 공격한 이들에 대해 가능한 한 많이 알고 싶었다.

샌드웜에 대한 나의 관심은 일종의 집착이 됐다. 존 헐퀴스트의 3년 전 전철을 그대로 밟았다. 내가 올렉시 야신스키나 로버트 리와의 어떤 공통점을 갖는 것처럼, 헐퀴스트와도 또 다른 공통점이 있었다. 나도 헐퀴스트처럼 사람들이 믿지 않는 불길한 예언을 했다.

　유례없이 참혹한 결과를 가져왔던 공격이 있었지만, 낫페트야의 배후로 러시아를 지목하는 이는 6개월간 아무도 없었다. 이유를 알 수 없었다. 공격이 휩쓸고 지나간 2017년 여름, 가을, 그리고 겨울, 우크라이나를 제외하곤 러시아를 공격의 배후로 지명한 피해자들은 없었다. 우크라이나를 제외한 어떤 나라도 러시아 대통령궁을 입에 올리지 않았다. 사이버 무기를 가동시켜 수많은 나라를 공격하고, 정부 주도 해킹이 보일 수 있는 거의 모든 공격을 자행했지만, 러시아를 비난하는 서방 국가는 하나도 없었다.

　2007년 러시아의 혹독한 사이버 공격이 있은 후 에스토니아에 설립된 나토 사이버 방어 협력센터는 낫페트야 공격이 발생하고 나서 3일 후에 변변치 못한 성명을 내놓는다. 전 세계 국가들에게 조치를 취할 것을 요구하며, 낫페트야가 어딘가에 있을 어떤 정부에 의해 자행된 공격일 가능성이 높다고 밝혔다. '낫페트야는 국가 또는 국가의 지원이나 승인을 받은 누군가에 의해 자행된 것 같다.'는 내용이었다. '거의 확실하다.'

　하지만 러시아를 지명하지는 않았다. 그리고 공격의 근원지를 공격해 공격을 멈추게 해야 한다고 덧붙였다. 근원지는 아직 알 수 없다고 말했다. 이렇게 말하긴 했지만, 법적으로 낫페트야가 실제로 '무장 공격에 준한 피해'를 입히지 않았기 때문에 나토의 집단안보 조약 5조를 발동할 수는 없다고 이야기했다. 이 조항이 발동되면, 동맹국에 대한 군사적 공격을 전체에 대한 공격으로 간주해 동맹국들이 행동에 나서야 한다.*

---

*　2018년 말 낫페트야 공격이 전쟁 수준에 미치지 않았다는 주장에 공식적으로 이의를 제기하는 예상치 못한 피해자가 등장한다. 다름 아닌 보험 회사였다. 식품 가공업체 몬델리즈가 낫페트야에 의한 피해를 이유로 취리히 보험 회사에 1억 달러의 보험금을 청구하자, 보험 회사는 '정부나 왕권'에 의한 '적대적이거나 전쟁

머스크 회장 스나베가 세계 경제 포럼에서 잠깐 언급한 것과 같은 아주 간단한 연설을 제외하면, 세계 각국의 낫페트야 피해자들은 거의 관련 정보를 공개하지 않았다. 갑자기 발생한 피해의 원인을 주주에게 의무적으로 설명할 때조차 최소한의 정보만 공개했다. 회계장부가 적자투성이로 변하는 와중에도, 주요 다국적 기업 그 누구도 러시아를 배후로 지목하지 않았다. 마치 회사들이 지정학적 충돌이 발생해 아수라장이 된 곳을 공손히 등지고 떠나는 것 같았다. 아니면, 자신들의 사이버 보안 취약점에 이목이 집중되는 것을 피하려 그런 것일 수도 있다.*

사실 나는 러시아가 배후라는 점에 어떠한 의문도 갖지 않았다. ESET의 안톤 체레파노프는 샌드웜이 낫페트야 사건의 배후에 있다는 여러 포렌식 증거를 분석해 공개했다. 다른 많은 보고서도 샌드웜이 우크라이나에서 두 번의 정전 사태를 포함해 꾸준히 사이버 전쟁을 벌였다고 밝혔다. 모든 증거가 러시아를 가리켰다.

초기 공격이 우크라이나에서만 일어났기 때문에 서방 국가들이 여기에 무관심했다는 점은 충분히 이해되는 부분이다. 이들이 오로지 자신들의 문제에만 관심이 있었다는 전제하에서 말이다. 그런데 지금 이들은 자기 땅에서 벌어진 공격을 보고도 모른 척하고 있다.

특히 미국을 비롯한 몇몇 국가들이 취하는 무관심의 표현이 우리를 분노하게 만들었다. 러시아의 해킹이 대통령 선거에 도움을 줬다는 사실을 인정하지 않겠다는 트럼프 대통령의 의지가 러시아가 행한 모든 해킹을 부인하는 걸로 확대된 것인가? 해킹으로 인해 입은 피해에 상

에 준한 행위'에 대해서는 보험금을 지급하지 않는다는 보험약관을 들어 청구를 기각했다. 몬델리즈는 법적 대응에 나섰고, 이 책을 저술하는 현시점에서도 소송은 아직 진행 중이다.

* 이 책의 전반부에서 다룬 공격의 상세한 부분까지 취재하는 과정에서 수개월 동안 익명의 인터뷰를 진행해야 했다. 그 과정에서 머스크를 포함해 피해를 입은 회사의 전현직 임직원을 다수 만났다. 그중 상당수가 낫페트야 사건에 대해 외부 취재진에게 이야기했다는 사실을 회사가 눈치채서 자신이 불이익을 당하지 않을까 우려했다.

관없이? 아니면, 트럼프 행정부가 무능하거나 잘못된 정보를 전달받은 것인가? "단 한 번도 누가 한 일인지 말하지 않았어요." 샌드웜의 도발에 아무런 말도 하지 않는 정부의 행동에 혀를 내두르며 2017년 말 로버트 리가 나에게 한 말이다.

"낫페트야는 서방 세계의 넘지 말아야 할 선이 어디인지 테스트해본 거예요. 그런데 아직 서방 세계에는 그 선이 없는 것 같아요." 존스 홉킨스 대학의 토마스 리드가 말했다. "해킹을 했는데 아무런 대답이 없다는 말은 더 해킹을 해도 된다는 말과 같죠."

■

2018년 1월 마침내 침묵이 깨지기 시작한다. 워싱턴 포스트에서 일하는 정보기관 출신의 리포터 엘렌 나카시마가 그 주인공이다. 민주당 전국위원회 해킹 사건을 처음으로 다룬 바 있는 그녀가 424자의 짧은 기사를 냈다. 'CIA, 러시아군을 '낫페트야' 사이버 공격의 배후로 결론짓다.'라는 헤드라인이었다. 익명의 미 정보당국자가 지난 11월 CIA 보고서를 봤는데, 러시아군의 해커가 낫페트야를 만들었을 '높은 가능성'이 있다는 내용이었다. CIA와 같은 정보기관이 이런 문장을 사용했다는 것은 크라우드스트라이크나 파이어아이 같은 민간 업체가 사용한 것과는 다른 의미를 갖는다. NSA와 마찬가지로 CIA도 사이버 공격의 근원지에 침투할 수 있는 뛰어난 능력이 있다. 다른 이들에게는 불법인 스파이 활동을 포함해서 말이다.

나카시마의 기사는 러시아가 공격의 배후에 있다고 미국 정부가 생각한다는 것을 알리는 데 그치지 않았다. 낫페트야 프로그래머들이 일한 정확한 기관의 이름도 함께 공개했다. 특수기술 전담 센터(GTsST)

다. 러시아 정보총국에 속한 기관이었으며, 러시아 정보총국은 GRU라는 이름으로도 널리 알려져 있었다.

갑자기 익명의 정부 당국자가 러시아를 배후로 지목하는가 하면, 어떤 설명도 없이 지금까지 미스터리였던 샌드웜의 정체를 공개했다. GRU가 낫페트야를 만들었고, 이들의 후원으로 수년에 걸쳐 우크라이나가 공격당했다는 사실은 큰 폭로임에 틀림없지만, 한편으로는 전혀 놀라운 사실이 아니었다. 2016년 미국 대선과 2014년 우크라이나 대선에 관여한 것으로 드러난 팬시 베어 역시 GRU 소속이다. 우크라이나 대선과 관련해서는 팬시 베어가 사이버 베르쿠트로 위장하긴 했었다. 사이버 전쟁에서 여러 번 선을 넘은 샌드웜이 민주주의를 파괴하려는 난폭한 무법자와 같은 소속이라니, 얼추 어울린다.

사실 나는 샌드웜이 GRU의 팬시 베어 해커와 연관돼 있다는 암시를 이전에 이미 들은 바 있었다. 1년 전 캐리비안 세인트마틴 섬의 동쪽 해안에 위치한 한 호텔의 잔디밭에 헐퀴스트와 함께 앉은 적이 있다. 러시아 보안업체 카스퍼스키가 주최한 보안 분석 회의에 참석해 함께 점심을 먹었다. 나는 헐퀴스트가 가장 좋아하는 주제에 대해 질문을 쏟아냈다. 헐퀴스트가 발견하고 이름도 지었던 해커 그룹, 우크라이나 전력망을 몇 달 전 두 번째로 망가뜨린 해커 그룹에 대해 질문했다.

"이건 순전히 루민트예요." 헐퀴스트가 목소리를 낮추고 입을 열었다. (루민트는 정보 커뮤니티에서 사용하는 재미난 은어 중 하나다. '시그인트sigint'는 시그널을 가로채 수집한 정보, '휴민트humint'는 사람에게 얻은 정보, '루민트rumint'는 비밀정보망, 다시 말해 입증되지 않은 소문에 근거를 둔 정보를 뜻한다.)

헐퀴스트는 믿을 만한 정보원에게서 얻은 정보라며 샌드웜과 팬시 베어가 동일한 집단이라고 말했다. "심지어 사람들이 이 두 이름을 바

뛰가며 사용하는 것도 들었어요." 헐퀴스트가 눈썹을 추켜올리며 이야기했다. 나는 당황해하면서 두 그룹이 서로 다른 해킹 도구를 사용하고, 각기 다른 목적을 갖고 활동하며, 성향도 다르지 않냐고 반문했다. 샌드웜은 고도의 기술이 필요한 인프라 해킹에 초점을 맞추는 반면, 팬시 베어는 정치적 활동의 방해와 같은 지저분하고 기본적인 해킹을 주로 했다.

헐퀴스트 역시 어깨를 으쓱거리며 나처럼 당황한 표정을 지었다. 루민트는 거기까지였다.

워싱턴 포스트에 실린 기사를 토대로 헐퀴스트가 했던 이야기를 이해할 수 있었다. 샌드웜과 팬시 베어는 모두 GRU에 속한 해커 팀이다. 헐퀴스트가 말한 정부 쪽 정보원은 이 둘을 굳이 구분할 필요가 없었을 수도 있다. 모두 지나치게 공격적인 GRU 작전을 수행하는 것은 매한가지이므로 이 둘을 하나로 묶었을 수도 있다.

워싱턴 포스트 기사가 나오기 몇 달 전, 키예프 중심부에 있는 비밀 회의실에서 우크라이나 정보기관인 SBU의 당국자 두 명을 만날 기회가 있었다. 샌드웜이 한 공격에 대해 질문했을 때, 헐퀴스트의 루민트와 같은 이야기를 들을 수 있었다. "여러 요인을 종합해볼 때 샌드웜이 팬시 베어라는 미국 친구들 의견에 동의해요." 마트 미하일로프라는 이름의 SBU 분석가가 말했다. 샌드웜과 팬시 베어가 다시 연결되는 순간이었다. "GRU가 우크라이나 인프라 공격의 배후가 아닐까 생각해요."

그 순간, 미하일로프 옆에 앉아있던 신중한 모습의 변호사 동료가 손가락 하나를 치켜세우면서 "메이비maybe(아마도)"라고 영어로 덧붙이며 발언의 책임을 회피하는 듯했다. (국제관계연구소(IIR)에서 러시아를 담당하는 마크 갈레오티에게 이들과 나눈 대화를 언급한 적이 있다. 그때 갈레오티는 자신도 정보원으로부터 샌드웜이 GRU 소속이라는 말을 좀 더 신빙성 있는 어투로 들었다고 이야기했다. "변호사를 배석시키지 않고, 술을 조금 마신 상태에서 대화하면 좀 더 진솔한 이야기를 할 수 있어요." 그가 말했다.)

정황들이 다소 정리되지 않은 상태였다. 하지만 2018년 초 여러 연구원, 분석가, 기자들이 정보를 모아 베일에 가려져 있던 정체를 찾을 수 있었다. 러시아 정부 내 단 하나의 기관이 지난 3년간 벌어진 최소 세 건의 참혹한 해킹 사건을 계획하고 실행했다. GRU가 홀로 역사상 유례없는 해킹을 한 것으로 보인다. 사상 최초로 해킹으로 정전을 유발했고, 미국 대선에 개입했으며, 현존하는 사이버 무기 중 파괴력이 가장 뛰어난 무기를 개발했다. 그렇다면 이렇게 엄청난 일을 벌인 GRU, 대체 그들은 누구일까?

31
변절자

GRU가 구소련 초기에 창설된 후 거의 100년의 시간이 흘렀지만, GRU의 정체는 아직도 베일에 싸여 있다. 이들은 단순히 자신들의 목적, 기술, 도구, 내부 조직 체계만을 비밀로 하지 않았다. 이들의 존재 자체가 수십 년간 비밀이었다.

1918년 레닌이 GRU를 창립했다. 초기에는 RU라는 이름으로 불리면서 붉은 군대의 눈과 귀 역할을 했으며, KGB와 힘의 균형을 유지했다. 그 후 이들은 체카^{Cheka}로 발전한다. 이 스파이 군대 조직의 임무는 대외 공작이었으며, 국내의 적을 제거하거나 감시하는 KGB 활동과는 대비됐다. 대외 공작을 담당한 탓에 KGB처럼 소련 내에서 악명을 떨칠 필요가 없었고, 모스크바 광장에 있는 본청에서 자신들의 악행을 알리지 않아도 됐다. 공산당이 희생양이 필요할 때 하는 내부 숙청, 탄압, 학살에 관여할 필요가 없으니 그에 따른 책임에서도 벗어나 있었다.

베일에 싸인 오랜 기간 동안 GRU라는 이름은 공개 석상에서 문서나 구두 언급을 통해 거의 등장하지 않았다. 그렇다고 GRU가 활동을 하지 않은 것도 아니다. GRU가 KGB의 예산과 인력을 동원해 대외 스파이 활동과 방해 공작을 펼칠 때도, 구소련 붕괴와 함께 막을 내린 KGB보다 긴 수명을 영유할 때도 GRU라는 이름은 널리 알려지지 않았다. 은밀히 활동하는 조직이었다. 구소련과 러시아 국민들에게도 거의 알려지지 않았고, 그들이 은밀히 공작을 펼친 외부 세계에는 더더욱 알려지지 않았다.

GRU의 존재와 역사, 구성원 등에 대해서는 가뭄에 콩 나듯 나오는 변절자를 통해 알 수 있었다. GRU는 조직을 배신하는 변절자에게 가혹한 대가를 치르게 함으로써 정보가 새 나가는 것을 최소화했다. 1978년 성공적으로 GRU를 탈출한 블라디미르 레준 대위가 쓴 책에는 훈련 첫날 그가 본 비디오에 대한 이야기가 있다. 조직을 배신한 대령이 들것에 묶여 산 채로 불 속에 던져지는 모습을 훈련 첫날에 비디오로 봤다는 내용이다. 충성심이 부족한 요원을 관에 넣고 생매장한 이야기를 상관에게 전해 들었다고도 책에 나와 있다.

충격적인 이 이야기가 사실인지는 밝혀지지 않았다. 서방 국가가 최초로 GRU에 대해 공개적으로 기록한 자료는 표트르 포포프에 관한 이야기다. 젊은 중령이었던 표트르 포포프는 비엔나에서 근무했다. 1953년 포포프는 미 대사관에 주차된 차에 메모 한 장을 남긴다. GRU 내부의 미국 스파이로 활동하겠다는 제안이 담긴 메모였다. 볼가강 북쪽에서 가난한 농부의 아들로 자란 29살 청년은 스탈린이 농민들에게 행한 잔혹한 행위를 절대 용서할 수 없었다. 우크라이나에 했던 것처럼, 1930년대 스탈린 정권은 러시아 일부 지역을 초토화한 적이 있었다.

포포프는 비엔나와 베를린에서 구소련 요원들을 채용하는 일을 6년 넘게 하면서 CIA를 만나 GRU 조직도 거의 전부를 넘겨줬다. 여기에는 650명이 넘는 요원들의 명단이 포함돼 있었다. 1959년 베를린에서 구소련 스파이를 빼 오는 작전에 실패한 포포프는 러시아 당국의 수사를 받았다. 그는 즉시 체포됐으며, 결국 이중 간첩 혐의로 총살됐다.

포포프가 고급 정보를 서방 국가에 넘겨주고 사라졌다. 하지만 서방 국가의 정보국은 훨씬 많은 정보를 접할 수 있는 고급 스파이로 갈아탄다. 올렉 펜코프스키다. CIA의 코드 네임 '히어로'로 활동한 GRU 대령이 바로 냉전 시대 최고위층 스파이였다. 포포프처럼 펜코프스키도 역사적 사건 때문에 구소련 정권에 깊은 상처를 입었다. 그의 아버지가 러시아 내전 때 제정 러시아 백군으로 복무하다가 포위당해 목숨을 잃었던 것이다. 펜코프스키는 이런 가족사 때문에 구소련 군대에서 승진할 수 없었다고 생각했다. 따라서 이중 간첩 활동을 해서 자금을 모은 후 차를 구입하고 모스크바 근교에 저택도 마련하고 싶었다. 그리고 언젠가 가족과 함께 서방 세계로 탈출하려는 생각도 있었다.

영국 상인을 통해 영국 정보국과 연락을 주고받은 뒤 1961년을 시작으로 18개월 동안 꾸준히 양질의 기밀문서와 사진을 영국과 미국 정부에 제공했다. 구소련을 위해 산업 스파이 활동을 하고자 런던에 파견됐을 때는 런던에서 정보를 넘겨줬고, 소련에 있을 때는 모스크바 공원에서 영국 정보국 관리의 아내가 끌고 온 유모차 사탕바구니 안에 필름통을 집어넣기도 했다.

그가 보내온 정보는 역사를 바꾸는 중요한 정보들이었다. 당시 소련이 보유한 핵무기 규모도 구체적으로 알 수 있었다. 소련과의 핵 군비 경쟁에서 그들의 핵 능력을 과대평가한 것도 알게 됐다. 1961년 일어났던 또 하나의 중요한 사건에서도 활약했다. 흐루시초프가 쿠바에 핵미사일을 배치할 때, 소련의 전술을 백악관이 알아차릴 수 있도록 펜코프스키가 중요한 정보를 제공했다. 이 정보 덕분에 존 에프 케네디 대통령은 흐루시초프와 정면으로 협상을 시작했고 핵무기 작동 며칠 전에 이들을 철수하게 만들 수 있었다.

이와 거의 동시에 펜코프스키의 배반은 러시아 정보국에 들통이 났다. 그는 체포됐고 여러 차례 취조를 받은 끝에 사형에 처해졌다. 어떻게 펜코프스키의 행동이 발각됐는지는 밝혀지지 않았다.

펜코프스키는 소련군이 내부적으로 어떻게 구성됐고 활동하는지에 대한 자세한 내용을 서방 국가에 알려줬다. 흐루시초프의 전략도 서방 국가가 상세히 이해할 수 있게 됐다. 의도하지는 않았지만, 고위 GRU 장교가 얼마나 냉정하고 공격적인 성향을 지녔는지 알린 사건이기도 했다.

펜코프스키는 CIA와 영국 MI6를 런던 호텔에서 처음 만나는 자리에서부터 차가운 인상을 남겼다. 미팅 중 샌드위치를 먹고 드라이한 독일 화이트 와인을 마신 후, 자신은 팀을 이끌고 소련군 사령부, 공산당 본부, KGB 본부에 TNT 2,000톤에 달하는 위력을 지닌 작은 핵무기를 손으로 설치할 준비가 돼 있다고 조금도 망설임 없이 이야기했다. 영국과 미국이 명령만 내리면 자신의 팀이 주요 시설을 파괴하고 소련 정부의 고위 관료를 전부 암살하겠다고 말한 것이다.

펜코프스키와 대화하던 서방 세계 사람들은 충격에 빠졌다. 회의 기록에 따르면 펜코프스키의 제안은 받아들여지지 않았으며, 그 대신 소련의 역량에 대한 질문이 이어졌다. 소련군 정보 장교를 분석하는 시점에서 본다면, 펜코프스키의 제안은 중요한 의미를 갖는다. GRU 장교가 대량 학살 무기를 어떻게 생각하고 있으며, 이를 사용하는 데 거리낌이 없다는 놀라운 사실을 서방 세계가 알게 된 계기였기 때문이다.

■

포포프와 펜코프스키가 서방 세계 정보국에 GRU와 관련된 양질의 정보를 비밀리에 제공했다면, 블라디미르 레준은 서방 세계에 GRU에 관한 정보를 공공연하게 흘렸다. 그는 GRU가 배출한 달변가였다.

1978년 GRU 대위였던 레준은 근무를 이탈해 비엔나의 영국 대사관에 서신을 보낸다. 그리고 결국 런던으로 향한다. 그가 나중에 밝힌 것처럼 당시 그는 친구를 배반하라는 명령을 받았다. 그리고 그는 이런 명령을 내린 소련 체제를 절대 용서하지 않았다. 새 삶을 영위하면서 소련 정보국에서 일했던 모든 경험을 자세하면서도 입담 좋게 글로 풀어냈다. 정말 중요한 비밀 정보는 삭제하거나 두루뭉실하게 넘어갔고 과장되거나 지어낸 이야기도 있으니 곧이곧대로 믿지 말라는 경고도 있었지만, 레준은 훌륭한 작가의 자질을 유감없이 보여줬다. '빅토르 수보로프'라는 필명으로 쓴 걸작 중에는 『Inside Soviet Military Intelligence』라는 책(올렉 펜코프스키에게 헌사)과 회고록인 『Inside the Aquarium』이라는 책이 있다. 수족관은 모스크바 코딘카 비행장에 있는 유리로 둘러싸인 9층 빌딩을 말한다. GRU 본부가 여기에 있었다.

레준은 자신의 저서에서 전차 부대 지휘관이라는 낮은 계급에서 선발돼 GRU로 입성한 자신의 이야기를 소개한다. 일주일에 걸쳐 17시간 동안 수천 개의 문제로 구성된 입대 시험을 치르며 때로는 물과 음식도 먹지 못한 이야기를 책에서 다뤘다. 다른 장교를 돕는 낮은 '보르조이borzoi' 직에서 정보원을 꾸린 스파이 '바이킹viking'으로 자신이 어떻게 성장했는지 알려주는 이야기도 이 책에서 다뤘다. 서방 세계 민간인을 정보원으로 포획한 일지, 정보를 숨기고 이를 가져오는 장소인 '데드 드랍dead drop'을 찾는 방법 등 재미난 이야기가 책에 가득하다. 지하에 버려진 공간, 물 속, 교량 축대에 있는 가짜 못과 같은 지나치기 쉬운 물건들이 데드 드랍이 될 수 있다고 책에서 밝혔다.

레준에 따르면, 거의 모든 기술 전시회나 콘퍼런스에 GRU 요원이 파견된다. 이런 행사를 산업 스파이 활동에 절묘하게 이용했다. 우주도 GRU의 활동 영역이다. 구소련 인공위성 중 3분의 1을 GRU가 사용한다고 밝혔다. '압도적인 다수'의 우주인이 절반 이상의 시간을 GRU 스파이 활동을 돕는 데 보낸다고 한다. GRU가 완벽히 통제할 수 있는 유럽 호텔을 구입하고, 서방 국가 관료들이 휴가를 보내기 좋아할 만한 분위기로 호텔을 디자인해 이들을 유인한 다음, 정보를 캐내는 아이디어도 레준이 생각했다고 책에 적혀 있다.

레준은 GRU에서 스파이 활동만 한 것이 아니었다. '스페츠나츠spetsnaz'로 알려진 조직 내 특수부대에서 짧게나마 복무했다. 스페츠나츠는 방해 공작, 암살, 테러에 특화된 부대다. 구소련의 모든 군부대는 50명 안팎의 정보부를 운영했다. "이 부대 하나에만 115명의 공작원과 암살자들이 득실거렸다. 적국에 침투해 요인을 납치하거나 암살하고 교량, 발전소, 댐, 송유관 등을 폭파할 수 있는 능력을 갖춘 조직이다." 레준이 책에서 스페츠나츠를 이렇게 소개했다.

부대원들이 쇠가죽으로 만든 '강하용 전투화'를 신고 적국에 낙하산으로 침투하는 방법도 책에서 묘사했다. 특수 제작된 전투화는 밑창을 교체할 수 있어서 적군이 사용하는 전투화의 발자국을 똑같이 만들 수 있다. 때로는 밑창을 앞뒤로 바꿔 반대 방향으로 가는 발자국을 남기기도 했다고 한다. 한 명이 발자국을 만들면서 지나가면, 그 뒤로 다른 부대원이 그 발자국을 그대로 밟으면서 지나가 인원수를 숨기는 방법도 사용했다.

레준이 책에서 스페츠나츠를 설명한 충격적인 내용은 사실과 허구의 중간쯤으로 보인다. 적과 백병전을 벌이는 기술을 연마하기 위해 '가짜 적'과 전투를 벌인다. 가짜 적은 사형 선고를 받은 죄수들이다.

(이 내용이 진실인지에 대해서는 다툼이 있었지만, 1996년 국제 사면위원회에 따르면 스페츠나츠가 실제로 죄수를 훈련에 사용했다고 한다. 이때 죄수들은 고문을 당하거나 부당한 대우를 받았다고 전해진다.) 『Spetsnaz』라는 제목의 책에서는 이 조직을 더 자세히 다뤘다. 이들은 플라스틱 폭탄, 지뢰 등과 같은 폭약뿐 아니라, 생화학 무기와 TNT 2,000톤의 파괴력을 지닌 작은 핵무기를 사용했다고 한다. TNT 2,000톤의 파괴력은 올렉 펜코프스키가 모스크바에 설치하겠다고 제안했던 파괴력과 동일하다.

레준이 설명한 대량 학살 무기를 GRU가 실제로 사용했는지에 대해 의문을 제기하는 사람들이 있었다. 하지만 또 다른 GRU 변절자가 10년 뒤 더 충격적인 이야기를 한다. 1992년 미국으로 망명한 GRU 대령 스타니슬라프 루네프는 『Through the Eyes of the Enemy』라는 회고록을 출간했다. 이 짧은 회고록에서 루네프는 자신을 구소련 붕괴 후 타락했던 러시아 정부에 실망한 인물로 소개하며, 레준이 언급했던 GRU 무기 체계를 두 배 분량으로 소개했다. 러시아와 GRU가 소련 붕괴 후 무기 체계를 발전시켰다는 말도 덧붙였다.

루네프는 책에서 GRU 요원들이 실제로 이미 서류 가방 크기의 핵무기를 미국에 설치했으며, 전쟁이 발발하면 언제든 작동시킬 준비까지 마쳤다고 한다. 러시아군 비밀요원이 미국 주요 도시의 상수도에 생화학 무기를 풀어놓을 준비도 끝났을 거라고 예상하기도 했다. "미국의 수도 워싱턴 D.C.를 공격할 목적으로 포토맥강을 노리고 있을 것이다." 라고 그는 적었다. "생화학 무기를 조금만 사용하면 전염병이 돌 것이고, 대량으로 사용한다면 상상할 수도 없을 만큼 많은 사상자가 속출할 것이다."

서류 가방 핵무기에 대한 청문회 후, 루네프의 주장은 일부 사실이 아닌 것으로 받아들여졌다. 2001년 FBI는 커트 웰던 의원에게 루네프의 증언이 과장됐다고 이야기했다. 하지만 다른 망명자들도 구소련이 실제로 작은 전략 핵무기를 만들었다고 증언했는데, 루네프가 설명한 내용과도 얼추 비슷했다. 구소련 붕괴 후 러시아가 전쟁 시 미국에 생화학전을 펼칠 계획을 이어갔다고도 증언했다.

루네프나 레준이 주장한 대량 학살 준비는 그 진위가 밝혀진 적이 없다. 하지만 GRU는 이런 목적을 위해 창립된 조직이다. 루네프는 책에서 GRU 공작원이 어떤 사상을 갖고 있는지 잘 설명했다. GRU 공작원은 다방면의 테러에 능하다. 20년이 지난 지금은 인터넷을 통해서도 테러를 한다. "스페츠나츠가 미국에 잠입했다는 것은 놀랄 만한 이야기가 아니다." 그가 쓴 내용이다.

> 간단히 말해 좋은 군사 전략이다. 전쟁은 실전이다. 전쟁은 멀리 떨어진 전장에서 군인들끼리만 싸워야 한다는 신사 조약을 많은 미국인이 믿는 듯하다. 130년 전의 남북전쟁 이후로는 자신들의 땅에서 전쟁이 일어난 적이 없어서 하는 말이다. 사실 남북전쟁 때도 미국 땅 남동쪽에서만 주로 전투가 치러졌다. 이와 달리 러시아는 강력한 정복자들이 수세기 동안 거쳐간 곳이다. 수백만 명의 러시아인이 러시아 땅에서 죽었다. 미국인이 절대 이해할 수 없는 부분이다. 전쟁을 민간에까지 확대하는 것만이 적을 항복시킬 수 있는 유일한 방법이다.

■

오늘날 GRU에는 레준과 루네프 같은 사람이 없다. GRU 고위층에서 발생한 마지막 변절자는 세르게이 스크리팔로 알려졌다. 전직 낙하산 부대원인 그는 1996년 영국 MI6에 비밀리에 협조하기 전 대령으로 진급했으며 이탈리아, 몰타, 포르투갈, 터키에서 영국 접선자를 은밀히 만났다. 스페인에서는 소설책 여백에 보이지 않는 잉크로 정보를 적은 후 아내를 시켜 요원에게 전달하기도 했다. 스크리팔은 공작의 세부 사항까지는 알지 못했다. 하지만 영국 정보국에 GRU 조직도와 GRU 요원 수백 명의 이름을 건넸다. 대부분의 러시아인은 스크리팔을 애국자로 기억하며, 단지 돈을 위해 동료를 배신한 것으로 생각하고 있다.

러시아 국내 문제를 다루는 KGB의 후예 FSB에 의해 2004년 스크리팔은 체포된다. 이후 국가 간 스파이 교환으로 석방될 때까지 6년을 교도소에서 보냈다. BBC의 보도에 따르면, 그 후로도 은밀히 서방 정보국의 정보원 노릇을 했다고 한다.

2018년 3월 초 스크리팔과 그의 33살 딸 율리아가 솔즈베리 벤치에서 쓰러진 채 발견된다. 솔즈베리는 런던에서 130킬로미터 정도 남서쪽으로 떨어진 도시이며 스크리팔이 망명 후 머물던 곳이다. 발견 당시 그와 딸 모두 혼수 상태에서 경련을 일으키고 있었다. 이들은 입에 거품을 물고 호흡이 곤란한 상태였다.

몇 달 뒤, 두 명의 GRU 요원이 솔즈베리로 파견돼 노비촉Novichok이라는 신경작용제를 사용해 스크리팔을 중독시킨 것으로 밝혀졌다. 노비촉에 중독되면 마비와 질식 증상이 나타난다. 이 강력한 신경작용제가 스크리팔의 집 대문에 뿌려졌으며, 딸과 함께 방문했던 음식점에서도 흔적이 관찰됐다.

율리아와 세르게이 스크리팔은 근처 병원으로 이송된 후 수개월의 회복 과정을 거쳤고, 죽음의 문턱을 겨우 빠져나올 수 있었다.* 암살은 실패로 끝났지만, 메시지는 분명히 전달됐다. 스크리팔과 같이 러시아

---

* 안타깝게도 두 명의 무고한 영국 시민도 동일한 증상으로 몇 달 뒤 병원 신세를 졌다. 스크리팔을 살해하려 고 했던 암살자들이 버리고 간 노비촉 신경작용제가 담긴 병을 만졌던 것으로 보인다. 그중 한 명인 44살의 던 스털저스는 9일 후 사망했다.

의 첨단 군 정보기관에 대한 회고록을 쓰면 어떻게 된다는 점을 분명히 보여준 셈이었다.

스크리팔 중독 사건이 뉴스에 등장했을 때, 나는 GRU 변절자들의 전기와 자서전을 쌓아둔 채 읽고 있었다. 이를 통해 조직의 과거를 배웠다. 이제는 현재에 대해 배울 차례였다. 그런데 스크리팔 사건이 이 조직의 현재를 알려면 어떻게 해야 하는지 알려줬다. 이들에 대해 배우려면, 더 이상 회고록에 의존해서는 안 된다. 조각난 사실을 하나씩 엮어 스스로 배워야 한다.

32

정보 대결

GRU가 적국의 인프라를 공격하기 위해 전략 핵과 생화학 무기의 사용을 고려했다는 위협적인 이야기를 GRU 변절자들이 퍼뜨리는 바람에 GRU가 인터넷으로 눈길을 돌린 듯하다. 이들은 인터넷으로 신종 무기를 전파할 수 있지 않을까 생각했다. 러시아 정보국 내부자와 접촉할 만한 수준의 고급 정보원과는 인터뷰할 기회가 없었다. 따라서 GRU가 러시아가 행한 해킹 공격과 연관돼 있거나 달빛 미로 작전이나 에스토니아 웹 공격 사건에 GRU가 관여했다는 신빙성 있는 정보를 찾기는 어려웠다.

클리프 스톨의 저서 『The Cuckoo's Egg』에서는 1980년대에 GRU가 아닌 KGB가 서독 프리랜서 해커를 고용해 해킹했다고 한다. 러시아 언론인이자 러시아 정보국을 수년간 연구했던 작가이기도 한 안드레이 솔다토프에 따르면, 1990년대에는 러시아의 사이버 스파이, 해킹, 보안 관련 임무는 FAPSI라는 기관이 거의 도맡아 했다고 한다. FAPSI는 정보통신 연방 기관으로 NSA와 비슷한 일을 했다.

2003년 FAPSI는 다른 정보국에 흡수된다. 이들이 하던 대부분의 작업은 FSB로 이관됐다. FSB는 KGB의 후예 중 하나다. 그 결과 FSB가 러시아 정부가 지원한 해킹의 대부분을 2000년대에 수행했다고 솔다토프가 말했다. "FAPSI와 FSB가 합병할 때, 이들이 해킹 업무를 맡게 됐어요." '푸틴콘PutinCon'이라는 콘퍼런스에서 연설하기 전에 호텔 바에서 나와 인터뷰하면서 이야기한 내용이다. 푸틴콘은 러시아 대통령을 비난하는 연설로 가득 찬 콘퍼런스로 뉴욕에서 열린다. "이들은 모든 계급에 규칙이 있어요." 이런 체계는 GRU가 에스토니아와 조지아 공격 때부터 FSB를 조정해왔다는 것을 뜻한다. 디지털 공격을 위해 새로운 부대를 창설한 것이 아니라 기존 정보국에 군의 능력을 더했다.*

2008년 조지아 전쟁이 GRU에게는 전환점이 됐다. 러시아 대통령의 눈에는 이 사건이 용서할 수 없는 실패로 보였던 것 같다. 조지아와의 분쟁에서 러시아가 주도권을 쥐기는 했지만, 그리고 GRU 스페츠나츠 부대가 펼친 공작이 전반적으로 성공한 것으로 평가됐지만, 잘못된 정보 때문에 이미 버려진 조지아의 활주로를 폭격하는 것과 같은 황당한 작전을 수행했다. 조지아가 대공 미사일을 갖고 있어 러시아 공군의 작전에 위협이 될 수 있다는 사실을 GRU 스파이가 파악하지 못했다. 조지아 통신망에 침투하려는 시도도 실패했다. GRU가 스페츠나츠식 급습에 너무 치중한 나머지, 정교한 스파이 활동이나 영향력 공작에 약하다는 사실을 러시아 정부가 깨달은 사건이 됐다.

러시아 정보국 간의 중상모략 끝에 GRU는 임무를 박탈당하는 치욕을 맛본다. 당시 러시아 대통령이었던 드미트리 메드베데프는 상당수의 정보 업무를 FSB와 대외 정보국인 SVR에 이관한다. 수천 명의 GRU

---

* 조지아 사이버 공격에 GRU가 관여했다는 증거는 또 있다. 핵티비스트들을 종용해 공격에 동참하게 한 StopGeorgia.ru라는 웹 사이트는 스테디호스트라는 이름의 회사가 만들었다. 이 회사는 모스크바 GRU 연구소 바로 옆에 위치해 있다.

장교가 좌천되거나 군 소속으로 재배치됐다. 스페츠나츠도 거의 통째로 소속을 옮겼다.

대통령궁은 이번 강등 사태를 통해 메드베데프 대통령 및 실세 푸틴과 GRU 간의 직속 관계를 없앤 것으로 생각했다. (GRU에서 'G'를 빼겠다는 말도 오갔다. 즉, '정보총국'에서 '일개 정보국'으로 만들 수도 있다는 협박이었다. 대신 GU라는 이상한 이름으로 개명됐다. 하지만 서방 국가들은 아직도 이들을 GRU라 부른다.) 지구를 감싼 모습을 하고 있는 위협적인 검은 박쥐 형태의 엠블럼도 꽃 모양의 덜 위협적인 모습으로 바뀌었다. "일종의 모욕을 준 조치로 보여요." 솔다토프가 이야기했다.

전신 FAPSI와 달리 GRU는 공중 분해되지 않았다. 그 대신 변화와 진화를 거쳐 신식 GRU로 거듭났다.

조직의 부활을 둘러싼 정보국 간의 암투는 전혀 겉으로 드러나지 않았다. "이불 속에서 불독끼리 싸우는 걸 보는 느낌이었어요." 케어 자일스가 말했다. 케어 자일스는 영국 싱크탱크 채텀 하우스^{Chatham House}에서 러시아를 연구하고 있으며, 과거 영국 국방 대학교에서 컨설턴트로 일한 바 있다. "이불 밖으로 나오는 승자만 기다리면 돼요."

그 후로 GRU는 두 명의 인물에 의해 크게 발전한다. 우선 발렌틴 코라벨니코프 국장이 파면됐다. 마크 갈레오티가 「포린 팔러시^{Foreign Policy}」에 기고한 글에서는 발렌틴 코라벨니코프 국장을 '모스크바에서 벌어지는 정치 놀음보다 체첸에서 벌어진 스페츠나츠 암살 팀에 더 적합한 인물'로 소개했다. 2011년 이고르 세르군이 후임으로 들어선다. 그는 푸틴과도 가까웠고 대통령궁에서 벌어지는 정치 놀음에도 능했다. 2012년 국방장관으로 임명된 세르게이 쇼이구가 GRU를 발전시킨 두 번째 인물이다. 러시아 군대에서 GRU가 주요 임무를 맡을 수 있도록 세르게이 쇼이구가 이를 적극 지원했다.

여전히 베일에 가려진 채 GRU는 러시아 정부 내에서 가장 공격적인 해킹 기관으로 거듭난다. 어쩌면 세계에서 가장 공격적인 해킹 그룹일지도 모른다. "기관 전체가 우울증에 빠져 더 이상 강등되지 않으려 발버둥 치고 있었어요." 30년 동안 러시아 정보국 내부자와 소통했던 갈레오티가 이야기했다. 영국 외무부에서 일을 한 적이 있는 갈레오티는 현재 GRU에 대해 누구보다도 많은 글을 남겼다. "2008년부터 2014년까지 GRU는 자신들의 능력과 가치를 대통령에게 보이려 무진 애를 썼어요. 디지털에 본격적으로 다가간 것도 그런 이유에서죠."

갈레오티에 의하면, GRU가 재무장할 때 조지아 사이버 전쟁이 본보기가 됐을 거라고 한다. "GRU가 '아하!'라고 외친 순간이었을 거예요." 갈레오티가 말했다. "웹 사이트를 마비시키거나 해킹하는 것처럼 간단한 방법이 전쟁에서 승패를 가를 수 있죠."(2010년에 스턱스넷은 사이버 전쟁이 어떻게 벌어질 수 있는지를 매우 인상적으로 보여줬다. 하지만 수년 동안 GRU는 이런 고도의 기술을 가질 경지에 이르지 못했다.)

GRU가 조직을 개편한 내막에 대해 나에게 말해준 사람은 아무도 없다. 하지만 타이밍이 절묘했다. 2009년 샌드웜이 처음 공격을 시작한 시점부터 2014년 유례없는 방식으로 위험한 기반시설을 공격한 시점까지가 존 헐퀴스트가 아이사이트에서 샌드웜의 공격을 발견했을 때와 딱 맞아떨어진다.

러시아가 우크라이나를 침공했을 무렵에는 GRU가 재등장한 것이 분명해 보였다. 크림반도를 접수할 수 있었던 건 GRU 정보에 의존한 바가 크다. 우크라이나 동부에서 친러시아 성향의 분리주의자들을 부추겼던 무장한 '작은 녹색 사내들'이 바로 GRU다.* 그리고 아무도 몰래

---

* 2018년 봄 취재 뉴스 사이트 벨링캣과 러시아 뉴스 사이트 인사이더도 두 명의 GRU 장교가 말레이시아 여객기 MH17 격추 사건에 책임이 있다고 밝혔다. 이 사건으로 298명의 민간인이 사망했다. 같은 뉴스 사이트에서 세르게이 스크리팔 암살 시도에 세 명의 GRU 요원이 관여했음을 몇 달 뒤에 밝혔다.

이들은 누구도 본 적 없는 사이버 전쟁 기술을 연마한다.

100년 역사를 자랑하는 러시아군 정보기관의 부활은 "러시아가 미래 전쟁에서 어떻게 대응할지 여실히 보여줬다. 잠복, 부인, 전복, 폭력을 동원할 것이다." 갈레오티가 그해 7월 글을 남겼다. "GRU가 돌아왔다. 새로운 전술에 서방 세계는 고전을 면치 못할 것이다."

■

이렇게 역사 공부를 했지만, 아직 내 질문에 대한 대답은 찾지 못했다. 샌드웜이 무슨 생각을 하고 있는 것인가? 무엇 때문에 무절제한 사이버 전쟁을 벌이며 군인과 민간인을 무차별 공격하는 것인가?

비교적 최근에 공개된 문서에서 조금이나마 러시아군의 생각을 엿볼 수 있었다. 2013년 러시아어 저널인 「군-산업 동향Military-Industrial Courier」은 2,000자 분량의 기사를 실었다. '예측에서 과학의 가치'라는 재미없는 제목이다. 러시아군 참모총장 발레리 게라시모프가 한 연설에 기반한 기사였다. 그 기사는 서방 세계에 거의 알려지지 않았지만, 1년쯤 지나 갈레오티가 자신의 블로그에 번역문을 올렸다.

"21세기에 들어서 전쟁과 평화의 경계선이 흐려지는 상황이 자주 발생한다." 기사는 이렇게 시작한다. "선전포고 없이 전쟁이 시작되고, 전혀 이상한 방향으로 전쟁이 흘러간다."

> 새로운 정보 기술로 인해 군과 행정 조직 간에 존재하던 시공간적 차이와 정보 불균형이 많이 해소됐다. 이제 전략에 따라 군을 대규모로 배치하는 것은 과거의 유물이 됐다. 먼 거리에서 적과 마주치지 않고 하는 공격이 점점 늘어나고 있다. 적의 영토 깊숙이 들어가 그들을 물리치는 시대가 도래

했다.

기사와 함께 그림도 공개했는데, 여기에는 '새로운 형식과 방법'의 전쟁이라며 다음과 같은 내용도 포함돼 있었다.

- '적국의 군사 및 민간 시설과 관련된 주요 인프라를 단시간에 파괴해 아군의 손실을 최소화'
- '물리적 전쟁과 사이버 전쟁을 병행'
- '비대칭적 간접 공격 활용'

이 새로운 전쟁의 전형으로 게라시모프는 북아프리카를 휩쓸고 지나간 '아랍의 봄' 시위를 예로 들었다. 외부 정치 세력이 정권을 어떻게 약화시키고 파괴할 수 있는지 잘 보여줬다는 이유에서다. 이 부분에서 게라시모프가 염두에 두고 있던 음모론을 엿볼 수 있었다. 튀니지, 이집트, 리비아에서 있었던 시위가 서방 국가의 비밀 작전에 의해 시작됐다는 음모론이다.

하지만 갈레오티가 게라시모프의 기사에 남긴 해설에서 설명한 바와 같이, '아랍의 봄'은 음모론과 거리가 멀다. 그것은 단지 러시아가 적국의 정권을 약화시키고 파괴할 수 있다는 비유적 표현에 지나지 않는다. 이처럼 비전통적인 방법으로 사회의 안정을 떠받치는 기둥을 흔드는 비밀 공격을 '정보 대결'이라고 부르며, 정보를 이용해 혼란을 야기한다는 의미를 담고 있다.

2014년 7월 갈레오티가 게라시모프 연설에 대한 그의 생각을 남겼을 때, 글의 제목은 "게라시모프 원칙'과 러시아의 다차원 전쟁'이었다. 이 연설에서 갈레오티는 러시아가 이미 우크라이나를 침공할 때 썼던 전략에 대한 설명을 들을 수 있었다. 사이버 전쟁 기술을 연마하기도 전에, 러시아는 비밀리에 사복 차림의 병력을 국경에 주둔시켰고 우크라이나 미디어에 가짜 정보를 흘려보냈다. 내부의 혼란을 이용한 것이다.

2년 뒤, GRU가 미국 대선에 관여하며 수면 위로 떠올랐을 때는 게라시모프가 말했던 전략을 더욱 충실히 수행했다. 러시아의 대선 개입과 관련한 이슈는 2016년 말과 2017년에 무르익는다. 서방 미디어들은 게라시모프 원칙을 언급하며 러시아의 전략을 이해하려 애썼다. 게라시모프 원칙이 반복적으로 언급되자, 갈레오티는 조금 거리를 둬야겠다는 생각을 한다. 게라시모프가 이 하이브리드 전쟁을 처음 생각해낸 사람은 아닐 것이라고 꼬집었으며, 5년 전 벌어진 조지아 전쟁에서 이미 사용된 전략이라고 선을 그었다. 또한 '게라시모프 원칙'은 러시아군이 공식적으로 취한 태도가 아니라 잠시 유행을 탔던 것뿐이라는 말도 했다.

하지만 2018년 초에 샌드웜이 러시아군과 직접적인 연관이 있는 것으로 밝혀졌다. 나 역시 게라시모프의 아이디어로 어떻게 샌드웜의 공격을 설명할 수 있을지 생각해봤다. 게라시모프가 주장했던 '정보 대결'이 반드시 허위 정보나 선전 활동일 필요는 없다. 사실, 갈레오티와 자일스도 러시아어에서는 '정보 전쟁'과 해킹으로 물리적 피해를 입히는 '사이버 전쟁'을 구별해서 쓰지 않는다고 강조했다. 러시아어에서는 모두 '정보 대결'로 통한다. "누군가의 마음을 지배하든 물리적 결과를 가져오든, 다 같아요." 자일스가 말했다.

'먼 거리에서 적과 마주치지 않고' 적을 '적의 영토 깊숙이 들어가' 공격한다는 게라시모프의 전략은 샌드웜의 방식과 완벽히 맞아떨어진다. 정전부터 낫페트야까지 모두 일치하는 전략이다. 러시아군의 시각에서 본다면 샌드웜은 괴상하거나 일탈적인 존재가 전혀 아니다. 샌드 웜은 군 내부 지도자들의 전략을 직접 실천하는 단체일 뿐이다.

■

GRU의 노선과 러시아군의 생각이 추상적이라 고위 공직자들이 이를 이해하기 힘들다고 말한다면, 조직 구성원들의 교육 수준이나 계급을 고려할 때 이들이 이해하기는 훨씬 힘들 것이다. 갈레오티와 솔다토프 에게 GRU 해커들의 평균적인 지적 이해도 수준에 관해 질문한 적이 있다. 이들의 대답은 간단했다. 해커들은 명령에 복종한다는 것이다.

갈레오티에 따르면, FSB는 해커와 사이버 범죄자를 골고루 멤버로 선발해 조직을 구성했다고 한다. 범죄자들을 데려올 때는 협력하지 않 으면 감옥에 넣는다고 협박하기도 했다. 2008년 GRU가 공작을 펼칠 때, 이들은 다른 방식을 택했다고 갈레오티가 말했다. 이들은 18세, 19 세의 해커를 고용한 다음, 이들을 훈련시켜 공격을 펼친 느리지만 확실 한 방법을 택했다. 이들을 군인으로 키운 것이다.

GRU 해커들은 다른 러시아 기관이 운영하는 해커 조직과 달랐다. 단순히 겉모습만 비교하자면, GRU 해커들은 군복을 입고 실제 GRU 건물에서 일했다. 하지만 이들은 군인정신을 갖고 있기에 위험이 큰 작 전을 펼치거나 무차별 파괴를 자행할 때도 거리낌이 없었다고 갈레오 티가 이야기했다. 위험을 부담한 군인에게 보상을 주는 제도, 즉 군 문 화에서나 찾아볼 수 있는 이 제도 역시 이들은 동일하게 유지했다. "작 전에 실패하더라도 뭔가 시도했다는 이유만으로 보상이 내려졌어요. 아무것도 하지 않는 것보다 낫다는 이유 때문이죠." 갈레오티가 말했 다. "만약 누군가가 자신이 공격적이고 실패를 두려워하지 않는 사람이라는 걸 증명하면, 그의 상관은 아마도 미소로 화답할 거예요."

GRU를 억압하던 시절에 많은 스페츠나츠 요원이 GRU를 떠났다. 하지만 GRU는 아직도 고도의 스파이나 전문 암살자에게는 고향과 같은 곳이라고 갈레오티가 상기시켜줬다. 그리고 이런 문화가 조직 내에 팽배했다. "전선을 넘어 교량을 폭파하고 요인을 암살하는 특공대와 국방무관이 같은 조직에 있어요." 갈레오티가 말했다. "심지어 한 사람이 암살을 하기도 하고 해킹을 하기도 합니다. 그게 아니더라도, 조직 내에서는 해커와 암살자가 서로 닮았다고 생각하죠."

러시아를 깊이 연구한 갈레오티는 GRU에 소속된 말단 구성원까지도 게라시모프의 사상을 이어받았다고 이야기한다. 구성원 모두가 '아랍의 봄' 사태를 서방 세계가 부추겼다는 음모론을 믿는다. 많은 러시아 군인은 우크라이나의 자주권은 서방 세계가 만들어준 것이며, 최근 일어난 혁명을 미국이 시작한 쿠데타라고 믿는다. 반쪽짜리 국가 우크라이나를 공격하는 것은 단지 상관을 기쁘게 하는 일이 아니라, 유럽과 미국을 상대하는 제2차 냉전에서 애국자라면 반드시 해야 하는 행동이라고 믿는다.

하지만 솔다토프는 이런 전형적인 GRU 해커의 모습이 반드시 사실인 것만은 아니라고 조심스럽게 말했다. 갈레오티의 설명과 다르게, 해커들 중에는 민간에서 데려온 계약직 근로자나 프리랜서도 있다고 한다. 국가에 의해 징집됐기 때문에 이들에게는 선택의 여지가 없었을 것이다.

이렇게 외부에서 유입된 해커는 다양한 이유로 GRU에 합류했다. 연구원, 개발자, 해커로 GRU에서 일하라고 했는데, 이걸 거부한다면 거부한 사람의 사업과 경력은 거기서 끝난다. "사람들은 두려움을 여러 방법으로 숨겨요. 때로는 애국심, 때로는 냉소주의로 포장하죠." 솔다

토프가 나에게 한 이야기다. "하지만 이들과 직접 대화하다 보면 이들
이 가진 두려움을 알아챌 수 있어요. 이들이 흥분하기 시작하면, 그 밑
에 가려진 두려움을 엿볼 수 있을 거예요."

33

벌

2018년 2월의 어느 날 오후, 트럼프가 있는 백악관은 굉장히 간결하고 명확한 성명을 내놓는다.

> 2017년 6월 러시아군이 역사상 가장 파괴적인 사이버 공격을 자행해 비싼 대가를 치러야 했습니다.
> 그들은 전 세계를 상대로 '낫페트야'라는 공격을 자행했고 유럽, 아시아, 미국을 포함한 세계 각국에 수십억 달러의 피해를 입혔습니다. 크렘린 대통령궁이 우크라이나 공격의 연장선상에서 지속적으로 국제사회에 문제를 일으키고 있음을 분명히 보여준 사건입니다. 무모하고 무분별한 사이버 공격은 국제사회의 심판을 받을 것입니다.

백악관 웹 사이트에 게재된 네 문장을 통해 미국은 마침내 공식적으로 러시아가 우크라이나에 사이버 공격을 자행했다고 인정했다. 사건이 처음 발생한 지 3년 반 만에, 그리고 전 세계가 이들의 공격을 받은 지 8개월 만에 미국이 공식적으로 러시아를 지목한 것이다.

한참 늦게 발표된 성명이었다. 심지어 성명을 발표하는 그날에도 미국은 다른 국가보다 늦었다. 그날 아침에 영국 정보국 GCHQ가 이미 낫페트야는 러시아의 소행이라고 백악관에 앞서 발표했다. 그날 오후 늦게 미국이 성명을 발표하자 뒤이어 캐나다, 호주, 뉴질랜드의 정보국들도 비슷한 성명을 냈다. 그날 저녁이 되자 '다섯 개의 눈'이라 불리는 영어권 국가 모두가 낫페트야는 러시아의 소행이라 밝히면서 공격 행위를 비난했다. 러시아가 빠져나갈 구멍을 막으려는 의도였다.

당연히 크렘린 대통령궁은 부인했다. "우리는 혐의를 강력히 부인합니다. 아무런 근거 없는 억측입니다. 러시아를 싫어하는 국가들이 하는 근거 없는 소리입니다." 푸틴의 대변인 드미트리 페스코프가 모스크바에서 기자들에게 이야기했다.

백악관은 이 성명에 대한 어떠한 증거도 제시하지 않았다. 하지만 이들을 처벌할 것임을 약속했고, 한 달이 지나자 그 결과가 보이기 시작했다. 미국 재무부는 19명의 인물과 다섯 개 기관에 대해 제재 조치를 가했다. 하지만 제재를 당한 이들의 이름을 살펴보면 대부분 낫페트야와 연관이 없어 보였다. 대부분이 2016년 대선 개입 등과 관련된 러시아인들이었다. 러시아 인터넷 연구소(IRA) 직원 10여 명이 여기에 포함됐다. 세인트 피터스버그에 있는 이 연구소에서 민간인을 고용해 트럼프에게 유리한 내용을 소셜미디어, 컨설팅 회사, 유관 기관에 올린 적이 있었다. 하지만 GRU와 GRU의 국장 이고르 코로보프, GRU 소속 본부장들이 이 명단에서 거론된 점이 중요하다. 명단에 오른 GRU 인물들 대부분이 이미 오바마 시절의 제재 조치에도 포함됐지만, 이번에는 본부장 한 명과 GRU 수장도 포함됐다.

다른 제재와 마찬가지로 경제적 제재의 성격이 크다. 이 제재는 거론된 인물들 개인에게까지 영향을 끼쳤다. 오늘날 미국 기업 또는 미국과 사업을 하는 기업과 떨어져서 생활하기는 쉽지 않다고 전략국제연구센터에서 러시아를 연구하는 제임스 루이스가 말했다. "일종의 '왕따'를 당하는 거예요." 루이스가 이야기했다. "헝가리에 휴가를 갔다고 합시다. 러시아 신용카드를 사용한다고요? 헝가리에서 러시아 신용카드를 받을 것 같아요? 미국 경제에서 이들을 왕따시킨다는 말은 국제적 효과가 있어요."

러시아가 모든 혐의를 부인하는 것을 지켜본 트럼프 행정부는 더 이상 크렘린 대통령궁의 디지털 공격을 묵과할 수 없다는 것을 깨닫는다. "믿을 수 없었지만, 백악관이 러시아에 대한 태도를 바로잡고 있는 듯했어요." 루이스가 말했다.

제재를 가하겠다는 발표가 있던 그날, 기자들과의 전화 통화에서 트럼프 대통령의 국토안보 보좌관 톰 보서트는 낫페트야 사건은 반드시 상응하는 대가를 치러야 한다고 명확히 말했다. 인터넷을 사용하는 국가들이 마땅히 지켜야 할 윤리가 명시적이든 암묵적이든 존재하는데, 미국이 기대했던 수준을 낫페트야가 넘어섰다는 이유다. "아무런 제한 없이 무분별하게 퍼지는 악성코드는 과잉금지의 원칙을 전혀 지키지 않는다고 미국은 생각합니다. 책임 있는 국가라면 이런 행동을 하지 않을 겁니다." 보서트가 전화로 이야기했다. "유럽과 미국뿐만 아니라 전 세계에 걸쳐 100억 달러 이상의 피해를 입힌 낫페트야 같은 공격 도구가 무분별하게 사용되는 일이 다시는 없길 바랍니다."

제재와 함께 보서트는 미국 정부가 명확한 선을 그을 것이라고 이야기했다. "규칙을 명확히 했습니다." 보서트가 덧붙였다. "이 규칙을 어기면 받게 될 벌을 명확히 하는 작업에 착수했습니다."

러시아를 미국이 비난함에 따라, 무차별 사이버 공격을 막고자 했던 사람들은 희망을 갖기 시작했다. 마침내, 역사상 최악의 사이버 공격에 대항해 세계가 조금은 움직였다. 수년간 샌드웜을 보호했던 면죄부가 사라진 셈이다.

하지만 희망과 동시에 무서운 사실도 드러났다. 제재 조치에 대한 발표가 있던 날, FBI와 DHS도 발표를 한다. 2016년을 시작으로 러시아 해커들이 미국의 주요 인프라를 대상으로 공격을 준비했다는 내용이었다. 여기에는 수도, 에너지, 핵발전소가 포함됐다. 2014년과 달리 이번에는 훨씬 깊게 침투했다.

다행히 핵 시설은 피해갔지만, 밝혀진 바에 따르면 해커들이 타깃의 IT 네트워크를 넘어서 산업제어시스템까지 침투했다. 해킹으로 물리적 피해를 줄 수 있는 선을 넘었다는 뜻이다. 침투한 시스템을 충분히 교란시켜 그들이 원하는 대로 공격을 개시할 수준까지 갔었다. 몇 달 후 국토안보부 장관 커스트젠 닐슨은 이 공작이 아직은 정찰 활동이었다고 정정했다. 그녀의 말을 인용하자면 '전쟁 준비'를 시도했다고 한다.

여러모로 미국에 침투한 해커는 샌드웜과 달라 보였다. 보안 연구원들이 밝힌 바에 따르면, 이들은 샌드웜이 사용했던 독특한 도구나 기술 또는 인프라를 사용하지 않았다. 보안업체 시만텍이 6개월 전 이들에 대한 보고서를 처음으로 발표한 적이 있다. 보고서에서는 해커들의 국적을 전혀 언급하지 않은 채 '드래곤플라이 2.0$^{Dragonfly\ 2.0}$'이라는 해커 그룹의 소행이라고만 밝혔다. 하지만 시만텍은 의미심장한 말을 덧붙였다. 우크라이나에서 벌어진 두 번의 정전을 제외하곤 지금까지 누구도 이렇게 주요 인프라에 깊숙이 침투한 적은 없었다는 것이다.

"IT 네트워크를 해킹하는 능력과 네트워크를 넘어서 발전기까지 침투해 스위치를 조작할 수 있는 능력은 차이가 있어요." 시만텍 보안 분석가 에릭 치엔이 당시 나에게 말했다. "지금 우리는 네트워크가 아니라 미국 땅에 있는 흔적을 찾고 있어요. 이런 공격을 할 나라는 전 세계에 몇 되지 않아요."

2018년 3월, 미국 정부는 모두가 생각하고 있던 한 국가를 지목했다. 발전기 스위치에 손가락을 올려놓고 있었던 나라는 바로 러시아였다. 민간인을 상대로 사이버 공격을 자행해 정전 사태를 일으켰던 바로 그 나라다. 전 세계가 샌드웜의 위협에 대응하는 이 순간에도 샌드웜의 기술과 공격 방식은 다른 러시아 해커 그룹에 전이됐다. 그리고 새로운 타깃을 찾은 듯하다.

34
배드 래빗과 올림픽 디스트로이어

러시아가 낫페트야 사건을 저질렀다는 사실은 샌드웜이 GRU 소속임을 증명하는 강력한 증거다. 2018년의 백악관 성명 이후 샌드웜이 누구인지 관심이 쏠리는 듯했다. 그런데 그때 두 사건이 발생한다. 하나같이 샌드웜의 사례와 비슷해 보이는 사건들이었다. 일반인의 상식으로 도저히 상상할 수 없는 일탈적인 행동도 샌드웜을 빼닮았다.

첫 사건은 낫페트야의 여파로 볼 수 있다. 2017년 10월 24일 아침, 안톤 체레파노프는 ESET 본사 사무실에 있었고 '휴스턴'에서 이전과 동일한 의자에 앉아있었다. 그때 동유럽 고객으로부터 랜섬웨어 메시지를 또다시 받는다. 이번에는 파일의 암호를 풀려면 비트코인을 송금하라는 메시지와 함께 '배드 래빗Bad Rabbit'이라는 알 수 없는 메시지가 함께 있었다. 다시 한 번 악성코드는 빠른 속도로 우크라이나 네트워크로 퍼져 나갔다. 얼마 지나지 않아 오데사 공항에 침투했고, 키예프 메트로까지 뻗어 나갔다. 이번에도 키예프 교통망에서 신용카드를 사용할 수 없게 됐다.

체레파노프는 데자뷰를 겪는 듯했다. 4개월 전과 똑같다. 그는 ESET 바이러스 데이터베이스에서 악성코드를 찾아 분석하기 시작했다. 이전과 마찬가지로 악성코드는 미미캐츠를 사용했고 다른 컴퓨터를 감염시키기 위해 유출된 NSA의 기술을 사용했다. 그런데 놀랍게도 낫페트야가 사용했던 이터널블루^{EternalBlue}를 사용하지 않았다. 그 대신 유출된 NSA의 도구 중 하나인 이터널로맨스만 사용했다. 이터널로맨스는 구식 윈도우 버전을 노리는 해킹 도구다. 해커는 여기에 자주 사용되는 암호의 입력을 시도하면서 다른 컴퓨터로 뻗어 나갔다. NSA가 만든 해킹 도구와 마찬가지로 윈도우가 다른 컴퓨터와 통신할 때 사용하는 기능의 취약점을 공격했다.

그런데 한 가지 이상한 점은 ESET가 집계한 전 세계 감염 컴퓨터의 통계였다. 이번에는 오직 수백 대의 컴퓨터만 감염됐다. 낫페트야와 비교하면 극히 적은 수였다. 그리고 더 이상한 점은 감염된 컴퓨터의 수가 뒤바뀌었다는 것이다. 당시 가장 많은 수의 컴퓨터가 감염된 나라는 우크라이나가 아니라 러시아였다. ESET가 감지한 감염 중 65%가 러시아에서 발생했다. 반면 우크라이나에서 발생한 감염은 전체 감염에서 12%를 조금 넘는 수준에 불과했다.

ESET와 러시아 보안업체 카스퍼스키가 배드 래빗 악성코드를 분석했다. 배드 래빗은 이른바 워터링홀^{watering hole} 공격을 한 것으로 밝혀졌다. 워터링홀 공격은 웹 사이트를 먼저 해킹한 다음에 웹 사이트에 방문하는 컴퓨터를 공격하는 방식이다.[*] 해커는 러시아, 우크라이나, 불가리아, 터키의 뉴스 사이트를 먼저 해킹해 방문자에게 랜섬웨어가 숨겨진 가짜 플래시 소프트웨어 업데이트를 설치하게 했다. 낫페트야 사건

---

* 포식자가 물웅덩이 옆에 숨어있다가 목마른 동물이 나타나면 습격하는 방식과 비슷해서 붙여진 이름이다.
― 옮긴이

과 비교하면 참으로 엉성하기 짝이 없는 기술이다.

하지만 낫페트야를 퍼뜨린 해커 그룹과 배드 래빗을 퍼뜨린 해커 그룹이 같은 그룹이라는 점에는 거의 의심의 여지가 없었다. 보안업체 크라우드스트라이크에 따르면, 악성코드의 67%가 동일했다. 배드 래빗 사건이 터진 지 몇 시간 만에 카스퍼스키는 더 확실한 증거가 있다고 밝혔다. 낫페트야 역시 최소한 한 번 이상의 워터링홀 공격으로 컴퓨터를 감염시켰다고 한다. 카스퍼스키는 우크라이나 뉴스 사이트 Bahmut.com.ua가 해킹됐으며, 여기서 공격 날짜를 6월 27일로 설정한 낫페트야가 퍼져 나갔다고 전했다. 이 뉴스 사이트가 갖고 있던 문제점이 30여 개의 다른 사이트에서도 발견됐는데, 이들 중 상당수가 지금 배드 래빗을 퍼뜨리고 있다고 말했다. 낫페트야 때 열어놓은 길을 배드 래빗에서 사용한 셈이다.

그런데 왜? 샌드웜이 공식적으로 러시아군과 연관돼 있다고 밝혀지기 전인 2017년 가을, 이미 모든 정황상 샌드웜이 크렘린 대통령궁의 지시를 받고 있는 것으로 보였다. 왜 러시아 정부 해커가 의도적으로 수백 대의 러시아 컴퓨터를 악성코드로 감염시킨 것일까?

안톤 체레파노프와 그의 상사 로버트 리포프스키는 이 말도 안 되는 상황 때문에 골치를 썩였다. 그러다가 배드 래빗 공격의 수상한 점을 하나 발견한다. 지하철이나 공항 네트워크 같은 우크라이나 인프라에 어떻게 악성코드가 침투했는지는 밝혀지지 않았다. 타깃을 고른 후 집중적으로 공격한 것이다. 하지만 러시아 컴퓨터를 감염한 워터링홀 공격은 무작위 공격이었다.

"일종의 연막작전 같았어요." 리포프스키가 나에게 말했다. "공격하려는 대상은 미리 골랐어요. 그다음에는 악성코드를 아무 데나 뿌려 가림막을 친 거죠."

리포프스키는 증거 없는 추측일 뿐이니 가려서 들으라고 했다. 하지만 그의 이론이 맞다면 샌드웜은 두 마리 토끼를 동시에 쫓고 있었다. 우크라이나 인프라에 대한 공격을 한 번 더 했다. 그리고 이와 동시에 자신들의 정체를 드러내지 않으려 노력했다. "사건 조사를 어렵게 만들었어요." 리포프스키가 말했다. "어떤 국가가 공격받았는지를 보고 누가 공격했는지 추측하기가 불가능해진 거예요."

정말 GRU는 자기 나라 사람들을 무작위로 공격하면서 자신을 숨길 만큼 냉혈한들이란 말인가? 다음에 소개할 사건은 이들이 자신들을 숨기기 위해 더 심한 일도 기꺼이 할 수 있다는 것을 보여준다.

■

2018년 2월 9일 저녁 8시가 되기 직전, 대한민국 북동쪽 산에서 벌어진 일이다. 오상진은 평창 올림픽 경기장의 기자석 뒤에 앉아있었다. 2018 동계 올림픽 개회식이 이제 막 시작하려 했고, 그는 스테이지에서 수십 미터 떨어져 있었다.

개회식에 3만 5,000명이 참석할 것으로 예상했으나 이보다 더 많은 사람이 모인 듯했다. 당시 47세였던 오상진은 3년 넘게 평창 올림픽 조직위원회의 정보통신국장으로 일했다. 그는 IT 설비를 셋업하는 일을 감독했다. 1만 대가 넘는 PC, 2만 5,000대에 달하는 모바일 디바이스, 6,300대의 와이파이 라우터가 설치됐고, 300대의 서버가 서울에 있는 두 개의 데이터센터에 마련됐다. 또한 관련 업체의 장비까지 포함하면 100대가 넘는 서버를 추가로 계산해야 했다.

몇 분 전 관련 업체로부터 약간의 기술적 문제가 있다는 연락을 받았다. 이 회사의 문제는 사실 오래된 문제였다. 오상진의 응답은 날카로웠다. 자신들이 만든 이벤트에 전 세계가 집중하고 있는 지금 이 순간, 아직도 디버깅을 하고 있다고?

하지만 서울에 있는 데이터센터는 아무런 문제를 보고하지 않았다. 오상진의 팀은 협력업체 데이터센터에서 발생한 문제를 해결할 수 있으리라 생각했다. 이 문제 때문에 참석자 일부가 티켓을 프린트하지 못해 경기장에 입장할 수 없게 됐다는 사실을 오상진은 아직 모르고 있었다. 자리를 잡고 자신의 경력에 큰 도움이 될 개회식을 관람할 준비를 했다.

저녁 8시를 10초 남겨두고, 무대 주변의 전광판에서 카운트다운이 시작됐다. 어린이 합창단이 한국어로 개회식 카운트다운을 함께 했다.

"십!"

"구!"

"팔!"

"칠!"

카운트다운이 진행되고 있을 때, 오상진의 삼성 갤럭시 노트 8 전화기에 갑자기 불이 켜졌다. 부하 직원으로부터 온 카카오톡 메시지였다. 아마 그 순간 받을 수 있는 최악의 메시지였을 것이다. 뭔가가 서울 데이터센터에 있는 도메인 컨트롤러를 모두 다운시키고 있다는 연락이었다.

개회식이 시작되면서 수천 개의 불꽃이 경기장 상공을 아름답게 수놓았고, 수십 개의 대형 조형물들과 한국 댄서들이 무대로 들어왔다. 오상진은 아무것도 볼 수 없었다. IT 셋업이 다운되는 그 순간, 그는 직원들과 빠르게 메시지를 주고받았다. 그는 조금 전에 문제를 보고했던 협력업체가 단순히 디버깅을 하고 있는 것이 아니라는 사실을 깨달았다. 공격이 시작됐다는 신호였다. 기술운영센터로 들어가야 했다.

오상진이 기자석에서 나와 출구로 가고 있을 때, 주변 기자들은 와이파이가 갑자기 멈췄다며 이미 불평을 늘어놓기 시작했다. 경기장에서 개회식을 보여주는 수천 대의 인터넷 TV와 12개의 다른 올림픽 시설이 오프라인으로 변했다. 올림픽 시설에 들어가는 데 사용되는 RFID 보안 게이트가 모두 다운됐다. 올림픽 공식 앱도 동작하지 않았다. 그리고 서버에서 공급하는 데이터가 갑자기 사라졌다. 이 말은 불특정 다수가 휴대폰에 티켓을 가져올 수 없어서 건물 안으로 들어갈 수 없게 됐다는 의미였다.

오상진에게는 악몽과 같은 상황이었다. 평창 올림픽 조직위원회는 이런 사태에 대비했다. 사이버 보안 자문 그룹은 2015년 이래 20번의 회의를 진행했다. 전년 6월부터 훈련을 시작했으며 사이버 공격, 화재, 지진과 같은 재난 사태에 대비했다. 오상진은 지금 이 순간 이런 악몽 같은 상황이 벌어진 것을 믿을 수 없었다. '정말 큰일이 났다.' 그는 생각했다.

오상진은 군중을 피해 밖으로 나오자마자 출구로 뛰어갔다. 평창 겨울 밤의 차가운 공기를 헤치고 주차장으로 달려가 두 명의 IT 직원을 만났다. 이어서 현대 SUV를 타고 40분 동안 동쪽으로 이동했다. 올림픽 기술운영센터가 있는 강릉시로 향했다.

차에 타자마자 오상진은 전화 통화로 경기장에 있는 직원에게 조치할 사항을 전달했다. 기자들에게 와이파이 핫스팟을 나눠주고 보안 팀에게는 배지를 손으로 검사하라고 지시했다. 모든 RFID 시스템이 다운됐기 때문이다. 두 시간이 지나 올림픽 개회식이 끝나면, 수만 명의 선수들, 고관들, 관중들이 모두 와이파이가 안 된다는 사실을 알게 될 것이다. 또한 올림픽 앱으로 경기 스케줄, 호텔 정보, 지도도 볼 수 없을 것이다. 오상진은 이를 잘 알고 있었다. 비웃음과 혼란이 예상되는 결과였다. 그뿐만이 아니다. 다음 날 아침까지 서버를 복구하지 못하면, 식사부터 호텔 예약과 경기 티켓까지 모든 걸 책임지고 있는 조직위원회의 서버 전체가 동작하지 않을 것이다.

개회식이 중반으로 접어들었을 저녁 9시 무렵에 오상진은 강릉시 기술운영센터에 도착했다. 센터는 하나의 큰 방이었으며, 한쪽 벽은 스크린으로 가득 차 있고 150명의 직원들이 사용하는 책상과 컴퓨터가 놓여 있었다. 그가 들어왔을 때, 많은 직원이 서 있거나 모여서 이 공격에 어떻게 대응해야 할지 의논하고 있었다. 공격으로 이미 이메일과 메신저 같은 일부 기본 서비스도 다운된 상태였다.

머스크 사건에서도 공격당한 서버인 아홉 대의 도메인 컨트롤러 모두가 동작을 멈췄다. 일단 와이파이나 올림픽 앱과 같은 서비스를 제공하는 주요 서버들이 죽은 도메인 컨트롤러를 우회할 수 있도록 설정하기로 결정했다. 임기응변이다. 개회식 종료를 불과 몇 분 앞두고 시스템을 온라인으로 돌려놨다.

그 후로 두 시간 동안 이들은 도메인 컨트롤러를 복구하려 노력했다. 임기응변에서 벗어나 네트워크를 복구하려 한 것이다. 하지만 서버는 계속해서 다운됐다. 네트워크에 아직 악성코드가 남아있어 네트워크를 복구하는 속도보다 더 빠르게 서버를 다운시켰다.

자정을 몇 분 앞두고 오상진과 IT 관리자들은 마지못해 시스템을 인터넷과 분리하기로 결정했다. 내부에 남겨진 악성코드를 해커가 원격에서 더 이상 조정할 수 없도록 연결을 끊을 목적이었다. 이는 곧 모든 서비스를 멈춰야 한다는 의미였다. 올림픽 공식 웹 사이트도 물론 포함해서다. 네트워크에서 악성코드를 찾아내 제거할 때까지 서비스를 계속 중단해야 했다.

그날 밤 오상진과 직원들은 올림픽 IT 인프라를 복구하려고 무진 애를 썼다. 아침 5시가 돼서야 조직위원회와 함께 일을 하던 한국 보안 업체 안랩에서 안티바이러스를 만들었다. 오상진과 직원들은 네트워크에 있는 수천 대의 컴퓨터와 서버에 백신을 설치했다. 악성코드는 winlogon.exe라는 파일에 심어져 있었다. 오전 6시 30분, 관리자들은 직원 120명의 암호를 초기화했다. 해커가 누구의 암호를 훔쳐갔는지 모르는 상황에서 더 이상 접근하지 못하도록 하려는 조치였다. 올림픽에 대한 사이버 공격이 시작된 지 12시간이 지난, 오전 8시를 조금 앞두고 오상진과 잠을 잊은 직원들은 백업에서 서버를 복구하고 모든 서비스를 다시 시작할 수 있었다.

놀랍게도 이 방법이 제대로 통했다. 와이파이에서 사소한 문제가 발생한 것을 제외하면 그날 있었던 스노우보드, 스키 점프, 컬링 경기들이 모두 잘 진행됐다. 지난밤에 올림픽 전체를 위기로 몰고 간 사이버 공격에 맞서 올림픽 IT 직원들이 싸웠다는 사실을 수천 명의 선수들과 수백만의 관중들은 다행스럽게도 알지 못했다.

아직도 오상진은 개회식 날만 생각하면 울컥한다. "나에게 올림픽은 평화를 상징합니다. 그런데 명확한 목적도 없이 누군가가 올림픽을 해킹했다는 게 아직도 나를 화나게 만들어요." 몇 달이 지났을 무렵에 그가 나에게 한 말이다. "만약 우리가 제대로 대응하지 못했다면, 평화의 상징인 올림픽에 큰 오점이 남았을 거예요. 이런 일이 다시는 발생하지 않도록 국제사회에서 힘을 모으면 좋겠어요."

35
위장 술책

몇 시간이 채 지나지 않아 사이버 보안 커뮤니티에서는 소문이 돌기 시작했다. 올림픽 개회식 행사가 진행되는 동안 웹 사이트, 와이파이, 앱이 문제를 일으킨 건 해킹에 의한 것이라는 이야기였다. 곧 평창 조직위원회는 사이버 공격을 받았다고 시인했다. 하지만 누가 공격한 것으로 생각하는지를 묻는 질문에는 대답하지 않았다. 덕분에 해커들 사이에서는 재미난 퀴즈가 하나 생겼다. 수많은 해커들이 언급됐다.

대한민국에서 사이버 공격이 발생하면 보통은 북한이 의심을 받게 된다. 1945년 분단된 두 국가는 아직 공식적으로 종전을 선언하지 않았다. 베일에 싸인 왕국의 해커들은 남쪽에 있는 나라를 '온라인 샌드백'으로 사용해왔다. 러시아가 우크라이나에 시험 삼아 공격한 것과 비슷하다. 지난 10년간 북한 해커들은 남한을 공격했고, DDoS 공격을 하거나 데이터를 삭제하는 악성코드를 사용해 다방면으로 괴롭혀왔다. 샌드웜만큼 고도의 기술을 갖고 있지는 않았지만, 샌드웜만큼 무분별한 공격을 했다. 올림픽 준비가 한창일 때, 보안업체 맥아피의 연구원들은 한국어를 구사하는 해커가 평창올림픽 조직위원을 상대로 피싱 메일을 보냈다고 경고한 적이 있다. 악성코드가 숨겨져 있었는데, 나와의 통화에서 북한이 배후일 가능성이 있다는 말을 했다.

하지만 올림픽이 시작되자, 북한은 평화적인 입장을 취하는 듯했다. 북한의 독재자 김정은은 여동생을 외교 사절로 보냈고, 남한의 문재인 대통령을 북한의 수도 평양으로 초대하기도 했다. 또한 올림픽 여자 하키 팀을 남북 단일 팀으로 만드는 놀라운 친분을 과시하기도 했다. 이런 분위기에서 과연 북한이 남북 화해 무드에 찬물을 끼얹는 사이버 공격을 했을까?

북한이 아니라면, 러시아가 배후일 수 있다. 러시아는 평창을 공격할 동기가 충분했다. 러시아 선수들이 운동성 향상을 위해 약물을 투약한 것을 조사했던 반도핑 수사에 앙심을 품고 러시아 정부는 팬시 베어 해커를 통해 수년간 올림픽 관계자들을 해킹해 데이터를 훔쳐왔다. 2018년 동계 올림픽을 앞두고 국제 올림픽 위원회는 공식적으로 러시아가 경기에 나오지 못하게 하는 조치를 취했다. 러시아 선수들은 개인 자격으로 경기에 나올 수 있었지만, 러시아 유니폼을 입을 수 없었고 국가 색을 드러낼 수도 없었다. 메달은 개인에게 수여됐고, 국가에 수여되지 않았다.

러시아가 악성코드로 올림픽 개회식을 공격하기에 충분한 동기였다. 러시아 정부가 올림픽을 즐길 수 없다면, 누구도 즐겨서는 안 된다는 것이다.

하지만 러시아가 올림픽 서버를 공격한다면, 자신을 철저히 감췄을 것이다. 올림픽 개회식을 며칠 앞두고 러시아는 올림픽을 노린 어떤 해킹도 하지 않을 것이라고 미리 선을 그었다. "한국에서 열리는 동계 올림픽과 관련해 서방 국가들이 러시아의 해킹 흔적을 찾는 말도 안 되는 행동을 하는 것으로 알고 있습니다." 러시아 외무장관이 로이터 통신에 말했다. "물론, 아무 흔적도 찾지 못할 겁니다."

사실 따지고 보면, 뚜렷하진 않지만 수많은 증거가 러시아를 지목하고 있다. 하지만 지정학적 동기와 포렌식 수사는 별개의 문제다.

개회식이 끝나고 3일 후, 시스코 탈로스 보안 팀은 올림픽을 공격했던 악성코드를 찾아내 분석했다. '올림픽 디스트로이어^{Olympic Destroyer}'라는 이름도 지었다. 올림픽 조직위원회나 한국 보안업체 안랩에서 누군가가 바이러스토털에 코드를 올렸고, 이를 시스코 리버스 엔지니어 팀이 찾았다. 시스코가 발표한 올림픽 디스트로이어 분석 보고서에 따르면, 전반적으로 악성코드가 낫페트야 및 배드 래빗과 유사하다. 암호를 훔치기 위해 미미캐츠를 썼다. 그리고 또다시 윈도우가 제공하는 통신 방식에 훔친 암호를 사용해 다른 컴퓨터로 감염을 이어갔다. 컴퓨터를 끄기 전에 컴퓨터의 부트 설정을 지워 재부팅할 수 없도록 만든 부분도 유사했다.

하지만 배드 래빗 때와 다르게 낫페트야와 올림픽 디스트로이어가 공유하는 코드는 없었다. 비슷한 기능을 가진 악성코드지만, 코드를 다시 작성했거나 다른 곳에서 코드를 가져온 것으로 보인다. 크라우드스트라이크도 러시아와 관련된 다른 정황을 찾았다. 올림픽을 공격한 악성코드와 샌드웜 XData 악성코드를 만드는 데 사용한 프로그래밍 언어 C++의 버전이 일치했다. 하지만 분석하면 할수록 이상한 점이 드러났다. 올림픽 디스트로이어가 데이터를 삭제하긴 했지만, 그 방식은 러시아가 아닌 북한 해커 그룹 라자루스가 사용하는 방식과 유사했다. 시스코 연구원들이 코드 삭제 부분만 따로 비교했더니, 코드의 로직이 얼추 비슷했다. 파일 삭제 방법도 같았다. 파일의 처음 1,000바이트만 삭제했다. 그렇다면 북한이 공격을 한 것이란 말인가?

하지만 이렇게 결론을 내리기에는 여전히 다른 모순점이 발견된다. 보안업체 인티저에 따르면, 올림픽 디스트로이어에 사용된 미미캐츠 스타일 코드가 APT3라는 해킹 그룹이 사용하는 도구와 정확히 일치했다고 한다. 올림픽 디스트로이어가 사용한 암호키가 또 다른 해킹 그룹 APT10에서 사용한 것과 관련이 있었다는 사실도 발견했다. 인티저가 아는 한 APT3와 APT10 말고는 누구도 이런 코드를 사용한 적이 없었다. APT3와 APT10은 중국 정부와 관련이 있다고 많은 해킹 커뮤니티에서 언급된 바 있다.

러시아? 북한? 중국? 분석을 거듭할수록 결론에서 더 멀어지는 듯했다.

보안업계에는 이전에도 잘못된 정보가 많았다. 정부 지원을 받는 해커들이 수년째 자신들을 다른 모습으로 감춰왔다. 때로는 범죄 집단으로, 때로는 핵티비스트나 다른 국가의 정보원으로 위장했다. 그런데 이번에는 달랐다. 이렇게 많은 지문이 들어간 소프트웨어는 처음이다. 올림픽 디스트로이어를 분석하는 일은 마치 거울로 가득 찬 미로를 걷는 것 같았다. 그리고 미로 끝에는 언제나 반전이 있었다.

■

올림픽 디스트로이어를 둘러싼 혼란과 논쟁 속에 워싱턴 포스트의 엘렌 나카시마가 누가 공격을 자행했는지 명백히 밝히는 기사를 송출한다. '미 당국자, "러시아 스파이가 올림픽을 해킹하고 북한으로 위장 시도"'라는 헤드라인의 기사였다. 이 기사에서는 두 명의 미국 정부 정보국 소식통에게서 받은 정보라고 밝히며, GRU의 특수기술중앙센터를 공격의 배후로 지목했다. 낫페트야를 사용한 해커들이 다시 등장했다.

같은 조직에서 올림픽 디스트로이어를 만들었다는 이야기다.

워싱턴 포스트의 기사는 사실처럼 들렸다. 수년 동안 GRU와 샌드웜이 행했던 무분별한 해킹과 올림픽 디스트로이어의 파괴 행위가 꼭 닮아 보였다. 하지만 나카시마의 기사에는 아무런 증거가 없었다. 대중이 검증할 수 있는 정보가 아무것도 제시되지 않았다. 크렘린 대통령궁은 적극적으로 혐의를 부인했다. 미국과 러시아의 서로 다른 주장은 허공을 맴돌 뿐이었다. 두 정부 중 하나는 훨씬 신뢰할 만했지만, 사이버 보안 커뮤니티에서는 논란이 가시질 않았다. 익명의 '미국 당국자'가 겹겹이 쌓인 위장술에 당하지 않고 올림픽 디스트로이어의 수수께끼를 풀었다고 어떻게 확신할 수 있을까?

하지만 얼마 지나지 않아 예상치 않은 곳에서 다른 증거가 나왔다. 카스퍼스키 연구소다. 은밀한 중개인이 NSA 정보를 빼내 온 사건과 카스퍼스키의 소프트웨어가 관련돼 있다고 알려진 이후로, 모스크바에 기반을 둔 이 보안업체를 바라보는 시선이 달라졌다. 2018년 3월 카스퍼스키는 올림픽 디스트로이어를 분석하기 시작했고, 러시아 정부의 주장과 반대되는 증거를 들고 나왔다.

카스퍼스키가 분석한 올림픽 디스트로이어 악성코드는 올림픽 조직위원회에서 가져오지 않고, 공격을 받은 스키 리조트 호텔에서 직접 가져왔다. 해커들이 올림픽을 넘어서 광범위한 공격을 했던 것으로 보인다. 하지만 카스퍼스키는 두 개의 스키 리조트가 공격을 당했다고 밝혔으며(스키 장비 자동화 업체와 프랑스 IT 업체인 아토스도 공격을 당했다.), 다른 곳에 대해서는 언급하지 않았다. 카스퍼스키에 악성코드를 제공한 호텔은 심각한 피해를 입었으며, 자동화된 스키 게이트와 스키 리프트 서비스가 일시 중단됐다.

카스퍼스키 한국 지사에서 분석을 위해 악성코드를 모스크바로 보내왔고, 카스퍼스키의 글로벌 연구분석 팀은 악성코드에서 해커의 흔적을 찾기 시작했다. 하지만 시스코나 인티저가 했던 것처럼 악성코드에 초점을 맞춘 것이 아니라 '헤더header'에 초점을 맞췄다. 헤더는 파일의 추가 데이터가 들어간 부분이며, 이 부분을 분석하면 어떤 프로그래밍 도구로 코드를 작성했는지 알 수 있다. 악성코드의 헤더를 카스퍼스키의 방대한 악성코드 데이터베이스와 대조했다. 그리고 북한의 데이터 삭제 악성코드와 정확히 일치하는 것을 알아냈다. 시스코 탈로스 팀이 이미 밝힌 부분이다.

하지만 이번에는 카스퍼스키 선임 연구원 이고르 수멘코프가 한 발더 나아갔다. 수멘코프는 10대 때 카스퍼스키가 스카웃한 해커 영재다. 파일 헤더에 대한 놀라운 지식을 갖고 있는 수멘코프가 동료들이 한 분석을 검증하기로 마음먹었다. 모스크바 사무실에서 늦은 저녁까지 일한 수멘코프는 헤더에서 발견된 데이터가 올림픽 디스트로이어에서 발견된 다른 증거들과 일치하지 않는다는 것을 알아냈다. 사용하지 않은 프로그래밍 툴에 대한 정보가 악성코드 헤더에 들어있었다. 헤더 정보가 조작됐던 것이다.

연구원들이 지금껏 분석하던 것과는 중요한 차이점이 있다. 올림픽 디스트로이어에 사용된 다른 위장술은 너무 진짜 같아서 무엇이 진짜이고 무엇이 가짜인지 구별할 수 없었다. 하지만 올림픽 악성코드를 둘러싼 위장술을 더 깊이 분석하던 수멘코프가 가짜일 수도 있는 뭔가를 발견했다.

누군가가 악성코드를 북한의 소행으로 위장하려 했는데, 수멘코프의 집념에 찬 분석 덕분에 아주 작은 실수가 드러났다. "가짜를 발견했어요. 100% 확신을 갖고 가짜라고 말할 수 있어요. 이건 라자루스 그룹의 소행이 아니에요." 수멘코프가 카스퍼스키 보안 분석 회의에서 발표했다. 북한이 배후에 있는 것으로 알려진 해킹 그룹의 이름도 직접 언급했다. 하지만 불확실성을 제거하려는 의도 때문인지 아니면 러시아 정부로부터 압력을 받은 것인지 모르겠지만, 누가 악성코드를 작성한 것으로 추정되는지는 밝히지 않았다.

만일 올림픽 디스트로이어가 GRU의 작품이라면, 타이밍이 절묘했다. 당시는 러시아군이 역사상 최악의 사이버 공격을 주도한 당사자로 몰리면서 비난을 받던 시기였다. 그런데 각종 위장술을 동원한 악성코드가 등장해 보안 연구원들이 사이버 공격의 배후를 찾을 능력이 정말 있는지에 대해 의문을 제기했다. "이번 사건에서 배후를 밝히는 데 실패했어요. 이 악성코드는 보안 커뮤니티에 다른 메시지도 전달한 것 같아요. 성급히 배후를 지목하지 말라는 메시지죠." 시스코의 크레이그 윌리엄스가 나에게 한 말이다. "유인책에 빠질 수 있어요." 수사망이 좁혀지자, GRU가 연막탄을 뿌리고 사라진 것 같았다.

어느 때보다도, 모든 정황이 북한이 아닌 러시아가 올림픽 해킹의 배후임을 가리켰다. 수수께끼가 하나씩 풀릴 때마다 블라디미르 레준이 말했던 스페츠나츠의 강하용 전투화가 떠올랐다. 적으로 자신을 위장할 수 있는 전투화 밑창이 생각난다. 악성코드에 사용된 위장술이 바로 이 목적으로 사용됐다. 증거가 있다고 해도 의심의 눈으로 증거를 봐야 한다. 눈앞에 뻔한 증거가 보이더라도 의심을 늦춰서는 안 된다.

36
74455

2018년 9월의 따뜻한 가을날이었다. 나는 존 힐퀴스트의 차에서 내려 워싱턴 D.C. 외곽에 있는 아름다운 2층 집에 들어섰다. 정원에는 테이블과 의자가 있었고, '페니'라는 이름의 사랑스러운 골든두들종 개가 있었다.

녹색 티셔츠와 반바지를 입은 힐퀴스트가 나를 안으로 안내했다. 둘째가 태어나 힐퀴스트는 지난 달부터 파이어아이로부터 출산휴가를 받고 집에 있었으므로 우리는 집에서 만났다. 물론 사무실 밖에 있다고 해서 샌드웜을 잊은 것은 아니었다. 식탁에 앉자마자 그는 지금 1만 단어 분량의 해킹 소설을 쓰고 있다고 말했다. 뛰어난 해킹 그룹을 추적하는 한 사이버 보안 연구원에 대한 이야기다. 제목도 정했다. '조니 인터넷을 구하다.'

하지만 소설을 벗어나 실제 해커를 추적하는 일도 해야 했다. 그는 내게 뉴욕에서 이곳까지 와줄 것을 부탁했다. 힐퀴스트와 그의 팀이 중요한 뭔가를 발견했는데 직접 보여주고 싶다고 했다. 아주 많이 복잡하다고 경고했다. 나는 전화기의 녹음 기능을 켰다.

"내 생각에는… 7-4-4-5-5," 헐퀴스트가 밑도 끝도 없이 말했다. "내 생각에는 이게 정답인 거 같아요."

나는 잠시 아무 말도 하지 못했다. "무슨 말이죠?" 이 숫자들이 의미하는 바가 무엇인지 몰랐기에 혼란해 하면서 천천히 물었다.

"내 생각에는 7-4-4-5-5가 샌드웜이에요." 헐퀴스트가 무미건조하게 말했다.

"7-4-4-5-5가 뭔데요?" 내가 물었다. 헐퀴스트가 무슨 말을 하고 있는지 전혀 알 수 없었다. 마치 그가 이 상황을 즐기는 것은 아닌가 하는 생각마저 들었다.

"부대 번호예요." 헐퀴스트는 마치 어린아이에게 이야기하듯 천천히 말했다. "제 생각에는 74455 부대가 당신이 찾던 놈들이에요."

헐퀴스트가 무슨 말을 하는지 이해하는 데 시간이 걸렸다. 내가 1년 넘게 추적해온 의문의 조직, 헐퀴스트가 더 오랫동안 추적해왔던 의문의 조직에 대한 대답, 샌드웜이 GRU의 74455 부대라는 뜻이었다.

헐퀴스트가 왜 이렇게 생각하는지 듣기도 전에, 이 숫자들을 듣자마자 뭔가 깨달음을 얻는 듯했다. 샌드웜과 관련해 다섯 개의 숫자가 알려준 것은 하나도 없다. 하지만 암호 같은 숫자들이 샌드웜과 관련된 비밀을 알려줄 것만 같았다. 이 숫자들이 인터넷 저 건너편에 앉아있는 비밀 조직의 가려진 해커들에 대한 열쇠처럼 들렸다.

어떻게 이 둘을 연결한 것인지 헐퀴스트에게 묻자, 그는 노트북을 꺼내 2018년 6월 작성한 것으로 보이는 파이어아이의 보고서를 보여줬다. 정보국 몇 곳에 보내기는 했지만, 공개적으로 게시한 적이 없는 보고서였다. '올림픽 사건 등과 연관된 미국, 프랑스 선거 전략'이라는 제목이었다. 한눈에 수많은 차트와 그래프가 즐비한 문서임을 알 수 있었다. 그 후로 두 시간 동안 헐퀴스트는 이 문서를 하나씩 살펴보면서 내가 생각했던 샌드웜을 재정의했다. GRU 내에서 이들의 위상과 목적도 다시금 깨달았다.

"낫페트야부터 올림픽 사건과 선거 인프라 해킹까지 잘 알 거예요." 시작하면서 헐퀴스트가 한 말이다. "거의 다 알고 있는 거예요."

■

헐퀴스트의 동료 마이클 매토니스가 실마리를 찾은 것은 2018년 2월이다. 올림픽 디스트로이어 악성코드를 분석하면서 얻은 실마리가 아니다. 올림픽을 노린 사이버 공격에 대한 뉴스가 퍼지고 있을 때 매토니스는 훨씬 재미없는 부분을 분석하고 있었다. 올림픽을 거의 망칠 뻔한 악성코드가 네트워크로 침투하게 된 경로, 즉 악성코드가 숨어있는 워드 파일을 보고 있었다.

바이러스토털에서 감염된 문서를 가져온 매토니스는 이 문서가 2017년 11월 국제 올림픽 위원회에 뿌려진 것임을 확인했다. 워드 파일은 VIP 리스트를 갖고 있는 듯했지만, 사실 악성 매크로 스크립트가 그 안에 숨겨져 있었다. 헐퀴스트의 팀은 2014년에 샌드웜이 이 기술을 사용해 악성코드를 전파시키고 첫 정전을 일으켰던 것을 최초로 알아낸 바 있다.

3년 전 드루 로빈슨이 아이사이트에서 헐퀴스트와 함께 일할 때 했던 일을 매토니스도 반복했다. 파이어아이가 가진 악성코드 데이터베이스와 바이러스토털에서 동일한 코드가 발견되는지 검색했다. 첫 시도에서는 아무것도 발견할 수 없었다. 하지만 매토니스는 데이터베이스에서 감염된 문서 수십 개가 비슷한 특징을 갖고 있다는 사실을 깨달았다. 올림픽 악성코드처럼 매크로가 안에 숨겨져 있는 워드 파일은 파워셸 엠파이어^{PowerShell Empire}라는 해킹 도구를 실행했다.

하지만 이건 다른 것들과 매우 달라 보였다. 로빈슨이 아이사이트에서 샌드웜의 악성코드를 처음 분석했을 때처럼, 모든 단계마다 난독화가 돼 있었다. 덕분에 겉으로 보기에는 악성코드처럼 보이지 않았다.

매토니스는 악성코드 샘플들과 비교하면서 난독화 작업을 하나씩 걷어냈다. 그리고 놀라운 사실을 발견한다. 매토니스는 자신이 발견한 패턴에 대해 알려주지 않았다. 해커들이 똑같은 방법을 사용하길 원한 것 같다. 그래야 매토니스도 어렵게 찾은 방법을 계속 사용할 수 있을 테니 말이다. 어쨌든 매토니스는 비밀 패턴을 찾아냈고, 이 패턴을 이용해 파일들의 공통점을 찾을 수 있었다. 해커가 여러 방법을 동원해 자신을 숨겼는데, 매번 같은 방법만 사용한다면 동일한 해커일 것이다.

매토니스는 위장술이 매번 비슷하다는 점을 깨달았다. 그리고 악성코드를 숨긴 문서도 동일한 도구로 만들어졌음을 알게 된다. 인터넷에서 쉽게 찾을 수 있는 '악성 매크로 생성기'라는 오픈소스 프로그램이었다. 매토니스는 해커들이 다른 악성코드 제작자들 사이에 자신들을 숨기려 이 프로그램을 사용한 것으로 생각했다. 하지만 단순히 같은 도구만 사용해 감염된 워드 파일을 만든 것은 아니었다. 이들이 만든 워드 파일을 살펴보면 워드 파일 작성자가 'AV', 'BD', 'john' 중 하나인 경우가 많았다. 악성코드에 지시를 내리는 명령제어 서버의 주소도 몇 개만 제외하고는 대부분 겹쳤다.

악성코드에서 찾은 흔적이 정확히 일치하지는 않았다. 하지만 몇 주를 씨름한 끝에 흩어져 있는 희미한 조각들을 모아 하나로 만들 수 있었다.

공통점이 있는 워드 파일들을 한데 모았다. 단순히 악성코드만 있는 워드 파일이 아니라 내용이 있는 워드 파일이다. 두 개의 문서는 2017년부터 시작된 우크라이나 성소수자 운동 그룹을 타깃으로 한 것처럼 보였다. 감염된 파일에는 남성 동성애자 인권 단체의 전략과 키예프 동성애 프라이드 퍼레이드의 지도가 있었다. 다른 감염된 파일에는 법률안이 포함돼 있었는데, 우크라이나 회사와 정부가 관심을 가질 만한 내용이었다.

이해할 수 없는 점은 매토니스가 찾아낸 다른 감염된 파일들이 러시아의 상인과 부동산 관련 업자가 관심을 가질 만한 내용들이었다는 것이다. 그럼 러시아 해커들이 러시아 집권층을 대상으로 스파이 활동을 했다는 말인가? 이에 대해서는 아무도 답할 수 없지만, 매토니스는 자신이 마침내 올림픽을 망치려던 악성코드에서 모든 위장술을 걷어내고 누가 코드를 만들었는지 찾아낸 것을 확신했다. 러시아 대통령궁이었다.

■

매토니스는 올림픽 디스트로이어를 다른 러시아 해킹 사례와 처음 연결한 다음, 얼마나 이 연결의 끈을 이어갈 수 있을지 궁금했다. 매토니스는 힐퀴스트에게 당분간 파이어아이로 출근하지 않겠다고 말했다. 그러고 나서 국회의사당 근처에 있는 아파트의 지하 공간에서 작업을 이어갔다. 3주간 10평 남짓한 그 작은 공간을 거의 떠나지 않았으며, 줄곧 접이식 의자에 앉아 노트북으로 작업했다. 방에 빛을 드리우던 단하나의 창을 등진 채 해커가 남겼을지도 모를 흔적을 찾아 모든 데이터를 분석했다.

인터넷 이전 시대에 탐정이 사람을 찾으려면 전화번호부를 뒤져봐야 했을 것이다. 매토니스도 이와 비슷한 것부터 시작했다. 거대한 인터넷의 주소록이라 할 수 있는 DNS를 뒤졌다. DNS 서버는 'facebook. com'처럼 사람에게 친숙한 도메인 이름을 기계에게 친숙한 IP 주소로 바꿔준다. IP 주소는 네트워크 어디에 서버가 있는지 알려주는 역할을 한다. 매토니스는 악성 워드 문서에서 찾은 명령제어 서버의 IP 주소를 인내심을 갖고 하나씩 확인했다. 이와 동시에 리버스 룩업 툴^{reverse-lookup tool}을 이용해 IP 주소를 사용했던 도메인들을 찾았다. 이 정보를 이용해 일종의 그래프를 그리고 있었다.

수십 개의 IP 주소를 이용해 트리 모양의 지도가 완성됐다. 올림픽 공격에 사용된 도메인 이름들이 모두 지도에 나타났다. 그리고 하나의 도메인 이름이 매토니스의 눈에 들어왔다. IP 주소와 도메인으로 만들어진 트리의 세 번째 그룹에서 account-loginserv.com이라는 도메인이 눈에 들어왔다.

정보 분석가에게 정확한 기억력은 신이 내린 선물이다. 매토니스는 account-loginserv.com 도메인을 보자마자 1년 전 FBI '플래시^{flash}'에서 이를 본 적이 있다는 사실을 기억해냈다. 플래시는 미국 사이버 보안 연구원들과 공격에 당할 만한 타깃에게 FBI가 보내는 짧은 경고 메시지다. 여기에는 2016년 애리조나주와 일리노이주의 선거에 개입했던 해커에 대한 정보가 있었다. 해커들은 투표 관련 시스템을 제공하는 VR시스템즈라는 회사의 이메일 주소로 자신들을 위장했다. 선거 관계자들에게서 암호를 훔쳐올 목적이었다.*

매토니스는 다른 종이 위에 어지러운 그림을 그렸다. 이 그림을 엘비스 프레슬리 냉장고 자석을 이용해 냉장고에 붙여두고, 자신이 발견

---

* 관련 기업에서 일했던 내부 고발자 리얼리티 위너(Reality Winner)가 해커들이 VR시스템즈를 공격했다고 뉴스 사이트 인터셉트에 문서를 보내왔다.

한 것에 만족해했다. FBI 플래시와 매토니스의 비밀 정보원에 따르면, 가짜 VR시스템즈 이메일은 메일을 받은 사람들을 account-loginserv. com 도메인으로 유도했다. 매토니스가 올림픽 디스트로이어 지도에서 찾은 바로 그 도메인이다. IP 주소와 도메인을 연결해 분석한 끝에 매토니스는 올림픽 공격의 흔적에서 2016년 미국 선거를 노렸던 해킹 공작의 흔적을 찾아냈다.

매토니스는 10대 때부터 오토바이에 열광했다. 합법적으로 오토바이를 탈 수 있는 나이가 되자마자, 그는 용돈을 모아 1975년에 만들어진 혼다 CB750을 구입했다. 1100 EVO 엔진이 장착된 2001년산 할리 데이비슨을 친구가 빌려준 적이 있었는데, 그것을 타고 뉴욕 북부 시골 길을 시속 100킬로미터로 달리면서 두려움과 희열을 동시에 느꼈다.

역사상 가장 강력한 공격의 경로가 드러난 웹 지도를 완성했을 때, 매토니스는 그와 같은 기분에 휩싸였다고 말한다. 할리 데이비슨 오토바이에 첫 기어를 넣었을 때의 바로 그 느낌이었다. 그는 홀로 워싱턴 D.C. 아파트에 앉아 스크린을 보며 웃었다.

37
타워

매토니스가 자신이 발견한 것을 상사인 존 헐퀴스트에게 보고했다. 이 둘은 더 이상 의심의 여지가 없다고 생각했다. 올림픽 디스트로이어 배후에 러시아가 있다. 그런데 샌드웜의 짓이었을까?

매토니스는 샌드웜과 이 새로운 공격이 관련돼 있다고 확신까지는 아니더라도 강하게 믿었다. 올림픽 해커들이 명령제어 서버를 포튜닉스 네트웍스나 글로벌 레이어가 운영하는 데이터센터에서 작동시켰다. 이 회사들은 비트코인으로 요금을 받았다. 따라서 금융 조사가 쉽지 않기 때문에 이 회사들을 선정했을 것이다. 이 데이터센터들은 여러 공격에서 반복해 사용됐다. 첫 블랙에너지 공격 때 포튜닉스를 사용했는데, 평창 올림픽을 공격한 해커들 역시 포튜닉스를 사용했다. 올림픽 공격에서는 글로벌 레이어도 사용했던 것으로 보인다. 샌드웜이 M.E.Doc 서버에 침투할 때 명령제어 서버를 글로벌 레이어에 설치했었다.

매토니스는 더 흥미로운 발견을 했다. 샌드웜이 낫페트야 이전에 작은 규모의 공격을 할 때 사용했던 명령제어 서버가 프랑스 대통령 선거 때 에마뉘엘 마크롱 후보를 공격해 정보를 누출한 사건과도 연관이 있었다.[*] 이 서버들은 다른 선거 관련 사건에서 두 배로 증가했다. 올림픽 디스트로이어가 미국 선거 개입과 관련이 있는 것처럼, 낫페트야는 프랑스 선거 개입과 관련돼 있다. 파이어아이가 그린 방대한 분석도는 내가 지금껏 상상했던 정치 전쟁과 사이버 전쟁의 경계를 완전히 허물었다.

매토니스와 샌드웜에 관해 처음 이야기를 나눈 건 2018년 초다. 그는 샌드웜을 러시아 해킹에서 빠지지 않는 약방의 감초처럼 여겼다. "뭔가 뒤집어놔야 할 것이 생기면 이들이 출동해요." 콘퍼런스에서 조식을 함께하며 그가 한 말이다. 샌드웜에 대한 매토니스의 인식이 조금씩 변하는 것을 느낄 수 있었다. 나 역시 샌드웜을 다른 각도에서 보기 시작했다. 샌드웜을 GRU의 한 조직으로서 해킹을 담당하는 팀이라 설명하기에는 뭔가 부족해 보였다. 단순히 해킹 조직이라고 하기에는 너무 유기적으로 활동하는 팀이다.

■

6월 파이어아이는 매토니스가 발견한 점들을 모아 다소 복잡한 보고서를 만들고, 소수의 고객들에게 배포했다. 헐퀴스트가 집에서 나에게 보여준 바로 그 보고서다. 그러는 도중 매토니스는 다른 연결 고리도 찾아냈다. 우크라이나 운동가, 러시아 부동산 사업, 올림픽을 공격했던 바로 그 감염 파일이 화학무기금지기구를 조준했다. 이곳의 화학무기 연구를 스위스 스피츠에 본부를 둔 연구소에서 담당했는데, 이곳이 그 대

---

[*] 이 연결 고리 덕분에 매토니스는 샌드웜을 프랑스 선거 해킹과 연결시키고, 다른 더 복잡한 사건과도 연결시켰다. 매토니스가 발견한 연결 고리에 대한 내용은 이 책의 부록에서 다룬다.

상이 됐다. GRU 변절자 세르게이 스크리팔과 그의 딸의 중독 사건을 수사했던 곳이다. 모든 정황이 그 어느 때보다도 명확히 러시아 정부를 지목하고 있었다.

파이어아이가 비공개 보고서를 소수 고객에게 배포하고 나서 한 달이 지난 후, 매토니스와 헐퀴스트가 찾아 헤매던 마지막 퍼즐 조각을 미국 정부가 내놨다. 7월 14일 미 법무부는 2016년 미국 선거를 방해한 혐의로 12명의 GRU 해커를 기소한다. 정부의 지원을 받는 해커들이 얼마나 깊숙이 침투했는지 미국 정부가 강력한 정보력으로 분석했다.

특별검사 로버트 뮬러는 2016년 선거에서 러시아가 어떤 역할을 했는지 충분히 이해한 뒤 이들을 기소했다. 기소 내용은 매우 구체적이어서 해킹에 어떤 GRU 멤버가 어떤 역할을 했는지 그 이름까지 상세히 나왔다. 예를 들어, 알렉세이 빅토로비치 루카셰프라는 GRU 요원은 민주당과 클린턴의 선거를 돕는 직원들에게 피싱 메일을 전송한 혐의를 받았다. 세르게이 알렉산드로비치 모르가체프는 DNC 직원들을 수개월 동안 감시하는 데 사용한 악성코드의 개발을 주도하고 그 개발팀을 관리한 혐의를 받았다. GRU 장교 이반 세르게예비치 예르마코프는 이메일을 DNC 서버에서 훔친 혐의를 받았다. 이들이 유출한 이메일 때문에 나중에 큰 문제가 발생했다. 해커들이 속했던 GRU 부대 번호 26165와 20 Komsomolsky Prospekt라는 모스크바의 빌딩 주소까지 명시할 정도로 공소장은 구체적이었다.

외국 정부가 지원하는 해커들을 기소하는 경우, 피의자는 대부분 법정에 서지 않는다. 이 경우도 마찬가지였다. 하지만 공소장 자체가 이들에게 보내는 메시지였다. 해커들이 거명됐고, 해커로서는 창피한 일이다. 그들에게는 가혹한 제재가 가해진다. 미국과 범죄인 인도조약을 맺은 국가에는 발을 들일 수 없다.

처음 공소장을 읽었을 때, 팬시 베어로 알려진 해킹 그룹이 주도한 선거 해킹에 관한 내용도 읽었다. 나는 샌드웜이 행했던 파괴적인 해킹과 팬시 베어가 한 해킹은 별개의 사건으로 생각했다. 하지만 매토니스가 찾은 연결 고리들을 머릿속에 담고 있던 헐퀴스트는 공소장을 다르게 읽었다. 헐퀴스트는 기소된 12명의 인물들 중에서 특히 GRU 해커 아나톨리 세르게예비치 코발레프의 기소 내용에 집중했다.

공소장에서 코발레프는 2016년 선거관리위원회를 해킹한 혐의를 받았다. 그가 해킹으로 훔친 투표자 50만 명의 정보 내역에는 투표인의 이름, 주소, 생일, 운전면허 번호, 사회보장번호 일부가 포함돼 있었다. 선거인 명부를 검증하는 데 사용한 소프트웨어의 취약점을 코발레프가 악용한 것으로 공소장에 적혀 있었다.

이 취약점이 매토니스가 그렸던 지도의 일부분에 포함됐던 것이다. 선거관리위원회 공격에 사용한 인프라에서 매토니스는 올림픽 공격과 관련이 있다는 뚜렷한 포렌식 증거를 찾았다. 정황상으로 볼 때는 낫페트야와 샌드웜까지 연결됐다. 결과적으로 선거 해킹 사건을 기소한 공소장에서 GRU 해커들의 마지막 단서를 찾았다.

코발레프를 기소한 공소장에 따르면, 그는 26165 부대의 일원이 아니다. 그와 다른 두 명의 GRU 요원, 알렉산드르 블라디미로비치 오사드추크와 알렉세이 알렉산드로비치 포템킨은 74455 부대의 일원이다. 모스크바 외곽 22 Kirova Street에 그 부대의 건물이 있다. 공소장에서는 이 건물을 '타워'라 일컬었다.

공소장에는 74455 부대가 제공한 서버를 26165 부대가 사용해 민주당 전국위원회와 클린턴 후보 진영에 침투했다고 명시했다. 하지만 놀랍게도 74455 부대를 해킹과 이메일 유출을 '도운' 혐의로 기소했다. 공소장에 따르면 74455 부대는 DCLeaks.com 운영을 도왔다고 한다. DNC 서버를 해킹하고 이메일을 위키리크스에 유출한 가상의 루마니아인 해커 '구시퍼 2.0'도 74455 부대가 도왔다고 공소장에 명시했다.

헐퀴스트의 머릿속에서 새로운 생각이 솟아났다. 26165 부대가 팬시 베어이고, 74455 부대가 샌드웜이라는 분석이다. 이 두 팀이 한 작전은 밀접히 연관돼 있으며, GRU라는 동전의 양면 같았다. 이들이 일했던 건물도 만천하에 드러났다.

■

FBI는 12명의 해커 중 11명의 사진을 웹 사이트에 게재했다. 헐퀴스트에게 74455 부대에 관한 이야기를 들은 뒤 나는 이들 세 명의 사진을 찾아봤다. 알렉산드르 오사드추크는 74455 부대를 통솔한 56세의 대령이며, 갈색 눈을 가졌고 딕 트레이시 주인공처럼 생겼다. 사진에서 그는 감청색의 러시아 군복을 입고 있었는데, 군복에는 여러 훈장과 배지가 장식돼 있었다.

한 우크라이나 골동품, 수집품 판매 웹 사이트에서 비슷한 배지가 거래되는 듯하다. FBI 사진의 해상도가 높지 않아 확실하지는 않지만, 하얀색 다이아몬드 문양이 중심부에 새겨진 황금색의 둥그런 배지가 판매되고 있었다. 사진을 보면, 둥그런 배지 가운데 부분에 있는 다이아몬드 뒤를 번개 문양과 검 문양이 가로지른다. 아래에는 '74455'라는 부대 번호 휘장이 있고, 뒷면에는 '조국을 위해'라는 문구가 음각으로 새겨져 있다.

나는 다른 두 명, 즉 아나톨리 코발레프와 알렉세이 포템킨에게 더 관심이 갔다. 이들은 훨씬 젊었다. 그중 연장자인 포템킨은 35세이며 사진에서는 파란색 셔츠와 타이를 착용하고 있었다. 녹색 모자로 지저분한 머리를 가린 듯했다. 안하무인한 눈빛을 띤 파란색 눈동자가 강렬하게 카메라를 정면으로 응시한 사진이었다.

코발레프는 최소 한 개의 선거관리위원회 웹 사이트를 직접 해킹한 혐의로 불과 27세에 기소됐다. 목 위 부분만 나온 사진이었지만, 군복을 입지는 않은 듯했다. 짧은 머리를 한 그는 세계 어느 나라의 보안업체나 대학원에서 흔히 볼 수 있는 자유롭고 개방적인 인재 같은 모습이었다. 2017년 코발레프는 '파지티브 핵 데이즈'라는 사이버 보안 콘퍼런스에 참석한 기록이 있으며, 당시 모스크바 주립 기술대학 소속으로 콘퍼런스에 등록했다. 내 러시아 통역사가 해당 학교에 전화를 해봤지만, 코발레프를 아는 사람을 찾을 수는 없었다.

세 명의 이름, 얼굴, 주소가 있다. 이들의 모든 것이 드러났다. 헐퀴스트와의 미팅을 마치고, 이들을 찾아보기로 했다. 이들의 이름과 타워의 주소를 머릿속에 새기고, 러시아행 비행기표를 예약했다.

38
러시아

2018년 11월 말 세인트 피터스버그에 도착했다. 그날 저녁은 17시간이나 영하의 기온을 품었다. 다음 날 도심에 있는 A2 그린 콘서트 클럽으로 걸어갔다. 클럽은 거대한 콘서트장이었으며 베이스에 진동하는 벽이 녹색과 보라색 빛을 냈다. 공연장 중 두 곳에서 해커들이 무대에 올라 산업제어시스템 해킹부터 ATM 하드웨어 리버스 엔지니어링까지 아우르는 다양한 해킹 기술을 시연했다. 다른 빌딩에서는 어두운 옷차림의 젊은이들이 복도와 바를 서성거렸다. 한 테이블에서는 러시아 국영은행의 보안 엔지니어 채용이 한창이었다. 다른 편에서는 해커들이 자신의 노트북을 붙들고 가장 빨리 이메일 서버를 해킹하는 대회가 진행 중이었다. '제로나이트^{ZeroNights}'라는 이 행사는 러시아에서 열리는 최대 해커 콘퍼런스 중 하나다. 러시아 해킹 커뮤니티가 GRU와 소통하는 모습을 발견할 수 있지 않을까 하는 희망을 갖고 나는 이곳에 왔다.

이틀 동안 내가 만나는 모든 러시아 해커에게 같은 질문으로 대화를 시작했다. 아마 콘퍼런스에서 오고 간 화두 중 최악의 화두였을 것 같다. 러시아 정보국에 대한 이야기였다. 대부분은 내가 이야기를 꺼내기가 무섭게 나와 뚜렷한 거리를 두려고 했다. 거기에 대해서는 할 말이 없다고 하면서 서둘러 자리를 뜰 핑계를 찾았다. 자리를 뜨지 않은 몇 안 되는 해커들도 내가 찾는 GRU 74455 멤버 세 명이나 다른 요원들에 대해서는 알지 못한다고 이야기했다. 이들이 나에게 해준 말은 진실과 매우 거리가 먼 이야기였다. '러시아 정부에는 고급 해커가 없다. 정부가 이들에게 월급을 주지 못할 것이다. 이런 이벤트에 참여하는 사람들 중에 러시아 정보국 요원과 함께 일하는 사람은 없다. 유능한 해커가 바보같이 GRU 요원으로 일할 가능성은 없다. 러시아가 미국 선거에 개입했다고 믿는 사람들과는 이야기하고 싶지 않다. 우크라이나 전력망? 거기는 굳이 해킹할 필요도 없다. 시간이 지나면 알아서 정전되는 곳이다.'

마침내 한 명을 찾았다. 이 연구원은 나와 함께 앉아 자신과 자신이 아는 사람들이 러시아 정부에 해킹 도구를 직간접적으로 판매한다고 털어놨다. 그의 경우 제로데이 취약점에 대한 정보와 이를 공격하는 해킹 도구를 제공한다고 했다. 그의 말에 따르면, 해킹 대상은 산업제어시스템 소프트웨어다.

자신들의 도구를 구입하는 사람들 중에는 고객의 취약점을 분석하고 이해하는 펜테스터penetration tester와 미국 정부 기관이 있으며, 그가 생각하기에 러시아 정부 정보국의 작전을 맡아 수행하는 러시아 기업이 있다고 했다. 고객의 이름을 알려달라는 요청은 정중히 거절했다. FSB나 GRU에 강제로 합류한 해커에 대해서는 아는 바가 없다고 했지만, 자신이나 동료들이 이들과 거래한 적이 분명히 있을 거라 이야기했다. "더 이상 압력을 가할 필요가 없어요. 그건 옛날 이야기예요." 그가 침착하게 이야기했다. 우리는 발코니에 앉아있었는데, 옆방에서 퍼지는 담배 연기 냄새가 났다. "돈이면 다 되죠."

　GRU 요원이나 정부의 해킹 작전을 수행하는 민간 기업이 제로나이트 콘퍼런스에 와 있을까? 해킹 도구를 사거나 해커를 고용하고 있을까? 그는 알지 못했다. 하지만 다른 러시아 콘퍼런스에서 이들을 목격했다고 말했다. "그들은 배지를 차고 돌아다니지 않아요." 그가 말했다. "우리들 속에 숨어있어요."

■

콘퍼런스가 끝난 후 나는 세인트 피터스버그를 떠났다. 콘퍼런스에서 여러 사람을 만나고 나서 더 혼란스러워졌다. 삽산Sapsan 고속열차에 몸을 싣고 모스크바로 향했다. 그날 저녁, 나는 레닌그라츠키 역에서 내려 러시아 수도의 중심부로 들어갔다. 눈이 조금씩 내리기 시작했다. GRU의 심장부로 향하는 이 와중에도 난 그들의 존재를 정확히 몰랐다.

　다음 날 카스퍼스키 연구소 본사를 방문했다. 모스크바 북서쪽의 고속도로 옆에 있는 매끈한 유리 건물이다. 난초와 살바도르 달리의 대리석 코끼리 상이 로비를 장식하고 있었다. 건물 4층 회의실에서 이고르 수멘코프를 만났다. 올림픽 디스트로이어 공격에서 북한의 무죄를 처음으로 입증한 뛰어난 보안 연구원이다.

　한 시간 동안 어떻게 그런 놀라운 발견을 했는지 물어봤다. 마른 체형에 상냥한 얼굴을 한 32세 청년은 왜 그 사건이 북한과 상관없는 일인지를 완벽한 영어로 설명했다. 마치 대학교수처럼 자신감에 찬 태도로 명확히 설명했다. 회의실 화이트보드를 이용해 어떻게 소프트웨어 컴파일러가 동작하는지 설명했다. 악성코드 헤더가 코드 내용과 일치하지 않는다는 점을 설명하기 위해서였다. 파이어아이의 마이클 매토니스가 발견한 연관성, 즉 우크라이나 공격, 러시아 비즈니스 공격, 스위스 화학 무기 연구소 공격과 올림픽 해커의 연관성에 대해 카스퍼스키도 알고 있었다. (수멘코프는 이 해커들과 미국 선거관리위원회 공격 사건이 관련돼 있다는 것까지는 모르는 듯했다. 이 연결 고리가 드러나면 GRU 74455 부대까지 엮었을 것이다. 매토니스와 헐퀴스트가 이 중요한 데이터를 나에게만 비밀리에 공유했으므로, 나도 그와 관련된 내용은 수멘코프에게 말하지 않았다.)

약 한 시간가량의 미팅이 끝나갈 무렵에 수멘코프가 강조했던 부분을 내가 되풀이했다. 올림픽 공격은 북한의 소행이 아니다. "전혀 북한의 소행으로 보이지 않아요." 수멘코프가 동의했다.

올림픽 디스트로이어가 중국 흉내를 내기는 했지만, 분명 중국도 아니다. "중국 코드는 독특해요. 이건 아니에요." 수멘코프도 동의했다.

마지막으로 제일 중요한 질문을 했다. 중국도 아니고, 북한도 아니라면, 누구일까? 회의실에 앉아 후보군을 하나씩 좁혔다. 하지만 정작 범인이 누구인지는 아직 누구도 언급하지 않았다.

"아, 그 질문이요. 제가 게임을 하나 갖고 왔어요." 수멘코프가 약간 발랄한 목소리로 말했다. 그러고는 검정색의 작은 헝겊 가방을 꺼냈다. 주사위가 몇 개 들어있었다. 주사위에는 '익명', '사이버 범죄자', '핵티비스트', '미국', '중국', '러시아', '우크라이나', '사이버 테러리스트', '이란'과 같은 문구가 적혀 있었다. 비슷한 주사위를 이전에도 본 적이 있었다. 사이버 공격의 주체를 알기가 매우 어렵다는 상황을 빗댄 놀이였다.

주사위를 쥔 그의 볼이 약간 붉은 빛을 띠었다. 나는 느끼지 못했지만, 회의실이 환기가 잘되지 않는 듯했다. 아니면, 수멘코프가 진실을 숨기고 있는 자기 자신을 부끄러워했기 때문이었을까? 그의 선천적인 지적 순수성이 진실을 감추지 못한 것일 수도 있다. 아니면, 안드레이 솔다토프가 말했던 두려움 때문에 뻔한 사실을 숨기고 있는 것일 수도 있다.

수멘코프가 주사위를 테이블에 던졌다. "해킹의 배후를 찾는 건 아주 어려운 문제예요." 그가 말했다. "배후를 찾는 건 우리 역할이 아니에요. 우리는 그런 일을 하지 않아요."

■

러시아에서의 마지막 아침이 밝았다. 나는 호텔에서 나와 모스크바강 둔치를 따라 GRU 26165 부대로 찾아갔다. 공소장에 나온 그 주소였다. 2016년 미국 선거에 개입한 러시아의 공작을 주도한 곳이다. 공소장에 등장한 덕분에 유명세를 탄 주소로 걸어가며 화려하게 장식된 그리스 정교회 건물을 지나쳤다. 한 블록 전체가 옅은 노란색 빌딩으로 가득 차 있었다. 모든 빌딩의 정면 3분의 1은 그리스식 기둥이 자리해 있다. 마치 자신들은 무해한 학교라는 점을 강조하는 것 같았다. 공식적으로 이곳은 사관학교다.

하지만 안을 자세히 들여다보면, 다른 학교와 달리 매우 보안에 신경 쓴 건물이라는 것을 쉽게 확인할 수 있다. 정면 출입구에는 빨간 나무판자가 덧대어 있고, 측면 출입구는 다소 어울리지 않을 만큼 보안이 강화돼 있었다. 경비들이 방문자를 검사했다. 방문자들은 금속탐지기를 통과해야 했고, 근처에는 모래주머니로 세 개의 진지가 구축돼 있었다. 또한 각 진지 앞에는 총구가 있는 철판이 마련돼 있으며, 녹색으로 칠해진 진지는 위장막을 두르고 있다. 모스크바 중심부에 있기에는 참으로 우스꽝스러운 모습이므로 눈에 띄지 않을 수가 없다. 검정 코트를 입은 나이 든 사내 두 명과 녹색 동계 군복을 입은 젊은 사내가 출입구로 들어가는 모습을 지켜봤다. 그리고 경비들이 내가 보고 있다는 것을 눈치채기 전에 발길을 돌렸다.

아마 샌드웜이 저 출입구 너머에 있을지 모른다. 하지만 우크라이나에서 벌어진 첫 블랙에너지 공격 때부터 추적해 마침내 부대 번호와 주소까지 알아낸 헐퀴스트의 짐작이 맞다면, 샌드웜은 다른 곳에 있다. 나는 그 빌딩을 보고 싶었다. 다시 눈이 내리기 시작했을 때, 나는 지하철을 타고 노선 북쪽 끄트머리로 향하고 있었다. 한 시간쯤 지나 지상으로 나와 택시를 탔다. 모스크바강을 가로질러 킴키시 외곽으로 향했다. 택시 기사는 나를 GRU 74455 부대가 있는 곳으로 데려다줬다. 타워가 있는 그곳이다.

모스크바강과 인접해 있는 킴키시 주변은 1960년대와 1970년대에 만들어진 구소련 벽돌 아파트가 주를 이룬다. 그날 오후, 이 동네는 눈으로 뒤덮였다. 공산당이 꿈꾸는 지상 낙원 같은 아름다운 모습이 펼쳐졌다. 타워는 강 둔치에 서 있었다. 유리와 철근으로 만들어진 25층짜리 높은 빌딩이다.

카센터와 근린공원을 지나 삼엄한 경비가 있는 타워 출입문을 지나쳤다. 감시 카메라로 둘러싸인 출입구에는 러시아어로 '부대 배치 본부'라고 적혀 있었다. 나는 철제 계단을 통해 강가로 내려갔다. 도시 북쪽으로 뻗어 나간 강은 얼어있었다. 하얀 눈 덕분에 완벽한 리본 모양으로 보였다.

강을 등지고 서면 타워가 정면에 보였다. 가파른 경사면에 설치된 높은 철제 펜스가 건물을 보호하고 있다. 쌍안경을 사용하지 않고서는 창문에 사람이 서 있는지조차 확인하기 어려웠다. 위험을 감수하며 쌍안경을 사용할 수는 없었다.

2년 동안이나 추적했던 해커들과 이렇게 가까운 곳에 있을 수 있다니, 놀라웠다. 8,000킬로미터를 여행했다. 그런데 버지니아 북부에 있는 존 헐퀴스트의 집에서보다 더 가까이 있다는 느낌이 들지 않았다.

　샌드웜이 사는 곳을 찾아야 할 것만 같았다. 하지만 사이버 전쟁에서는 위치가 중요하지 않다는 교훈이 생각났다. 우크라이나 경찰이 그 작은 M.E.Doc 서버실을 기습한 사건이 떠올랐다. 낫페트야 사건에서 물리적 위치에 대한 인간의 상식이 깨진 것처럼, 거리가 사이버 공격에서 우리를 보호해주지 못하는 것처럼, 이렇게 가까이 GRU 본부까지 찾아왔지만 해커들에게 가까워졌다는 느낌이 전혀 들지 않았다.

　타워 펜스 밖에서 안을 들여다보고 있을 때, 내 바로 위 주차장 끝으로 경비원 한 명이 다가왔다. 나를 감시하러 온 것인지 담배를 한 대 피러 온 것인지 알 수 없었다. 이곳을 벗어나야 할 때다. 타워를 떠난 후 모스크바강을 따라 북쪽으로 걸었다. 눈에 뒤덮인 주위 공원은 조용했고, 근처 기차역까지 그 고요함은 이어졌다. 타워와 나 사이에는 추운 날씨에 얼어버린 강이 놓여 있었다. 타워가 모스크바 스카이라인에 가려 사라지기 전, 시내로 향하는 차에서 강 건너편 유리 빌딩을 마지막으로 바라봤다.

39
코끼리와 반란군

헐퀴스트가 GRU 74455 부대가 샌드웜이라고 말했을 때, 나는 믿고 싶었다. 알 수 없는 다섯 자리 숫자가 샌드웜의 미스터리를 풀 열쇠처럼 보였다. 하지만 타워를 상상하며 러시아로 떠나기 직전까지도 이 복잡한 스토리를 어떻게 받아들여야 할지 대책이 서지 않았다.

NSA에서 해커를 추적하던 로버트 리가 몇 달 전 나에게 조심스레 경고한 적이 있다. 파이어아이부터 ESET까지 샌드웜을 추적하는 전 세계 보안 연구원들이 큰 그림의 일부만 보고 있다는 것이다. 해커가 공격을 한 후 남기고 간 악성코드 분석에만 집중하고, 침투의 흔적을 찾기 위해 로그를 분석하는 일은 잘 하지 않는다고 꼬집었다.

고도의 해킹 공작은 보통 단일 팀이 수행하지 않는데, 악성코드 분석에 치중하다 보면 이를 자주 잊어버린다고 설명했다. 여느 발전된 산업에서와 마찬가지로 정보국 해커들도 특화된 영역이 있다. 한 팀은 해킹 도구만 전담할 수도 있다. 다른 한 팀은 타깃 네트워크의 초기 침투에 전념할 수도 있다. 그리고 또 다른 한 팀이 최종 침투 후 다른 팀이 설치한 스파이웨어를 사용해 타깃을 감시하거나, IT 네트워크에서 산업 제어시스템으로 넘어가기 위해 다음 단계 침투를 준비할 수도 있다.

리가 지적한 것처럼, 내가 아는 한 샌드웜 이야기는 대부분 그들이 사용한 소프트웨어를 분석해 만들어졌다. 샌드웜이라는 이름도 블랙에너지 코드에서 찾아낸 듄과의 연관성을 토대로 지었다. 사이버 보안 연구원들은 여기서부터 시작해 비슷한 증거가 나오면 샌드웜과 연결했다. 그런데 만약 소프트웨어 개발 팀이 따로 있고, 다른 팀이 이 코드를 사용해 공격한 것이라면? "악성코드를 추적하는 거예요. 소프트웨어를 만든 사람하고 사용하는 사람이 항상 일치하지는 않죠." 리가 전화로 나에게 신중하라고 말했다. 총기 사건을 수사할 때, 동일한 총포상에서 구입한 무기가 사용됐다는 이유로 같은 갱단이 저지른 범죄로 몰고 갈 수는 없는 노릇이다.

나도 이 점을 인정할 수밖에 없다. 사실 샌드웜의 공격을 뚜렷하게 두 줄기로 나눌 수 있기 때문이다. 하나는 킬디스크와 낫페트야 같은 데이터 파괴 공격이고, 다른 하나는 크래시 오버라이드 같은 물리적 타격을 동반한 공격이다. 크래시 오버라이드는 '인더스트로이어'라는 이름으로도 알려졌다. 만일 동일한 소프트웨어 개발 팀이 만든 도구를 사용한 별개의 작전 팀이라면?

드라고스에서 리는 샌드웜 개발 팀에 별도의 이름을 부여하며 이들을 구별하고자 애썼다. 정전 악성코드와 관련 있다는 의미로 '일렉트럼 Electrum'으로 지었다. 사실, 개발 팀이 같은 조직에 있을 필요는 없다. 외주 개발의 가능성을 제외할 필요는 없다고 그가 강조했다. "젠장, 우리가 추적하는 일렉트럼이 러시아판 부즈 앨런Booz Allen 같네." 리가 골똘히 생각하면서 중얼거렸다. "GRU일 수도 있고, 외부 업체일 수도 있잖아."

보안업체 크라우드스트라이크는 익히 팬시 베어의 미국 선거 개입을 조사한 바 있다. 이들 역시 조금은 다르지만 역시나 사건을 복잡하게 만들 수 있는 이론을 나에게 이야기했다. 샌드웜, 즉 크라우드스트라이크가 '부두 베어'라고 명명한 이 그룹은 러시아 정보국이 해킹의 피해를 극대화하고자 작전 후반에 불러들인 조직일 수도 있다는 이야기였다. 크라우드스트라이크 부사장 아담 마이어스는 다음과 같은 이야기를 했다. 증거를 제시해달라는 요청은 거절했지만, 이 해킹 그룹의 흔적을 다른 러시아 해킹 그룹에서 찾았다고 했다. 심지어 GRU가 아니라 FSB가 했던 것으로 크라우드스트라이크가 판단하는 작전에서도 흔적을 발견했다고 한다.

부두 베어(샌드웜의 다른 이름)가 일종의 공유재로 사용되는 것일 수도 있다는 의견을 마이어스가 내놨다. 리와 비슷한 견해다. 다른 그룹이 초기 침투를 담당한다. 그리고 나서 샌드웜이 후반 공격을 담당하는 것이다. "부두 베어가 특화된 해킹 그룹이고, GRU와 FSB가 이들과 함께 일하는 것일 수도 있어요." 마이어스가 말했다. "지금껏 우리가 겪었던 해킹이 이들의 합작품일 수 있다는 말이에요."

2018년 가을 파이어아이는 나에게 전혀 다른 이야기를 했다. 올림픽 공격, 낫페트야 사건, 선거 개입 사건에서 명령제어 서버가 공통적으로 사용됐다는 마이클 매토니스의 분석을 들은 후였다. 방법은 몰랐지만, 왠지 샌드웜을 다른 방법으로 추적할 수 있지 않을까 하는 생각이 들었다. 그러면 매토니스의 지도는 훨씬 복잡해질 것 같았다. 서로 다른 공격들을 매토니스는 인프라라는 연결 고리를 사용해 연결했다. 이 방법으로 샌드웜의 공작과 악성코드까지 연결할 수 있었다. 하지만 리가 맞다면, 매토니스가 사용한 세 개의 연결 고리인 소프트웨어, 서버, 공격자는 각각 다른 팀의 '작품'일 수 있다.

샌드웜을 추적하던 다른 연구 커뮤니티에서 코끼리 옆의 장님들에 대한 이야기를 해줬다. 한 사람은 코끼리의 꼬리를 잡고 이건 줄이라 판단했다. 다른 사람은 코끼리의 다리를 만지고 이건 기둥이라 말했다. 또 다른 사람은 코끼리의 귀를 만져보고 틀림없이 큰 부채일 것이라 말했다는 이야기다.

샌드웜 추적자들은 같은 사건을 분석하며 서로 다른 의견을 내놨다. 헐퀴스트와 매토니스 같은 사람들은 약간의 논리적 비약을 통해 조각난 증거들을 하나로 모았다. 그 결과 괴물이 탄생했다. 리 같은 사람들은 자신들이 직접 분석할 수 있는 것에 대해서만 이야기했다. 코가 여기에 있고, 꼬리가 여기에 있다. 각각이 독립된 조직 같다. 수년간 갖은 노력을 다해 포렌식 분석을 하고 샌드웜까지 선을 연결했다. 그런데 아직도 이 괴물의 정체는 알 수가 없다.

■

헐퀴스트를 만나고 나서 며칠 지나지 않아, 영국의 국립사이버보안센터가 중요한 문서를 공개했다. GRU와 샌드웜을 연결하는 데 쐐기를 박는 역할을 했다. 마치 사이버 전쟁이라는 안개 속 밑에 깔린 진실 같았다.

정부 문서에 자세한 내막과 배경이 나오길 기대했지만, 문서에는 결론만 있었다. 어떤 증거로 그런 결론에 이르렀는지는 자세히 밝히지 않았다. 하지만 지난 2년 동안 샌드웜과 관련이 있다고 내가 생각했던 거의 모든 사이버 공격에 대해 러시아의 책임을 묻는 일종의 비난 종합세트처럼 보였다. 그리고 나의 마지막 의문, 즉 어떤 정보 조직이 이 해킹에 책임이 있는지에 대한 답을 했다.

"우리의 메시지는 명확합니다. 국제 평화를 뒤흔든 GRU의 시도에 대해 우리는 동맹국들과 함께 대응할 것입니다." 영국 외무장관 제레미 헌트가 말했다. "GRU의 행동은 무모하고 무차별적이었습니다. 다른 나라의 선거에 개입해 선거 과정을 방해했으며, 러시아 회사와 국민들까지 희생시키려 했습니다. 그들이 한 행동은 국제법과 질서를 무시한 행위이며, 그들은 그렇게 해도 처벌받지 않을 것이라는 확신을 갖고 세계를 혼란에 빠뜨렸습니다."

이 성명에는 두 개의 목록도 있었다. 하나는 현재 영국 정부가 확인 가능한 범위에서 GRU에 협조한 사이버 보안 커뮤니티의 리스트였다. 이 책에서 언급한 모든 러시아 해킹 그룹이 망라돼 있었다. '팬시 베어', '블랙에너지 액터스', '사이버 베르쿠트', '부두 베어', 그리고 바로 '샌드웜'이다.

그다음에는 이들이 수행한 해킹 공작의 목록이 제시됐다. 낫페트야, 배드 래빗, 민주당 전국위원회 공격, 세계반도핑기구 공격, 매토니스가 올림픽 디스트로이어와 연관이 있다고 말한 화학무기금지기구 공격 등이었다. 국립사이버보안센터는 이들 모두에 대해 'GRU가 거의 확실히 책임이 있다는 강한 확신'을 갖고 있었다.

공격의 주체에 대해서는 그 누구도 더 이상 의문을 제기하지 않는다. 샌드웜의 정체가 무엇이든, 이들의 해킹으로 밝혀진 거의 모든 작업이 GRU의 작품이다.

사실 샌드웜의 정체를 둘러싼 경계가 하나씩 무너지기 시작했을 때, 이 소식이 들려왔다. 나는 샌드웜과 팬시 베어를 더 이상 구별하지 않았다.* 지금껏 샌드웜을 물리적 공격에 초점을 맞춘 단일 사이버 전투

---

* 비슷한 시기에 샌드웜과 팬시 베어의 경계를 허무는 다른 증거들이 속속 나타났다. 2018년 10월 ESET는 그레이에너지(GreyEnergy)라는 도구를 찾아 발표한다. ESET에 따르면, 그레이에너지는 샌드웜의 블랙에너지 후속작이며 우크라이나와 폴란드를 공격하는 데 사용한 해킹 도구다. 2019년 2월에는 카스퍼스키가 그레이에너지 악성코드와 팬시 베어 간에 관련이 있다고 밝혔다. 그레이에너지 악성코드가 공격하는 타깃을 팬시 베어 안에 있는 그룹도 공격했으며, 동일한 명령제어 서버를 사용했다고 밝혔다.

부대로 생각해왔다. 하지만 그 이상이라는 생각이 들었다. 개발 팀과 공격 팀의 경계도 희미해졌다. 내가 이해한 대로라면, 그들의 목적은 순수 사이버 공격만이 아니다. 선거 개입을 통한 영향력 공작도 그들의 영역이다.

2014년 헐퀴스트 팀이 발견한 해킹 그룹을 독립된 존재로 이해하고 그들이 했던 공작을 구별하는 방법은 더 이상 쓸모가 없다는 뜻이다. 이제는 그렇게 간단히 이들을 이해할 수 없다. 이런 관점에서 본다면, 샌드웜 이야기는 끝이다.

그들의 정체성은 이미 밝혀졌다고 생각한다. 그들은 전체를 봐야 한다. 장님이 코끼리의 어느 부분을 만지든 상관없다. 이 괴물은 GRU이고 러시아 연방과 그 나라의 대통령, 블라디미르 푸틴을 위해 일한다.

■

74455 부대와 킴키 타워를 연결한 헐퀴스트의 생각이 맞은 것 같다. 아니, 틀렸을 수도 있다. 정보국에서 일하지 않는 이상 여기에 확실히 대답할 수 있는 사람은 없을 것 같다.

헐퀴스트가 2018년의 어느 따뜻한 가을날 오후에 자신의 집에서 나에게 자신의 이론을 설명했을 때, 그때는 내 두뇌가 처리하기에 너무 힘든 이야기였다. 동일한 GRU 해커들이 우크라이나에서 정전 사태를 일으키고, 낫페트야 공격을 행하고, 올림픽을 공격하고, 미국 선거관리위원회를 해킹할 뿐 아니라 구시퍼 2.0이라는 이상한 해커를 흉내 내기까지 했다고? 어떻게 같은 GRU 해킹 팀에서 이렇게 전혀 다른 성격의 해킹을 수행할 수 있다는 말인가?

하지만 헐퀴스트가 샌드웜을 74455 부대와 연결한 것도 분명 일리가 있다. 그가 설명한 것처럼, 이렇게 연결했더니 이들의 역사를 이해할 수 있었고, 이들이 추구하는 바도 이해할 수 있었다. 지금 헐퀴스트는 선거 개입 사건과 인프라 공격 사건에서 경계선이 허물어지는 것을 목격했다. 이제 헐퀴스트는 모든 사건을 영향력 공작으로 생각했다.

"정전이 목적이 아니에요." 헐퀴스트가 넓은 눈썹을 실룩거리며 이야기했다. "자신들이 언제든 마음만 먹으면 정전 사태를 일으킬 수 있다는 걸 알리는 것이 목적이에요."

러시아가 우크라이나를 공격했을 때 사실 어떠한 군사적 승리도 쟁취한 적이 없다는 점을 헐퀴스트가 지적했다. 영토를 빼앗은 것도 아니고, 적군을 죽이지도 않았으며, 어떤 전략적 승리도 없었다. 심리전 성격이 훨씬 강했다. 우크라이나 국민들에게서 싸울 마음을 빼앗는 것이 목적이었다. "전장에 나가서 직접적인 효과를 보는 게 아니에요. 사람들에게 더 이상 안전하지 못하다는 생각을 심어주는 것이 목적이에요." 헐퀴스트가 주장했다. "군사적 목적이 아니에요. 심리전을 벌인 거예요. 동부 전선을 단숨에 키예프 앞으로 이동했어요."

선거 개입 해킹이 민주주의에 대한 신뢰를 흔든 것처럼, 인프라 해킹은 사회의 기본적인 안전에 대한 신뢰를 흔들었다. 게라시모프가 5년 전 이야기했던 정보 전쟁을 보는 것 같다고 헐퀴스트가 이야기했다. "정부의 기본 역할은 시민을 보호하는 거예요." 그는 마치 내 질문을 기다렸다는 듯 쉬지 않고 말을 이어갔다. "만약 그럴 능력이 없다면, 정부가 민간 시설을 보호할 능력이 없다면 사람들은 정부가 기능을 상실했다고 믿을 거예요."

헐퀴스트는 그 위험이라는 것이 자신이 이라크와 아프가니스탄에서 마주했던 위험과 사실상 동일한 성격을 지닌다고 말했다. 군대에 물리적 피해를 입히는 것이 아니라, 보안을 흔들어놓는 예상치 못한 공격이라는 측면에서 이 둘은 차이가 없었다. "테러는 특정 타깃을 공격하는 경우가 많지 않아요." 헐퀴스트가 이야기했다. "적군의 군사력을 테러로 완전히 무너뜨릴 수는 없어요. 사람들을 공포로 몰아넣어 싸울 의지를 잃게 만드는 거죠. 아니면, 이들을 보호하는 주체, 즉 국가에 대한 인식을 흔들기 위해 테러를 하는 거예요."

사이버 전쟁에 대한 헐퀴스트의 견해는 전통적인 전쟁에 새로운 전선을 더하는 수준이 아니라, 반란을 도모하는 것처럼 들렸다. 그가 말한 것처럼, '지정학적 반란군'이라는 표현이 러시아가 처한 상황을 정확히 묘사하는 것으로 받아들여졌다. 현재 상황을 고려할 때 푸틴이 서방 국가를 군사적으로 압도할 가능성은 거의 없다. 러시아의 경제만 봐도 이탈리아나 캐나다의 경제보다 규모가 작다. 경제 수준을 고려할 때 과도하다 싶은 군비 규모 역시도 미국 군비의 10분의 1을 조금 넘는 수준에 불과하다.

그래서 러시아가 '사제 폭탄'을 설치했다는 이야기다. 미국 선거 개입, 올림픽 공격, 낫페트야 등은 저렴한 비정규전 전략이다. 자신들에게 등을 돌린 세계 질서를 흔든 값싼 테러 활동이다. "이게 러시아의 모습이에요. 궁지에 몰린 국가죠. 자원이 부족해 여기저기 손을 뻗고 있어요." 헐퀴스트가 마침내 결론을 내렸다.

사이버 전쟁의 필연적 결과에 대해서는 말을 아꼈다. 이라크전과 아프가니스탄전에 참전했던 헐퀴스트는 그 끝을 누구보다도 잘 안다. 하나는 거의 10년이나 전쟁이 계속됐다. 다른 하나는 헐퀴스트가 대학생일 때 시작됐는데, 18년이 흐른 지금도 전쟁이 끝나지 않았다. 반란군을 진압하는 것은 시간이 오래 걸린다. 디지털 전쟁에서라면, 더 길어질 것이다.

6부

교훈

우리는 발전을 통해
미래에 닥칠 위험에서
우리를 보호할 수 있다.

40
제네바

J. 마이클 다니엘이 사이버 보안 조정관 자리에서 물러난 지 1년이 조금 지난 2018년 1월 말의 어느 오후였다. 제1세계무역센터 64층에서 그를 만나 커피를 마셨다. 내가 「와이어드」지에서 일할 때 출근하던 그 빌딩이다. 그와의 만남은 일종의 때늦은 퇴직 인터뷰 같았다. 오바마의 최고 사이버 보안 책임자로 일하면서 5년이나 정부의 인터넷 분쟁 관리를 총괄했던 경험을 회상하는 자리였다.

다니엘은 자신의 경력을 자랑스러워했다. 미국 은행에 DDoS 공격을 가한 이란, 소니를 공격한 북한, 미국 선거에 개입한 러시아에 대해 적절한 대응을 한 것으로 생각했다. 하지만 나는 오바마 정부가 아무런 반응을 보이지 않았던 일련의 공격들에 대해 그의 생각을 듣고 싶었다. 우크라이나 사이버 전쟁, 정확히는 2015년 크리스마스를 앞두고 샌드웜이 실행한 세계 최초의 정전 공격에 대해 이야기하고 싶었다.

"당시 주어진 정보와 우리의 분석력을 통해 백악관과 오바마 행정부가 사태를 합리적으로 처리했다고 생각해요." 다니엘이 소파에 앉아 맨해튼 도심을 내려다보며 조심스럽게 이야기했다.

나는 조금 무례한 질문을 했다. 역사상 가장 값비싼 디지털 공격을 자행한 해커들과 사상 초유의 인프라 공격을 자행했던 자들이 동일 인물이라는 사실을 수년이 지나서야 알았다. 좀 더 일찍 대응하지 못한 것을 후회하지 않나? 제재 조치나 기소까지는 아니더라도, 전력망을 공격하는 행위는 국제사회가 받아들일 수 없는 행위라고 공개 성명을 발표할 수는 없었나?

다니엘의 대답은 다음과 같았다. 만약 공격이 미국이나 나토 회원국을 향했다면, 내가 말한 것과 비슷한 조치를 취하자고 강력히 건의했을 것이라는 이야기였다. "외국에서 일어난 일, 미국 기업에 일어난 일, 또는 미국 땅에서 발생한 일 간에는 차이가 있어요." 그가 말했다.

그때 다니엘은 현실 정치가 원하는 대로 우크라이나 사이버 전쟁에 아무런 반응을 하지 않는 쪽을 택했다. 당시 미국은 주요 인프라 시설에 대한 사이버 공격이 선을 넘어간 시도라고 규정하고 싶지는 않았을 것이다. 미국도 사이버 공격을 자유자재로 하고 싶었을 것이다. "근본적인 딜레마죠." 그가 말을 이었다. "우리는 우리가 할 수 있는 활동을 스스로 제한하고 싶지 않았어요."

1990년대 말 코소보에서 벌어진 전쟁에서 나토 전투기가 폭탄을 떨어뜨렸다. 공중에서 폭발하는 이 폭탄은 작은 탄소 섬유 비를 내리게 했고, 이 비를 맞은 전기 장비는 고장이 났다. 이로써 세르비아군에게 전기를 공급하는 다섯 개의 발전소를 파괴했다. "전쟁이 없을 때는 인프라 공격을 해서는 안 된다는 입장을 취해야 해요." 다니엘이 말했다. "하지만 전시에는 전력망이 아주 좋은 타깃이죠."

하지만 그의 대답은 내 질문을 조금씩 빗나가고 있었다. 우크라이나가 당시 러시아와 전쟁을 하고 있던 상황이었을지도 모른다. 하지만 이들이 공격한 전력망은 전선의 정반대편, 즉 서쪽에 거주하는 우크라이나 민간인들에게 전력을 공급하고 있었다. 따라서 군사적 타깃이라 부르기에는 무리가 있었다. 더욱이 러시아가 크림반도와 돈바스 지역을 침공했을 때, 우크라이나는 나토 회원국이 아니었지만 국제사회는 러시아를 비난했다. 심지어 디지털 공격이 있기 1년 전에는 러시아의 무력 도발을 이유로 제재까지 가했다. 그런데 디지털 전쟁이 일어나자 미국은 침묵했다.

내가 다니엘을 압박하자 대답이 애매모호해지기 시작했다. 당시 러시아와의 관계를 논의하는 회의에 모두 참석하지는 않았다고 변명했다. 행정부의 다른 부처에서는 우크라이나 사이버 공격 사태를 큰 견지에서 바라봤다. 러시아와 미국이 의견 일치를 보지 못한 시리아 유혈 사태와 이 사건을 함께 보기도 했다. 러시아에 대한 미국 정부의 입장은 여전히 시시각각으로 변하고 있다. 크림반도 침공으로 악화된 둘의 관계를 개선하기 위한 노력이 있은 후에도 마찬가지다. 대통령과의 비공개 대화를 나에게 털어놓을 생각은 없어 보였다. 뒤늦게 따따부따 따지는 사람이 되고 싶지는 않았을 것이다.

하지만 액션을 취하지 않은 것에 대해 후회하지 않느냐고 세 번째 물었을 때, 다니엘은 후회한다고 분명히 이야기했다. "우리가 좀 더 적극적으로 이 이슈를 다뤘으면 좋았을 거예요. 네, 그래요." 그가 말했다.

그러더니 평생을 정부에서 몸담은 사람이라고 믿기 어려울 만한 이야기를 했다. 법리적 논쟁을 벗어나 자신이 이전에 했던 행동이 진정 옳은 선택이었는지를 고민하면서 회상하는 진술한 대화가 이어졌다. "이건 완전히 다른 세상의 이야기예요." 자신을 방어하려는 말투가 싹 사라졌다. "우리는 아직 빛처럼 빨리 정보가 움직이는 네트워크에 익숙하지 못해요. 그 밖에서 동작하는 물리 법칙이 여기서는 무용지물이에요. 이미 현실과 컴퓨터 네트워크는 밀접히 연결됐어요. 그리고 나날이 더 연결되고 있어요."

"우리도 발전하고 있어요. 중요한 점은 우리가 교훈을 얻었고, 앞으로 이 교훈을 적용할 것이라는 점이에요." 그가 결론을 지었다. "비슷한 일이 또 발생할 것이라는 걸 잘 알고 있어요."

■

4개월 후인 2018년 5월, 톰 보서트의 퇴직 인터뷰를 할 차례가 왔다. 그해 4월까지 보서트는 트럼프의 국토안보 보좌관 직에 있었다. 즉, 사이버 보안과 관련해서는 트럼프 행정부의 최고 담당자였다고 할 수 있다. 신임 국가안보회의 보좌관 존 볼턴이 업무를 시작한 지 얼마 되지 않아서 트럼프 내각이 인사를 단행했다. 보서트는 이 직책을 맡은 지 1년이 조금 지나 사임했다. 보서트는 자신이 사임한 것이라고 나에게 강조했다.

맨해튼 유니온 스퀘어에서 당시 어디에도 적을 두고 있지 않던 보서트를 만났다. 그는 두 시간 뒤에 워싱턴 D.C.로 돌아가는 기차를 타야 한다고 했다. 베이글이 먹고 싶다는 이야기도 했다. "뉴욕까지 와서 베이글을 안 먹고 갈 수는 없죠." 그를 따라잡느라 힘겹게 걷고 있던 나를 향해 이야기했다. 훤칠한 미남인 보서트에게서 정치인의 권위적인 태도와 성급함이 드러났다. 나도 모르게 그의 개인 비서 역할을 하고 있었던 것이다. 옐프Yelp에서 베이글 가게를 찾아줬다. 내가 찾은 상점을 보더니, 걸어가기에는 너무 멀다고 단번에 무시했다. 대신 모퉁이를 돌아 오봉팽Au Bon Pain으로 서둘러 들어갔다.

보서트는 다니엘보다도 훨씬 더 자신이 백악관에서 했던 일을 자랑스러워했다. 수년간 아무런 행동을 취하지 않다가 마침내 샌드웜에 실질적인 제재 조치를 가한 주역임에는 틀림없다. "백악관에서 근무하던 기간 내내 제 지론 중 하나는 '공격적으로, 적극적으로 정체를 밝혀내라.'였어요." 베이글 샌드위치를 들고 창가 테이블에 앉은 후 나에게 말했다. "지적 호기심 때문이 아니에요. 범인이 누구인지 밝혀내 징벌해야 하기 때문이죠."

사건이 발생하고 8개월이 지난 후 GRU에 낫페트야 사건에 대한 책임을 물어 제재를 가했다는 것은 사실이다. 그들에게 메시지를 전달하고, 보서트가 이야기한 것처럼 유럽연합에 압력을 가해 러시아에 더 큰 제재를 지속하도록 했다. 2014년 우크라이나 침공에 책임을 물어 제재를 가했는데, 낫페트야 사건 때문에 제재가 더 늘어났다.

해박한 그의 법률 지식 때문인지, 보서트는 이렇게 이야기를 이어갔다. 낫페트야 사건에 따른 제재 결정은 러시아의 우크라이나 침공에 따른 제재와 달랐다고 한다. "차별적이고 비례원칙에 입각한 제재를 해야 했어요." 판결문을 빠르게 읽는 판사처럼 말을 이어갔다. "이 사이버 공격에 내가 분개하는 이유는 공격 속도가 너무 빨랐다는 점이에요. 우크라이나 밖에서 걷잡을 수 없는 속도로 퍼졌잖아요."

틀린 말은 없다. 나도 동의한다. 하지만 역사상 최대의 인터넷 공격이 있기 전 GRU가 우크라이나를 상대로 퍼부었던 공격에 대해서는 왜 아무런 말이 없을까? 두 번의 정전을 포함해 러시아가 우크라이나의 민간 인프라를 수년간 농락했는데, 로버트 리와 토마스 리드 등이 말했듯 이 정도 공격이면 미국도 반응해야 하는 것 아닌가? 보서트가 백악관에 있는 동안 키예프 전력망을 망가뜨린 인더스트로이어/크래시 오버라이드 악성코드 공격이 있었다.

"러시아가 우크라이나 공격의 수위를 조절할 것처럼 보이나요? 미국의 심기를 건드리지 않으려고요?" 보서트가 눈썹을 추켜올리며 물었다. "사이버 공격은 잠시 접어두고, 주변에서 일어나는 침략 행위를 한번 보세요. 전 세계 얼마나 많은 곳에서 국지적 침략 행위가 발생하고 있나요. 미국이 모든 싸움에 참견해 각 싸움의 위험성을 계산해야 한다고 생각하나요?"

보안 커뮤니티를 중심으로 초기 대응을 해야 한다는 샌드웜에 대한 경고가 있었지만, 이는 정책적 부담을 이해하지 못하는 사람들의 이야기라면서 보서트가 맞섰다. 누가 요청한다고 하더라도 현실적으로 미국이 나서서 모든 분쟁을 처리할 수는 없다는 이야기였다. "모든 사이버 범죄 활동에 간섭하려면 자원이 필요한데, 미국 납세자들에게 얼마나 큰 부담이 갈지 상상해보세요."

미국의 대응을 요구했던 사람들이 '모든 사이버 공격'에 대응하는 것을 원하지는 않았다고 내가 말했다. 간단한 정책이 안 되는 이유라도 있는가? 단순히, 전쟁 중이라도 민간인용 전력을 중단하는 사이버 공격을 하면 안 된다는 규칙을 우리가 세계에 공표하면 안 되는 이유라도 있는가?

보서트가 끼어들었다. "잠깐만요. 생각할 시간을 주세요." 그가 대화의 속도를 조금 늦췄다. "과연 그 정책이 실현될까요? 제가 전쟁을 한다면 그렇지 않을 것 같아요."

"전시에는 우리의 이익을 위해서라면 무슨 일이든 해야 해요. 교전 규칙 내에서 말이죠." 그가 말을 이었다. 몇 개월 전 마이클 다니엘이 했던 말이 떠올랐다. "우리가 캡틴 아메리카가 돼서 전우들과 함께 전장에 뛰어들었다고 해봅시다. 전략과 전술에서 우위를 점하려면 상대방의 전기와 통신을 차단해야 할 거예요. 사실, 적군을 공격하는 모든 전술은 전시국제법상 허용되기도 해요."

하지만 우리가 본 정전은 적군을 공격한 것이 아니었다고 내가 꼬집었다. 전선을 한참 넘어 무고한 시민을 공격했다.

"동의해요. 이건 용서할 수 없죠." 보서트가 말했다. "하지만 푸틴의 입장에서 생각해보세요." 푸틴은 거리낌 없이 '작은 녹색 사내들'을 우크라이나로 파병했고, 비행기를 격추했으며, 전력망을 공격했다고 보서트가 강조했다. 푸틴 입장에서는 전부 타당한 이유가 있었다. 우리는 동의하기 힘들지만, 푸틴이 내세우는 우크라이나 침공의 이유에서 보면 그렇다.

"미국이 비슷한 처지가 됐다고 가정해봅시다. 우리가 국제사회의 여론을 등한시한다면, 우리도 자국의 이익과 안전을 위해 동일한 결론에 이를 거예요. 더 쉽게 결정할지도 모르죠." 보서트가 말했다. "전시라면 우리도 비행기를 격추하고, 적군의 전력망도 공격할 겁니다. 똑같은 공격을 우리도 할 거예요. 차이점이 있다면 푸틴이 우크라이나를 침공할 때 명분이 있었는지 따져봐야 한다는 것인데, 충분한 명분이 있다고 아무도 생각하지는 않죠."

점심 식사를 마치고, 보서트는 나와 악수를 한 다음 펜 역으로 향하는 택시에 올라탔다. 그제야 비로소 그가 늘어놨던 정책에 대한 이야기를 이해할 수 있었다. 푸틴이 우크라이나를 침공한 것은 국제사회의 규칙을 어긴 사건이다. 낫페트야를 이용해 우크라이나와 전 세계를 침공한 것 역시 국제사회의 규칙을 어긴 사건이다. 디지털 세계라는 차이가 있긴 했다. 하지만 그가 말한 정책에서는 민간 인프라에 대한 사이버 공격을 어느 정도 허용할 수 있는 여지를 남겼다.

만일 어떤 국가가 정당한 이유로 선별적이고 합당한 사이버 공격을 시작한다면, 정책 내에서 움직인 것이 된다. 즉, 미래의 사이버 전쟁에서는 누군가 명분만 있다면 쉽게 공격을 시작할 수 있을 거라는 이야기다.

2017년 11월 9일, 마이크로소프트의 최고법률책임자 브래드 스미스가 제네바에 있는 UN 건물에서 대중 앞에 모습을 드러냈다. 그리고 제네바 역사의 일부분을 언급했다. 150년 전 10여 개국의 대표가 제네바에 모여 전장에서 타국의 의무병을 더 이상 죽이지 말자는 조약을 맺었다. 그 후 100년간 더 많은 국가가 세 번 더, 바로 이곳에서 만나 전쟁 시 비전투원을 죽이지 말자는 4차 제네바 협정에 서명했다. 이 협정은 지금까지도 많은 국가가 준수하고 있다.

"1949년 바로 이곳에서 세계의 여러 정부가 모여 전시에도 민간인을 보호하겠다고 선언했습니다." 스미스가 말했다. "그런데 무슨 일이 벌어지고 있는 건가요. 전시도 아닌 평시에 민간인을 공격하는 나라가 있습니다."

몇 달 전 전 세계를 강타한 사이버 공격에 대해 스미스가 하나씩 훑어나갔다. 워너크라이, 그리고 낫페트야. 병원부터 제조 시설과 물류 시스템까지, 인류에게 중요한 민간 인프라가 공격받은 사건이 정부 주도로 일어났다고 이야기했다. 1859년에 있었던 솔페리노 전투의 참상과 비슷했다. 솔페리노 전투의 충격은 적십자 운동으로 이어졌고, 이는 제2차 세계 대전 중에 민간인을 보호해야 한다는 움직임으로 발전했다.

"우리의 인프라는 아주 취약한 연결 고리로 이어져 있어 쉽게 공격을 받을 수 있습니다. 이런 인프라에 의존하며 우리가 살고 있는 것입니다." 스미스가 청중에게 이야기했다. 그가 말한 '취약한 연결 고리' 란 많은 보안 이슈를 가진 마이크로소프트의 윈도우 운영체제를 염두에 두고 한 말이었지만, 연설에서 이 연결 고리를 직접 언급하진 않았다. "시대가 어떻게 변할지는 분명합니다. 모든 온도조절기, 보일러, 에

어컨, 전력망, 의료 기기, 병원, 신호등, 자동차가 인터넷에 연결되는 시대로 가고 있습니다."

그리고 다음을 강조했다. "이제 우리는 새로운 디지털 제네바 협정이 필요합니다. 새 시대에는 새 규칙이 필요합니다." 스미스가 말했다. 천천히, 그리고 또박또박 강조하며 말했다. "각국 정부가 나서서 평시에 민간인을 공격하지 않겠다고 선언해야 합니다. 병원을 공격해서는 안 되고, 전력망을 공격해서는 안 됩니다. 다른 국가의 정치 프로세스를 공격해서도 안 됩니다."

스미스의 연설이 실현 불가능한 광범위하고 이상적인 정책일 수도 있다는 생각이 들었다. 백악관 대테러 담당 특별보좌관으로 세 명의 대통령과 함께 일한 리처드 클라크는 2010년 출간된 『해커 공화국^{Cyber} ^{War}』이라는 저서에서 '사이버 전쟁 규제 조약'을 역설했다. 클라크가 꿈꾼 조약은 전력망, 철도, 금융기관을 포함한 주요 인프라에 어떠한 사이버 공격도 허용해서는 안 된다는 매우 이상적인 조약이었다.

사이버 전쟁에 관한 입장에서 '비둘기파'라고 할 수 있는 사람들은 로버트 리의 지론과 함께했다. 누구도 어디에서도 주요 민간 인프라를 해킹해서는 안 된다는 것이다. 최근 우크라이나에서 발생한 사이버 공격을 지척에서 바라본 사람이라면, 이 의견을 십분 이해할 것으로 생각된다. J. 마이클 다니엘과 톰 보서트 같은 당국자에게서 들은 것 이상의 규칙을 세계가 정할 필요가 있다. 사람이 죽거나 사회가 제구실을 못할 정도로 공격받기 전에 이 새로운 공격 무기를 규제할 수 있는 분명한 규칙이 국제법에 명시돼야 한다.

하지만 그리 간단한 문제가 아니다. "사이버 세계에도 규칙이 필요하다고 저는 생각해요." 보서트가 지난번 만남에서 다 하지 못한 이야기를 전화를 통해 꺼냈다. 내가 제네바 협정 이야기를 언급했을 때였다. "하지만 규칙을 정할 때 필요한 단서 조항을 모두 나열하는 건 사실 힘들 것 같아요."

적국 인프라를 염탐해 악성코드로 감염시키는 일은 많은 국가에서 비일비재하지만, 실제 공격까지 하는 경우는 거의 없다고 보서트가 이야기했다. 만약 국제법을 정했다면, 염탐하는 행위도 이 법을 위반하는 것일까? "누가 법령을 작성할지 모르겠지만, 자신들이 무엇을 하고 있는지 똑바로 알았으면 좋겠어요." 보서트가 이야기했다. "만약 '공격'이라는 단어를 염탐이나 침입으로 해석하고 실제 정전을 일으키는 행위로는 해석하지 않는다면, 더 많은 분쟁이 발생할 수도 있어요. 법 문구를 명시적으로 정하는 것은 쉽지 않은 일이에요."

하지만 디지털 제네바 협정까지 가는 데는 더 근본적인 문제가 남아있다. 아틀란틱 카운슬에서 사이버 국정운영부 총책을 맡고 있던 조슈아 코먼도 스미스의 연설을 들었다. 그에 따르면, 적국이 사이버 공격을 못하게 막는 것보다 자신들이 사이버 공격을 할 때 얻을 수 있는 것이 더 많다고 믿는 국가들이 존재한다. 미국도 그 국가들 중 하나다. "제네바 협정에 매력을 느끼지 못하는 거죠. 전혀요." 코먼이 나에게 말했다. "마이크로소프트가 말한 규제 같은 건 아예 불가능해요. 미국이 사이버 공격의 자유를 포기할 리 만무하니까요."

코먼이 설명하길, 미국 당국자들은 여전히 NSA가 뛰어난 능력을 발휘해 사이버 전쟁에서 대승을 거둘 것으로 기대하고 있다. 하지만 이들은 서방 국가들이 얼마나 인터넷에 의존적으로 변모해가고 있는지 계산에 넣지 못했다. 적으로 생각하는 북한이나 러시아와 비교하면, 이들이 인터넷에 의존하는 수준은 훨씬 더 높다. "우리는 가장 많이 인터넷에 의존하는 국가들 중 하나예요. 인터넷에 더 많이 연결할수록 더 많은 약점이 노출돼요."

제네바 협상처럼 넓은 영역을 규제하는 규칙 대신, 코먼은 좁은 영역을 다루는 규칙을 옹호하는 입장이다. 예를 들어 병원에 대한 사이버 공격을 금지하자는 식이다. 코먼은 의료 시설의 '사이버 비행금지구역'이라 불렀다. "병원에 대한 사이버 공격을 금지했다고 합시다. 의도적이든 아니든 병원을 공격하면 전쟁 범죄를 저지르는 거예요." 코먼이 말했다. "사이버 공간에서도 공격을 선별적으로 해야 해요. 잘못해서 병원을 공격했다? 국제 전쟁 범죄자가 되는 거예요. 헤이그 재판소로 가는 거죠."

물론 외교적으로 해결해야 한다는 주장도 존재한다. 러시아, 중국, 북한, 이란은 사이버 무기를 포기할 의사가 전혀 없다. 마찬가지로 트럼프 행정부도 해커 평화주의와는 정반대의 길을 가기로 결정한 것 같다. 국방부 사이버 지휘소의 권한을 늘리겠다고 2017년 트럼프가 공언했다. 만일 적국이 미국을 공격할 것 같다고 판단되면, 미국이 선제 공격을 하는 것으로 규칙을 이듬해 조용히 바꿨다. 3개월 뒤 트럼프는 해킹 공격을 할 때 복잡한 연방 기관의 허락을 받아야 한다는 오바마 정부의 지침도 엎었다.

2016년 10월 대통령 선거에서 트럼프가 내세웠던 공약을 실천한 것이다. "우리의 주요 자원에 대한 공격을 억제하려면 사이버 공격을 할 수 있는 막강한 능력을 미국이 반드시 갖고 있어야 합니다." 버지니아에서 많은 퇴역 군인들을 앞에 두고 트럼프가 한 말이다. "막강해야 합니다. 막강"

디지털 제네바 협정은 꿈같은 이야기다. 그동안 미국 정부는 사이버 경쟁에서 가장 기본적인 전략만 취한 것 같다. 미국 정부가 취한 입장은 단순히 사이버 경쟁력을 강화하는 것 하나뿐이었다.

41
블랙 스타트

비가 추적추적 내리던 2018년 11월 초의 어느 날, 스탠 맥한이라는 전기 설비 엔지니어는 플럼 아일랜드 남동부 해안을 따라 길을 걷고 있었다. 플럼 아일랜드는 롱아일랜드의 노스 포크 끝에 삐죽 튀어나온 5제곱킬로미터 정도의 땅이다. 그에게 유난히 힘들었던 한 주였지만, 왼쪽에 펼쳐진 대서양을 바라보며 약간의 휴식을 취할 수 있었다.

맥한과 동료들은 전력망을 공격해 전기를 계속 차단하는 흉폭한 해커들과 사투를 벌였다. 그들과의 전쟁은 며칠이나 계속됐다. 때로는 시속 100킬로미터가 넘는 강풍이 동반된 폭풍우 속에서 해킹된 디지털 장비를 고치고 문제를 진단하러 변전소를 오가야 했다. 해커들이 네트워크에 들어오지 못하도록 차단했지만, 매번 다른 경로로 다시 침투했다. 그때마다 맥한은 다시 폭풍 속으로 뛰어들어야 했다.

그날 아침 9시가 되기 직전에 모든 변전 시설이 복구되는 듯했다. 편집증적으로 맥한은 직접 상황을 점검하기로 결정했다. 섬 북단에 위치한 관리 센터를 나와 해안가를 따라 밑으로 내려갔다. 그때 이상한 소리가 들렸다.

"펑 펑 펑 펑 펑 펑 펑이었어요." 맥한이 나중에 나에게 이렇게 묘사했다. 소구경 총을 격발할 때와 비슷한 소리가 일곱 번 들렸다. 소리가 섬에 울려 퍼졌다. "펑" 하는 소리가 들릴 때마다 회로 차단기가 하나씩 열리고 있다는 걸 바로 알 수 있었다. 함께 걷고 있던 콘 에디슨이라는 엔지니어가 깜짝 놀라 이 이상하고 기괴한 소리의 정체를 물었다. 맥한이 대답했다. "전기가 차단되는 소리예요."

심각하게 들리지만, 다행히 실제 상황은 아니었다. 미국 땅에서 해킹에 의해 최초로 발생한 정전 사태와 사투를 벌이는 것이 아니었으며, 실제 상황과 유사한 시뮬레이션 환경이었다. 국방부가 고용한 노련한 해커들로 이뤄진 '레드 팀'이 독립된 전력망 설비를 공격하면 '블루 팀'이 이를 방어하는 훈련을 하고 있었다. 실제 미국 시민에게는 피해를 주지 않는 환경을 만들어놓고, 전력망에 대한 사이버 공격이 발생했을 때 어떻게 대처해야 하는지 훈련하고 있는 중이었다.

DARPA로 알려진 방위고등연구계획국이 플럼 아일랜드에 실험용 전력망을 만들었다. 인터넷을 발명한 것으로 유명한 DARPA는 국방부 소속 연구소이며 미래 전쟁에 사용될 기술을 개발한다. 비교적 최근에는 GPS나 무인항공기 같은 세계를 바꿀 수 있는 기술들을 개발했다. 플럼 아일랜드에서 DARPA는 고도의 해커들이 전력망을 공격할 때 이들을 물리칠 수 있는 기술을 개발하고 있으며, 이 기술을 실험하기 위해 전기 엔지니어들을 최악의 상황으로 몰고 갔다. 이들에게 주어진 임무는 두 가지였다. 정전을 막을 것, 그리고 해커들이 이미 공격해 며칠째 전원을 공급하지 못하고 있는 시설을 복구할 것.

레드 팀 해커들이 다시 전기 시설을 정전 사태로 몰고 가자 맥한은 복구 작업이 정말 힘들어질 수 있겠다고 생각했다. "심장이 내려앉고 위장이 땅으로 떨어지는 느낌이었어요." 정전이 다시 시작됐을 때의 심정을 그는 이렇게 묘사했다. "마음을 가라앉히고 다시 일터로 돌아가야죠."

■

훈련이 시작되기 며칠 전, DARPA는 플럼 아일랜드에 마련된 테스트 망에서 사이버 공격을 시작했다. 플럼 아일랜드에는 두 개의 전기 시설, 하나의 관리 센터, 곳곳에 마련된 컨테이너에 배치된 16개의 송전 시설이 있었다. 전기 시설 하나는 이미 정전된 상태에서 훈련을 시작했다. 맥한에게 주어졌던 두 번째 임무다. 해커들은 몇 주 또는 몇 달 전에 이미 전기 설비에 침투해 전원을 차단했다. 발전기는 멈췄고 백업 배터리도 완전히 방전됐다.

두 번째 전기 시설에는 '필수 시설'에만 연결된 하나의 디젤 발전기가 있다. 블루 팀은 이곳에서 정전이 발생하지 않게 해야 한다. 필수 시설은 사실 국방부가 세균전 실험실로 사용하던 버려진 건물이며 플럼 아일랜드 남단에 있다. 이번 시뮬레이션에서는 이 버려진 건물이 병원이나 방어사령부처럼 중요한, 전쟁에 이기기 위해 꼭 필요한 자산으로 간주됐다. 참가자들이 멀리서도 이 주요 자산에 전원이 공급되는지 확인할 수 있도록 춤추는 바람 인형(바람의 힘으로 춤추듯이 움직이게 만든 인형)을 건물 외부에 설치하고 전원을 연결해뒀다. 위험에 빠진 병원이라기보다는 중고차 매매상에 가까운 모습이었다.

전국에서 소집된 전력 회사 엔지니어들과 DARPA에 제안서를 제출한 사이버 연구원들로 구성된 참가자들은 '블랙 스타트black start'를 해야 했다. 블랙 스타트는 시설 내에 있는 디젤 발전기를 작동시켜 이미 정전된 전력망을 복구해야 한다는 걸 의미했다. 그다음에는 여기서 나온 전기와 다른 전기 시설에서 나온 전기를 변전소로 보내야 한다. 마지막 단계는 이 두 전기 시설을 동기화해 앞서 설명한 필수 시설에 전기를 동시에 공급함으로써 정전에 대비한다.

훈련 첫날에는 디지털 공격으로 완전히 망가진 전력망을 어떻게 복구해야 할지를 서둘러 파악했다. 경력이 꽤 있는 몇몇 시설 관리자들은 동료들에게 '수치'를 이용해 전력망을 복구할 수 있을 거라 이야기했다고 맥한이 말했다. 자연재해 때문에 발생한 정전을 복구할 때처럼 네트워크에 연결된 디지털 장비에서 수치를 읽어 전력을 복구할 수 있을 거라 생각한 것이다. "그들은 허리케인 대비 훈련 상황이랑 별반 다를 게 없을 거라 생각했어요." 그가 건조하게 말했다.

맥한에 따르면, 모든 컴퓨터가 거짓 정보를 보내는 상황에서 이 방법으로 전력망을 복구할 수 없다는 걸 시설 관리자들이 24시간 안에 깨달았다고 한다. 전력 설비에서 전류와 전압을 읽어 관리 센터 컴퓨터 화면에 표시하는 산업제어시스템 소프트웨어에 시설 관리자들은 익숙하다. 하지만 이미 해커에게 공격당한 소프트웨어는 부정확한 수치와 말도 안 되는 정보만 표시했다.

상황은 더 나빠졌다. 이들은 수치 정보뿐만 아니라 장비에 부착된 패널도 신뢰할 수 없다는 걸 발견했다. "해커들이 라우터를 망가뜨렸고, 화면에 표시되는 수치도 바꿨으며, 회로 차단기를 반대로 해놓고, 전기가 다른 곳으로 송전되도록 바꿔놓았어요." 맥한이 자신들을 괴롭힌 보이지 않는 해커들이 한 작업을 설명했다. "뭐가 됐든 전부 다 망가졌어요."

방어 팀은 해커를 시스템에서 쫓아내고 시스템을 복구하려 했지만, 해커들은 집요하게 파고들어 왔다. "우리가 하나를 해결하면, 공격 팀이 다시 망가뜨렸죠." 살인적인 폭풍우가 몰아치던 날 「와이어드」지에서 나와 함께 일했던 릴리 헤이 뉴먼도 훈련을 참관했다. 릴리에게 사이버 보안 연구원인 스탠 피에트로가 한 말이다. 3일째 되던 날, 방어 팀이 전력망을 되돌리기 직전이었다. 하지만 해커들은 여지없이 주요 변전소를 다시 망가뜨려 방어 팀을 혼란에 빠뜨렸다. "겨우 하나 성공하는가 싶었는데, 이것도 허사로 돌아갔어요." 피에트로가 애석함을 토로했다.

함께 훈련에 참가한 사이버 보안 연구원들이 기존 방식으로는 문제를 해결할 수 없다는 의견을 내놓자, 전기 엔지니어들도 여기에 동의했다. 따라서 한 가지 대안으로서 해킹된 네트워크를 우회하는 방법을 시험해보기로 했다. 엔지니어들이 변전소를 하나씩 돌아다니면서 센서를 직접 설비에 연결했다. 소형 컴퓨터로 만든 '메시mesh' 네트워크에 센서들을 연결했다. 기존 네트워크에서 분리된 암호화 채널을 이용해 데스크톱 PC 크기의 작은 컴퓨터들이 통신을 시작했다.

데이터 통신은 암호화된 네트워크에서 하고, 음성 통신은 전화기를 사용했다. 시스템이 조금씩 안정화되는 듯했다. 일주일 동안 진행된 훈련에서 마지막 몇 시간 동안 잠깐이나마 두 개의 전기 시설을 동기화하는 데 성공한다. 물론, 훈련이 계속됐다면 해커들이 다시 시스템을 다운시켰을 수도 있다.

레드 팀도 충분한 성과를 거뒀다. 두 번이나 블루 팀이 보호해야 할 필수 시설의 전원을 차단했다. 필수 자산이 공격받을 때마다 춤추는 바람 인형은 공기가 빠져 콘크리트 바닥에 처박혔다. 보이지 않는 적에 의해 발생한 사상자였다.

■

DARPA의 실험을 전해들은 나는 로버트 리가 1년 반 전에 나에게 했던 말이 떠올랐다. 두 번째 우크라이나 정전이 발생한 지 얼마 안 된 시점이었다. 그가 스타트업인 드라고스를 시작하고 나서 얼마 후에 텅 빈 볼티모어 사무실에서 그를 처음 만났다. 30킬로미터 남쪽으로 떨어진 워싱턴 D.C.로 전기를 보내는 송전철탑이 사무실 창을 통해 보였다.

"미국의 전력 시설을 공격하는 것은 우크라이나 전력 시설을 공격하는 것보다 어려울 거예요. 하지만 일단 다운시키는 데 성공하면 복구를 막기는 쉬울 거예요." 당시 리가 한 말이다.

이번 DARPA 훈련도 이 점을 고려한 듯했다. 미국의 전력 시설 관리자들은 발전과 전력 공급을 컴퓨터와 자동화된 시스템으로 하는 데 익숙하며, 우크라이나보다 훨씬 자동화가 잘된 시스템을 사용하고 있다. 그런데 첨단 자동화 설비가 고장 나면, 이들은 눈뜬장님과 다를 바 없다. 반면 우크라이나 전력 시설 관리자들은 자동화 설비가 고장 났을 때 더 잘 대처한다. 이들은 디지털 장치가 고장 나면 아날로그 옵션으로 시설을 복구할 준비가 돼 있다.

샌드웜이 우크라이나 서부와 중심부에 있는 전기 시설의 회로 차단기를 열었을 때, 발전소 직원들은 트럭에 올라탄 후 변전소로 달려가 수동으로 스위치를 올릴 준비를 몇 시간 만에 끝냈다. 이번 훈련에서 왜 블루 팀이 회로 차단기 같은 장치들을 자동화 시스템에서 분리하고 수동으로 전기 시설을 복구하는 방법을 택하지 않았는지를 스탠 맥한에게 물었다. 그러자 이런 옵션이 아예 존재하지 않는 첨단 설비도 있다는 답변이 돌아왔다. "회로 차단기 중에는 자동화가 고도로 진행돼 소프트웨어로만 제어할 수 있는 설비들도 있어요." 그가 안타까워하며 말했다.

미국 전력 시설에 아날로그 옵션이 없다는 것 외에, 이번 DARPA 훈련에서는 리가 말했던 다른 문제점도 드러났다. 전력망 공격과 같은 산업제어시스템에 대한 공격이 우리가 지금껏 봐온 것보다 훨씬 나쁜 방향으로 진행될 수 있다는 걸 증명했던 것이다.

해커들이 배전 시설이나 송전 시설을 공격하는 것이 아니라 발전소 자체를 공격할 수도 있다. 또는 마이크 아산테가 2007년 오로라 프로젝트에서 보여준 것처럼, 시설을 다운시키는 데 그치지 않고 물리적으로 파괴할지도 모른다. 오로라 프로젝트에서 거대한 발전기가 공격에 무너졌는데, 미국 전역의 전기 시스템에 설치된 보호계전기가 이 발전기에도 설치돼 있다. 샌드웜이 키예프에서 공격한 전기 시스템도 매한가지다. 보호계전기를 제대로 공격하면 발전기를 완전히 파괴할 수 있다. 미국 전력 공급 시스템을 떠받치는 수백만 달러짜리 특수 변압기를 파괴하는 것도 가능하다.

해커가 파괴 능력을 탑재하면, 우크라이나에서 발생했던 짧은 정전은 최악의 사태로 치달을 수 있다고 리가 이야기했다. "워싱턴 D.C.요? 두 달 동안 암흑으로 보내는 건 문제도 아니에요." 그가 차분한 목소리로 말했다.

해커가 공격할 때, 최악의 상황은 단발성의 물리적 파괴가 아니다. 사이버 보안 커뮤니티에서 정부 주도 해커를 언급할 때는 '지속 가능한 고도의 위협'으로 간주한다. 한 번의 공격을 위해 시스템에 침투하는 것이 아니라, 공격을 반복하기 위해 타깃에 숨어있는 고도의 해커를 말한다. 이들을 발견해 시스템에서 쫓아냈을 때를 대비해 해커들은 백도어를 심어두기도 한다. 네트워크 구석에 은밀하게 백도어를 설치함으로써, 다시 조용히 네트워크에 침입한다. 바퀴벌레처럼 끊임없이 출몰한다. DARPA 훈련에서 블루 팀도 같은 공격을 당했다.

리가 생각하는 최악의 상황은 미국 인프라가 이런 지속 가능한 공격에 당하는 것이다. 네트워크 깊은 곳에 숨어있는 해커들이 교통 시스템, 파이프라인, 전력망을 지속적으로 다운시키는 상황이다. "만약 해커들이 여러 곳에 침투해 있다면, 모든 시스템이 한 달 내내 다운될 수도 있어요." 리가 말했다. "한 달 동안 미국 절반에 전기가 끊겼다고 생각해보세요. 과연 혼란에 빠지지 않을 곳이 있을까요?"

1년 반 뒤, 드라고스에 다시 갔다. 그사이 로버트 리의 인프라 보안업체는 세련된 산업단지로 사무실을 옮겼다. 사무실 한 켠에는 상하수도 파이프라인 시스템이 조그맣게 마련돼 있었다. 프로그래밍 가능한 로직 컨트롤러도 함께 있었다. 다른 편에는 산업용 맥주 양조 시설이 완벽히 갖춰져 있었다. 드라고스의 해킹 데모와 훈련용으로 사용되는 시설이었으며, 물론 무제한 맥주 제공처이기도 했다. 산업제어시스템 공격으로부터 고객을 보호하는 비즈니스가 성업 중인 것 같았다. 지난번 리를 마지막으로 본 이후, 리의 직원은 22명에서 42명으로 늘었고 4,800만 달러의 투자도 유치했다.

회의실 탁자에 리와 함께 앉았다. 오크 통나무로 맞춤 제작한 탁자였다. 그는 공군에서 근무할 때보다 더 나이가 들어 보였고 살이 좀 찐 듯했다. 덥수룩한 붉은 수염이 바이킹을 연상시켰다. 군대의 별종에서 이제 자신감에 찬 괴짜 CEO로 완전히 변한 것 같았다. 핵심 인프라 해킹이 전 세계적으로 늘어나 드라고스가 성장할 수 있었다고 그가 분명히 말했다.

"좋아진 것은 하나도 없어요." 그가 축약해 말했다. "지난번 우리가 만났을 때, 산업제어시스템을 공격하는 그룹 세 개를 쫓고 있었어요.

지금은 열 개가 됐어요."

드라고스 분석가들은 이 열 개의 인프라 해킹 팀이 여섯 개의 정부와 관련돼 있는 것으로 생각하고 있었다. 리는 어떤 국가인지 알려주지 않았다. "러시아, 중국, 이란, 북한만 인프라를 해킹하는 것이 아니에요." 힌트만 줬다. "아프리카 국가 하나도 산업 시설을 해킹하고 있어요. 전혀 예상 밖의 일이죠." 산업제어시스템 부문에서는 현존하는 세계 최대의 사이버 보안 대응 팀인 드라고스가 적극적으로 정보를 모으고 있지만, 리는 자신들이 발견한 사건이 전체의 절반에도 미치지 않을 것이라고 말했다. 여기에는 전 세계 전력망, 공장, 파이프라인, 정수 시설 등이 포함된다.

2017년 말, 보이지 않는 전쟁의 역사에 또 하나의 사건이 추가됐다. 정체가 드러나지 않은 해커들이 사우디의 오일 정제 회사인 페트로 라비그를 '트리톤Triton' 또는 '트리시스Trisis'라 불리는 악성코드로 공격했다. 정제 장비가 폭발하거나 화학 물질이 유출되는지 모니터링하는 안전계장시스템(SIS)을 공격해 무용지물로 만드는 악성코드였다.

최악의 경우 재난 수준의 사고가 발생할 수 있었지만, 불행 중 다행으로 악성코드는 공장의 가동을 멈추는 수준에서 공격을 끝냈다. 많은 사람이 이 공격이 이란 정부와 관련 있을 것으로 생각했지만, 2018년 가을 파이어아이는 이 악성코드가 러시아의 화학기계중앙과학연구소의 한 실험실과 연관돼 있다고 밝혔다. 러시아 개발 팀이 사이버 해킹 도구를 만들었다는 뜻이다. 자신들이 직접 사용한 것인지, 아니면 다른 공격 팀을 지원하기 위해 만든 것인지는 밝혀지지 않았다. "위협이 더 강력해지고 있어요." 리가 말했다. "이쪽에서 일한 지 10년이 넘었는데, 날이 갈수록 공격이 강력해지고 그 수 또한 늘어나고 있어요."

리는 정보국이 공격에 무감각하고 안일하게 대처하는 모습에 불만을 품고 그곳을 떠났다. 그 결과 정부와 많은 연결 고리가 사라졌다. 그런데 지금, 자신이 불만을 품었던 정부의 대처 때문에 디지털 군비 경쟁이 가속화되고 있다. 사실, 그로 인해 자신의 스타트업이 성공적으로 성장하고 있지만, 리는 여전히 정부의 대처에 불만이 많다. "정부가 자기 역할을 제대로 하고 있지 않아요." 리의 결론이다. 정부가 아직도 넘지 말아야 하는 선을 뚜렷이 정하지 않았다는 뜻이다. "적국은 아직도 선을 넘지 않았다고 생각해요."

리는 인프라 해킹이 계속 증가하는 이유가 악순환 때문이라고 말했다. 한 국가의 해킹 능력을 본 다른 국가의 정보국은 그 즉시 적과 동등하거나 더 우월한 공격 능력을 가지려 한다는 이야기다. 이미 2년 전에 러시아가 크래시 오버라이드 또는 인더스트로이어로 알려진 악성코드를 사용해 정전 사태를 일으키는 자신들의 해킹 능력을 과시했다. 그 후, 샌드웜의 해커들이 물리적 세계를 공격할 수 있는 새로운 방법을 고안해냈을 것이라 생각하는 것은 당연하다.

"모든 국가는 다른 국가와 동등한 힘을 갖길 원해요. 당신이 러시아나 미국이 아닌 다른 국가라고 해봅시다. 아마 상당히 뒤떨어져 있다고 느낄 거예요." 리가 말했다. "모두 발빠르게 동등한 능력을 가지려 노력할 거예요. 민간 인프라를 운영하는 사람만 피해를 보죠."

즉, 샌드웜이 무모하게 보여줬던 파괴의 힘이 이제는 희귀한 힘이 아니다. 군대가 있는 국가라면, 아니 반란군 세력까지도 포함해 모두가 갈망하고 소유하길 원하는 능력이다. 모든 국가는 사이버 전쟁에서 뒤처지지 않기 위해 사이버 공격 능력을 소유하려 할 것이다.

42
회복력

댄 기어는 테네시와 앨라배마주 경계에 있는 1층짜리 하얀 집에서 살고 있다. 집 옆에는 200에이커 크기의 농장이 붙어있다. 그는 아내와 함께 그 농장에서 대대로 내려온 옥수수, 마늘, 달리아 꽃, 콩과 특이한 품종의 흰콩을 경작하면서 지낸다. 특히 흰콩은 카술레^{cassoulet}라는 프랑스 요리를 제대로 만들고자 하는 요리사들에게 인기가 많은 콩이라고 귀띔해줬다.

농사를 짓는 것 외에 기어는 인큐텔에서 최고 정보보안 책임자의 역할도 맡고 있다. 인큐텔은 비영리 기관이며 미국 스파이 기관의 벤처 캐피탈 역할을 한다. "한쪽 발은 흙먼지 속에, 다른 한쪽 발은 정보국에 걸쳐 놓는 게 저에게는 더 생산적이에요." 그가 말했다.

CIA, NSA, FBI와 같은 알파벳 세 글자짜리 이름의 정부 기관에 도움이 될 만한 유능한 회사를 찾아 투자하는 것이 인큐텔이 하는 일이다. 이곳의 사이버 보안을 담당하는 직책에 있는 기어는 보안의 미래를 예상하는 일도 한다. 정부 기관이 현재와 미래를 동시에 볼 수 있도록 돕는 역할이다.

그는 전문가의 식견으로 미래를 내다보는 일을 잘한다. 풍성한 하얀색 구레나룻을 기른 69세의 기어는 검은 머리를 포니테일 모양으로 묶었다. 사이버 보안 커뮤니티에서 쌓아온 명성과 그의 외모를 조합하면 '제다이 마스터'가 떠오른다. 아틀란틱 카운슬의 조슈아 코먼은 존경을 담은 목소리로 기어를 '연륜 있는 정치인이자 철학자'로 소개했다. 기어는 1년에 두 번 이 시골을 벗어나 블랙햇이나 RSA 같은 세계 최대의 보안 콘퍼런스에서 숨죽인 청중을 상대로 짧은 키노트 연설을 한다. 또한 국가 보안 및 기술적 위험과 관련된 미국 의회 청문회에서 다섯 번의 증언을 한 바 있다.

하지만 미래학자로서는 러다이트Luddite, 즉 신기술 반대자의 입장을 취한다. 몇 주 동안이나 노력한 끝에 간신히 그와 이야기할 기회를 얻을 수 있었다. 구리 전화선을 통해, 기어의 집에 있는 유선 전화기로 통화했다. 그의 유일한 휴대폰 한 대는 2001년 생산된 낡은 포드 F-150 트럭의 글로브박스에 꺼진 채 처박혀 있다. 집에는 TV도 없고, 비상용으로 라디오만 하나 갖고 있다. 트랙터조차 한국산 구형 모델이다. 자동화 소프트웨어가 최대한 조금 들어간 트랙터를 골랐다. "최신 유행을 따라가지 않으면, 현실 세계를 등진 것 같은 느낌이 들 거예요. 하지만 사실은 그냥 사용하지 않는 것뿐이죠." 기어가 말했다. "나는 외부에 노출되지 않았어요."

바로 저 마지막 말이 내가 기어를 찾아 나선 이유다. 그의 디지털 금욕주의가 드러나는 부분이다. 융통성 없는 고집불통 은둔자의 모습이 아니라, 보안 규칙을 준수하는 삶의 방식이다. 2018년 초 스탠포드에 기반을 둔 후버연구소라는 싱크탱크에서 '루비콘A Rubicon'이라는 짧은 논문을 출판했다. 사이버 공격과 관련해 종종 언급되지 않는 변수에 대해 기어가 글을 썼다. '회복력'이라는 변수다.

낫페트야 사건을 전후로 사이버 보안 전문가들과 관련 업체들은 사이버 공격을 무찌를 수 있는 전략이라는 걸 내놓는다. 전략은 다음과 같다. 소프트웨어를 만들 때 보안에 더 신경을 쓰고, 더 공들여 패치하자. 머신러닝을 활용해 침입자를 찾아내고, 악성코드를 추적하는 도구를 만들어 네트워크를 모니터링하자. 그리고 해킹을 시도하는 러시아나 북한 등의 나쁜 세력을 처단하자.

하지만 기어는 다른 곳에 관심이 있었다. DARPA의 플럼 아일랜드 훈련처럼 대규모의 재난이 연속적으로 발생할 때 이를 어떻게 막을 것인지에 초점을 맞추지 않았다. 대신, 빨리 복구하고 피해를 최소화할 방법을 알아보고 있었다. "시스템의 정상 동작 시간을 늘리는 연구보다 다른 곳에 초점을 맞춰야 하지 않을까 생각했어요." 그가 나에게 한 말이다. "고장 난 시스템을 빨리 복구하는 것도 그만큼 중요하다고 생각한 거죠."

기어는 논문에서 복구의 핵심은 독립성에 있다고 강조했다. "위험의 원천은 시스템 간 의존성에 있다. 따라서 시스템의 상호의존도가 높아질수록 위험성도 증가한다." 그가 쓴 논문의 내용이다. 더 간단히 이야기하면, 디지털화된 문명과 같은 복잡한 시스템은 연속적으로 다운될 수 있다는 뜻이다. 하나가 망가지면, 거기에 의존하던 시스템도 망가지고, 여기에 종속된 다른 시스템도 함께 망가진다. 건물의 기초가 허물어지면 타워 전체가 붕괴되는 것과 같은 이치다. 제어시스템이 해킹되고 전원이 꺼지면, 가스 펌프가 멈춘다. 그러면, 우편 배달 트럭도 움직이지 못하고 빵 배달도 할 수 없다. 상호의존도가 높은 시스템에서는 어떤 일이 발생할지 예상조차 하기 어렵다.

컴퓨터 시스템에서 연속적으로 발생할 수 있는 잠재적인 문제는 기후 변화 같은 전 지구적 문제보다도 어떤 측면에서는 더 심각할 수도 있다고 기어는 주장한다. "오늘날 우리 사회는 인터넷에 의존하고 있으며, 기후와 같은 자연 환경만 인터넷과 떨어져 있다. 인터넷의 변화 속도는 기후의 변화 속도보다 10만 배나 빠르다." 논문의 일부다. 전화로 그가 설명한 바에 따르면, 인간이 안정적인 기후에 의존하며 사는 것처럼, 현재의 우리는 인터넷이 안정적이라는 가정하에 인터넷에 의존하며 살고 있다. 하지만 악당이 기후를 변화시키려고 해도 수십 년 동안 탄소를 끊임없이 공기 중에 배출해야 기후에 악영향을 미칠 수 있지만, 악의적인 해커들은 인터넷을 혼란으로 몰고 가는 데 몇 분이면 족하므로 훨씬 위험할 수 있다고 강조했다.

그렇다면, 이렇게 위험한 의존성에서 어떻게 우리 사회를 구할 수 있을까? "산불을 진압할 때처럼, 시스템이 망가지는 것을 멈추려면 화재가 번질 만한 부분을 없애야 한다. 바로 상호의존의 반대 개념이 필요한 때다." 기어가 쓴 논문의 일부다.

공격받아 무너지기 쉬운 인터넷으로부터 완전히 독립된 공간에 사회적 차원에서 백업 시스템을 구축하고 유지해야 한다고 주장했다. 아날로그 기술도 하나의 백업 수단으로 꼽았다. 휴대폰 네트워크가 망가졌을 때는 유선 전화를 쓴다. 개표기가 해킹당했을 때는 수작업으로 개표를 진행한다. 우크라이나 정전 사태 때 시설 관리자들이 했던 것처럼, 시설을 수동으로 관리해 회로 차단기를 직접 하나씩 수동으로 복구한다. 파괴된 글로벌 운송 네트워크에서 정전 덕분에 분리됐던 가나 데이터센터의 백업 도메인 컨트롤러를 사용한다.

∎

기어의 논문은 몇 달 전 내가 나눈 대화를 떠올리게 했다. 우크라이나 우체국장과 키예프 보리스필 공항으로 함께 가면서 나눈 이야기다. 우체국장 이고르 스멜리안스키는 낫페트야가 우체국에 얼마나 큰 피해를 입혔는지 나에게 솔직히 이야기해줬다. 당시 낫페트야는 수천 대의 컴퓨터를 망가뜨렸다. 그는 이런 사태가 또 발생할지 알 수 없었다. "다음에 이런 일이 또 발생해도 우리는 막을 수 없을 것 같아요." 그가 냉정한 목소리로 말했다. "다만, 우리가 준비는 할 수 있겠죠. 피해를 최소화하려고 노력은 할 수 있을 거예요."

사이버 재앙이 또다시 발생했을 때 피해를 줄이는 방안과 관련해 스멜리안스키는 계획이 있었다. 스멜리안스키와 간부들은 지난번과 같은 재난이 다시 발생했을 때 어떻게 최소한의 서비스를 제공할 수 있을지에 대한 계획을 세웠다. 7만 4,000명이 근무하는 우체국의 모든 부서에 적용하는 계획이다. 트럭과 긴급 백업 시스템으로 사용할 주요 사무실을 운영하는 데 필요한 비축 연료량을 계산했다. 모든 우편 배달 트럭에는 휴대폰 네트워크가 다운됐을 때 따라야 할 행동 지침이 담긴 가이드라인이 배치됐다. "백업 발전기가 갖춰진 우편 분류소는 계속 운영될 겁니다. 느리지만 작은 규모로 우편 배달은 계속 할 수 있을 거예요." 뉴욕에서 일할 때 배운 미국식 영어로 스멜리안스키가 이야기했다. "트럭 운전수는 어디로 가야 할지 알아요. 사무실에 연락이 닿지 않을 때 어떻게 해야 하는지 3단계로 절차가 설명돼 있죠."

우체국의 주요 임무 중 하나인 연금 지급과 관련해 스멜리안스키는 컴퓨터가 장시간 복구되지 않을 경우를 대비해 모든 사람이 매달 1,000흐리브냐를 받을 수 있는 간단한 백업 계획을 마련했다. 연금 평균 지급액에 해당하는 36달러가량의 돈을 주는 것이다. 컴퓨터 시스템이 복구되면, 다음 번 지급할 금액에서 차감하거나 더하게 되는데, 최소한 굶어 죽는 사람은 없게 하겠다는 계획이다.

낫페트야에서 깨달음을 얻은 우크라이나 우체국은 여러 측면에서 다른 선진국들보다 더 준비를 잘한 것으로 생각된다. 신문 구독 데이터베이스가 공격당해 파괴되면, 지역 사무소에서 종이에 기록된 구독자 명단을 이용해 배송 리스트를 수동으로 복구한다. 우크라이나 연금 수혜자들은 계속 현금으로 연금을 지급받을 수 있다. 우크라이나 지방에 있는 많은 사무실이 여전히 종이 문서 시스템을 이용해 월급을 지급한다. 하루 일과 중에 컴퓨터를 아예 만지지 않는 직원들도 있다.

"큰 문제들은 대도시에 있죠. 소도시에는 종이 문서로 일할 줄 아는 직원들이 아직도 있어요." 스멜리안스키가 말했다. "키예프에는 컴퓨터가 없는 세상을 경험해보지 못한 직원들이 있어요. 그래서 고참 직원들을 찾아 이들을 교육하라고 지시했죠."

우크라이나 우체국이 아날로그 시스템을 활용하는 대안 속으로 한 발 내디딘 것은 사실이지만, 낫페트야 때문에 입은 피해가 완전히 사라진 것은 아니다. 우크라이나를 포함해 세계 어느 곳에서든 공격의 희생양이 됐던 기관들은 모두 마찬가지다. 보리스필 공항에 다다랐을 때 스멜리안스키가 다음 공격에 대비하는 것이 간단한 작업은 아니라고 이야기했다. "의존성의 문제예요. 끝까지 연결 고리를 찾아 의존성을 가능한 한 많이 제거해야 해요." 그가 말했다. "우리는 아직도 진행 중이죠."

■

댄 기어에게 제2의 낫페트야가 다시 인터넷을 공격할 가능성이 있어 보이는지 물었을 때, 그는 내 질문이 미처 끝나기도 전에 대답했다.

"네, 네, 네." 그가 대답했다. "그렇지 않을 이유가 하나라도 있나요? 북한이 이런 공격을 할 이유가 있나요? 네, 그들은 그럴 이유가 있어요. 중국은요? 네. 이런 공격을 할 정도로 해킹 수준을 발달시킬 나라들이 많아질까요? 그럴 거예요."

지난 사이버 공격으로부터 깨달은 것 중 하나는 우크라이나 우체국의 고참 직원들은 아날로그 기술을 이용해 우정 시스템을 운영할 수 있지만 젊은 직원들은 그럴 능력이 없다는 점이다. 그런데 이 사실이 기어를 괴롭혔다. 아날로그 기술은 역사 속으로 사라지고 있다. 허점투성이인 디지털과 자동화 시스템에 자리를 내주고 있다. 기어는 두 가지 이유에서 현대 기술과의 거리를 유지하고 있다. 첫 번째는 개인적인 취향 때문이고, 두 번째는 과거를 지탱했던 안정적인 시스템을 유지하려는 의도에서다.

"현재 디지털 시스템이 망가졌을 때, 이미 잘 동작하고 있는 아날로그 시스템을 갖고 있다는 것이 얼마나 큰 장점이 될지는 쉽게 가늠할 수 없을 거예요. 그러나 분명 중요해요." 그가 말했다. "하지만 어디에서 아날로그 시스템을 사용하는 사람들을 만날 수 있을까요? 적지 않은 수의 사람들이 계속해서 아날로그 장비를 사용해야 해요. 그렇지 않으면, 미래에 문제가 생겼을 때 아날로그 장비를 다시 만들어야 하잖아요. 새로 만들기는 운영하기보다 훨씬 어려울 거예요."

아날로그를 사용하는 사람들이 없다면, 상호의존성이 사라진 사회에서 살아남기 위해 인류는 훨씬 더 많은 노력을 해야 할 것이다. 과거의 산물을 유지하려면 비용이 들 수밖에 없다. 기어도 인정하는 바다. 하지만 과거의 산물을 버리는 데 따르는 비용은 훨씬 클 수도 있다. "치킨 리틀Chicken Little처럼 보이고 싶진 않지만, 저도 세상을 살릴 노력을 하나 해야겠어요." 기어가 말했다. "무언가에 완전히 의존할 것인지 말 것인지, 최소한 선택은 하고 싶어요."

선택의 시간은 점점 다가온다. "오늘의 아날로그 세상은 미래에 다시 오지 않을 거예요." 기어가 '루비콘' 논문의 결론 문단에 쓴 내용은 다음과 같다.

아날로그 시설을 갖춘 국가는 이 단계를 뛰어넘고 디지털 시설을 곧바로 갖춘 국가들에 비해 분명 장점이 있다. 전자에게는 후자가 갖지 못한 방화지대가 있다. 하지만 전자에 속하는 국가들도 아날로그 설비를 보존하고 있을 때만 복구 능력을 유지할 수 있다. 아날로그 설비를 통해 디지털 피해를 극복할 만한 회복력을 얻을 수 있다. 또한 디지털화를 거부할 수 있게 해주는 선택권도 가질 수 있다. 이 두 가지 능력을 동시에 소유한다는 것은 지금 같은 역사적 순간에 큰 장점이 아닐 수 없다.

우리는 루비콘강 둔치에 서 있다.

에필로그

'접경지대'라는 뜻을 가진 우크라이나의 국명은 이 국가의 지정학적 위치를 상징한다. 그중에서도 마리인카^{Maryinka}라는 곳은 긴장감이 최고조에 이르는 지역으로 꼽힌다. 마리인카는 그림처럼 아름다운 호수 근처에 있는 작은 도시이며, 1만 명도 안 되는 인구가 살고 있다. 키예프에서 남동쪽으로 500킬로미터 떨어진, 전쟁의 상처가 남아있는 돈바스 지역에 위치한 도시다. 마리인카에 있는 가로수가 심어진 격자 모양의 도로와 회색 빌딩은 여느 우크라이나 도시와 다를 바 없다. 화려한 성당과 구소련의 유물이 남아있는 곳이다. 하지만 도시의 남동쪽으로 이동하면 폐허가 된 건물이 보이기 시작한다. 수년간의 전투에서 생긴 탄흔, 검게 그을린 채 버려진 빌딩, 포탄에 맞아 내부가 드러난 여러 건축물 등은 전쟁의 무서움을 아직도 간직하고 있다.

아직도 도시 경계 초소에는 군인들이 상주해 있고, 콘크리트 블록으로 만들어진 장애물로 도시 진입을 통제한다. 지역 주민들은 이곳을 '포인트 제로'라고 부른다. 초소 반대편은 사람이 살지 않는 버려진 땅이다. 친우크라이나군과 친러시아군이 도시에서 전선을 이루고 대치하고 있다.

전선에서 불과 1킬로미터도 떨어지지 않은 마리인카 시내에는 중년의 여성들이 오렌지색 빌딩에서 일을 한다. 슈퍼마켓으로 사용되던 건물에서 빵을 굽고, 우크라이나 깃발을 상징하는 파란색과 노란색이 칠해진 비닐봉투에 따뜻한 빵을 담는다. 성직자이면서 사업가이기도 하고 러시아의 침입으로 인해 난민으로 전락한 올렉 트카첸코가 운영하는 베이커리다.

돈바스 북쪽으로 더 올라가면, 슬라비안스크 지역이 나온다. 트카첸코는 2014년 이곳에 가족과 함께 살고자 방이 여덟 개 딸린 집을 짓고 있었다. 그러던 어느 날 러시아군 장교가 이끌던 병사들이 그 지역 경찰서를 포위했다. 그 과정에서 발코니에 서 있던 이웃이 총에 맞았다. 러시아가 도시를 점령하면서 발생한 첫 희생자였다. "우리는 21세기에 살고 있어요. 그런데 갑자기 내가 사는 곳에서 전쟁이 일어났고, 누군가 총에 맞아 죽었어요. 믿을 수 없는 일이 벌어진 거죠." 그는 그날을 이렇게 회상했다. 지금 그는 아내와 네 명의 자녀와 함께 마리인카 북쪽에서 살고 있다. 50제곱미터도 안 되는 작은 방 두 개짜리 아파트에서 온 가족이 함께 지낸다.

트카첸코와 그의 아내 유제니아는 대부분의 시간을 돈바스 전선을 따라 그 지역을 이동하는 데 사용한다. 트카첸코는 우크라이나 군사들에게 종교 집회를 열고, 부부가 함께 베이커리에서 갓 구운 빵을 나눠준다. 이윤 추구보다는 자선사업에 가까운 일이다. 전쟁이 발발한 이후 마리인카 인구의 거의 절반이 서쪽으로 이주했고, 지역 경제는 거의 붕괴됐다. "사람들은 빵조차 살 돈이 없어요." 트카첸코가 애통한 마음을 드러냈다.

트카첸코 부부는 우크라이나 분쟁 지역을 오가며 폐허가 된 도시를 너무나 많이 목격했다. 포격을 받았던 마을에는 4미터 깊이의 웅덩이가 벌집처럼 여기저기 생겨 있었다. 주민들은 두려움에 떨면서 몇 주, 몇 달 동안 지하실에서 지냈다. 마을 어르신들은 전쟁의 충격으로 자살을 택하기도 했고, 미망인들은 남편을 자기 집 뒷마당에 묻어야 하는 비극을 감내해야 했다. 1986년 체르노빌 사태 때 전 재산을 프리피야트에 남겨두고 돈바스로 이주했던 한 가족은 30년 후 기껏 마련한 집이 전쟁으로 불타는 것을 지켜볼 수밖에 없었다.

트카첸코 부부는 마리인카에 있는 자신들의 베이커리에서 더 끔찍한 광경을 목격했다. 초소 반대편의 아무도 살지 않는 곳에서는 대부분의 빌딩이 공격을 받았다. 굴뚝 하나만 남겨두고 완전히 사라진 건물들도 있다. 언론인, 구호원, 심지어 경찰들조차 이 버려진 땅을 지나가기 꺼려한다. 하지만 열두 가족이 아직도 이곳에 산다. 완고하게 이곳만 고집하는 가족들도 있지만, 대부분은 다른 곳에서 새로운 삶을 시작할 여력이 없는 사람들이다.

트카첸코 부부가 설명하기로는 사람들이 집을 벙커로 개조했다고 한다. 창문 밖에는 모래주머니를 쌓아 올렸고, 신이 자신들을 보호해 줄 것을 기원하며 내벽에는 종교 상징물을 그렸다. 최근 한 사내가 지뢰 폭발로 사망했는데, 거리가 위험했던 탓에 2주 동안이나 시신을 땅에 묻지 못했다. 이웃에 사는 12살짜리 소년은 머리에 파편을 맞아 여러 번 수술했지만, 뇌 기능 장애가 남았다.

전쟁 지역에 발이 묶인 우크라이나 국민들 대부분은 살기 위해 안간힘을 쓰고 있다. "처음에는 공포에 휩싸인 상태였어요. 여전히 공포가 남아있지만, 우리는 이런 환경에 적응해 극도의 긴장감 속에서 살고 있어요." 트카첸코가 눈물을 삼키며 말했다. "인간은 모든 환경에 어떻게

든 적응하게 돼 있어요."

　　　　　　　　　　　■

　동포를 갈라놓은 전선에서 아직도 작은 국지전이 끊이질 않는다. 우크라이나는 여전히 지정학적 위치에 따른 분쟁에서 벗어나지 못했다.

　샌드웜 사건은 한 국가의 지리적 위치가 그 국가를 사이버 전쟁의 소용돌이로 어떻게 몰고 갈 수 있는지 잘 보여준 사건이다. 만일 우크라이나에서 벌어진 디지털 공격이 조금만 더 서쪽을 향했더라면, 이를 방관할 서방 국가는 없었을 것이다. 그것은 곧 나토와 유럽연합에 대한 선전포고와도 다를 바 없기 때문이다. 러시아가 주변국을 수백 년 동안 탄압한 것은 별개로 하고, 사이버 전쟁이 반드시 지리적으로 인접한 국가들 사이에서만 벌어진다는 법은 없다. 서방 국가들 몰래 벌어졌던 잔혹한 물리적 행위들과 달리 사이버 전쟁은 감추기 힘들다. 전쟁이 일단 시작되면 인터넷을 타고 우리의 집, 회사, 정부, 인프라에 빨리 도달할 수 있기 때문이다.

　NSA와 CIA 국장을 역임한 마이클 헤이든이 2010년 라스베가스에서 열린 블랙햇 보안 콘퍼런스에서 의미심장한 키노트 연설을 한 적이 있다. 프로그래머, 보안 연구원, 해커들에게 그가 한 말이다. "당신들이 사이버 세상을 북독일 평원north German plain처럼 만들었어요. 서로 침입하면서 물어뜯고 상처를 입히고 있죠." 그가 말했다. "인터넷상에서 우리는 모두 폴란드와 다를 바 없어요. 웹상에서 우리는 전부 공격당했어요. 사이버 세상에서는 전부 사납게 공격만 하고 있어요."

　거의 10년이 지난 지금도 헤이든의 연설 내용은 그대로 유효하다. 인터넷상에서 우리는 전부 우크라이나다. 국경 없는 분쟁 지역에 사는 우리는 모두 같은 전선을 맞대고 있다. 누군가가 접경지에 관한 규칙을 어기고 공격을 개시하면, 우리 모두는 같은 공격의 희생양이 된다.

샌드웜과 프랑스 선거 해킹

마이클 매토니스가 올림픽 디스트로이어와 2016년의 미국 선거관리위원회 공격을 연결한 연결 고리는 GRU가 올림픽 공격에 책임이 있다는 증거가 됐다. 이 증거는 대중이 검증할 수 있는 내용이다. 그런데 비슷한 시기에 매토니스는 복잡하긴 했지만 다른 연결 고리도 발견했다. 샌드웜과 다른 국가의 선거 개입 공작 사건이었다. 사소한 내용은 아니므로 부록에서 소개한다.

올림픽 디스트로이어를 분석하기 시작한 지 3개월이 지난 2018년 5월, 매토니스는 낫페트야 공격에서 샌드웜이 사용한 백도어를 분석했다. 샌드웜이 사용한 백도어 중 하나를 ESET가 발견했고, VBS를 사용한 백도어 덕분에 낫페트야를 샌드웜과 연결할 수 있었다. 이 백도어는 불가리아에 있는 한 서버에서 관리하고 있었다. 매토니스에게는 이 컴퓨터에서 사용한 소프트웨어들이 항상 이상하게 보였다. 토르^{Tor}라는 소프트웨어를 사용했는데, 3중 암호 기능과 세계 곳곳에 퍼진 서버를 무작위로 경유하는 방식을 통해 트래픽의 근원지를 숨기는 소프트웨어였다. 세계 곳곳에 퍼져 트래픽을 전송하는 서버를 토르 노드라 부르는데, 샌드웜의 명령제어 서버도 토르 노드로 동작하고 있었다. 전혀 모르는 사람이 보내온 트래픽을 다음 노드로 전송한 것이다. 소매치기가 지갑을 훔치고 군중 속으로 사라지는 것처럼, 이들도 자신의 트래픽을 다른 트래픽으로 감추고자 시도한 것으로 보였다.

하지만 매토니스는 샌드웜의 토르 서버 설정을 자세히 살펴봤다. 토르를 사용한 해커가 누구인지 찾는 것이 아니라, 비슷한 서버 설정을 갖는 토르 서버를 찾으려는 목적이었다. 매토니스는 샌드웜이 사용한 서버에서 이들을 특정할 수 있는 독특한 특징을 찾을 수 있었다.

매토니스는 어떻게 서버를 특정할 수 있는지 나에게 말해주지 않았다. 올림픽 디스트로이어가 악성 매크로 생성기로 만들어졌다는 걸 알았을 때도 그는 자세한 이야기를 해주지 않았다. 하지만 이 특징을 이용해 매토니스는 인터넷상에서 20개가 넘는 비슷한 서버를 찾을 수 있었다. 모두 2017년에 인터넷에 등장한 서버들이었다. 샌드웜에 있는 누군가가 자신들의 공격에 사용할 서버 인프라를 구축한 듯 보였다.

샌드웜이 구축한 것으로 보이는 서버들을 찾은 다음 매토니스는 인터넷 도메인 네임 서버를 샅샅이 뒤져 해당 서버 IP를 사용했던 도메인을 찾아냈다. 처음 찾은 도메인을 구글에서 검색해봤다. 구글을 카피한 피싱 사이트인 drive.googlmail.com.verification.security.login-service.ml이 화면에 나타났다. 놀라운 결과였다. 프랑스 대통령 에마뉘엘 마크롱이 속한 정당의 해킹된 이메일에 있던 메시지와 일치했다.

2017년 프랑스 선거가 있기 직전, 위키리크스는 해킹된 이메일들을 공개했다. 전년에 있었던 미국 대선에서 힐러리 클린턴 측의 이메일을 공개했던 것을 그대로 재현한 듯한 사건이었다. 그런데 공개된 이메일을 통해 가짜 'googlemail' 도메인이 있는 피싱 메일이 사용된 사실을 알게 됐다. 해커가 마크롱 후보 측의 서버를 해킹하려는 목적으로 사용한 피싱 메일로 보였다. 해커들이 훔친 메시지를 위키리크스에 넘기기전에 자신들이 사용한 피싱 이메일을 삭제하는 걸 잊은 듯했다. 훔친이메일에는 피싱 도메인이 포함돼 있었는데, 이 도메인은 낫페트야 사건과도 연관이 있었다. 이를 기반으로 매토니스는 샌드웜의 해커들이프랑스 대통령의 비밀 정보도 유출한 것으로 생각했다.

출처 노트

이 책은 많은 참고 문헌을 바탕으로 저술했으며, 특히 역사를 다룬 부분에서 문헌을 많이 참고했다. 아래 문헌의 저자들에게 깊은 감사를 표한다. 이 책의 중심 내용은 수백 시간에 걸친 인터뷰에 기반을 두고 있으며, 가능한 한 취재원의 이름을 기재하려 노력했다. 부주의하게 출처 정보가 누락되는 예외적인 경우를 제외하곤, 미주에 해당되지 않는 내용은 내가 취재한 내용임을 밝힌다. 이 책을 위해 참고했던 문헌임에도 실수로 누락된 부분이 있다면 해당 저자에게 양해를 구하는 바다.

이 책의 각 부 서두에 실린 문구들은 프랭크 허버트의 저서 『듄Dune』의 469, 11, 462, 451페이지에서 발췌했다.

2장. 블랙에너지

Around 2007, Oleksiuk had sold: Jose Nazario, "BlackEnergy DDoS Botnet Analysis," Arbor Networks, Oct. 2007, archived: bit.ly/ 2D0qzQ0.

By late 2007, the security firm Arbor Networks: Ibid.

3장. 아라키스02

Companies from Northrop Grumman to Dow Chemical: Ariana Eujung Cha and Ellen Nakashima, "Google China Cyberattack Part of Vast Espionage Campaign, Experts Say," *Washington Post*, Jan. 14, 2010, www. washingtonpost.com.

4장. 전력 승수

Thirteen days after Trend Micro: "Ongoing Sophisticated Malware Campaign Compromising ICS," ICS-CERT website, Dec. 10, 2014, ics-cert.us-cert. gov/.

6장. 홀로도모르에서 체르노빌까지

The nation's name itself: Reid, *Borderland*, 1.

By the beginning of the twentieth century: Ibid., 13.

Even after Bolshevism swept Russia: Ibid., 97.

In total, about 1.5 million Ukrainians: Ibid., 99.

The Soviet regime manufactured: Applebaum, Red Famine, xxvi.

"For God's sake, use all energy": Ibid., 25.

The secret police force: Ibid., 31.

When American Relief Administration: Ibid., 64.

At the same time, the most prosperous peasants: Ibid., 123.

They searched systematically: Ibid., 223.

The Soviet regime simply starved: Ibid., 236.

The Soviet government restricted travel: Ibid., 202.

The historian Anne Applebaum's book: Ibid., 257.

Raphael Lemkin, the Polish-Jewish lawyer: "Coining a Word and

Championing a Cause: The Story of Raphael Lemkin," *Holocaust Encyclopedia*, United States Holocaust Memorial Museum website, www.ushmm.org/.

"This is not simply a case": Raphael Lemkin, "Soviet Genocide in the Ukraine," in *Holodomor: Reflections on the Great Famine of 1932–1933 in Soviet Ukraine*, ed. Lubomyr Y. Luciuk (Kingston, Ontario: Kashtan Press, 2008).

Stalin and his Ukrainian Communist Party subordinate: Reid, *Borderland*, 150.

Between 800,000 and 1.6 million people: Ibid., 151.

The Nazis rounded up: Ibid., 162.

Even after the Red Army: Ibid., 161.

In all, 1 in 6 Ukrainians died: Vadim Erlikhman, *Poteri narodonaseleniia v XX veke: Spravochnik* (Moscow: Russkaia Panorama, 2004), 21–35, via Wikipedia.

In the 1950s, through the last years of Stalin's terror: Reid, *Borderland*, 205.

On the night of April 25, 1986: Ibid., 194.

Exactly what happened next: "New Study Rewrites First Seconds of Chernobyl Accident," *Sci News*, Nov. 21, 2017, www.sci-news.com/.

A jet of radioactive material: "Sequence of Events," Chernobyl Accident Appendix 1, World Nuclear Association website, Nov. 2009, www.world-nuclear.org.

But no public warning: Reid, *Borderland*, 197.

They carried flowers, flags, and portraits: Lev Golinkin, "The Lasting Effects of the Post-Chernobyl Parade," *Time*, April 30, 2016, time.com.

7장. 마이단 광장에서 돈바스까지

With the U.S.S.R.'s collapse: Reid, *Borderland*, 216.

In the year 2000, a bodyguard released: Ibid., 244.

Putin had gone so far: Ibid., 246–47.

In 2010, he defeated Tymoshenko: Ibid., 252.

As president, Yanukovich proved himself: Ibid., 253–57.

On one street near the Maidan: Glib Pakharenko, "Cyber Operations at Maidan: A Firsthand Account," *Cyber War in Perspective: Russian Aggression Against Ukraine*, May 24, 2014, ccdcoe.org/.

Many Ukrainians believe the Berkut: Plokhy, *Gates of Europe*, 340.

The death toll: Reid, *Borderland*, 268.

Before the dust had even settled: Plokhy, *Gates of Europe*, 340.

In a blink, thirty-five thousand Russian troops: Reid, *Borderland*, 268.

In July 2014, the callousness: Ray Furlong, "Investigators Say Missile from Russian Unit Downed MH17," Radio Free Europe/Radio Liberty, May 24, 2018, www.rferl.org/.

"The anti-people junta is trying": Margaret Coker and Paul Sonne, "Ukraine: Cyberwar's Hottest Front," *Wall Street Journal*, Nov. 9, 2015, www.wsj.com.

(The CyberBerkut hackers would be revealed): Andy Greenberg, "Russian Hackers Are Using 'Tainted' Leaks to Sow Disinformation," *Wired*, May 25, 2017, www.wired.com.

9장. 조사단

His unvarnished opinion piece: Robert M. Lee, "The Failing of Air Force Cyber," *Signal*, Nov. 1, 2013, www.afcea.org.

"A small number of sources": Michael J. Assante, "Current Reporting on the Cyberattack in Ukraine Resulting in Power Outage," SANS Industrial Control Systems Security Blog, Dec. 30, 2015, ics.sans.org/, archived at bit. ly/ 2WCU0jt.

"The Ukrainian power outage is more likely": Robert M. Lee, "Potential

Sample of Malware from the Ukrainian Cyber Attack Uncovered," SANS Industrial Control Systems Security Blog, Jan. 1, 2016, ics.sans.org/, archived at bit.ly/ 2t1l9ib.

The fifty-six-second clip: Andy Greenberg, "Watch Hackers Take Over the Mouse of a Power-Grid Computer," *Wired*, June 20, 2017, www.wired. com/.

10장. 플래시백: 오로라

On the visitor center's screens: "Aurora Test Footage," published by MuckRock, Nov. 9, 2016, www.youtube.com.

11장. 플래시백: 달빛 미로

It began with a seventy-five-cent: Stoll, *Cuckoo's Egg*, 3.

He quickly realized the unauthorized user: Ibid., 28.

The body of one of those cooperators: Ibid., 370.

Though the interlopers routed: Rid, *Rise of the Machines*, 316.

By one estimate, the total haul: Ibid., 330.

The ministry offered a surprisingly friendly: Ibid.

At the end of that second evening: Ibid., 331.

"those motherfuckers in intelligence": Kaplan, *Dark Territory*, 87.

"The Department of Defense has been at cyberwar": Rid, *Rise of the Machines*, 333.

It described flying drones: Ibid., 301.

(The exclamation point): "Interview with John Arquilla," *Frontline*, interview conducted on March 4, 2003, www.pbs.org.

"It means disrupting if not destroying": John Arquilla and David Ronfeldt, "Cyberwar Is Coming!," in *In Athena's Camp: Preparing for Conflict in the*

Information Age (Santa Monica, Calif.: Rand, 1997), www.rand.org/.

Hamre had said in a 1997: Pierre Thomas, "Experts Prepare for 'an Electronic Pearl Harbor,' " CNN, Nov. 7, 1997, cnn.com.

Rand's analysts imagined catastrophic: Robert H. Anderson and Anthony C. Hearn, "The Day After . . . in Cyberspace II," in *An Exploration of Cyberspace Security R&D Investment Strategies for DARPA* (Santa Monica, Calif.: Rand, 1996), www.rand.org/.

"Today, our critical systems": "Transcript: Clinton Remarks on Cyberterrorism on January 7, 2000," *USIS Washington File*, Jan. 7, 2000, fas.org.

12장. 플래시백: 에스토니아

"You do not agree with the policy": Joshua Davis, "Web War One," *Wired*, Sept. 2007, www.wired.com/.

At almost exactly the stroke of midnight: Eneken Tikk, Kadri Kaska, and Liis Vihul, "International Cyber Incidents: Legal Considerations," 2010, 20, ccdcoe.org/.

An analysis by the security firm Arbor Networks: Davis, "Web War One."

"NATO has put its frontline forces": "Putin's Prepared Remarks at 43rd Munich Conference on Security Policy," *Washington Post*, Feb. 12, 2007, www.washingtonpost.com.

"Those who desecrate monuments": Guy Faulconbridge, Reuters, May 9, 2007, uk.reuters.com.

13장. 플래시백: 조지아

Those numbers dwarfed Georgia's army: Ariel Cohen and Robert E. Hamilton, "The Russian Military and the Georgian War: Lessons and Implications," Strategic Studies Institute, June 2011, ssi.armywarcollege. edu.

They began within half an hour: Ibid., 45.

But the security firm: Jose Nazario and Andre Dimino, "An In-Depth Look at the Russia-Georgia Cyber Conflict of 2008," www.shadowserver.org/.

"How did they know that": Joseph Menn, "Expert: Cyber-attacks on Georgia Websites Tied to Mob, Russian Government," *Los Angeles Times*, Aug. 13, 2008, latimesblogs.latimes.com/.

It had consolidated pro-Russian: Luke Coffey, "10 Years After Putin's Invasion, Russia Still Occupies Parts of Georgia," *Daily Signal*, March 1, 2018, www.dailysignal.com.

Only seven in a hundred: Eneken Tikk, Kadri Kaska, and Liis Vihul, "International Cyber Incidents: Legal Considerations," 2010, 68, ccdcoe.org/.

14장. 플래시백: 스턱스넷

On most matters of national security: Sanger, *Confront and Conceal*, 201.

But on this, he felt the need: David Sanger, "Obama Order Sped Up Wave of Cyberattacks Against Iran," *New York Times*, June 1, 2012, www.nytimes.com.

But international watchdog groups noted: Zetter, *Countdown to Zero Day*, 70.

Within two months of Ahmadinejad's election: Ibid., 81.

A crisis was looming: Ibid., 83.

"I need a third option": Sanger, *Confront and Conceal*, 191.

For months, the labs would quietly test: Ibid., 198.

Not long after the tests began: Kaplan, *Dark Territory*, 206.

A chamber inside the length: Ivan Oelrich and Ivanka Barzashka, "How a Centrifuge Works," Federation of American Scientists, fas.org/.

"The intent was that the failures": Sanger, *Confront and Conceal*, 199–200.

Out of the 8,700 centrifuges: Zetter, *Countdown to Zero Day*, 3.

As soon as an infected USB: Ibid., 6–11.

And they'd determined that the malware: Ibid., 28–30.

It was only in September 2010: Ibid., 177.

(Siemens software engineers might have been): Sanger, *Confront and Conceal*, 196.

It would then play that recording: Ibid., 198.

But they had blown the ultrasecret: Ibid., 203.

(It would be two more years): Sanger, "Obama Order Sped Up Wave of Cyberattacks Against Iran."

Instead, the Americans and Israelis behind: Sanger, *Confront and Conceal*, 206.

According to some U.S. intelligence analysts: Ibid., 207.

Even in spite of its confusion: Zetter, *Countdown to Zero Day*, 361.

"Somebody crossed the Rubicon": Sanger, "Obama Order Sped Up Wave of Cyberattacks Against Iran."

"This has a whiff of August 1945": Paul D. Shinkman, "Former CIA Director: Cyber Attack Game-Changers Comparable to Hiroshima," *U.S. News & World Report*, Feb. 20, 2013, www.usnews.com.

15장. 경고

The intruders destroyed the contents: Peter Elkind, "Inside the Hack of the Century," *Fortune*, June 25, 2015, fortune.com/.

The FBI director, James Comey: Andy Greenberg, "FBI Director: Sony's Sloppy North Korean Hackers Revealed Their IP Addresses," *Wired*, Jan. 7, 2015, www.wired.com.

"They caused a lot of damage": "Remarks by the President in Year-End Press Conference," Dec. 19, 2014, www.obamawhitehouse.archives.gov.

In 2014, for instance, after Chinese cyberspies: "U.S. Charges Five Chinese Military Hackers for Cyber Espionage Against U.S. Corporations and a Labor Organization for Commercial Advantage," Department of Justice,

May 19, 2014, www.justice.gov.

Security companies such as CrowdStrike: Andy Greenberg, "Obama Curbed Chinese Hacking, but Russia Won't Be So Easy," *Wired*, Dec. 16, 2016, www.wired.com.

(The Bowman Avenue Dam they'd targeted): Joseph Berger, "A Dam, Small and Unsung, Is Caught Up in an Iranian Hacking Case," *New York Times*, March 25, 2016, www.nytimes.com.

16장. 팬시 베어

On June 14, *The Washington Post* revealed: Ellen Nakashima, "Russian Government Hackers Penetrated DNC, Stole Opposition Research on Trump," *Washington Post*, June 14, 2016, www.washingtonpost.com/.

Cozy Bear, it would later be revealed: Huib Modderkolk, "Dutch Agencies Provide Crucial Intel About Russia's Interference in US-Elections," *Volksrant*, Jan. 25, 2018, www.volkskrant.nl.

"Both adversaries engage in extensive": Dmitri Alperovitch, "Bears in the Midst: Intrusion into the Democratic National Committee, Opposition Research on Trump," *CrowdStrike*, June 15, 2016, www.crowdstrike.com.

"Worldwide known cyber security company": Guccifer 2.0, "Guccifer 2.0 DNC'S Servers Hacked by a Lone Hacker," June 15, 2016, guccifer2. wordpress.com, archived at bit.ly/ 2FOMwEE.

The original Guccifer: Matei Rosca, "Exclusive: Jailed Hacker Guccifer Boasts, 'I Used to Read [Clinton's] Memos . . . and Then Do the Gardening,' " *Pando*, March 20, 2015, pando.com.

"Personally I think that I'm among": Guccifer 2.0, "FAQ from Guccifer 2.0," June 30, 2016, guccifer2.wordpress.com, archived at bit.ly/ 2Mwo3V6.

That clue was almost comically revealing: Thomas Rid, "How Russia Pulled Off the Biggest Election Hack in U.S. History," *Esquire*, Oct. 20, 2016, www.esquire.com.

The Russian hackers seemingly hadn't even bothered: Lorenzo Franceschi-

Bicchierai, "Why Does DNC Hacker 'Guccifer 2.0' Talk Like This?," *Motherboard*, June 23, 2016, motherboard.vice.com.

The hackers sent the news site *Gawker*: Sam Biddle and Gabrielle Bluestone, "This Looks Like the DNC's Hacked Trump Oppo File," June 15, 2016, gawker.com.

DNC officials had furtively discussed: Kristen East, "Top DNC Staffer Apologizes for Email on Sanders' Religion," *Politico*, July 23, 2016, www.politico.com; Mark Paustenbach, "Bernie Narrative," via WikiLeaks, sent May 21, 2016, wikileaks.org, archived at bit.ly/ 2FoysLh.

The stolen emails revealed: Jordain Carney, "Wasserman Schultz Called Top Sanders Aide a 'Damn Liar' in Leaked Email," *Hill*, July 22, 2016, thehill.com; " 'This Is a Silly Story. (Sanders) Isn't Going to Be President,' " *Boston Herald*, July 24, 2016, www.bostonherald.com; Dan Roberts, Ben Jacobs, and Alan Yuhas, "Debbie Wasserman Schultz to Resign as DNC Chair as Email Scandal Rocks Democrats," *Guardian*, July 25, 2016, www.theguardian.com.

Guccifer 2.0's stolen DNC emails: Lee Fang and Zaid Jilani, "Hacked Emails Reveal NATO General Plotting Against Obama on Russia Policy," *Intercept*, July 1, 2016, theintercept.com/.

Despite DCLeaks' attempt to appear: Sean Gallagher, "Candid Camera: Dutch Hacked Russians Hacking DNC, Including Security Cameras," *Ars Technica*, Jan. 26, 2018, arstechnica.com.

This time, in a blatant mockery: Andy Greenberg, "Russian Hackers Get Bolder in Anti-Doping Agency Attack," *Wired*, Sept. 14, 2016, www.wired.com.

The site, of course: Raphael Satter, "Inside Story: How Russia Hacked the Democrats' Email," Associated Press, Nov. 4, 2017, www.apnews.com.

Another seemed to call for "open borders": "HRC Paid Speeches," email via WikiLeaks, sent Jan. 25, 2016, wikileaks.org, archived at bit.ly/ 2RRtcNA.

The security firm Secureworks found the link: "Threat Group 4127 Targets Hillary Clinton Presidential Campaign," June 16, 2016, www.secureworks.

com, archived at bit.ly/ 2RecMtu.

"I love WikiLeaks!": Mark Hensch, "Trump: 'I Love WikiLeaks,' " *Hill*, Oct. 10, 2016, thehill.com.

But for the most part, Trump: Andy Greenberg, "A Timeline of Trump's Strange, Contradictory Statements on Russian Hacking," *Wired*, Jan. 4, 2017, www.wired.com.

Trump's obfuscation served Fancy Bear: Jake Sherman, "POLITICO/Morning Consult Poll: Only One-Third of Americans Say Russia Influenced 2016 Election," *Politico*, Dec. 20, 2016, www.politico.com.

"I think they've gotten medals": Andy Greenberg, "Trump's Win Signals Open Season for Russia's Political Hackers," *Wired*, Nov. 9, 2016, www.wired. com.

"We know that you are carrying out": Bill Whitaker, "When Russian Hackers Targeted the U.S. Election Infrastructure," CBS News, July 17, 2018, www. cbsnews.com.

The same day, the Department of Homeland: "Joint Statement from the Department of Homeland Security and Office of the Director of National Intelligence on Election Security," Oct. 7, 2016, www.dhs.gov.

"the biggest retaliatory move": Andy Greenberg, "Obama's Russian Hacking Retaliation Is Biggest 'Since the Cold War,' " *Wired*, Dec. 29, 2016, www. wired.com.

17장. 에프소사이어티

The picture—first published by researchers: Anton Cherepanov, "The Rise of TeleBots: Analyzing Disruptive KillDisk Attacks," *We Live Security* (ESET blog), Dec. 13, 2016, www.welivesecurity.com, archived at bit.ly/ 2B6Lgc3.

"We are sorry": Chris Bing, "Early Indications Point to Sandworm Hacking Group for Global Ransomware Attack," *Cyberscoop*, June 30, 2017, www. cyberscoop.com.

18장. 폴리곤

"This expensive light flicking": The Grugq, "Cyberwar via Cyberwar During War," *Risky Business*, March 6, 2017, www.risky.biz.

19장. 인더스트로이어/크래시 오버라이드

ESET named the malware Industroyer: Anton Cherepanov, "Win32/ Industroyer: A New Threat for Industrial Control Systems," ESET paper, June 12, 2017, www.welivesecurity.com, archived at bit.ly/ 2Tan4N2.

Dragos had taken the controversial step: "CRASHOVERRIDE: Threat to the Electric Grid Operations," Dragos report, June 12, 2017, dragos.com/, archived at bit.ly/ 2HyuTuB.

"We are deeply concerned": Maria Cantwell, Ron Wyden, Brian Schatz, Sherrod Brown, Tammy Baldwin, Martin Heinrich, Chris Van Hollen, Christopher Coons, Al Franken, Bernard Sanders, Richard Durbin, Jack Reed, Edward Markey, Tammy Duckworth, Mazie K. Hirono, Thomas Carper, Patty Murray, Christopher Murphy, Jeanne Shaheen, Open Letter to President Trump, June 22, 2017, www.energy.senate.gov.

Send that one packet of eighteen bytes: "Advisory (ICSA-15-202-01) Siemens SIPROTEC Denial-of-Service Vulnerability," ICS-CERT advisory, July 21, 2015, ics-cert.us-cert.gov.

21장. 은밀한 중개인

"!!! Attention government sponsors of cyber warfare": Shadow Brokers, "Equation Group Cyber Weapons Auction—Invitation," Aug. 13, 2016, originally published on www.pastebin.com, archived at bit.ly/ 2TfpEBt.

And when he opened them on his PC: Andy Greenberg, "The Shadow Brokers Mess Is What Happens When the NSA Hoards Zero Days," *Wired*, Aug. 17, 2016, www.wired.com.

Though the files appeared to be dated: David Sanger, " 'Shadow Brokers' Leak Raises Alarming Question: Was the N.S.A. Hacked?," *New York Times*,

Aug. 16, 2016, www.nytimes.com.

Cisco, for instance: "Cisco Adaptive Security Appliance SNMP Remote Code Execution Vulnerability," Cisco Security Advisories and Alerts, Aug. 17, 2018, www.tools.cisco.com, archived at bit.ly/ 2CnkJAv.

Instead, in the first twenty-four hours: Andy Greenberg, "No One Wants to Buy Those Stolen NSA-Linked Cyberweapons," *Wired*, Aug. 16, 2016, www.wired.com.

Experts largely agreed the profit motive: Ibid.

"Circumstantial evidence and conventional wisdom": Edward Snowden, Twitter post, Aug. 16, 2016, twitter.com, archived at bit.ly/ 2RdZGwc.

This time they offered up: Shadow Brokers, "Message#5 —Trick or Treat?" *Medium*, Oct. 30, 2016, Medium.com, archived at bit.ly/ 2MvthQW.

"We're sending a message": William M. Arkin, Ken Dilanian, and Robert Windrem, "CIA Prepping for Possible Cyber Strike Against Russia," NBC News, Oct. 14, 2016, www.nbcnews.com.

"TheShadowBrokers is trying": Shadow Brokers, "REPOST: TheShadow Brokers Message#6," Steemit, Dec. 2016, Steemit.com, archived at bit.ly/ 2FPu4vt.

"So long, farewell": Shadow Brokers, "Message Finale," TheShadowBrokers. bit, Jan. 12, 2017, archived at bit.ly/ 2CJn4wv.

Some in the security industry speculated: Kevin Poulsen, "Mystery Hackers Blow Up Secret NSA Hacking Tools in 'Final F——k You,' " *Daily Beast*, Jan. 13, 2017, www.thedailybeast.com/.

"The fun is over": Joseph Cox, "NSA Exploit Peddlers the Shadow Brokers Call It Quits," *Motherboard*, Jan. 12, 2017, www.motherboard.vice.com.

"We recognize Americans' having more in common": Shadow Brokers, "Don't Forget Your Base," *Medium*, April 8, 2017, medium.com, archived at bit.ly/ 2CKzBQ5.

"Russia is likely using the latest": Jake Williams, "Russia 'Crosses the Rubicon' with Newest Shadow Brokers Dump," *Peerlyst*, April 9, 2017, www.peerlyst.

com, archived at bit.ly/ 2CJTlDG.

"@malwarejake You having big mouth": Shadow Brokers, Twitter post, twitter. com, April 9, 2017, archived at bit.ly/ 2B38u2T.

22장. 이터널블루

"Last week theshadowbrokers be trying": Shadow Brokers, "Lost in Translation," Steemit.com, April 14, 2017, www.steemit.com, archived at bit.ly/ 2FQ7Auy.

Or, as my *Wired* colleague Lily Hay Newman: Lily Hay Newman, "The Leaked NSA Spy Tool That Hacked the World," *Wired*, March 7, 2018, www.wired.com.

The Washington Post would later confirm: Ellen Nakashima and Craig Timberg, "NSA Officials Worried About the Day Its Potent Hacking Tool Would Get Loose. Then It Did," *Washington Post*, May 16, 2016, www. washingtonpost.com.

They immediately received tens of thousands: Dan Goodin, ">10,000 Windows Computers May Be Infected by Advanced NSA Backdoor," *Ars Technica*, April 21, 2017, arstechnica.com.

Within a week of the Shadow Brokers' release: "DoublePulsar," *Binary Edge* (blog), April 21, 2017, blog.binaryedge.io, archived at bit.ly/ 2RNPiAq.

Researchers were calling the new ransomware WannaCry: Jakub Křoustek, "WannaCry Ransomware That Infected Telefonica and NHS Hospitals Is Spreading Aggressively, with over 50,000 Attacks So Far Today," *Avast* (blog), May 12, 2017, blog.avast.com, archived at bit.ly/ 2FXxbRz.

Thousands of people had their doctors': Amyas Morse, "Investigation: WannaCry Cyber Attack and the NHS," U.K. National Audit Office, Oct. 24, 2017, www.nao.org.uk.

The Spanish telecommunications firm: Agamoni Ghosh and India Ashok, "WannaCry: List of Major Companies and Networks Hit by Ransomware Around the Globe," *International Business Times*, May 16, 2017, www.

ibtimes.co.uk.

"I picked a hell of a fucking week": Marcus Hutchins, Twitter post, May 12, 2017, twitter.com, archived at archive.is/ 9CkQn.

The entire scheme generated: Samuel Gibbs, "WannaCry: Hackers Withdraw £108,000 of Bitcoin Ransom," *Guardian*, Aug. 3, 2017, www.theguardian.com.

Perhaps its creators had been testing: Andy Greenberg, "The WannaCry Ransomware Hackers Made Some Real Amateur Mistakes," *Wired*, May 15, 2017, www.wired.com.

Within days, security researchers at Google: Andy Greenberg, "The WannaCry Ransomware Has a Link to North Korean Hackers," *Wired*, May 15, 2017, www.wired.com.

By December 2017, the Trump White House: "Press Briefing on the Attribution of the WannaCry Malware Attack to North Korea," Whitehouse.gov, Dec. 19, 2017.

He'd later tell a Maryland court: Sean Gallagher, "NSA Employee Who Brought Hacking Tools Home Sentenced to 66 Months in Prison," *Ars Technica*, Sept. 25, 2018, arstechnica.com.

The contractor, the report stated: Gordon Lubold and Shane Harris, "Russian Hackers Stole NSA Data on U.S. Cyber Defense," *Wall Street Journal*, Oct. 5, 2017, www.wsj.com.

It had, the company: "Preliminary Results of the Internal Investigation into Alleged Incidents Reported by US Media (Updated with New Findings)," Kaspersky blog, Oct. 25, 2017, www.kaspersky.com, archived at bit.ly/ 2B4xnLn.

Aside from Nghia Hoang Pho: Josh Gerstein, "Suspect's Twitter Messages Played Role in NSA Hacking-Tools Leak Probe," *Politico*, Dec. 31, 2018, www.politico.com; and Kim Zetter, "Exclusive: How a Russian Firm Helped Catch an Alleged NSA Data Thief," *Politico*, Jan. 9, 2019, www.politico.com.

23장. 미미캐츠

DigiNotar was blacklisted: Kim Zetter, "Diginotar Files for Bankrupty in Wake of Devastating Hack," *Wired*, Sept. 20, 2011, wired.com.

24장. 낫페트야

When he stopped at an intersection: "Car Bomb Kills Senior Intelligence Officer in Central Kyiv," *NTD*, June 27, 2017, mb.ntd.com.

He was killed instantly: Christopher Miller, "Colonel in Ukrainian Military Intel-ligence Killed in Kyiv Car Bombing," Radio Free Europe/Radio Liberty, June 27, 2017, www.rferl.org.

Parts of his vehicle flew dozens: Alec Luhn, "Ukrainian Military Intelligence Officer Killed by Car Bomb in Kiev," *Guardian*, June 27, 2017, www.theguardian.com.

Instead, its extortion messages seemed: Matt Suiche, "Petya.2017 Is a Wiper Not a Ransomware," Comae blog, June 28, 2017, blog.comae.io/, archived at bit.ly/ 2UjSdxI.

It crippled multinational companies: Eduard Kovacs, "NotPetya Attack Costs Big Companies Millions," *SecurityWeek*, Aug. 17, 2017, wwwsecurityweek.com.

It even spread to Russia: "Информационная система Evraz подверглась хакерской атаке," *РИА Новости*, June 27, 2017, www.rbc.ru/; Yuri Zoria, "Ukrainian Banks, Enterprises, Media and Energy Companies Under Powerful Cyber Attack, Including Chornobyl NPP—LiveUpdates," *Euromaidan Press*, June 27, 2017, euromaidanpress.com/; "Malicious Malware: Lessons Learned and What to Expect from Cyber Crime in 2018," *Tass*, Jan. 1, 2018.

25장. 국가 비상사태

The monumental mission of the Chernobyl facility's staff: "The New Safe Confinement Made Simple," Chernobyl NPP website, chnpp.gov.ua/.

According to ISSP: Raphael Satter, "Ukraine Official: Worm Likely Hit 1 in 10 State, Company PCs," Associated Press, July 6, 2017, dailyherald.com.

27장. 대가

"We overcame the problem": Richard Chirgwin, "IT 'Heroes' Saved Maersk from NotPetya with Ten-Day Reinstallation Bliz," *Register*, Jan. 25, 2018, www.theregister.co.uk.

"Without computers these days": Hamza Shaban and Ellen Nakashima, "Pharmaceutical Giant Rocked by Ransomware Attack," *Washington Post*, June 27, 2017, www.washingtonpost.com.

In its financial report: "Merck & Co. (MRK) Q3 2017 Results—Earnings Call Transcript," *Seeking Alpha*, Oct. 17, 2017, seekingalpha.com.

Two congressmen would write: Alex Keown, "Recent Cyberattack on Merck & Co. Could Lead to Drug Shortage," Biospace.com, Sept. 25, 2017, www.biospace.com.

Reckitt Benckiser, the British manufacturer: Chelsea Leu, "The Cost of NotPetya," sidebar to "The Code That Crashed the World," *Wired*, Aug. 2017, www.wired.com.

To get a sense of what: Kate Fazzini, "The Landmark Ransomware Campaign That Crippled Atlanta Last March Was Created by Two Iranians, Says DoJ," CNBC, Nov. 28, 2018, www.cnbc.com/.

One woman, fifty-six-year-old: "Heritage Valley Health, Drugmaker Merck Hit by Global Ransomware Cyberattack," Associated Press, June 27, 2017, www.post-gazette.com.

He points to a *New England Journal of Medicine*: Anupam B. Jena et al., "Delays in Emergency Care and Mortality During Major U.S. Marathons," *New England Journal of Medicine*, April 13, 2017, www.nejm.org.

29장. 거리

At the same time, Trump: Philip Bump, "What Trump Was Saying About

Russia and Putin—and What the Campaign Was Doing," *Washington Post*, Dec. 14, 2017, www.washingtonpost.com/.

"Why should U.S. taxpayers": Nick Wadhams and John Follain, "Tillerson Asks Why U.S. Taxpayers Should Care About Ukraine," *Bloomberg*, April 11, 2017, www.bloomberg.com.

Serper, ESET, and Cisco's Talos: David Maynor et al., "The MeDoc Connection," *Talos* (blog), Cisco, July 5, 2017, blog.talosintelligence.com, archived at bit.ly/ 2S6UpuU.

30장. GRU

"NotPetya was probably launched": "NotPetya and WannaCry Call for a Joint Response from International Community," NATO Cooperative Cyber Defence Centre of Excellence, June 30, 2017, ccdcoe.org.

In late 2018: Steve Evans, "Mondelez's NotPetya Cyber Attack Claim Disputed by Zurich: Report," *Reinsurance News*, Dec. 17, 2018, www.reinsurancene.ws.

"Russian Military Was Behind": Ellen Nakashima, "Russian Military Was Behind 'NotPetya' Cyberattack in Ukraine, CIA Concludes," *Washington Post*, Jan. 12, 2018, www.washingtonpost.com/.

31장. 변절자

The military spy agency's mission: Suvorov, *Inside Soviet Military Intelligence*, 8.

Nor did it ever take the public blame: Ibid., 39.

Vladimir Rezun, a GRU captain: Ibid., 3.

On another occasion, he writes: Ibid., 162.

The twenty-nine-year-old had grown up: Hart, *CIA's Russians*, 18.

Over the next six years: Richard C. S. Trahair and Robert L. Miller, *Encyclopedia of Cold War Espionage, Spies, and Secret Operations* (New York: Enigma Books, 2009), 342.

Then, in 1959, after a botched: Hart, *CIA's Russians*, 51.

His father had been killed: Schecter and Deriabin, *Spy Who Saved the World*, 59.

He also hoped to make enough: Ibid., 87.

He'd pass the materials: Ibid., 179.

By some accounts, it was that warning: Jerrold Schechter, "A Very Important Spy," *New York Review of Books*, June 24, 1993, www.nybooks.com.

Exactly how he was caught: Hart, *CIA's Russians*, 123.

At the Brits': Schecter and Deriabin, *Spy Who Saved the World*, 75.

As he later described it: Suvorov, *Inside the Aquarium*, 241.

In his new life: Dimitri Simes, "A Soviet Defector Cashes In on His Story," *Washington Post*, May 11, 1986, www.washingtonpost.com.

His most revelatory books: "*The Aquarium* GRU Headquarters," Federation of American Scientists Intelligence Resource Program, fas.org.

He describes a weeklong: Suvorov, *Inside the Aquarium*, 92, 131, 148.

Rezun went on to detail: Suvorov, *Inside Soviet Military Intelligence*, 105, 124.

According to Rezun: Suvorov, *Inside the Aquarium*, 143.

Space, too, was the GRU's: Suvorov, *Inside Soviet Military Intelligence*, 60.

Rezun's own innovation: Suvorov, *Inside the Aquarium*, 193.

"This company, which numbers 115": Ibid., 33.

In some cases, he wrote: Ibid., 38.

(While that description): "Torture and Ill-Treatment—Comments on the Second Periodic Report Submitted to the United Nations Committee Against Torture," Amnesty International, Oct. 1, 1996, www.refworld.org.

In that volume: Viktor Suvorov, *Spetsnaz: The Inside Story of the Soviet Special Forces* (New York: Norton, 1987), 98.

"One likely target would be": Lunev, *Through the Eyes of the Enemy*, 32.

After congressional hearings: Nicholas Horrock, "FBI Focusing on Portable Nuke Threat," UPI, Dec. 21, 2001, bit.ly/ 2TiKvDO.

But other Soviet defectors confirmed: Alexander Kouzminov, "False Flags, Ethnic Bombs, and Day X," *California Literary Review*, April 25, 2005, archived at bit.ly/ 2B7yn1w.

"It should not be shocking": Lunev, *Through the Eyes of the Enemy*, 32.

By most accounts: Luke Harding, "The Skripal Files by Mark Urban: Review—the Salisbury Spy's Story," *Guardian*, Oct. 17, 2018, www.theguardian.com.

Reporting by the BBC: Richard Galpin, "Russian Spy Poisoning: Why Was Sergei Skripal Attacked?," BBC, Oct. 25, 2018, www.bbc.com.

The father and daughter: John Lauerman and Caroline Alexander, "Novichok, Russian Nerve Agent Spooking Britain," Bloomberg QuickTake, *Washington Post*, July 5, 2018, www.washingtonpost.com.

Tragically, two British: Vikram Dodd and Stephen Morris, "Novichok That Killed Woman Came from Bottle, Police Believe," *The Guardian*, July 13, 2018, theguardian.com.

32장. 정보 대결

The GRU's spies had missed: S.J., "What Is the GRU?" *Economist*, Sept. 11, 2018, www.economist.com.

Attempts to intercept: Mark Galeotti, "Putin's Hydra: Inside Russia's Intelligence Services," European Council on Foreign Relations Policy Brief, May 2016, 6, www.ecfr.eu.

Moscow came to see: Mark Galeotti, "Putin's Secret Weapon," July 7, 2014, foreignpolicy.com.

(The GRU was even threatened): Mark Galeotti, "We Don't Know What to Call Russian Military Intelligence and That May Be a Problem," *War on the Rocks*, Jan. 19, 2016, warontherocks.com.

One clue: "What Is the GRU? Who Gets Recruited to Be a Spy? Why Are
They Exposed So Often?" *Meduza*, Nov. 6, 2018, meduza.io/.

"seemed more comfortable accompanying": Galeotti, "Putin's Secret Weapon."

Korabelnikov was eventually replaced: Galeotti, "Putin's Hydra," 6.

It was the GRU that led: Galeotti, "Putin's Secret Weapon."

"shown the rest of the world": Ibid.

In the spring: "MH17—Russian GRU Commander 'Orion' Identified as
Oleg Kannikov," *Bellingcat*, May 25, 2018, www.bellingcat.com; and "Third
Suspect in Skripal Poisoning Identified as Denis Sergeev, High Ranking
GRU Officer," *Bellingcat*, Feb. 24, 2019, bellingcat.com.

It was based on a speech: Valery Gerasimov, "The Value of Science Is in the
Foresight: New Challenges Demand Rethinking the Forms and Methods
of Carrying Out Combat Operations," *Military-Industrial Courier*, Feb. 27,
2013, translated and reprinted in Military Review, Jan./Feb. 2016, usacac.
army.mil/.

The article was little noticed: Mark Galeotti, "The 'Gerasimov Doctrine'
and Russian Non-linear War," *In Moscow's Shadow*, Feb. 27, 2013,
inmoscowsshadows.wordpress.com, archived at bit.ly/ 2G2NsEK.

33장. 벌

"In June 2017, the Russian military": Sarah Huckabee Sanders, "Statement
from the Press Secretary," Whitehouse.gov, Feb. 15, 2018, www.whitehouse.
gov.

By that night: "Russian Military 'Almost Certainly' Responsible for Destructive
2017 Cyber Attack," National Cyber Security Centre website, Feb. 15,
2018, www.ncsc.gov.uk; "CSE Statement on the NotPetya Malware,"
Communications Security Establishment website, Feb. 15, 2018, www.cse-
cst.gc.ca; "New Zealand Joins International Condemnation of NotPetya
Cyber-attack," Government Communications Security Bureau, Feb. 16,
2018, www.gcsb.govt.nz; "NotPetya Malware Attributed," CERT Australia

website, Feb. 16, 2018, www.cert.gov.au.

"We strongly reject such accusations": "Kremlin Slams 'Russophobic' Allegations That Pin NotPetya Cyber Attack on Russia," *TASS*, Feb. 15, 2018, tass.com/.

The U.S. Treasury announced: "Treasury Sanctions Russian Cyber Actors for Interference with the 2016 U.S. Elections and Malicious Cyber-attacks," U.S. Department of the Treasury website, March 15, 2018, home.treasury.gov.

In an announcement made: "Russian Government Cyber Activity Targeting Energy and Other Critical Infrastructure Sectors," US-CERT website, March 15, 2018, www.us-cert.gov.

Kirstjen Nielsen would explain: Blake Sobszak, "DHS on Russian Grid Hackers: 'They Are Doing Research,' " *EnergyWire*, Oct. 3, 2018, www.eenews.net.

The security firm Symantec had first detailed: Andy Greenberg, "Hackers Gain Direct Access to U.S. Power Grid Controls," *Wired*, September 6, 2017, wired.com.

34장. 배드 래빗과 올림픽 디스트로이어

It contained fully 67 percent: Dan Raywood, "The Rabid Ransomware Bunnies Behind #BadRabbit," *Infosecurity*, Oct. 25, 2017, www.infosecurity-magazine.com.

35장. 위장 술책

In the run-up to the Olympics: Andy Greenberg, "Hackers Have Already Targeted the Winter Olympics—and May Not Be Done," *Wired*, Feb. 1, 2018, www.wired.com.

The North Korean dictator, Kim Jong Un: Joe Sterling, Sheena McKenzie, and Brian Todd, "Kim Jong Un's Sister Is Stealing the Show at the Winter Olympics," CNN, Feb. 10, 2018, www.cnn.com.

The two countries had even taken: Ivan Watson, Stella Ko, and Sheena McKenzie, "Joint Korean Ice Hockey Team Plays for First Time Ahead of Olympics," CNN, Feb. 5, 2018, www.cnn.com.

Russian athletes could compete: Rebecca R. Ruiz and Tariq Panja, "Russia Banned from Winter Olympics by I.O.C.," *New York Times*, Dec. 5, 2017, www.nytimes.com.

"We know that Western media are planning": "Olympics Officials Confirm There Was a Cyber Attack During the Opening Ceremony—and Russia's Already Denying They Did It," Reuters, *Business Insider*, Feb. 11, 2018, www.businessinsider.com.

The data-wiping portion of Olympic Destroyer: Juan Andres Guerrero-Saade, Priscilla Moriuchi, and Greg Lesnewich, "Targeting of Olympic Games IT Infrastructure Remains Unattributed," Recorded Future blog, Feb. 14, 2018, www.recordedfuture.com, archived at bit.ly/ 2CXNGdd.

And both destroyed files: Paul Rascagneres and Martin Lee, "Who Wasn't Responsible for Olympic Destroyer?" *Talos* (blog), Feb. 26, 2018, blog. talosintelligence.com, archived at bit.ly/ 2UuAyDs.

The company also traced: Jay Rosenberg, "2018 Winter Cyber Olympics: Code Similarities with Cyber Attacks in Pyeongchang," *Cybersecurity* DNA (blog), Feb. 12, 2018, www.intezer.com, archived at bit.ly/ 2WvQFCD.

Both APT3 and APT10 had been named: "Advanced Persistent Threat Groups: Who's Who of Cyber Threat Actors," FireEye, www.fireeye.com, archived at bit.ly/ 2MG27qI.

"Russian Spies Hacked the Olympics": Ellen Nakashima, "Russian Spies Hacked the Olympics and Tried to Make It Look Like North Korea Did It, U.S. Officials Say," *Washington Post*, Feb. 24, 2018, www.washingtonpost. com/.

The metadata: Kaspersky GReAT Team, "OlympicDestroyer Is Here to Trick the Industry," SecureList blog, March 8, 2018, securelist.com, archived at bit.ly/ 2GcHdhR.

"It's a completely verifiable false flag": Kaspersky Lab, "Surprise Keynote,"

YouTube, April 2, 2018, www.youtube.com.

37장. 타워

On July 14: Indictment, Case 1:18-cr-00215-ABJ, U.S. Department of Justice, July 13, 2018, www.justice.gov.

In his photograph: "Aleksandr Vladimirovich Osadchuk," Most Wanted, FBI website, www.fbi.gov.

On the website of a: "Investigative Report: On the Trail of the 12 Indicted Russian Intelligence Officers," Radio Free Europe/Radio Liberty, July 19, 2018, www.rferl.org.

His light blue eyes stared: "Aleksey Aleksandrovich Potemkin," Most Wanted, FBI website, www.fbi.gov.

Kovalev, accused of the hands-on: "Anatoliy Sergeyevich Kovalev," Most Wanted, FBI website, www.fbi.gov.

He'd noted his affiliation: Kevin Poulsen, "This Hacker Party Is Ground Zero for Russia's Cyberspies," Daily Beast, Aug. 3, 2018. www.dailybeast.com.

39장. 코끼리와 반란군

"Our message is clear": "Reckless Campaign of Cyber Attacks by Russian Military Intelligence Service Exposed," National Cyber Security Centre website, Oct. 4, 2018, www.ncsc.gov.uk.

Around the same time: Anton Cherepanov and Robert Lipovsky, "GreyEnergy: Updated Arsenal of One of the Most Dangerous Threat Actors," *We Live Security* (ESET blog), Oct. 17, 2018, welivesecurity.com, archived at bit. ly/ 2D5atDU; and Kaspersky ICS-CERT, "GreyEnergy's Overlap with Zebrocy," *SecureList* (blog), Jan. 24, 2019, securelist.com, archived at bit.ly/ 2DdFEwK.

And even with its outsized spending: Armedforces.eu, "Compare Armed Forces: Military Power of USA and Russia," armedforces.eu/.

40장. 제네바

"It was here in Geneva in 1949": "Brad Smith Takes His Call for a Digital Geneva Convention to the United Nations," Official Microsoft Blog, Nov. 9, 2017, blogs.microsoft.com, archived at bit.ly/ 2t0Ft3c.

Clarke's imagined treaty: Clarke and Knake, *Cyber War* (New York: HarperCollins, 2010), 242.

In 2017, Trump announced: David Sanger, "Pentagon Puts Cyberwarriors on the Offensive, Increasing the Risk of Conflict," *New York Times*, June 17, 2018, www.nytimes.com.

Three months later: Dustin Volz, "Trump, Seeking to Relax Rules on U.S. Cyberattacks, Reverses Obama Directive," *Wall Street Journal*, Aug. 15, 2018, www.wsj.com.

"As a deterrent against attacks": Daniel White, "Read Donald Trump's Remarks to a Veterans Group," *Time*, Oct. 3, 2016, time.com.

41장. 블랙 스타트

"While we were cleaning things up": Lily Hay Newman, "The Hail Mary Plan to Restart a Hacked US Electric Grid," *Wired*, Nov. 14, 2018, www.wired. com.

Hackers of unknown origin: Blake Sobczak, "The Inside Story of the World's Most Dangerous Malware," *E&E News*, March 7, 2019, https:// www. eenews.net.

42장. 회복력

Geer made a case for examining: Daniel E. Geer Jr., "A Rubicon," National Security, Technology, and Law, Feb. 5, 2018, www.hoover.org.

에필로그

Even so, less than half a mile: Lily Hyde, "A Bakery in a War Zone," *Roads and*

Kingdoms, Oct. 6, 2017, https:// roadsandkingdoms.com.

부록. 샌드웜과 프랑스 선거 해킹

ESET had found: Anton Cherepanov, "TeleBots Are Back: Supply Chain Attacks Against Ukraine," *We Live Security* (ESET blog), June 30, 2017, www.welivesecurity.com, archived at bit.ly/ 2UEDQEo.

참고 도서

Applebaum, Anne. *Red Famine*. New York: Doubleday, 2017.

Clarke, Richard, and Robert Knake. *Cyber War*. New York: HarperCollins, 2010.

Hart, John Limond. *The CIA's Russians*. Annapolis, Md.: Naval Institute Press, 2003.

Herbert, Frank. *Dune*. Annotated reprint, New York: Penguin, 2005. Originally published Philadelphia: Chilton Books, 1965.

Kaplan, Fred. *Dark Territory*. New York: Simon & Schuster, 2016.

Lunev, Stanislav. *Through the Eyes of the Enemy*. With Ira Winkler. Washington, D.C.: Regnery, 1998.

Plokhy, Serhii. *The Gates of Europe*. New York: Basic Books, 2015.

Reid, Anna. *Borderland*. New York: Basic Books, 1997.

Rid, Thomas. *Rise of the Machines*. New York: W. W. Norton, 2016.

Sanger, David. *Confront and Conceal*. New York: Crown, 2012.

Schecter, Jerrold L., and Peter S. Deriabin. *The Spy Who Saved the World*. New

York: Macmillan, 1992.

Stoll, Clifford. *The Cuckoo's Egg.* New York: Pocket Books, 1990.

Suvorov, Viktor. *Inside the Aquarium.* New York: Macmillan, 1986.

———. *Inside Soviet Military Intelligence.* New York: Macmillan, 1984.

Zetter, Kim. *Countdown to Zero Day.* New York: Crown, 2014.

찾아보기

452

샌 드 웜

사이버 세계를 벗어난 러시아 해커들

발 행 | 2021년 3월 29일

지은이 | 앤디 그린버그
옮긴이 | Evilqcom

펴낸이 | 권 성 준
편집장 | 황 영 주
편 집 | 조 유 나
디자인 | 윤 서 빈

에이콘출판주식회사
서울특별시 양천구 국회대로 287 (목동)
전화 02-2653-7600, 팩스 02-2653-0433
www.acornpub.co.kr / editor@acornpub.co.kr

한국어판 ⓒ 에이콘출판주식회사, 2021, Printed in Korea.
ISBN 979-11-6175-507-6
http://www.acornpub.co.kr/book/sandworm

책값은 뒤표지에 있습니다.